Karl Marx et Friedrich Engels

La social-démocratie allemande

© 2024, Karl Marx et Friedrich Engels (domaine public)
Édition : BoD · Books on Demand GmbH, In de Tarpen 42,
22848 Norderstedt (Allemagne)
Impression : Libri Plureos GmbH, Friedensallee 273,
22763 Hamburg (Allemagne)
ISBN : 978-2-3225-3483-8
Dépôt légal : Novembre 2024

Table des matières

INTRODUCTION

    Force et organisation
    Démocratie et stades historiques
    Organisation et répression
    Idéologie petite-bourgeoise et État fort
    Force et légalité
    Politique social-démocrate et communiste
    Tactique d'Engels
    La contribution ineffaçable du prolétariat allemand
    La lutte théorique

I. FORMATION DU PARTI OUVRIER SOCIAL-DÉMOCRATE

    Base économique et sociale de son action politique
    L'Association générale des ouvriers allemands et les sociaux-démocrates
    Première Internationale et Parti allemand
    Fusion du Parti social-démocrate
    Bilan politique après les élections allemandes de 1877

II. SOUS LE RÉGIME DE LA LOI ANTI-SOCIALISTE.

    Dühring, Bismarck et la droite sociale-démocrate

La social-démocratie, Bismarck et la loi anti-socialiste
Commentaire juridique sur la mise hors la loi des socialistes et de la révolution
Réaction à la loi anti-socialiste
Bismarck et le parti ouvrier allemand
La création d'un organe révolutionnaire - le « Sozialdemokrat »
Petits bourgeois socialistes de droite et de gauche
Création de l'organe illégal, « Der Sozialdemokrat »
Le « Sozialdemokrat » et la tactique sous l'illégalité

    I. Les négociations avec C. Hirsch
    II. L'orientation prévue du journal
    III. Le manifeste des trois Zurichois

Le socialisme de Monsieur Bismarck

    I. Le tarif douanier
    II. Les chemins de fer d'État

III. PÉNÉTRATION PETITE-BOURGEOISE DE LA SOCIAL-DÉMOCRATIE

Stagnation politique et essor économique
Masses et chefs
Influence petite-bourgeoise dans la fraction parlementaire
Un parti dans le parti
Réformisme social-démocrate et socialisme d'État bismarckien
Fraction parlementaire et question agraire

Polémiques autour du vote de la subvention pour la navigation à vapeur
Vers la scission ?
Problèmes de la violence
La future guerre mondiale et la révolution
Victoires électorales ?

IV. SUCCÈS DE LA SOCIAL-DÉMOCRATIE ALLEMANDE

Fondation de la IIe Internationale
Vers l'abolition de la loi anti-socialiste
Les élections allemandes de 1890
Et maintenant ?
L'opposition des « Jeunes », extrémisme de littérateurs
Contre le culte de la personnalité
Lettre d'adieu aux lecteurs du journal « Der Sozialdemokrat »

V. CRITIQUE DU PROGRAMME SOCIAL-DÉMOCRATE D'ERFURT DE 1891

Prélude au Programme d'Erfurt : la publication de la critique de Gotha
La rédaction du Programme d'Erfurt.
Lutte contre les séquelles du lassalléanisme
Sur le congrès de Bruxelles et la situation en Europe

VI. VIOLENCE ET QUESTION PAYSANNE

Légalité et révolution violente

La social-démocratie allemande et son caractère révolutionnaire

Une nouvelle loi contre la subversion socialiste ?

Le programme agraire de 1894 de la social-démocratie

La question paysanne en France et en Allemagne (conclusion)

« Dans tous ces écrits, je ne me qualifie jamais de social-démocrate, niais de communiste. Pour Marx, comme pour moi, il est absolument impossible d'employer une expression aussi élastique pour désigner notre conception propre. » (Fr. Engels, Préface à la brochure du Volksstaat de 1871-1875.)

INTRODUCTION

Force et organisation

Marx *attendait beaucoup de la* révolution *allemande* qui, *depuis 1525, se heurtait à* une résistance intérieure et extérieure telle qu'elle n'était pas encore achevée au milieu du XIXe siècle. La simple comparaison avec les deux autres pays de semblable niveau de civilisation et de population l'y incitait déjà : en faisant sa révolution, l'Angleterre n'avait-elle pas *instauré* la moderne industrie productive capitaliste, et inondé tous les pays de ses articles industriels ? La France n'avait-elle pas diffusé sur le continent les formes politiques de l'État et de l'administration moderne, complémentaires de la base économique bourgeoise, avec les principes de liberté, d'égalité, etc. et secoué l'Europe entière, de la Sicile à la Norvège, de la Belgique à la Russie ?

Cependant, au niveau bourgeois, il n'y avait plus à espérer de prouesses comparables de la part de l'Allemagne : le monde entier était partagé entre les grandes métropoles. Lorsque le centre de gravité s'était déplacé d'Angleterre vers le continent, la

France s'était déjà heurtée à une résistance farouche de la part des puissances féodales de l'Europe centrale, et surtout de la Russie, dans sa tentative de révolution de ses structures surannées et avait subi, de plus, l'assaut de la bourgeoisie anglaise qui voulait empêcher à tout prix l'essor d'une puissance capitaliste moderne, rivalisant avec elle dans le commerce et l'industrie. Le résultat en fut la défaite napoléonienne - et la France ne développa de la forme capitaliste que les superstructures politiques, et ne s'industrialisa vraiment qu'au XXe siècle [1].

Lorsque le centre de gravité révolutionnaire, se déplaçant encore plus vers l'Est, gagna enfin l'Allemagne, située géographiquement en plein cœur de l'Europe où le féodalisme régnait en despote, ce pays se heurta à l'alliance des capitalismes déjà nantis, anglais et français - surtout ce dernier - contre ce nouveau rival, qui ne pouvait manquer de bouleverser tout le statu quo établi. Avec sa population considérable et les énormes

---

[1] Cf. le chapitre intitulé France et Angleterre au début du XIXe siècle dans la série Fil du temps, n° 3 d'octobre 1968 consacré à La Crise économique et sociale de mai-juin 1968 (directeur-gérant Jacques Angot B.P. 24, 75924 - PARIS Cedex 19).

[2] En voici un exemple significatif: Exploitant le désarroi causé par le krach de 1873 dans la petite bourgeoisie, le prétendu parti progressiste (bourgeois) lança une violente campagne de presse contre la politique réactionnaire du gouvernement en matière ,économique et fiscale (protectionnisme, etc.). Il se garda bien cependant de faire appel à la niasse prolétarienne. Au contraire, tandis qu'il brandissait l'étendard

richesses de son sous-sol en charbon, lignite, minerai de fer, potasse, wolfram, cobalt, zinc, étain, plomb, l'Allemagne possédait toutes les prémisses nécessaires à l'essor d'une grande nation industrielle, dès lors que les entraves féodales au développement capitaliste étaient abattues. Mais moins qu'en France encore, la révolution anti-féodale pouvait y être pacifique. L'expérience démontra même qu'elle ne pouvait s'y effectuer par une action *spontanée* des masses populaires, c'est-à-dire par le bas, sous forme radicale, en soulevant même les campagnes et les paysans, car la violence contre-révolutionnaire *organisée* par la coalition entre États féodaux et États capitalistes impérialistes y formait un barrage trop puissant à toute tentative de rénovation des structures politiques, économiques et sociales.

Les mouvements de masse, dans leur action spontanée, sont certes un moyen énergique de dissolution des rapports sociaux de production surannés, mais ils, sont absolument impuissants contre les armées organisées des États de l'intérieur et de l'étranger qui exploitent la moindre défaillance pour porter des coups décisifs et meurtriers. L'action libre et tumultueuse, à l'énergie débordante mais incontrôlée, était hors d'état de réussir en Allemagne la grande tâche de la révolution anti-féodale qui, pour vaincre, eut besoin de la poigne de fer d'une dictature sous la direction d'un État militaire et policier - la Prusse.

Une leçon s'imposait à l'Allemagne : non seulement pour être efficace, mais simplement pour continuer de vivre, non sous le poids du passé, mais dans le présent et l'avenir, ce pays avait besoin de S'ORGANISER.

Marx-Engels avaient répété cent fois que l'Allemagne, divisée et impuissante, à défaut *de pouvoir s'exprimer dans la* pratique, en était, réduite à théoriser les grandes idées de son temps, voire des autres pays. A présent, qu'elle entrait de nouveau dans l'histoire, elle s'aperçut qu'elle pouvait utiliser ce, savoir, purement abstrait jusqu'ici, afin d'ORGANISER *sa pratique conformément* à ses capacités théoriques -pour *en multiplier l'efficacité.*

Au lendemain de la révolution anti-féodale, qui lui avait assuré par sa victoire sur la plus grande puissance militaire d'Europe - la France bonapartiste - la primauté de la force en Europe, sinon dans le monde, l'Allemagne prussienne trouvait le marché mondial engorgé de marchandises par l'industrie de ses pairs et ancêtres capitalistes - l'Angleterre, les États-Unis et la France -, et c'est encore en S'ORGANISANT que l'Allemagne parvint à se doter d'une industrie par les moyens les plus rapides. Elle agença et combina ses activités et ses moyens matériels, utilisa les sciences et techniques les plus modernes pour obtenir une productivité maximale, donc les prix de production les plus bas afin d'affronter la concurrence de production plus *avancées* qu'elle, et surtout *d'organiser* avec ses cartels sa production et ses débouchés sur le marché mondial, à défaut de la chasse gardée d'un Empire colonial. Dans cette entreprise colossale, c'est encore la main de fer de la dictature de Bismarck, qui permit de canaliser les énergies et d'éviter les déperditions de force : tout le mouvement se concentra sous la direction de l'État prussien. Dans ces conditions, l'alliance se renforça encore, dans les institutions, entre les barons de l'industrie et de la finance (bourgeois) et les grands propriétaires fonciers (semi-féodaux), sous l'égide d'abord de ces derniers (Bismarck) [2].

---

[2] En voici un exemple significatif: Exploitant le désarroi causé parle krach de 1873 dans la petite bourgeoisie, le prétendu parti progressiste (bourgeois) lança une violente campagne de presse contre la politique réactionnaire du gouvernement en matière ,économique et fiscale (protectionnisme, etc.). Il se garda bien cependant de faire appel à la niasse prolétarienne. Au contraire, tandis qu'il brandissait l'étendard effiloché des libertés démocratiques et du fibre-échange, il agitait avec l'autre main celui de l'anti-socialisme : plus réactionnaire, si l'on peut dire que Bismarck, cette « opposition » libérale reprenait les accusations les plus infâmes des conservateurs prussiens, affirmant que l'industrie allemande était hors d'état de soutenir la concurrence mondiale, parce que la haine de classe des ouvriers les rendait paresseux et inefficaces, et freinait la productivité du travail. Face au péril constitué par la social-démocratie, la lutte contre le gouvernement était à ses yeux secondaire. Avec de telles positions, la bourgeoisie ne pouvait que capituler devant

La violence savamment organisée par la politique de force qui avait permis à l'Allemagne de sortir de sa stagnation séculaire, allait maintenant lui permettre de combler son retard économique vis-à-vis de l'Angleterre et de la France. Déjà la guerre victorieuse contre Napoléon III (qui convoitait tout aussi férocement que le prussien Bismarck la rive gauche du Rhin) avait ouvert à l'industrie et au commerce extérieur allemands les portes du marché mondial et le flot des milliards, extorqués comme « contribution de guerre » à la France, fournit au capitalisme allemand l'amorce d'un développement industriel. L'État prussien avait déjà construit un réseau de chemin de fer à des fins stratégiques, il pouvait maintenant être utilisé comme moyen de communication pour le marché intérieur des forces de travail et des marchandises. La position géographique centrale de l'Allemagne au cœur de l'Europe tournait enfin à son avantage, et la haussait au rang de grande puissance économique. L'Allemagne devint la grande distributrice de

---

Bismarck et se soumettre à ses volontés, tandis que les masses prolétariennes ne pouvaient qu'affluer à leurs propres organisations et au parti social-démocrate, le seul parti en opposition permanente à la politique réactionnaire du gouvernement. Il était inévitable dans ces conditions que les deux partis ouvriers – eisenachien et lassalléen - finissent par fusionner, on par solidarité positive, mais parce que l'un d'eux devait nécessairement se discréditer face à une politique aussi intransigeante et classiste des forces au pouvoir, s'il était plus modéré, et acceptait des compromis

marchandises de l'Europe centrale et orientale, minant même le monopole anglais du transport de marchandises en Europe septentrionale : elle devenait enfin le lien entre l'Europe industrielle de l'Ouest et l'Europe agraire de l'Est - comme aujourd'hui encore. De maritime, le commerce européen se fit de plus en plus terrestre - au profit de la puissance installée au cœur du continent.

Après 1871, écrit Mehring, « les instituts bancaires et les sociétés industrielles jaillirent de terre sous les formes les plus variées. De nombreuses lignes ferroviaires furent lancées. D'innombrables mines de fer et de charbon furent mises en exploitation. On assista à une fièvre frénétique de spéculation dans laquelle la bourgeoisie perdait toute retenue ».

Démocratie et stades historiques

Il apparut bientôt que les rivalités politiques et militaires entre Bismarck, d'une part, et les bourgeoisies étrangères et allemande, d'autre part, n'étaient pas mortelles : il avait voulu simplement conquérir une place parmi ses pairs - et nécessité avait fait loi. Cependant tous les résultats *indus*triels s'obtenaient par un antagonisme, qui par la suite devait non pas s'atténuer, mais s'aggraver, celui qui opposait les classes dominantes allemandes aux travailleurs de ce pays. Si l'orgie de la production profitait à la bourgeoisie, les ouvriers allemands connurent, eux, une misère et une exploitation croissantes et *durables*.

Ce n'est pas par hasard si la seule grande époque du mouvement ouvrier anglais - le chartisme - avait coïncidé avec le point culminant de l'atroce accumulation capitaliste des années 1920-1850 en Angleterre, décrite par Marx dans le Capital pour annoncer leur *avenir aux* ouvriers des autres pays, notamment d'Allemagne. (Cf. la remarquable lettre d'Engels à Bebel, 11-12-1884, sur le caractère spécifique de l'accumulation en Allemagne.) La poigne de fer de la dictature CAPITALISTE allait s'abattre maintenant à son tour sur les ouvriers allemands et ne plus relâcher son étreinte avant longtemps.

Même la démocratie parlementaire, telle qu'elle s'exprima dans les premiers pays capitalistes « occidentaux » ne fut vraiment réalisé en Allemagne. Tant que le capitalisme y fut progressif en *économie* - *c'est-à-dire* libéral, démocratique et parlementariste en politique - elle dut lutter par tous les moyens pour se faire une place au soleil, et lorsque celle-ci lui fut assurée, le capitalisme était sénile centralisé, autoritaire, planifié et étatique ; et le parlementarisme démocratique n'y était plus que phrase creuse. Durant la phase idyllique du capitalisme, lorsque différentes classes subsistent avec une représentation correspondante au parlement où elles s'affrontent en une lutte réelle pour des intérêts distincts véritables, le parlementarisme avait un puissant attrait aux États-Unis, en France et en Angleterre. Alors que dans ces pays les ouvriers étaient tentés de voter utile, donc pour les partis susceptibles de gouverner ou de collaborer avec le pouvoir, et non pour leur parti véritablement d'opposition, en Allemagne le gouvernement n'utilisait les parlements croupions que pour sa propagande - afficher à l'extérieur que c'est un pays « civilisé », et les ouvriers ne votaient que pour se compter et se délimiter de toutes les autres classés et partis afin de marquer leur opposition irréductible, bref pour leur propagande de classe : le piège démocratique n'y avait donc pas de base stable et matérielle, et les rapports de classe était plus limpides et évidents qu'ailleurs [3].

---

[3] Les problèmes s'y posaient moins hypocritement - et pour longtemps - que dans les vieux pays capitalistes. Le parlementarisme révolutionnaire de Lénine, dont le seul but est la propagande, et non l'octroi d'avantages matériels, réformes ou conquête pacifique de l'État, pouvait s'y développer. Dans les thèses de Boukharine-Lénine sur le parlementarisme de 1920, on lit, par exemple : « Les parlements bourgeois qui constituent un des principaux rouages de la machine

A partir de 1865, la bourgeoisie anglaise, du fait de son monopole mondial et de l'exploitation de ses immenses colonies, avait pu, après plusieurs décennies d'exploitation sanguinaire, concéder quelques bribes de son festin à son aristocratie ouvrière. En France, l'industrialisation infiniment moins rapide et l'utilisation habile de. la force militaire pour se tailler un vaste empire colonial permirent également de relâcher après la Commune une tension, devenue insoutenable entre les classes - et ce fut la Troisième République. En Allemagne, rien de tel n'était concevable avant très longtemps - après 1955 peut-être, mais encore l'Allemagne est-elle amputée, divisée et toujours occupée parla soldatesque étrangère, d'où sa débilité *politique* actuelle ainsi que la faiblesse de son assise impérialiste pour ce qui concerne son approvisionnement en produits alimentaires et en matières premières. La crise, si elle l'atteint en 1975, la frappera plus durement que tous les autres pays d'Europe et posera très vite, de nouveau, les problèmes sous leur angle véritable-celui des rapports de force, et, il faut l'espérer, creusera les antagonismes *réels* de classe dans une société en crise profonde, sans mystifications démocratiques

---

d'État de la bourgeoisie ne peuvent pas plus être conquis par le prolétariat que l'État bourgeois en général » (thèse 4).

introduites après 1945 ou nationalistes développées dans la période précédente.

Après l'unité allemande de 1871, face à l'aggravation toujours croissante de ses conditions de vie et de travail, il ne restait qu'un seul recours au prolétariat allemand pour se défendre contre la double pression, *économique* des capitalistes bourgeois, *politique et policière* de l'État prussien : la solidarité de classe et l'ORGANISATION.

Pour conquérir une place sur le marché mondial, Bismarck organisa des cartels, afin de vendre cher *à l'intérieur* et bon marché *à l'extérieur* pour s'assurer des débouchés, mais il en profita pour instaurer le, protectionnisme sur les produits non seulement industriels *mais encore agricoles,* favorisant ainsi les revenus des grands propriétaires fonciers de l'Est, ce qui leur assurait du même coup des moyens de puissance politiques. Le résultat en fut une inflation du prix des denrées alimentaires de première nécessité qui diminua d'autant le pouvoir des achats des salaires, constituant ainsi un surprofit propice à l'accumulation capitaliste. Mehring estime cette baisse à 66 % en 1873 - ce qui est proprement énorme. Les Lassalléens y trouvèrent une confirmation éclatante à leur théorie de la loi d'airain des salaires : même les fausses doctrines trouvent quelque appui dans la réalité complexe!

Organisation et répression

La force, qui avait présidé à la création de l'unité allemande, puis ouvert la voie au développement capitaliste, était à présent entre les mains -de Bismarck une institution permanente, afin de tenir en bride les ouvriers allemands et leur extorquer le plus de travail possible. A la situation intolérable qui leur était ainsi faite, les ouvriers allemands réagirent par de vastes et puissants mouvements de grèves, appuyés *à* chaque fois par l'Internationale de Marx [4]. Malgré la massivité de leur action et la combativité des ouvriers allemands, le résultat tangible en fut des plus restreints. En effet, les ouvriers ne se heurtaient pas

---

[4] Cf. Marx-Engels, Le Syndicalisme, I, pp. 114-169 sur l'aide de l'Internationale au mouvement syndical, en Allemagne particulièrement sous la direction de Marx, pp. 119-121, 150-153 ct 164-167.

seulement *à* la résistance obstinée des entrepreneurs, mais durent faire face au front compact de toutes les classes dominantes et naturellement au gouvernement des hobereaux, qui mit en mouvement son odieux appareil bureaucratique et policier pour écraser toute résistance des ouvriers *et détruire leurs syndicats* [5]. D'où les nombreuses grèves qui arrachèrent simplement le droit pour les ouvriers de continuer *à* se coaliser : « Les frais qu'elles occasionnent aux ouvriers dépassent souvent les augmentations de salaires qu'ils cherchent *à* obtenir. Mais, poursuit Marx, elles représentent le moyen d'unifier la classe ouvrière, qui se prépare ainsi *à* renverser la vieille société tout entière avec ses contradictions de classe [6]. »

De par la force des choses, « comme il convient *à* un peuple de théoriciens [7] », les ouvriers allemands s'ORGANISÈRENT,

---

[5] Bismarck, en tant que hobereau, brimait, certes, les entrepreneurs et, si cela le servait, voyait d'un bon œil les ouvriers s'en prendre, à ses alliés bourgeois, les industriels. Il profitait de cet apparent (secondaire) antagonisme entre hobereaux et capitalistes pour donner un simulacre d'indépendance à l'État vis-à-vis des classes, et faire accroire que la répression politique de son État ne complétait pas l'exploitation économique des ouvriers.

[6] Ibid., pp. 52-53 : Syndicats et socialisme.

[7] Les conditions matérielles de l'Allemagne, pays de civilisation comparable à la France et à l'Angleterre, faisaient que les entraves féodales empêchaient les Allemands de mettre en pratique ce qui correspondait à leurs besoins et à leurs aspirations, d'où une hypertrophie intellectuelle, ce qu'Engels appelle le « sens théorique ».

eux aussi, très vite pour se défendre. Dès 1868, alors que la pression capitaliste commençait tout *juste à* se manifester, et ce, *à* une échelle qui n'était pas encore nationale, les ouvriers allemands créèrent des *syndicats,* selon le *schéma classique d'organisation* exposé par Marx-Engels *dès* le *Manifeste* de 1848 : unir d'abord toute la masse des ouvriers en *syndicats* au niveau économique, comme premier pas *à* la constitution du prolétariat en classe, donc en *parti.*

Les représailles qui s'abattirent sur le mouvement économique et sur les syndicats convainquirent de plus en plus les ouvriers allemands de la nécessité d'une *lutte politique* contre l'État absolutiste qui, avec ses brutales interventions, cherchait *à* priver les travailleurs de leur organisation élémentaire de classe. Ici encore, par la force des choses, les ouvriers allemands étaient obligés de passer de la conscience ÉCONOMIQUE de leur *situation à* la conscience POLITIQUE et SOCIALE de leurs

---

Marx déduisait des prémisses sociales - allemandes - les capacités théoriques particulièrement développées du prolétariat de ce pays où la seule tâche progressive bourgeoise consistait encore à introduire les superstructures idéologiques capitalistes, après que l'Angleterre en ait apporté la base économique et la France la superstructure politique.

Cependant, comme Marx le répétera souvent, ces capacités théoriques particulières peuvent se développer en savoir scientifique puissant ou en système d'idées les plus confuses et les plus abstruses - ce qui en décide, c'est l'activité progressive ou réactionnaire des Allemands en question.

luttes : « Pour devenir politique, un mouvement doit opposer aux classes dominantes les ouvriers agissant *en* tant *que* classe pour les faire céder au moyen d'une pression de l'extérieur [8]. »

Toutes les conditions objectives ET subjectives étaient donc réunies pour que naisse le Parti ouvrier social-démocrate allemand. Les travailleurs allemands pouvaient maintenant mettre en pratique leurs capacités théoriques, en organisant consciemment et systématiquement les armes de leur émancipation sociale.

Idéologie petite-bourgeoise et État fort

Bismarck utilisa contre les ouvriers la violence armée, les brutalités policières et les parodies judiciaires dans toutes les combinaisons possibles. L'aristocrate qu'il était employait sans scrupules tous les moyens. Il avait fait la révolution bourgeoise en Allemagne, pratiquement sans apporter de législation libérale au peuple, et donc de liberté d'association, de réunion,

---

[8] Ibid., p. 99 : Remarques sur le caractère politique des luttes syndicales.

de parole et de presse que les ouvriers durent imposer par leur force, et il ne manquait pas une occasion pour rendre illusoires tous ces droits, montrant avec cynisme que celui qui fait les lois - et c'est toujours vrai aujourd'hui, comme l'histoire de tous les pays le démontre - peut les tourner et les appliquer comme il l'entend, voire peut les nier. Et ce furent les perquisitions domiciliaires, la fermeture des sièges des deux partis ouvriers lassalléen et eisenachien, les condamnations pour incitation à la haine de classe, pour vilipendation des institutions, pour lèse-majesté; de lourdes amendes, des peines de prison, la mise sous séquestre des organes du parti pour des articles qualifiés de dangereux pour l'ordre public ou infamant pour l'oligarchie au pouvoir, etc. Tout servait de prétexte au gouvernement pour entraver l'organisation des ouvriers - comme aujourd'hui.

Cette brutalité et ce mépris pour les « libertés démocratiques » ont cela de bon qu'ils démystifient les rapports entre les classes et obligent chacune d'elles à se cantonner sur ses positions classistes - cela aussi durera longtemps en Allemagne. A peine les libertés élémentaires de parole, de presse et d'organisation étaient-elles arrachées par les ouvriers, qu'elles étaient remises en question par le pouvoir. Sans cesse le parti social-démocrate était ramené sur le terrain de la lutte de classe... en cette période de développement idyllique et pacifique du capitalisme! Parfois, les ouvriers triomphaient, mais ce n'était jamais pour longtemps -tant que l'ennemi n'était pas abattu.

Une victoire ne faisait que préparer une autre bataille: « La loi antisocialiste est abrogée et Bismarck renversé », écrivait Engels en 1890. « Le puissant Empire allemand avait mis en oeuvre tous ses *moyens de puissance : le* parti s'est joué de lui, jusqu'à ce qu'enfin l'Empire allemand dût baisser pavillon devant nous. Le gouvernement impérial veut, POUR L'HEURE, instaurer de nouveau, dans ses rapports avec nous, le droit légal s'appliquant à tous et, POUR L'HEURE, nous voulons bien, nous aussi, tâter des moyens légaux que NOUS AVONS RECONQUIS GRÂCE A UN VIGOUREUX RECOURS AUX MOYENS EXTRA-LÉGAUX... Si le gouvernement tente, soit par de nouvelles lois d'exception, soit par des jugements contraires à la loi, par la praxis des juridictions impériales et par l'arbitraire policier, soit par d'autres empiètements illégaux de l'exécutif, de placer une nouvelle fois notre parti hors du droit commun - alors la social-démocratie allemande sera poussée une nouvelle fois dans l'illégalité, la seule qui lui soit ouverte. » Et de conclure, de manière optimiste : « La seconde fois, l'Empire allemand ne tiendra pas douze ans [9] ! »

---

[9] Cf. Engels, Lettre d'adieu au « Sozialdemokrat », 27-09-1890, reproduite dans le texte.

De nos jours, toute la bourgeoisie mondiale s'efforce de reprendre les méthodes de gouvernement totalitaires et autocratiques de Bismarck : ces méthodes reposent sur la force de l'État, d'une part, et la *servilité petite-bourgeoise* des citoyens-sujets, d'autre part, d'où les justifications hypocrites, « chrétiennes », d'une pratique *couarde et féroce*. La « majorité silencieuse » comme les bandes « fascistes » se complètent et s'appuient complaisamment sur l'État fort, leur base matérielle. Cependant les marxistes ne se laissent pas mystifier par l'État fort, ni par sa violence si terrible soit-elle, car le méchant colosse a les pieds d'argile, parce qu'il repose, d'une part, sur la prospérité capitaliste et, d'autre part, sur la masse des sujets soumis, et ce qui caractérise cette énorme multitude moutonnière petite-bourgeoise à laquelle correspond l' « État fort », c'est : « plus on lui fait face de manière tranchée et énergique, plus elle plie et se courbe pour vous servir. C'est de la sorte que le parti ouvrier [et l'État aussi] obtient d'elle le maximum de concessions. Tout cela, nous l'avons expérimenté et vécu (en Allemagne) » [10].

---

[10] Cf. Engels, Marx et la « Nouvelle Gazette rhénane » (1848-1849), in : Der Sozialdemokrat, 13-03-1884, trad. fr. in: Engels-Marx, Le Parti de classe, Petite collection Maspéro, tome 1er, pp. 169-170.

Engels disait aux sociaux-démocrates impressionnés par les violences de Bismarck : « Pourquoi donc bougonnez-vous contre la violence en prétendant qu'elle est condamnable en soi, alors que, vous tous, vous savez fort bien qu'à la fin rien n'est faisable sans violence [11] ! »

Aujourd'hui les vieux textes de Marx-Engels qui conseillaient aux dirigeants ouvriers de ne pas perdre la tête et de demeurer inébranlablement sur la voie révolutionnaire, sont plus actuels que jamais. C'est faute d'avoir perdu complètement cette claire vision de classe, à laquelle tous les partis faussement « communistes » ou socialistes, ont substitué le défaitisme petit-bourgeois *social-démocrate,* critiqué sans pitié par Marx-Engels, que le prolétariat international est impuissant de nos jours, dans un monde où la force seule a voix au chapitre, cf notes no 169 et 217.

C'est la raison pour laquelle le prolétariat lui-même réagit si souvent de façon petite-bourgeoise, en l'absence d'une véritable organisation de classe, et que l'on applique partout la méthode bismarckienne : frapper fort l'adversaire que l'on a isolé et diffamé au nom de la morale et du citoyen pour l'écraser sous le poids de la violence de l'État policier, toute action parce que

---

[11] Cf. Engels au député social-démocrate de droite W. Blos, 21-02-1874.

faite à l'ombre de l'État ou de la force armée étant bonne, c'est-à-dire légalisée. Qui plus est, ce sont toujours l'État et la société qui -se disent agressés et parlent de se défendre, et l'on déchaîne la meute sur le trouble-fête. La répression est toujours massive et ORGANISÉE, et elle ne manque jamais de prendre à témoin l'esprit conformiste et bien pensant de la benoîte classe moyenne - c'est-à-dire de la nation - soit l'esprit servile des sujets-citoyens. Dès lors, l'État de droit, chrétien, démocratique ou « fasciste » comme l'appellent les idéologues, mais simplement bourgeois pour les marxistes, fait tuer ses adversaires politiques jusque dans les prisons - Holger Meins - et on assassine avec la conscience du devoir accompli.

La tactique des classes dominantes est la même, en Allemagne de l'Est et de l'Ouest, où-elle a été perfectionnée encore par l'action démocratique des troupes d'occupation russes et américaines, etc. : en R.D.A. toute opposition est criminelle, par définition, et en R.F.A. on ne, tolère que les sujets soumis - tout le reste est anti-démocratique, donc hors la loi - ce qui revient proprement au même, car, dans les deux cas, la seule violence admise est celle de la loi, et la moindre revendication *verbale* de la violence révolutionnaire est « illégale » et liquidée par la répression policière au milieu d'une propagande « à feu et à sang » contre les terroristes! Seule la

Russie et l'Amérique, les pays phares du monde, sont plus efficaces sur le plan de la répression, la chasse aux sorcières.

En Allemagne, plus clairement que dans d'autres pays de capitalisme moins concentré, la question mystificatrice de la justice, de la liberté, du droit, de la démocratie apparaît pour ce qu'elle est sous le capitalisme, - une phrase creuse, tout en étant simplement un problème de rapports de force et d'énergie révolutionnaire ici ou contre-révolutionnaire là.

Bismarck a inauguré la tactique, inchangée depuis manier la loi de manière arbitraire et illégale sous l'égide de l'État - ce qui est certes un comble pour l'État qui légifère comme il veut, *mais* ne doit-il pas remplir de terreur le philistin et le révolutionnaire vélléitaire et pousser l'opposition prolétarienne dans la voie des revendications stériles du légalitarisme, de la démocratie et du pacifisme ? La méthode a réussi - après l'abolition de la loi anti-socialiste en 1891 - avec la social-démocratie allemande, qui a fini par trahir le prolétariat dont elle prétendait défendre la cause. Mais, n'ont cessé de répéter Marx-Engels, elle ne doit pas mordre sur les marxistes révolutionnaires. Ceux-ci ne se laissent pas mystifier et savent que la force décidera le jour où la société sera en crise, ébranlant le géant aux pieds d'argile, qui sera abattu par la violence révolutionnaire, sous les yeux effarés de l'impuissante petite bourgeoisie.

Force et légalité

Les dirigeants sociaux-démocrates avaient déjà lâché pied une première fois devant les foudres de Bismarck au moment de la promulgation de la loi anti-socialiste (1879) par peur. Et Engels d'expliquer qu'ils étaient contaminés par l'esprit de servilité et de soumission, « ce vieux poison du philistinisme borné et de la veulerie petite-bourgeoise » : « il se trouve qu'au premier choc après les attentats et la loi anti-socialiste, les chefs se sont laissés gagner par la panique - ce qui prouve qu'eux-mêmes ont vécu beaucoup trop au milieu des philistins et se trouvent sous la pression de l'opinion petite-bourgeoise [12]. » La loi avait atteint son but mystificateur !

D'après la conception marxiste, le législateur et le juge expriment seulement la sentence de la FORCE, le droit dérivant de la force et non l'inverse. Bismarck, au moment de la promulgation de la loi anti-socialiste, le confirmait lui-même : A la suite d'attentats perpétrés par des malades mentaux contre le Kaiser, et faussement attribués aux sociaux-démocrates, Bismarck, par ce *déni de justice* mettait les socialistes *hors la loi* pour les *écraser* non seulement *avec la rigueur des lois,* mais encore avec l'arbitraire policier, la *violence pure et simple.* La loi apparaissait clairement pour ce qu'elle est dans *ces passages* de la violence à la légalité, puis l'illégalité et enfin à la violence ouverte sous couvert de la *loi : C'était toujours la violence, dans un cas potentielle, dans l'autre cinétique.* La violence ouverte, quand elle n'était pas appliquée, devait terroriser et paralyser l'adversaire, et lorsque celui-ci sortait de sa léthargie, c'était la violence ouverte, légale et illégale. La force est toujours en mouvement : si elle s'arrête devant les sociaux-démocrates, c'est parce qu'une force aussi puissante s'oppose à elle, lui fait contrepoids - comme le couvercle sur la marmite. Mais, pour

---

[12] Cf. Engels à Eduard Bernstein, 28 février - 1er mars 1883 (en trad. fr. dans le présent recueil).

les moralistes, la peur du gendarme avec quelques coups bas bien assénés suffit à les paralyser dans leur esprit et leurs actes.

La loi est une violence potentielle, qui couve et n'éclate que si la paralysie due à la terreur cesse. Dès que l'adversaire bouge de nouveau, alors la loi (la violence potentielle) devient cinétique, entre en mouvement, et c'est la violence répressive. Un exemple dans le domaine de la physique : entre deux fils du circuit électrique, immobiles et froids, il ne se produit aucun échange tant que nous ne les mettons pas en contact; si nous approchons un conducteur, il se produit un dégagement d'étincelles, de chaleur, de lumière, avec de violents effets sur les muscles et sur les nerfs si ce conducteur est notre corps. Les deux fils inoffensifs avaient un certain potentiel énergétique qui est passé à l'état cinétique [13].

---

[13] En ce qui concerne le passage de la violence potentielle qui caractérise la paix capitaliste pure (jamais atteinte dans la pratique) à la violence cinétique de la guerre ou de la révolution, cf. le Fil du Temps no 10, sur le Marxisme et la Question militaire, septembre 1974, pp. 27-34, chap. démocratie et violence. Le phénomène de la violence ne peut être saisi que par la dialectique. Celle-ci permet d'éviter l'erreur métaphysique des antinomies, (qui imprègne aujourd'hui les esprits traumatisés par les carnages des guerres mondiales et coloniales) : la paix, c'est le bien ; la violence, le mal. La dialectique relie les contraires ; en montrant qu'ils obéissent tous deux à un même mouvement; en d'autres termes, elle explique l'un par l'autre, alors que la métaphysique antinomique oppose les contraires, séparés en deux éléments (catégories en soi) inconciliables. Enfin, la dialectique matérialiste relie le phénomène de

Quelle est l'attitude du marxisme ? Au moment de la promulgation de la loi anti-socialiste, Engels dit simplement : Considérons le rapport de forces entre Bismarck et nous ? Et après avoir constaté que « nous sommes dans le rapport de 1 à 8 », il conclut : il faudrait être fou pour rechercher maintenant le contact (et le heurt); nous l'établirons lorsque nous aurons une chance de l'emporter, « *mais le parti révolutionnaire ne peut jamais se soumettre moralement, dans son for intérieur - par peur philistine - à la légalité ou à la terreur* ». Il ne considère jamais que l'emploi de la violence est une simple rétorsion à une autre violence, mais aussi un moyen indispensable d'initiative politique.

Au cours même de la phase « idyllique », paisible du capitalisme à la fin du siècle dernier en Europe, Marx et Engels n'ont jamais considéré qu'il fallait renoncer à la violence. Durant toute cette période, le capitalisme « chargeait ses batteries », transformant toute la violence cinétique en potentielle : le développement *industriel PA*CIFIQUE se faisait grâce au *réarmement* généralisé qui devait éclater avec la guerre en énergie cinétique - au moment de la crise industrielle. Autrement dit, la

---

la violence à ses causes réelles, les antagonismes sociaux liés aux privilèges économiques, suscités par un mode de production déterminé.

longue paix, où tous les antagonismes étaient étouffés, préparait la boucherie de la guerre [14].

L'erreur d'abord, la trahison de la social-démocratie ensuite, ce fut de croire que les antagonismes, au lieu de s'accumuler et d'éclater immanquablement, allaient s'atténuant, et de ne plus croire, qu'en les moyens légaux, pacifiques. Le développement idyllique les avait mystifiés. Mais que dire des socialistes et « communistes » d'aujourd'hui qui prônent le passage pacifique au socialisme, alors que la moindre levée de bouclier anti-capitaliste déchaîne des torrents de violence et que, même sans rébellion, le monde ne cesse d'être à feu et à sang : il leur faut non seulement renier la conception marxiste, mais encore fermer les yeux à la réalité *moderne* qui s'étale devant leurs yeux.

---

[14] Dans son ultime écrit que tant de générations de socialistes ont considéré comme une concession au légalitarisme, Engels prévenait les sociaux-démocrates allemands contre la menace d'une attaque préventive du gouvernement et les-incitait à attendre encore quelques années avant de lancer l'assaut. A cette occasion, il leur y indiquait que la violence ne faisait que couver au sein de la société : « Le bouleversement total de toutes les conditions de la guerre par l'enrôlement de toute la population apte à porter les armes dans les armées qui ne se comptent plus que par millions, les armes à feu, les obus, et les explosifs d'un effet inconnu jusque-là, d'une part, mirent une brusque fin à la période des guerres bonapartistes et assurèrent le développement industriel paisible en rendant impossible toute autre guerre qu'une guerre mondiale d'une cruauté inouïe et dont l'issue serait absolument incalculable », cf. Engels, Introduction de 1895 aux Luttes de classes en France 1848-1850, Éditions Sociales, 1948, p. 29.

Bref, si, pour le marxiste Lénine, les sociaux-démocrates furent des renégats, les partisans du passage pacifique au socialisme sont de nos jours des escrocs qui désarment le prolétariat devant le violence bourgeoise non seulement future, mais encore quotidienne.

Politique social-démocrate et communiste

La social-démocratie allemande est née dans un climat ardent de lutte de classe dans un pays où domine la terreur policière et bureaucratique et où la peur fait partie des réflexes nationaux petits bourgeois. Dans leurs écrits, Marx-Engels montrent que ces phénomènes n'ont rien de spécifiquement allemand, mais dépendent de l'intensité de l'exploitation capitaliste. Cet après-guerre a démontré que la terreur, atomique ou non, a triomphé de ce qu'on appelle fascisme, allemand ou nippon, et aggravé encore les phénomènes de la violence et de la terreur, destinés à tenir les masses dans la passivité et les soumettre aux colosses étatiques qui prétendent imposer leur loi sans conteste pour faire marcher leur économie et donc leurs profits.

La réponse à ce phénomène universel contemporain se trouve dans les directives données par Marx-Engels aux dirigeants du parti social-démocrate allemand, et leurs conseils sont plus actuels que jamais, aujourd'hui où tous les prétendus partis ouvriers mènent une politique crassement sociale-démocrate, qui n'était jamais celle de Marx-Engels eux-mêmes [15] et de toute façon n'a plus de justification historique de nos jours [16].

---

[15] Comme représentant du socialisme scientifique, Engels tint à préciser lui-même quel était le mouvement auquel il se rattachait et auquel il collaborait : « Dans tous ces écrits, je ne me qualifie jamais de social-démocrate, mais de communiste... Pour Marx comme pour moi, il est absolument impossible d'employer une expression aussi élastique pour désigner notre conception propre. Aujourd'hui [en 1894, où la bourgeoisie allemande est au pouvoir, toutes les tâches progressives, démocratiques étant réalisées], elle peut à la rigueur passer, bien qu'elle soit impropre pour un parti qui n'est pas simplement socialiste en général, mais dont le but en politique est le dépassement de tout l'État, donc aussi de la démocratie. Mais les noms des partis politiques ne concordent jamais vraiment, le parti se développe, le nom reste ». (Préface de 1894 à la brochure « Internationales aus dem Volksstaat »)

En Russie, où la bourgeoisie n'a pas non plus fait sa révolution, le parti de Lénine était également social-démocrate, tant que les tâches démocratiques bourgeoises y étaient progressives. Fidèle à la méthode de Marx-Engels, il proposa de prendre le nom de communiste en avril 1917, après la première phase de la révolution double : cf. Les Tâches du prolétariat dans notre révolution, in : « (Oeuvres » 24, le chapitre : « Quel doit être le nom de notre Parti pour être scientifiquement exact et promouvoir politiquement une claire conscience de classe pour le prolétariat ? »

[16] A partir de la chute du hobereau Bismarck, provoqué par l'essor des rapports capitalistes en Allemagne et la lutte des ouvriers pour

Bismarck avait encore pu mystifier la social-démocratie, à partir d'une base matérielle -bonapartiste - historiquement déterminée. En effet, comme la bourgeoisie allemande n'avait pas fait sa révolution, les rapports sociaux, économiques et politiques, n'étaient pas radicalement bourgeois en Allemagne après l'unité de 1871, de sorte qu'en face de la défaillance de la bourgeoisie, le prolétariat avait encore certaines tâches bourgeoises progressives à mettre en oeuvre (droits démocratiques d'association, de presse, de réunion, etc.) avant de pouvoir instaurer son programme et son règne. Bref, il fallait

---

l'abolition de la loi anti-socialiste (1891), l'économie aussi bien que les superstructures étaient développées de manière bourgeoise, donc mûres pour être renversées et remplacées par des rapports communistes. C'est à quoi Engels fait allusion dans la citation de la note précédente, lorsqu'il dit que le concept social-démocrate est dépassé pour le parti allemand lui-même. Désormais il ne faut plus poser de revendications démocratiques ni des réformes d'institutions politiques et étatiques existantes. En 1898, Rosa Luxemburg affirmera le point de vue de Marx-Engels face au révisionniste et réformiste Bernstein: « Les institutions démocratiques... ont terminé leur rôle dans le développement de la société bourgeoise (...). On peut faite les mêmes remarques a propos de toute la machine politique et administrative de l'État (...). Cette transformation, historiquement inséparable du développement de la démocratie, est aujourd'hui si complètement achevée que les composantes purement démocratiques de la société, le suffrage universel, le régime républicain pourraient être supprimées, sans que l'administration, les finances, l'organisation militaire dussent revenir aux formes antérieures à la Révolution de mars 1848, en Allemagne. » Cf. Réforme sociale ou révolution ? « Oeuvres » I, Éd. Maspéro, Paris, p. 68. Cf. également notes 132 et 133 de ce recueil.

encore tout un processus révolutionnaire progressif pour que la bourgeoisie qui, avec l'unité, avait connu un grand essor économique et social, règne politiquement aussi.

Après la chute de Bismarck en 1891, la bourgeoisie était en fait au pouvoir en Allemagne, et l'Empereur, se prenant pour l'homme fort, des puissances du passé, se mit à menacer la social-démocratie d'un coup d'État et d'une réédition de la loi anti-socialiste, qui ne pouvaient plus être qu'une parodie de la loi anti-socialiste, étant donné les nouveaux rapports de force où les forces semi-féodales n'étaient pratiquement plus au pouvoir et les forces capitalistes n'y étaient pas encore solidement installées. C'est alors que les sociaux-démocrates se laissèrent véritablement mystifier et changèrent leur programme révolutionnaire en programme de réforme démocratique, légalitariste et pacifiste, et devinrent des révisionnistes [17]. Certes, ils ne le crièrent pas sur les toits, tant

---

[17] Les prétendus communistes d'aujourd'hui sont retombés bien plus bas encore, prétendant - au stade du capitalisme centralisé et totalitaire en économie et en politique - réintroduire la démocratie « avancée » et parlementariste, dépassée par le cours capitaliste lui-même.

Ils ont non seulement développé en leur sein ce qu'Engels appelle l'infâme socialisme petit bourgeois réactionnaire, mais encore contribué à créer à leurs côtés un second parti réactionnaire dit socialiste, rival du leur: réédition absurde de la politique philistine de Liebknecht vis-à-vis des Lassalléens, fusion en moins.

qu'Engels vécut - au reste, il fallait qu'ils trompent aussi les masses.

Certes, au moment de cette espèce de *vacance* de pouvoir, les sociaux-démocrates ne purent passer à l'assaut révolutionnaire : la bourgeoisie sut éviter la crise aiguë, malgré le changement de ministère, car le rapport de forces dans le pays était encore de 1 à 7 en faveur des classes dominantes.

Le crime impardonnable des sociaux-démocrates fut alors qu'ils abandonnèrent définitivement les principes révolutionnaires, s'installant dans la légalité pour ne plus en bouger, même lorsque le rapport des forces fut bientôt en leur faveur dans le pays et que la crise sociale décisive était enfin arrivée. Ils couronnèrent leur trahison en acceptant la violence de leurs classes dominantes et en envoyant le prolétariat prendre une part active au carnage de la guerre impérialiste.

La révolution si longtemps attendue par Marx-Engels éclate enfin en 1918, et le formidable prolétariat allemand se battit comme jamais le prolétariat d'un pays pleinement développé ne l'avait fait jusque-là : durant près de quinze ans, il lutta pour renverser le capitalisme dans sa forteresse européenne, il renversa la bourgeoisie à Munich, en Saxe-Thuringe, relança l'assaut à Hambourg, à Berlin et dans dix autres villes; même vaincu en 1923, il continua de lutter, de s'organiser et de s'agiter, lorsque l'Internationale était dégénérée et sa direction plus qu'incertaine. Sa défaite n'est pas due au manque de combativité des masses allemandes qu'Engels tenait toujours pour supérieures à leurs chefs. Elle est due à la trahison de la social-démocratie, - maudite depuis lors - qui fit échouer l'occasion unique en Allemagne. La victoire y eût sans doute été décisive pour le reste de l'humanité : en faisant pencher la balance en faveur du prolétariat, déjà victorieux en Russie.

Tactique d'Engels

Du fait de la prolétarisation rapide - à une époque où le prolétariat avait un sain instinct et und vive conscience politiques - les ouvriers d'Allemagne étaient devenus d'année en année plus nombreux et plus forts, alors que le régime bonapartiste (bismarckien) mi-féodal, mi-bourgeois devait s'affaiblir pour céder la place à un gouvernement bourgeois non encore solidement installé et expérimenté, ce qui permettait d'espérer une victoire relativement facile, presque pacifiquement, avec un peu d'initiative et d'énergie révolutionnaires. Engels écrivait : « C'est précisément cette absence de précipitation, ce progrès mesuré, mais sûr et irrésistible, qui a quelque chose de formidablement imposant et qui doit susciter chez nos gouvernants le même sentiment d'angoisse qu'éprouvait le prisonnier de l'Inquisition d'État à Venise à la vue des murs de sa cellule qui avançaient d'un pouce chaque jour, si bien qu'il pouvait calculer avec précision le jour où il devait être broyé entre les quatre murs [18]. »

Ce jour devait sonner, lorsque le rapport de forces changea en faveur du prolétariat. Mais alors il eût fallu que son parti soit encore révolutionnaire et constitue une menace réelle pour les classes dirigeantes. Or, le révisionnisme avait triomphé, et se fit le défenseur de la bourgeoisie capitaliste. Elle joua le rôle infâme du parti de la démocratie pure, contre les spartakistes révolutionnaires : « En ce qui concerne *la démocratie pure* et son rôle à l'avenir, je ne suis pas de ton avis [celui de Bebel]. Il est dans l'ordre des choses qu'elle jouera un rôle bien inférieur en Allemagne que dans les pays de développement industriel plus ancien. 'Mais cela n'empêche pas qu'au moment de la révolution elle prendra une importance MOMENTANÉE sous la forme d'un parti bourgeois autonome extrême, jouant le même rôle qu'à Francfort en 1848, lorsqu'elle fut *la dernière planche de salut*

---

[18] Cf. Engels à Julie Bebel, 12-03-1887.

de l'économie bourgeoise et même féodale. Dans un tel moment, toute la masse réactionnaire se tiendra derrière elle et lui donnera une force accrue - tout ce qui est réactionnaire se donne alors des airs démocratiques [19]. » Lorsque l'édifice impérial s'effondra sous les coups de la révolution allemande de 1918, ce fut la renégate social-démocratie qui, portant la division au sein des ouvriers eux-mêmes, se transforma en ultime planche de salut de toutes les classes anti-prolétariennes et assassina Rosa Luxemburg et Karl Liebknecht, scellant la défaite du prolétariat le plus fort, le plus combatif et le plus conscient, au cœur de l'Europe, celui qui, en étendant la révolution de la Russie à l'Europe avancée eût réglé facilement un problème aujourd'hui infiniment difficile.

La contribution ineffaçable
du prolétariat allemand

Si, en internationalistes prolétariens, Marx-Engels n'avaient jamais fondé de grands espoirs sur la bourgeoisie allemande [20],

---

[19] Cf. Engels à August Bebel, 11-12-1884.
[20] En fait, Marx-Engels avaient espéré, dès 1844, que les ouvriers allemands, en l'absence d'une bourgeoisie révolutionnaire, feraient une

et ne se trompèrent pas, ils attendaient beaucoup de l'autre protagoniste de la révolution anti-féodale - le prolétariat allemand, et ce, non seulement pour l'Allemagne, mais tous les pays du monde. De par les conditions sociales, le prolétariat allemand n'avait-il pas une vocation spécifiquement « philosophique » ?

« Il saute aux yeux que le prolétariat allemand est le *théoricien* du prolétariat européen, comme le prolétariat anglais en fut

---

révolution double, comme l'a faite plus tard la Russie de Lénine, le prolétariat accomplissant à un rythme accéléré, les tâches encore progressives de l'ère bourgeoise, car, en Allemagne, « toutes les classes de la société bourgeoise se ratatinent avant même qu'elles aient grandi, laissant toujours passer l'occasion de jouer un grand rôle avant même qu'elle se présente », si bien que « lorsque toutes les conditions inhérentes à la révolution seront remplies, le jour de la résurrection allemande sera annoncé par le chant de ralliement du coq gaulois ». (Marx, « Contribution à la cri tique de la philosophie du droit de Hegel, Introduction », in : « Annales Franco-Allemandes », 1844.)

Si après l'échec de la révolution de 1848, l'unité de l'Allemagne s'est tout de même réalisée, la bourgeoisie y demeura passive. La mission historique de l'Allemagne n'était pas bourgeoise : « Pour l'Allemagne, la seule émancipation possible dans la pratique, c'est l'émancipation à partir de la théorie qui proclame que l'homme est le but de l'homme... L'Allemagne radicale ne peut faire de révolution sans tout bouleverser. L'émancipation de l'Allemagne est celle de l'homme. » (Ibid.) Autrement dit, la révolution allemande de Bismarck ne pouvait qu'augmenter encore l'oppression en Allemagne, et les conquêtes techniques n'y changent rien.

l'économiste et le prolétariat français son *politicien* [21]. » Déjà les premiers soulèvements de l'embryon du prolétariat allemand qu'étaient les tisserands silésiens, avaient manifesté un « caractère plus théorique et conscient qu'aucun des soulèvements ouvriers précédents de France et d'Angleterre » (ibid).

En fait, le monde devait être plus profondément ébranlé sous « les coups du socialisme scientifique, cet apport du prolétariat allemand » que sous le fracas des révolutions anglaise ou française, car ils annonçaient la ruine de tout le monde bourgeois moderne et son remplacement inévitable par un monde humain, après le stade de la dictature du travail sur toutes les autres classes d'improductifs, d'oisifs et de parasites.

---

[21] Cf. Marx, Notes critiques relatives à l'article « Le roi de Prusse et la réforme sociale, in : Vorwärts, 7-08-1844. Dans le même article, Marx montre que les dispositions d'un prolétariat sont déterminées par le milieu matériel, historique, géographique et économique, dans lequel il vit: « Comme l'impuissance de la bourgeoisie allemande signifie l'impuissance politique de l'Allemagne, les dispositions du prolétariat allemand - sans parler de la théorie allemande -correspondent aux dispositions sociales de ce pays. La disproportion entre le développement philosophique et politique de l'Allemagne n'a rien d'anormal. C'est une disproportion nécessaire. »

Nous avons traité de la contribution économique du prolétariat anglais dans le recueil précédent: Marx-Engels, Le Syndicalisme, 2 vol., Petite collection Maspéro, et de la contribution politique du prolétariat français : Marx-Engels, le Mouvement ouvrier français, 2 vol. Petite Collection Maspéro. Le présent recueil complète les deux précédents au plan théorique.

Déjà sous la direction théorique de Marx-Engels, la Ligue des communistes allemands avait lancé dans le *Manifeste du Parti communiste* de 1848 le programme d'une société nouvelle et crié aux classes dirigeantes en place : « Malheur à toi, ô bourgeoisie! » Le spectre du communisme qui hantait l'Europe et le monde, trouvait une *base scientifique* (développée jusque dans le détail par le Capital [22] et une *organisation* politique et militante efficiente dans la Première Internationale, conduite par Marx-Engels.

La social-démocratie allemande réalisa de manière exemplaire pour les ouvriers de tous les pays du monde la formule lancée par Marx-Engels dans le *Manifeste* en vue d'ORGANISER une force capable de renverser le système de

---

[22]   Pour Marx, l'une des tâches essentielles du socialisme scientifique a été de démontrer l'inéluctabilité de la mon du capital et le passage consécutif au communisme. En ce sens, le Capital fut, selon Marx, « le plus terrible missile qui ait encore été lancé à la face des bourgeois (y compris les propriétaires fonciers) », à J.-Ph. Becker, 17-09-1867. Dans la Postface de la deuxième édition allemande de 1873 du Capital (Éditions sociales, I I, pp. 22-30), Marx déclare que ce qui lui importe, « c'est d'y mettre en lumière des lois qui régissent la naissance, la vie, la croissance ET LA MORT d'un organisme social donné, ET SON REM-PLACEMENT par un autre supérieur ». Après cette critique théorique du capitalisme, tout l' « art » est de passer à une critique efficace par les armes, ce passage étant tout autre que mécanique dans le déterminisme marxiste, comme le démontre l'ait politique de Marx-Engels eux-mêmes.

domination bourgeois tout entier : la *constitution du prolétariat* en *classe* autonome et distincte de toutes les autres, donc en *parti* sur la base du socialisme scientifique comme condition *sine qua non* au succès de la lutte révolutionnaire contre la bourgeoisie et de l'érection *du prolétariat* en classe *dominante par* la *conquête du pouvoir politique.*

Certes, les ouvriers anglais et surtout français avaient déjà tenté de renverser l'ordre bourgeois et de prendre en main le pouvoir d'État, mais le socialisme « allemand » avait théorisé scientifiquement ces tentatives et en avait concrétisé en tous lieux et à tout moment, bien avant l'assaut du pouvoir, la menace dans l'ORGANISATION *durable, permanente et* systématique des *ouvriers.*

La social-démocratie montre que, pour réussir à vaincre un ennemi qui s'est approprié tous les moyens matériels, les richesses et les armes de la société, le prolétariat doit se donner une *organisation unitaire de classe* rassemblant et dirigeant la classe la plus nombreuse de la société : force des Moyens matériels contre force des masses humaines. Elle a donné au prolétariat de tous les pays l'exemple de l'organisation des masses en une armée de combattants qui, trente ou quarante ans avant l'assaut révolutionnaire, fait déjà trembler la bourgeoisie, pour laquelle *tout* ouvrier devient une menace, car elle voit se profiler derrière lui l'ouvrier *organisé*. C'est ce que Lénine avait bien compris.

Depuis que les ouvriers dans le monde entier cherchent à s'organiser sur la base du programme marxiste, que la social-démocratie allemande a fait triompher dans tous les partis de la IIe Internationale, la bourgeoisie, elle, a cessé de croire en la pérennité de son système capitaliste, et elle *sait* qu'elle mourra de mort violente. La social-démocratie fut le fruit décisif de Marx-Engels, en quelque sorte la pierre de touche de leur théorie - et leurs contemporains ne s'y sont pas trompés, eux qui les rendaient responsables des idées et de l'action du parti allemand. De fait, la social-démocratie allemande a démontré la justesse de la thèse fondamentale de Marx-Engels sur le parti : l'organisation du prolétariat est *l'arme absolue qui* seule permet de remporter la victoire finale : c'est en captant à leur profit l'organisation du prolétariat que les révisionnistes et autres renégats du marxisme eux-mêmes l'ont emporté! Si les révolutionnaires ont parfois oublié cette leçon, les réformistes et autres traîtres l'ont toujours sue.

L'organisation n'est pas une forme neutre, mais dépend de son orientation, révolutionnaire ou opportuniste. La marge entre ces deux cours est extrêmement mince au commencement, lorsque le parti se cherche, hésite ou oscille parfois, et tout le recueil sur la social-démocratie montre la lutte acharnée de Marx-Engels pour contrecarrer les tendances opportunistes et imposer le cours révolutionnaire : Lénine ne cessa d'y puiser des leçons politiques pour la direction consciente de l'organe révolutionnaire.

La lutte théorique

Ce recueil réfute à chaque page l'affirmation éhontée selon laquelle Marx-Engels ont donné leur sanction au cours opportuniste qui a conduit la social-démocratie allemande à la trahison de 1914 : tant qu'ils vécurent, tous leurs efforts ont consisté, à l'inverse, à dénoncer la moindre déviation ou marchandage de principe, qui pouvait porter le parti dans cette direction.

Chaque page de ce recueil dénonce les faux disciples de Marx-Engels - ceux qui tentent non seulement de justifier leur opportunisme en se référant au marxisme, mais encore de discréditer ce même marxisme par une pratique contraire à ses principes, tout en se déclarant marxistes. Ils sont particulièrement dangereux, car ils discréditent la théorie et embrouillent toute vision de classe: ceux que Jupiter veut perdre, il les rend d'abord fous.

La social-démocratie a porté les heurts de classe jusque sur le terrain de la théorie, et le marxisme l'a emporté sur toutes les autres idéologie bourgeoises, petites bourgeoisies et ouvriéristes. Depuis lors, dit Lénine, le combat est mené au nom du marxisme jusque par ceux-là mêmes qui le combattent.

C'est dans la social-démocratie que l'adversaire insidieux a commencé à mener la lutte théorique pour démontrer d'abord que le marxisme était lacunaire, dépassé et erroné, puis, ne parvenant pas à vaincre sur ce terrain, il s'est mis à revendiquer le marxisme pour combattre les marxistes orthodoxes, révolutionnaires. Lénine a mené toute sa lutte sur le fonds de sa polémique contre le révisionnisme, et l'on a, bien tort de parler de léninisme, puisqu'il ne pensait qu'à restaurer le marxisme tout court.

Il savait d'expérience quelle arme puissante était le marxisme [23]. Combien de fois n'a-t-il pas dénoncé tel social-

---

23 Le philistinisme petit bourgeois, trouva un moyen d'émousser même l'arme puissante du Capital. Kautsky n'éprouva-t-il pas le besoin de

démocrate qui avait mis sous le boisseau un texte de Marx

---

réécrire phrase par phrase le premier Livre, afin d'écarter les mots « difficiles » pour les ouvriers (comme si les « intellectuels » ne s'aidaient pas du dictionnaire!). C'est cette version tronquée du Capital qui fut lue en Allemagne, puisqu'en 1931, en paraissait « la neuvième édition inchangée ».

Alors que Marx écrivait, par exemple, dans l'original : « Un avantage encore plus grand est que l'on distingue enfin clairement entre le temps qui appartient à l'ouvrier lui-même et celui qui appartient à son patron. L'ouvrier sait maintenant quand le temps qu'il a vendu finit et quand commence celui qui lui appartient, et le sachant exactement au préalable il peut disposer d'avance de ses propres minutes selon ses vues et ses projets » (l. c., p. 52). « En permettant aux ouvriers d'être maîtres de leur propre temps, elle (la législation de fabrique) leur a donné l'énergie morale qui POURRAIT BIEN LES CONDUIRE UN JOUR À S'EMPARER DU POUVOIR ».

Kautsky, lui, n'est pas aussi pressé dans SON Capital, il écrit, en effet, que les « lois de fabrique » leur ont « CONFÉRÉ une énergie morale QUI LES PRÉPARE POUR UN ÉVENTUEL EXERCICE DE LEURS DROITS POLITIQUES », en d'autres termes, les ouvriers pourront ÉVENTUELLEMENT aller voter!!! Soit dit en passant, Kautsky trouve que l'ouvrier comprendra mieux que la législation de fabrique est un bienfait plutôt qu'un avantage, selon l'expression de Marx - l'État capitaliste lui-même n'est-il pas un ange tutélaire, et Kautsky un réformiste ? Cf. Le Capital, avant-dernière note du chap. X sur la Journée de travail (Éd. Soc., p. 296) et Das Kapital I. ...von Karl Marx, Volksausgabe herausgegeben von Karl Kautsky, 1931, Dietz Berlin.

Staline s'est rendu les choses les plus faciles : il n'a pas réécrit phrase par phrase en édition « populaire » les oeuvres de Marx-Engels, mais s'est contenté d'arrêter les oeuvres COMPLÈTES telles qu'elles étaient conçues par Lénine et préparées par Riazanov pour en faire une édition POPULAIRE, ce qui lui a permis d'en écarter tous les textes qui le gênaient. Ses successeurs parlent aujourd'hui de publier le tout vers l'an 2005, mais sont en retard sur la programmation dès le premier volume. (Cf. Marx-Engels, le Parti de classe, I, pp. 5-6).

gênant pour lui! La révolution russe de 1917 sortit de l'ombre une partie importante de l'œuvre de Marx-Engels, jusqu'à ce que Staline, avec ses thèses anti-marxistes, s'en prit d'abord à Engels, puis, ne pouvant se permettre d'aller bien loin dans cette voie, jugea qu'il valait mieux tuer par le silence ce qui le gênait le plus. Dans notre recueil, nous mentionnons dans les notes les lettres de Marx-Engels « qui n'ont pas été retrouvées », lorsqu'eux-mêmes y font allusion dans leur correspondance. On peut dire que plus leurs lettres aux dirigeants sociaux-démocrates sont louangeuses, moins elles ont de chance d'être « égarées », mais plus elles, sont dures, moins elles risquent d'avoir été conservées. C'est donc ici une critique minimale.

Les méthodes utilisées par les dirigeants sociaux-démocrates opportunistes et révisionnistes refleurirent de plus belle lorsque la IIIe Internationale se mit à dégénérer. Citons un exemple relatif à des textes sur la social-démocratie allemande : En 1932, les éditions de Moscou annonçaient la parution de la correspondance de Marx-Engels et des principaux dirigeants du mouvement allemand, ce qui était assurément une contribution importante à la connaissance de la social-démocratie allemande et de ses rapports avec le marxisme. Dès le premier volume [24],

---

[24] Karl Marx Friedrich Engels, Briefe an A. Bebel, W. Liebknecht, K. Kautsky und andere. TEILI: 1870-1886. Besorgt vom Marx-Engels-

on pouvait être méfiant: Riazanov qui avait consacré sa vie à dénicher les textes de Marx-Engels, afin de les publier en Oeuvres complètes venait d'être liquidé par Staline et, dans la préface, il était accusé d'avoir dissimulé les textes au lieu de les publier [25] ! Sur les deux volumes annoncés, il n'en parut qu'un seul, sur la période de 1870-1886 : la correspondance devenait gênante pour les nouvelles positions de Moscou - et le second volume de 1887 à 1895 ne parut jamais. Cet exemple d'un combat qui jette dans la balance l'homme et les principes a été amorcée par la social-démocratie, allemande et s'est généralisé de nos-jours. Il témoigne de l'intensité de la lutte autour de la théorie révolutionnaire de Marx-Engels. Leurs principes ne sont-ils pas du feu ?

Lenin-Institut Moskau, unter Redaktion von W. Adoratski, Verlagsgenossenschaft ausländischer Arbeiter in der UdSSR, Moskau-Léningrad 1933, 598 S.

[25] « Les lettres à Bebel, W. Liebknecht et Kautsky ont vu la lumière du jour à l'Institut Marx-Engels après la révocation de son ancien directeur Riazanov. On s'est aperçu qu'il disposait de ces lettres depuis une série d'années déjà, mais les dissimulait soigneusement et n'entreprenait rien pour les publier » (ibid., p. XIV).

1.

FORMATION DU PARTI OUVRIER SOCIAL DÉMOCRATE

« Si l'on compare la médiocrité froide et plate de la littérature *politique* allemande avec les débuts littéraires immenses et éclatants des *ouvriers* allemands, si l'on compare ces bottes de géant de l'enfant prolétaire avec les chaussures de nain déjà éculées de la bourgeoisie allemande - on ne peut que prédire une figure *athlétique* au cendrillon allemand.

« Il saute aux yeux que le prolétariat allemand est le *théoricien* du prolétariat européen, tout comme le prolétariat anglais en est *l'économiste* et le prolétariat français son *politicien*. L'Allemagne aune vocation aussi classique pour la révolution sociale qu'elle est incapable d'une révolution politique. » *(Marx, Notes critiques relatives à l'article « Le roi de Prusse et la réforme sociale* g', in : Vorwärts, *7-08-1844).*

BASE ÉCONOMIQUE ET SOCIALE DE SON ACTION POLITIQUE

Engels, Préfaces de 1870 et 1875 à la *Guerre des* paysans.

L'année 1866 n'a pratiquement rien changé aux conditions sociales de l'Allemagne. Les rares réformes bourgeoises - système unitaire des poids et mesures, libre circulation, liberté professionnelle, etc., demeurent dans les limites octroyées par la bureaucratie. Elles n'atteignent même pas le niveau de ce que la bourgeoisie d'autres pays d'Europe occidentale a déjà conquis depuis longtemps, et laissent intact le principal fléau, le système des concessions bureaucratiques [26]. Au reste, pour le prolétariat, toutes ces lois sur la libre circulation, le droit de cité, la

---

[26]   Ce recueil débute par un texte qui situe l'action et les tâches de la classe ouvrière allemande dans leur contexte historique, géographique et économique. A partir des conditions matérielles Engels définit les traits historiques essentiels du mouvement ouvrier allemand, ceux-là mêmes qui sont les plus profonds et les plus durables pour en dégager la tactique qu'il conseillera aux dirigeants sociaux-démocrates.

Le fait historique déterminant, c'est que l'Allemagne a abordé en 1870 seulement la phase de la révolution bourgeoise, alors que l'Angleterre et la France l'avaient traversée dès 1646 et 1789. C'est dire que les conditions matérielles en étaient beaucoup plus mûres en Allemagne. D'où l'importance accrue du prolétariat allemand, d'une part et la débilité irrémédiable de la bourgeoisie, d'autre part. Déjà au moment de la crise révolutionnaire de 1848, cette bourgeoisie, par peur du prolétariat, s'était précipitée dans l'alliance avec les forces semi-médiévales, dont le siège géographique se trouvait dans les régions orientales de l'Allemagne, ce qui non seulement paralysa alors le prolétariat révolutionnaire; niais eut pour effet, à longue échéance, de retarder la maturation des conditions sociales qui auraient permis au prolétariat une attaque frontale contre le pouvoir établi. Le mouvement des ouvriers allemands ne put donc prendre un caractère ouvertement communiste, mais seulement social-démocrate; autrement dit, il dut se poser des tâches sociales au niveau démocratique, encore bourgeois, étant donné les défaillances politiques de la bourgeoisie allemande. Bismarck et ses successeurs s'acharnèrent à freiner l'évolution politique et surent, en prenant des allures et des mesures despotiques, engager par réaction le mouvement allemand officiel - plus que sa base ouvrière -dans le préalable des tâches politiques encore bourgeoises. En défendant l'avenir du mouvement dans le présent, Marx et Engels prévinrent constamment les dirigeants responsables contre les illusions de la démocratie, les tendances opportunistes qui consistent à s'adapter aux conditions immédiates du moment et les pièges du pacifisme et du légalitarisme.

suppression des passeports à l'intérieur du pays, etc. sont rendues passablement illusoires en raison des traditionnelles pratiques policières.

Ce qui est beaucoup plus important que les « grands événements d'État » de 1866, c'est le développement depuis 1848 en Allemagne de l'industrie et du commerce, des chemins de fer, du télégraphe et, de la navigation transocéanique à vapeur. Même si ces progrès restent, loin derrière ceux que l'Angleterre et même la France ont accomplis durant la même période, ils sont cependant inouïs pour l'Allemagne et lui ont apporté en vingt ans bien plus que ne lui a jamais donné tout un siècle de son histoire. Ce n'est qu'à présent que l'Allemagne est, véritablement et irrévocablement entraînée dans le *commerce mondial*.

Marx-Engels vécurent à l'époque où le capitalisme traversait sa phase de développement idyllique et relativement paisible, si bien que les conditions matérielles immédiates expliquaient, en grande partie, les illusions des dirigeants sociaux-démocrates. Mais leur faute impardonnable est d'avoir oublié les conseils de fermeté et de rigueur à l'époque suivante de sang et de feu, dont Marx-Engels avaient prévu l'échéance inévitable. A notre époque de violences et de guerres impérialistes incessantes, les conseils de radicalisme révolutionnaire de Marx-Engels sont d'une actualité brûlante, et les dirigeants des partis ouvriers dégénérés actuels n'ont même plus la justification des vieux sociaux-démocrates pour prôner leurs, illusions légalitaristes, démocratiques et pacifistes : ils désarment purement et simplement le prolétariat, pour le livrer impuissant et sans defense à l'État totalitaire bourgeois!

Dans l'industrie, les capitaux se sont accumulés à un rythme, rapide, tandis que la bourgeoisie a vu son importance sociale croître en conséquence. L'indice le plus sûr de la prospérité industrielle, la *spéculation,* fleurit abondamment, et comtes et ducs sont enchaînés à son char triomphal. Le capital allemand - que la terre lui soit légère ! - construit maintenant des chemins de fer russes et roumains, alors qu'il y a quinze ans encore les chemins de fer allemands quémandaient le soutien des entrepreneurs anglais. Comment est-il donc possible que cette bourgeoisie n'ait pas conquis aussi le pouvoir politique et qu'elle se conduise d'une manière aussi lâche vis-à-vis du gouvernement ?

Notre bourgeoisie a le malheur, tout à fait dans la manière chère aux Allemands d'arriver trop tard. Qui plus est, sa période de floraison coïncide avec l'époque où la bourgeoisie des autres pays d'Europe occidentale est déjà politiquement à son déclin. En Angleterre, elle n'a pu faire entrer au gouvernement son représentant, Bright, qu'au moyen d'une extension du droit électoral, qui par la suite devra mettre fin à toute domination bourgeoise. En France, la bourgeoisie comme telle -classe en général - n'a tenu le pouvoir dans ses mains que deux années sous la République, en 1849 et 1850, et ne put prolonger son existence qu'en cédant le pouvoir politique à Louis Bonaparte et à l'armée. Étant donné l'action réciproque qu'exercent entre eux les trois pays les plus avancés d'Europe, il n'est plus possible de nos jours que la bourgeoisie puisse instaurer tranquillement son pouvoir politique en Allemagne, alors que déjà il a fait son temps en Angleterre et en France.

Ce qui distingue spécifiquement la bourgeoisie de toutes les classes dominantes du passé, c'est qu'au cours de son développement elle rencontre un tournant à partir duquel !out accroissement ultérieur de ses moyens de domination, à savoir en premier lieu ses capitaux, ne fait que contribuer à la rendre de plus en plus inapte à l'exercice du pouvoir politique : « Derrière *les grands bourgeois se dressent les prolétaires.* » En effet, la bourgeoisie engendre le prolétariat dans la mesure même où elle développe son industrie, son commerce et ses moyens de communication. Or, à un certain moment - qui n'est pas nécessairement le même partout et n'arrive pas exactement au même stade de développement - elle commence à s'apercevoir que son double - le prolétariat- la dépasse dangereusement. À partir de ce moment, elle perd la faculté d'exercer exclusivement son pouvoir politique : elle cherche des alliés avec lesquels ou bien elle partage son pouvoir, ou bien à qui elle le cède complètement - selon les circonstances [27].

---

[27] La prévision d'Engels, selon laquelle la bourgeoisie devient de moins en moins révolutionnaire à mesure que vieillit le capitalisme, n'a pas

manqué de se vérifier à l'échelle mondiale, dans tous les pays où la révolution bourgeoise restait à faire. À l'époque de Lénine déjà, le prolétariat dut prendre en charge dans un premier temps -la phase de la révolution bourgeoise de février 1917 - les tâches socialistes étant réalisées en octobre. Cette même double tactique, appelée sociale-démocrate, devait également s'appliquer, aux yeux de la Troisième Internationale révolutionnaire, aux pays, coloniaux et dépendants de la Chine à l'Afrique et à l'Amérique latine. L'histoire de l'Allemagne a donc été en quelque sorte le laboratoire, où s'élaborèrent les solutions valables pour tom ces pays du monde! Ainsi l'étude des conditions de l'Allemagne à partir de 1848 et de la tactique politique élaborée par Marx-Engels permit à Lénine d'établir, dès 1905, les Deux tactiques de la social-démocratie dans la révolution démocratique en Russie. Définissant magistralement ce qui dans les conditions matérielles « retardataires » imposait une politique non pas communiste, mais social-démocrate, Lénine y préconisa, en l'absence d'une bourgeoisie révolutionnaire, de prendre la tête de la révolution dès le début du processus - la phase bourgeoise - pour le conduire jusqu'à son terme - le socialisme, et il notait que les mesures démocratiques bourgeoises sont indispensables au prolétariat - non pas lorsque le capitalisme est développé comme aujourd'hui en Europe où la démocratie est en pleine dissolution et doit être éliminée et non restaurée, mais dans les pays encore essentiellement précapitalistes où une politique sociale-DÉMOCRATE correspond encore à une phase progressive de l'histoire.

Les textes établissant la corrélation entre l'expérience historique et politique de l'Allemagne de l'époque de Marx-Engels et celle de la Russie de Lénine ont été rassemblés dans trois volumes d'environ 2 500 pages sur l'histoire de l'Allemagne (Marx-Engels, Lenin-Stalin, Zur deutschen Geschichte, Berlin 1955). Ces recueils démontrent combien Lénine était préoccupé d'étudier les textes de Marx-Engels pour élaborer en parfaite continuité avec eux ses propres positions politiques. Il est Significatif que les rééditions de ces ouvrages aient séparé les textes de MarxEngels de ceux de Lénine, celui-ci n'est-il pas le père du léninisme et non le farouche défenseur du marxisme contre tout révisionnisme ?

La bourgeoisie a atteint ce tournant dès 1848 en Allemagne. Et ce n'est pas tant du prolétariat allemand que du prolétariat français, qu'elle prit peur à ce moment-là. En effet, les combats de juin 1848 à Paris lui montrèrent ce qui l'attendait. Le prolétariat bougeait juste assez en Allemagne pour lui prouver qu'ici aussi la semence était jetée pour la même récolte et, de ce jour, la pointe de l'action politique de la bourgeoisie fut émoussée. Elle chercha des alliés, se vendit à eux à n'importe quel prix - et aujourd'hui elle n'a pas avancé d'un seul pas.

Il se trouve que ces alliés soient tous de nature réactionnaire : la royauté avec son armée et sa bureaucratie; la grande aristocratie féodale; les petits hobereaux minables, et même la prêtraille. La bourgeoisie a pactisé et s'est entendue avec tout ce beau monde dans le seul but de sauver sa précieuse peau - jusqu'à ce qu'il ne lui reste plus rien à trafiquer. Or plus le prolétariat se développe, en faisant sentir son caractère de classe et en agissant avec une conscience de classe, plus les bourgeois deviennent pusillanimes. Lorsque la stratégie prodigieusement mauvaise des Prussiens triompha à Sadowa de celle plus prodigieusement mauvaise encore des Autrichiens, il fut difficile de dire lequel - du bourgeois prussien qui, lui aussi, avait été battu à Sadowa ou de l'autrichien - respira avec le plus de soulagement et de joie. Notre grande bourgeoisie agit en 1870 exactement de la même manière que la moyenne bourgeoisie en 1525. Quant aux petits bourgeois, aux artisans et aux boutiquiers, ils resteront toujours égaux à eux-mêmes. Ils espèrent toujours s'élever d'un rang dans la bourgeoisie et redoutent d'être précipités dans le prolétariat. Entre la peur et l'espoir, ils tenteront, durant la lutte, de sauver leur précieuse peau et, après, ils se joindront au vainqueur. Telle est leur nature.

L'action sociale et pratique du prolétariat a suivi le rythme de l'essor industriel depuis 1848. Le rôle que les ouvriers allemands jouent aujourd'hui dans leurs syndicats, coopératives, organisations et réunions politiques, aux élections et au prétendu Reichstag démontre déjà par lui-même quel bouleversement l'Allemagne a connu insensiblement ces vingt dernières années. C'est l'honneur des ouvriers allemands d'avoir réussi à envoyer au parlement des ouvriers et des représentants des ouvriers, alors que ni les Français ni les Anglais n'y sont encore parvenus.

Mais le prolétariat ne soutient pas davantage aujourd'hui le parallèle. avec l'année 1525. Cette classe, réduite exclusivement et pendant toute la vie au salariat, est encore bien loin de constituer la plus grande partie du peuple allemand. Aussi est-elle obligée de rechercher des alliés. Or, ceux-ci ne peuvent être trouvés que parmi les petits bourgeois, le lumpenproletariat des villes et les petits paysans et journaliers agricoles.

Nous avons déjà parlé des petits *bourgeois*. Ils sont très peu sûrs - sauf après la victoire, où leurs clameurs sont assourdissantes dans les bistrots. Il y a cependant parmi eux quelques éléments excellents qui se rallient spontanément aux ouvriers.

Le *lumpenproletariat - cette* lie d'individus déchus de toutes les classes qui a son quartier général dans les grandes villes - est, de tous les alliés possibles, le pire. Cette racaille est parfaitement vénale et tout à fait importune. Lorsque les ouvriers français portèrent sur les maisons, pendant les révolutions, l'inscription : « Mort aux voleurs! », et qu'ils en fusillèrent même certains, ce n'était certes pas par enthousiasme pour la propriété, mais bien avec la conscience qu'il fallait avant tout se débarrasser de cette engeance. Tout chef ouvrier qui emploie cette racaille comme garde ou s'appuie sur elle, démontre par là qu'il n'est qu'un traître.

Les petits paysans - car les plus gros font partie de la bourgeoisie - sont de diverses catégories :

Ou bien, ce sont des paysans féodaux qui font encore des corvées pour leur noble maître. La bourgeoisie ayant manqué de libérer cette classe du servage, alors que c'était son devoir, il ne sera pas difficile de les convaincre qu'ils ne peuvent plus attendre leur affranchissement que de la classe ouvrière.

Ou bien, ce sont des métayers. Dans ce cas, nous trouvons le plus souvent les mêmes rapports qu'en Irlande. Le fermage est abusif, au point qu'aux années de récolte moyenne le paysan et sa famille peuvent tout juste subsister, et dans les mauvaises années ils meurent presque de faim : le métayer n'étant pas en état de payer le fermage, tombe totalement dans la dépendance et à la merci du propriétaire foncier. Pour cette catégorie, la bourgeoisie ne fait quelque chose que si elle y est contrainte. De qui peut-elle donc attendre le salut, sinon des ouvriers ?

Il reste les paysans qui cultivent leur propre *parcelle*. Ils sont le plus souvent accablés d'hypothèques et dépendent de l'usurier dans la même mesure que le métayer du propriétaire foncier. Il ne leur reste, à eux aussi, qu'un misérable salaire, d'ailleurs incertain, car il dépend de la bonne ou de la mauvaise récolte. Ils peuvent moins encore que toutes les autres catégories attendre quoi que ce soit de la bourgeoisie, car c'est précisément eux que le bourgeois, le capitaliste usurier pressurent le plus. Néanmoins ils sont le plus souvent très attachés à leur propriété, quoiqu'en réalité elle n'appartienne pas à eux, mais à l'usurier. Il doit cependant être possible de les convaincre qu'ils ne seront affranchis de l'usurier que lorsqu'un gouvernement dépendant du peuple transformera toutes les dettes hypothécaires en une dette unique due à l'État, de sorte que le taux de l'intérêt baisse. Or, il n'y a que la classe ouvrière qui puisse réaliser cela.

Partout où dominent la grande et la moyenne propriété, les *ouvriers agricoles salariés* constituent la classe la plus nombreuse à la campagne. C'est le cas dans toute l'Allemagne du Nord et de l'Est, et *c'est là* que les ouvriers industriels des villes trouvent *leur allié naturel le plus nombreux*. Entre le capitaliste et l'ouvrier de l'industrie il y a le même rapport qu'entre le grand propriétaire foncier ou 'le grand fermier et l'ouvrier agricole. Les mesures qui aident l'un doivent également aider l'autre. Les ouvriers de l'industrie ne peuvent s'émanciper qu'en transformant le capital des bourgeois, c'est-à-dire les matières premières, les machines et les outils, les vivres qui sont nécessaires à la production, en propriété de la société, c'est-à-dire en leur propriété qu'ils utilisent en commun. Lès ouvriers agricoles ne peuvent être sauvés de leur terrible misère que si, avant toute chose, leur principal objet de travail - la terre - est arraché à la propriété privée des gros paysans et des seigneurs féodaux plus gros encore, afin d'être transformé en propriété sociale et cultivé en compte collectif par les coopératives d'ouvriers agricoles. Il s'agit d'appliquer ici la fameuse résolution du Congrès ouvrier international de Bâle [28] (1869) proclamant que la société a intérêt à transformer la propriété foncière en propriété collective, nationale. Cette résolution intéresse principalement les pays où il y a la grande propriété foncière et l'exploitation de vastes domaines avec un seul patron et beaucoup de salariés. Or, dans l'ensemble, cette situation, prédomine toujours en Allemagne, et c'est pourquoi ladite résolution ,est *particulièrement opportune pour ce pays ainsi que pour l'Angleterre.*

Le prolétariat de la campagne, les salariés agricoles constituent la classe où se recrutent dans leur grande masse les armées des souverains. C'est la classe qui, en vertu du suffrage universel, envoie maintenant au Parlement toute cette foule de féodaux et de hobereaux; mais c'est aussi la classe qui est la plus proche des ouvriers industriels urbains : elle partage avec eux les mêmes conditions d'existence et vit dans une misère plus profonde même que la leur. Si cette classe est impuissante, c'est qu'elle est isolée, et dispersée; le gouvernement et l'aristocratie

---

[28] A Bâle, la Première Internationale adopta la résolution suivante: « Le congrès déclare qu'il est nécessaire de faire de la terre une propriété collective ». Le lecteur trouvera, en traduction française, les Remarques relatives à la Nationalisation de la terre », préparées par Marx pour ce congrès, dans la Série Le fil du Temps, n° 7 sur le Marxisme et la Question agraire (Gérant responsable : M. Jacques Angot B.P. 24, Paris-19e).

en connaissent si bien la force cachée, qu'ils laissent à dessein stagner les écoles, afin qu'elle demeure dans l'ignorance. Insuffler la vie à cette classe et l'entraîner dans le mouvement, telle est la tâche la plus urgente du parti ouvrier allemand. Le jour où la masse des ouvriers agricoles aura compris ses propres intérêts, un gouvernement réactionnaire, féodal, bureaucratique ou bourgeois sera impossible en Allemagne.

*
* *

Les lignes qui précèdent ont été écrites il y a plus de quatre ans, mais elles conservent aujourd'hui encore leur pleine valeur. Ce qui était vrai après Sadowa et le partage de l'Allemagne est encore confirmé après Sedan et la fondation du Saint-Empire allemand prussien. Si infimes sont les changements que peuvent imprimer à l'orientation du mouvement historique les grandes actions d'État et la soi-disant haute politique qui prétend « ébranler le monde » !

A l'inverse, ce que peuvent ces grandes actions d'État, c'est accélérer la vitesse de ce mouvement. Et, à cet égard, les auteurs des « événements qui ébranlent le monde » ont eu involontairement des succès qu'ils n'ont certainement pas souhaités le moins du monde, mais auxquels, bon gré mal gré, ils sont obligés de se résigner.

La guerre de 1866 avait déjà ébranlé la vieille Prusse jusque dans ses fondements. C'est avec beaucoup de peine que l'on ramena sous la vieille férule, après 1848, les couches industrielles rebelles, bourgeoises aussi bien que prolétaires, des provinces occidentales, mais on y parvint -et de nouveau les intérêts des hobereaux des provinces orientales et ceux de l'armée prédominèrent dans l'État.

Presque toute l'Allemagne du Nord-Ouest fut prussianisée en 1866. Abstraction faite de l'irréparable préjudice moral que la couronne prussienne de droit divin s'était faite en avalant trois autres couronnes de droit divin, le centre de gravité de la monarchie se déplaça alors considérablement vers l'Ouest. Les 5 millions de Rhénans et de Westphaliens furent renforcés d'abord directement par les quatre, puis indirectement par les six millions d'Allemands annexés par la Confédération de l'Allemagne du Nord. En 1870, les huit millions d'Allemands du Sud-Ouest, s'y ajoutèrent encore, si bien que dans le « Nouvel Empire » 14 millions 1/2 de vieux Prussiens des six provinces à l'Est. de l'Elbe (parmi lesquels il y a donc encore 2 millions de Polonais) firent face aux 25 millions qui avaient depuis longtemps échappé au féodalisme du genre prussien endurci des hobereaux. Ainsi donc ce furent précisément les victoires de l'armée prussienne qui déplacèrent le centre de gravité en dehors de l'État prussien de sorte que la domination des hobereaux devint de plus en plus difficile à supporter - même pour le gouvernement. Mais, en même temps, le développement impétueux de l'industrie commença à substituer à la lutte entre hobereau et bourgeois la lutte entre bourgeois et ouvriers, si bien qu'à l'intérieur aussi les bases sociales du vieil État subirent un bouleversement complet. La monarchie qui se trouvait prise dans un lent processus de décomposition depuis 1840, avait pour condition fondamentale d'existence l'antagonisme de l'aristocratie et de la bourgeoisie, entre lesquelles elle maintenait l'équilibre. À partir du moment où il s'agit de protéger non, plus l'aristocratie contre la pression de la bourgeoisie, mais toutes les classes possédantes contre la pression de la classe ouvrière, la vieille monarchie absolue dut passer complètement à la forme d'État spécialement élaborée à cette fin : la *monarchie bonapartiste*. J'ai analysé ailleurs (cf. la *Question du logement* [29] ce passage de la Prusse au bonapartisme.

---

29 Engels fait allusion au passage ci-après de sa Question du Logement, où il décrit les effets calculés du manque de radicalisme révolutionnaire de la bourgeoisie allemande sur les institutions politiques de l'Allemagne d'après 1871, autant de pièges exploités au maximum par Bismarck pour detourner le prolétariat révolutionnaire de ses buts communistes et l'engager dans les tâches immédiates de la conquête de la démocratie. Dans une telle situation - comme Engels ne cesse de le

Ce que je n'y ai pas souligné, mais qui est essentiel ici, c'est que ce passage fut *le plus grand, pas en avant* que la Prusse eût fait depuis 1848 tellement ce pays était demeuré en arrière du développement moderne. De fait, c'était encore un État semi-féodal, alors que le bonapartisme est en tout cas une forme moderne d'État qui implique l'élimination du féodalisme. La Prusse doit donc se décider à en finir avec ses innombrables vestiges féodaux et à sacrifier ses hobereaux en tant que tels. Bien sûr, cela s'accomplit sous les formes les plus modérées,

---

répéter - il est particulièrement dangereux de ne voir que l'immédiat et perdre de vue l'avenir du mouvement :

« En réalité, l'État tel qu'il subsiste en Allemagne est le produit nécessaire de la base sociale, dont il est issu. En Prusse - et actuellement la Prusse commande - on trouve, à côté d'une noblesse toujours puissante, une bourgeoisie relativement jeune et particulièrement veule, qui jusqu'ici n'a conquis le pouvoir politique, ni directement comme en France, ni plus ou moins indirectement comme en Angleterre. Cependant, à côté de ces deux classes, un prolétariat théoriquement très fort croît rapidement et s'organise chaque jour davantage. Nous y trouvons donc côte à côte un double équilibre : celui qui s'établit entre la noblesse terrienne et la bourgeoisie comme condition fondamentale de l'ancienne monarchie absolue, et celui qui s'établit entre la bourgeoisie et le prolétariat comme condition fondamentale du bonapartisme moderne. Or, dans la vieille monarchie absolue aussi bien que dans la moderne monarchie bonapartiste, le pouvoir gouvernemental effectif se trouve aux mains d'une caste particulière d'officiers et de fonctionnaires qui, en Prusse se recrute en partie dans ses propres rangs, en partie dans la petite noblesse de majorat et pour la part la plus faible dans la bourgeoisie. L'indépendance de cette caste qui semble être en dehors et, pour ainsi dire, au-dessus de la société, confère à cet État une apparence d'autonomie vis-à-vis de la. société. »

d'après le refrain. favori : Qui va doucement va sûrement! C'est le cas, entre autres, de la fameuse organisation de district. Elle abolit les privilèges féodaux du hobereau dans son domaine pour les rétablir comme privilèges de l'ensemble des grands propriétaires dans tout le district. La chose subsiste, seulement on la traduit du dialecte féodal dans l'idiome bourgeois. (in transforme de force le hobereau de type prussien endurci en quelque chose qui ressemble au squire anglais - et il n'a pas tant besoin de se regimber contre cette évolution, car il est aussi sot que son compère anglais.

C'est donc ainsi que la Prusse connut ce destin étrange: achever vers la fin de ce siècle, sous la forme agréable du bonapartisme, sa révolution bourgeoise, commencée en 1808-1813 et poursuivie un petit bout de chemin en 1848. Et si tout va bien, si le monde reste gentiment tranquille, et si nous devenons tous assez vieux, nous pourrons, peut-être, voir en 1900 que le gouvernement de Prusse aura vraiment supprimé toutes les institutions féodales, la Prusse en étant enfin arrivée au point où en était la France en 1792.

L'abolition du féodalisme signifie positivement l'instauration du régime bourgeois. Au fur et à mesure que les privilèges aristocratiques tombent, la législation devient bourgeoise. Et ici nous sommes au cœur même des rapports de la bourgeoisie allemande avec-le gouvernement. Nous avons vu que le gouvernement est obligé d'introduire ces lentes et mesquines réformes. Or, à la bourgeoisie il a présenté chacune de ces petites concessions comme un sacrifice consenti aux bourgeois, comme un renoncement arraché avec beaucoup de peine à la couronne, en échange de quoi les bourgeois devaient à leur tour apporter quelque chose au gouvernement. Il se trouve que les bourgeois, bien que sachant assez bien de quoi il s'agit, acceptent de jouer les dupes. D'où cette convention tacite qui, à Berlin, .est à la base de tous les débats du Reichstag et de la Diète : d'une part, le gouvernement, à une allure d'escargot, réforme la législation en faveur de la bourgeoisie, écarte les entraves apportées au développement de l'industrie par la féodalité et le particularisme des petits États, instaure l'unité de la monnaie, des poids et mesures; introduit la liberté professionnelle et de circulation afin de mettre la main-d'œuvre de toute l'Allemagne à la disposition entière et illimitée du Capital; favorise le commerce et la spéculation; d'autre part, la bourgeoisie abandonne au gouvernement tout le pouvoir politique effectif; vote les impôts et les emprunts; favorise le recrutement des soldats et l'aide à donner aux réformes nouvelles une forme légale permettant au vieux pouvoir policier de garder toute sa puissance à l'égard des personnes qui lui déplaisent. La bourgeoisie achète son émancipation sociale progressive en renonçant dans l'immédiat à exercer son propre pouvoir politique. Est-il besoin de dire que la raison principale qui rend une telle convention acceptable pour la bourgeoisie, ce n'est pas sa peur du gouvernement, mais du prolétariat ?

Si lamentable que soit l'action de notre bourgeoisie au plan politique, il est indéniable qu'elle fasse enfin son devoir dans le secteur industriel et commercial. Comme nous l'avons vu dans l'introduction à la seconde édition du présent ouvrage, elle a assuré l'essor de l'industrie et elle continue aujourd'hui dans cette voie avec plus d'énergie que jamais. Le développement de la région industrielle rhéno-westphalienne depuis 1-869 est à cet égard véritablement inouï pour l'Allemagne et rappelle l'essor des districts usiniers anglais au début de ce siècle. Et il en sera de même en Saxe et en Haute-Silésie, à Berlin, à Hanovre et dans les cités maritimes. Nous avons enfin un commerce mondial, une véritable grande industrie, une véritable bourgeoisie moderne. Par contre, nous avons également subi un véritable krach en 1873-1874... et nous avons aussi un prolétariat véritable, puissant.

Pour le futur historien, le grondement des canons de Spickeren, Mars-la-Tour et Sedan et tout ce qui s'ensuivit aura bien moins d'importance dans l'histoire de l'Allemagne de 1869 à 1874 que le développement sans prétention, mais ininterrompu du prolétariat allemand.

En 1870 déjà, les ouvriers allemands furent soumis à une dure épreuve : la provocation bonapartiste à la guerre et son réflexe naturel, l'enthousiasme national général en Allemagne. Les ouvriers socialistes allemands ne se laissèrent pas égarer un instant [30]. Ils ne donnèrent pas le moindre signe de chauvinisme national. Au milieu de la plus folle ivresse des victoires, ils restèrent froids et exigèrent « une paix équitable avec la République française » et rejetèrent « toute annexion »; Même l'état de siège ne put les réduire au silence.. Ni l'éclat des victoires ni les bavardages sur la « magnificence de l'Empire » allemand ne purent les émouvoir : leur seul but restait l'émancipation de tout le prolétariat européen. Il est sans doute permis d'affirmer que les ouvriers d'aucun autre pays n'ont été jusqu'à présent soumis à une épreuve aussi rude et l'ont si bien surmontée.

L'état de siège du temps de guerre fut suivi des procès de haute trahison, de lèse-majesté et d'outrage à fonctionnaire, puis des tracasseries policières sans cesse croissantes du temps

---

30   Engels ne fait qu'évoquer ici l'attitude admirable du prolétariat allemand de cette époque héroïque, cf. également le volume II de Marx-Engels, le Parti de classe, Édit. Maspero, pp. 190-193, ainsi que Marx-Engels, la Commune de 1871, Éditions 10-18, pp. 81-84.

de paix [31]. L'organe social-démocrate Volksstaat avait, en règle générale, trois à quatre rédacteurs simultanément en prison, et il en était de même, proportionnellement, pour les autres journaux. Tout orateur du parti quelque peu connu devait au moins une fois par an comparaître devant les tribunaux où il était pratiquement assuré d'être condamné. Expulsions, confiscations et dispersions de réunions tombaient comme grêle - mais en vain. Chaque militant arrêté ou expulsé était aussitôt remplacé par un autre; pour chaque réunion dissoute on en convoquait deux autres, et l'on combattit l'arbitraire policier en l'exténuant partout -au moyen d'une ferme obstination et l'application tatillonne de la lettre de la loi. Toutes les persécutions produisirent un effet contraire au but poursuivi. Loin de briser ou simplement de faire plier le parti ouvrier, elles lui amenèrent au contraire, sans cesse, de nouvelles recrues et renforcèrent son organisation. Dans leur lutte contre les autorités constituées comme contre les bourgeois particuliers, les ouvriers s'avérèrent partout, intellectuellement et moralement, supérieurs à eux et démontrèrent, notamment dans les conflits avec leurs « employeurs » qu'eux, les ouvriers, étaient à présent ceux qui étaient cultivés, tandis que les capitalistes étaient sclérosés. Et, de plus, ils menèrent leurs luttes avec un humour qui prouve combien ils étaient sûrs de leur

---

[31] Cf. Marx-Engels, la Question militaire, Éditions de l'Herne, pp. 517-523.

cause et conscients de leur supériorité. Dès lors que le terrain est historiquement préparé, une lutte ainsi conduite doit donner de grands résultats. Les succès obtenus aux élections de janvier [32] restent uniques jusqu'à présent dans l'histoire du mouvement ouvrier moderne, et la stupéfaction qu'ils suscitèrent dans toute l'Europe était parfaitement justifiée.

Les ouvriers allemands ont, sur ceux du reste de l'Europe, deux avantages essentiels. Premièrement, ils font partie du peuple le plus théoricien d'Europe et ils ont conservé le sens théorique qui a si complètement disparu chez les prétendues classes cultivées d'Allemagne. S'il n'y avait pas eu précédemment la philosophie allemande, notamment celle de Hegel, il n'y eût sans doute jamais eu de socialisme scientifique allemand - le seul socialisme scientifique qui ait jamais existé. Sans le sens théorique qui est répandu chez les ouvriers, ce socialisme scientifique ne serait pas passé à ce point dans leur chair et dans leur sang. Et l'on comprend l'avantage infini que cela constitue, quand on sait que c'est, d'une part, l'indifférence à l'égard de toute théorie qui est l'une des causes fondamentales du peu de progrès qu'enregistre le mouvement ouvrier anglais malgré l'excellente organisation de ses divers syndicats, et,

---

[32] Lors des élections au Reichstag du 10 janvier 1874, la social-démocratie obtint plus de 350 000 voix et neuf sièges.

d'autre part, le trouble et la confusion semés dans la théorie par le proudhonisme - sous la forme qu'il avait à ses débuts, chez les Français et les Belges, et sous sa forme caricaturale que lui a donnée ensuite Bakounine, chez les Espagnols et les Italiens - qui entravent le mouvement dans les pays latins.

Le second avantage, c'est que chronologiquement les Allemands sont venus au mouvement ouvrier à peu près les derniers. De même que le socialisme allemand théorique n'oubliera jamais qu'il s'est élevé sur les épaules de Saint-Simon, de Fourier et d'Owen, trois hommes qui, malgré toute la fantaisie et l'utopisme de leurs doctrines, comptent parmi les plus grands esprits de tous les temps et ont anticipé génialement sur d'innombrables idées dont nous démontrons aujourd'hui scientifiquement la justesse [33] - de même le mouvement ouvrier allemand pratique [34] ne devra jamais oublier qu'il s'est

---

[33]   À propos du rapport entre marxisme et utopisme, cf. Marx-Engels et tes utopistes, petite Collection Maspéro, 1975.

[34]   Engels fait ici une distinction, désormais classique, entre parti formel (pratique) et parti historique (programmatique, théorique). Marx et Engels représentaient au plus haut point le parti historique, c'est-à-dire le communisme comme résultat de l'expérience de toute l'évolution humaine. De ce point de vue ils critiquaient le parti formel, - en l'occurrence social-démocrate -, qui tendait seulement vers une politique communiste. Même alors il ne fallait jamais perdre de vue la continuité, le fil vers ce but, quel que fût l'éloignement de son action de départ. Une doit pas y avoir d'opposition entre ces deux notions de

développé sur la lancée des ouvriers anglais et français, dont il a pu bénéficier directement des expériences que ceux-ci avaient eux-mêmes chèrement payées et éviter à présent leurs erreurs, autrefois pour la plupart inévitables. Sans le précédent des syndicats anglais et des luttes politiques des ouvriers en France, sans l'impulsion gigantesque donnée notamment par la Commune de Paris - où en serions-nous aujourd'hui ?

Il faut reconnaître que les ouvriers allemands ont su profiter des avantages de leur situation avec une rare intelligence. Pour la première fois depuis qu'il existe un mouvement ouvrier, la lutte est menée dans ses trois directions : théorique, politique et économique-pratique (résistance contre les capitalistes), et ce en une synthèse, avec cohérence et méthode. La force invincible du mouvement allemand réside précisément dans cette attaque pour ainsi dire concentrique.

---

parti, même à l'époque où la distinction est encore historiquement inévitable. Comme Marx n'a cessé de le montrer, ils doivent tendre à se rejoindre de plus en plus, jusqu'à coïncider.

En somme, le danger qui guettait toujours la social-démocratie était ce qu'on appelle l'immédiatisme, forme d'opportunisme qui ne considère que le mouvement actuel; Marx-Engels défendaient essentiellement l'avenir, le but et la continuité d'action et s'efforçaient de réaliser la formule du Manifeste, selon laquelle les communistes représentent dans le mouvement actuel l'avenir du mouvement, en défendant « toujours au cours des différentes phases de l'évolution que traverse la lutte entre prolétariat et bourgeoisie l'intérêt de l'ensemble du mouvement ».

Le mouvement anglais étant enserré dans ses limites insulaires et une violente répression s'abattant sur les ouvriers français, la situation historique n'est favorable qu'aux ouvriers allemands qui se trouvent, pour le moment, placés à l'avant-garde de la lutte prolétarienne. On ne saurait prédire combien de temps les événements leur laisseront ce poste d'honneur. Mais il faut espérer qu'ils rempliront leurs devoirs comme il convient tant qu'ils l'occuperont. Pour cela, il faut qu'ils redoublent d'efforts dans tous les domaines de la lutte et de l'agitation. Ce sera notamment le devoir des chefs de s'approprier de plus en plus les armes théoriques, de s'affranchir de plus en plus de l'influence des phrases traditionnelles, appartenant à des conceptions surannées du monde, et de ne jamais oublier que le socialisme - depuis qu'il est devenu une science - demande à être traité comme une science, c'est-à-dire étudié. Il importera ensuite de diffuser avec un zèle accru parmi les masses ouvrières les analyses théoriques toujours plus claires ainsi acquises, et de consolider de plus en plus puissamment l'organisation du parti et des syndicats.

Quoique les suffrages socialistes exprimés en janvier représentent déjà une assez belle armée [35], ils sont bien loin encore de constituer la majorité de la classe ouvrière allemande; et si encourageants que soient les succès de la propagande parmi les populations de la campagne, il reste encore infiniment à faire, précisément sur ce terrain. Il ne s'agit donc pas de relâcher le combat, mais au contraire d'arracher à l'ennemi une ville, une circonscription électorale après l'autre. Cependant, il s'agit avant tout de maintenir le véritable esprit international qui n'admet aucun chauvinisme patriotique et qui

---

[35] Comme à tous les tournants du mouvement, Engels fait ici le bilan des forces sur lesquelles le socialisme peut s'appuyer. Pour cela, il se réfère aux résultats des élections, qui sont un étalon du rapport des forces, fourni par le mécanisme démocratique de la classe adverse au pouvoir qui règne par ce moyen, tant qu'elle est ta plus forte. Le parlementarisme, comme tactique révolutionnaire, est éminemment un moyen d'effectuer sa propagande et de compter ses forces (dans les conditions et le moment choisis par l'adversaire) pour l'assaut révolutionnaire, et non de conquérir pacifiquement le pouvoir par l'intérieur du système capitaliste, surtout après que la Commune ait démontré qu'il fallait briser de l'extérieur la machine d'État bourgeoise avant d'instaurer la dictature du prolétariat.

Dans ses bilans successifs, Engels constatera que l'Allemagne n'est pas encore mûre pour que triomphe la révolution socialiste, les rapports de classe aussi bien que le niveau de conscience idéologique étant encore trop peu développés pour permettre de balayer les classes au pouvoir.

Après ce texte sur le contexte économique et social de l'action du parti allemand, nous passons aux différents écrits de Marx-Engels relatifs à la formation du mouvement social-démocrate en Allemagne.

salue avec joie tout nouveau progrès du mouvement prolétarien - de quelque nation qu'il provienne.

Si les ouvriers allemands continuent ainsi d'aller de l'avant, je ne dis pas qu'ils prendront la tête du mouvement - il n'est pas dans l'intérêt de notre mouvement que les ouvriers d'une nation quelle qu'elle soit prennent la tête du mouvement - mais ils occuperont une place honorable sur le front de la bataille; et ils seront armés et prêts lorsque de lourdes épreuves inattendues ou de gigantesques événements exigeront d'eux beaucoup plus de courage, de décision et d'énergie.

L'ASSOCIATION GÉNÉRALE
DES OUVRIERS ALLEMANDS
ET LES SOCIAUX-DÉMOCRATES

> Marx, Au président et au Comité directeur de l'Association générale des ouvriers allemands (A.G.O.A.) in: Social-Demokrat, 28 août 1868.

En conclusion des travaux préparatoires du Congrès de Bruxelles, la commission exécutive du Conseil général de l'association internationale des travailleurs (A.I.T.) se réunira le 22 août, et le Conseil général tiendra une session plénière le 25 août. Étant chargé du compte rendu d'activité de ces deux réunions, je ne serai pas en mesure de donner suite à l'invitation flatteuse que vous m'avez faite de participer au congrès de l'A.G.O.A. [36] de Hambourg.

---

[36] Cette Association fut fondée le 23 mai 1863 à Leipzig sous le patronage de Lassalle (cf. note no 257). Cependant l'initiative en revenait à des ouvriers imprégnés des traditions de la Ligue des communistes et de la révolution de 1848. Groupés en associations ouvrières, les

travailleurs tendaient à se soustraire aux influences réformatrices des idéologues du socialisme d'État ou des libéraux bourgeois et à s'organiser sur une base de classe, bien que l'indus,trie moderne ne fût pas encore développée et l'unité de l'Allemagne réalisée. Ferdinand Lassalle devint le président de l'A.G.O.A. en 1863 et le demeura jusqu'à sa mort en 1864. Début septembre 1864, Liebknecht demanda à Marx de se faire élire président de l'A.G.O.A. et souligna que Bernhard Becker et von Schweitzer (qui en furent successivement les présidents) lui avaient demandé de faire cette démarche. Pour diverses raisons (notamment parce qu'il était lié à Londres par son activité d'organisation de la Ire Internationale et interdit de séjour en Allemagne), Marx déclina cette offre, et les éléments lassalléens imposèrent leur dictature à l'Association. Néanmoins Marx-Engels ne cherchèrent pas à former une organisation nouvelle, mais à influencer l'A.G.O.A. afin de la relier d'abord à l'Internationale et la transformer ensuite en un véritable parti révolutionnaire. Les règles d'organisation lassalléennes, axées sur le culte de la personnalité et le principe d'autorité qui en découle, permirent une véritable dictature sur les membres les plus actifs et les plus conscients de la nécessité d'une politique et d'un programme de classe, et retardèrent, sinon contrarièrent la formation d'un parti de classe, auquel tous les rapports d'exploitation des ouvriers poussaient en Allemagne.

Une résistance très vive finit par se développer au sein de l'A.G.O.A. même contre la politique opportuniste et sectaire des dirigeants de l'Association, qui collaboraient de plus en plus ouvertement avec Bismarck. De nombreux militants et dirigeants quittèrent en 1869 l'A.G.O.A. et fondèrent avec August Bebel et Wilhelm Liebknecht le parti ouvrier social-démocrate à Eisenach.

Le mouvement réel tout entier des ouvriers allemands tendaient à saper les positions sectaires des dirigeants lassalléens et à la fusion de tous les éléments ouvriers de l'A.G.O.A. et des Eisenachiens en un seul parti unitaire de classe.

Les textes de Marx-Engels sur leurs rapports avec le mouvement ouvrier allemand nous donnent, sinon tous les détails historiques de la vie de la social-démocratie allemande, du moins tous les principaux points de repère et jalons de son histoire, ce qui permet le mieux d'en

Je constate avec joie qu'au programme de votre congrès vous ayez placé les questions qui doivent constituer le point de départ de tout mouvement ouvrier sérieux : agitation pour une pleine liberté politique, réglementation de la journée de travail et coopération internationale systématique de la classe ouvrière en vue de la grande tâche historique qu'elle doit résoudre pour la société entière. Nous vous souhaitons bonne chance dans cette œuvre [37] !

---

tirer la synthèse historique. Les interventions de Marx-Engels auprès de l'A.G.O.A. éclairent ainsi la question de l'ultérieure fusion des Lassalléens et Eisenachiens au congrès de Gotha qui marque le début réel du parti social-démocrate, non pour ce qui est du programme qui en est issu, mais pour ce qui est de l'organisation. Cette fusion était dans le cours nécessaire des choses, et Marx-Engels n'en critiquèrent que les concessions programmatiques et organisationnelles exorbitantes à la tendance moribonde des Lassalléens.

[37] Les ouvriers allemands, engagés de plus en plus dans des luttes économiques, se préoccupaient avant tout d'organiser leur défense contre l'exploitation qui s'aggravait à mesure de l'industrialisation accélérée de l'Allemagne : ils avaient un besoin vital de syndicats face à l'organisation patronale de l'industrie. Les dirigeants lassalléens, pour ne pas perdre leur influence sur les masses, renoncèrent pratiquement à leur panacée sociale - les coopératives avec l'aide de l'État - pour se lancer dans la création de syndicats en vue de barrer les efforts de Bebel, Liebknecht, etc. en ce sens. Ainsi le congrès de Hambourg de l'A.G.O.A. aborda-t-il des problèmes qui n'avaient rien à voir avec le programme lassalléen, de sorte que les partisans les plus farouches de von Schweitzer opposèrent à leur chef la plus vive résistance lorsqu'il proposa de convoquer un Congrès syndical à Berlin. Le congrès de Hambourg prit des décision fondamentales en sens tout à fait marxiste :

Marx : Extrait du IVe rapport annuel du Conseil général de l'Internationale, 1er septembre 1868.

En Prusse, l'Internationale ne peut avoir d'existence légale, parce qu'une loi interdit toute liaison entre les associations ouvrières prussiennes et les sociétés étrangères [38]. En outre, le gouvernement prussien reprend à une échelle mesquine la politique bonapartiste, par exemple dans ses démêlés avec

---

reconnaissance du principe des grèves, action commune avec les ouvriers des autres pays et hommage au Capital de Marx, « bible de la classe ouvrière militante ».

Le mouvement allemand suivait pas à pas le schéma d'organisation prévu parle Manifeste de 1848: organisation en syndicat, puis en parti politique et collaboration de ces deux organisations sous la direction politique de l'Internationale constituant te prolétariat en classe mondiale consciente, militante, unitaire et organisée en vue de la conquête du pouvoir. Dans ces conditions les idées de Marx-Engels ne pouvaient pas ne pas triompher du lassalléanisme, expression bornée des travailleurs d'une Allemagne qui n'avait pas encore fait son unité et était encore largement petite bourgeoise.

A propos de la polémique entre Marx et von Schweitzer sur les coopératives de production et le mouvement syndical, cf. Marx-Engels, le Syndicalisme 1, pp. 87-95.

[38] Allusion à la toi sur les associations du 11-03-1850. Dès les premiers pas du mouvement ouvrier allemand, le gouvernement prussien sut utiliser la force de l'État pour interdire l'activité précise qui était vitale pour l'organisation existante, en l'occurrence la liaison avec la lre Internationale conduite par Marx.

l'Association générale des ouvriers allemands. Bien qu'ils soient toujours prêts à se bagarrer entre eux, les gouvernements militaires sont toujours unis lorsqu'il s'agit de partir en croisade contre leur ennemi commun - la classe ouvrière.

Malgré toutes les entraves légales, de petites branches, éparpillées dans toute l'Allemagne, se sont regroupées depuis quelque temps autour de notre comité de Genève.

A son dernier congrès de Hambourg, *l'Association générale des ouvriers allemands,* qui est surtout propagée en Allemagne du Nord, décida d'agir en accord avec l'A.I.T., même si légalement elle était, hors d'état de s'y affilier officiellement. Le prochain congrès de Nuremberg, représentant environ 100 associations ouvrières qui font partie surtout de l'Allemagne centrale et méridionale [39] a mis à l'ordre du jour son affiliation directe à

---

[39]   Marx distingue l'organisation de von Schweitzer et celle de Bebel-Liebknecht non en termes d'opposition, mais d'après des critères territoriaux dans une Allemagne non encore unifiée.
Le congrès de t'Association des sociétés ouvrières allemandes se réunit du 5 au 7-IX-1869 à Nuremberg: 115 délégués y représentaient 93 sociétés. Le conseil général de l'Internationale y envoya son délégué Eccarius, le congrès devant discutez de son « adhésion aux efforts » de l'Internationale. Le programme qui y fut adopté, était celui de l'Adresse inaugurale de l'A.I.T., la politique allemande à suivre fut définie par le texte d'Engels sur la Question militaire prussienne et le parti ouvrier allemand. Le congrès se scinda en deux blocs lors du vote sur le programme, 69 oui, sait 61 sociétés contre 46 correspondant à 12

l'A.I.T. Répondant au vœu de son comité directeur, nous avons envoyé un délégué à Nuremberg [40].

En Autriche, le mouvement ouvrier prend un caractère de plus en plus révolutionnaire. Un congrès a été convoqué à Vienne pour début septembre en vue de la fraternisation des

---

sociétés. La minorité représentant surtout des délégués de la bourgeoisie libérale quitta l'organisation. Ce congrès fut un pas décisif dans l'émancipation de l'Association vis-à-vis des influences bourgeoises et petites bourgeoises. Un comité de 16 membres fut élu pour faire exécuter les résolutions du Congrès: le Conseil général de l'A.I.T. le reconnut le 22-IX-1868 comme comité exécutif de l'A.I.T. en Allemagne.

Le congrès de Nuremberg prit la résolution suivante sur les syndicats, dont le parti politique prenait donc l'initiative de la création dans l'intérêt matériel et social des ouvriers : « Considérant que l'octroi par l'État existant d'une caisse générale d'assurance-vieillesse gérée par l'administration donne inconsciemment aux ouvriers un intérêt conservateur aux formes existantes de l'État, en lequel ils ne peuvent avoir aucune confiance; que les caisses de maladie, de vieillesse et d'aide aux travailleurs en déplacement fonctionnent le mieux lorsqu'elles sont le fruit de l'initiative des syndicats, le cinquième congrès demande aux membres de l'Association et surtout de la direction d'agir énergiquement pour organiser les ouvriers en syndicats centralisés.

[40] Le congrès de Nuremberg avait repris les thèses exposées par Engels dans cet écrit (cf. traduction française dans Marx-Engels, Écrits militaires, L'Herne, pp. 449-490) : se désolidariser des milieux gouvernementaux prussiens à la veille de l'unité allemande, qu'il eût fallu réaliser par une révolution par le bas et non par le haut, comme ce fut malheureusement le cas.

Le lecteur trouvera des textes de Marx-Engels (cf Parti de classe, II, pp. 106-119) en traduction française sur leur action en faveur de la promotion du mouvement ouvrier allemand.

ouvriers des diverses nationalités de l'Empire. On lança simultanément une adresse invitant les Anglais et les Français et proclamant les principes de l'A.I.T. Votre Conseil général avait déjà nommé un délégué pour Vienne, lorsque l'actuel cabinet *libéral* autrichien, sur le point de succomber à la réaction féodale, eut l'idée lumineuse de s'attirer l'hostilité des ouvriers en interdisant leur congrès.

Frédéric Engels
*À propos de la dissolution
de l'Association ouvrière lassalléenne*

Demokratisches Wochenblatt, 3 et 10 octobre 1868.

« Le gouvernement *sait - et* la bourgeoisie le sait aussi que tout le mouvement ouvrier actuel en Allemagne est simplement *toléré*, et ne se développe qu'aussi longtemps qu'il *plaira* au gouvernement. Il le tolérera tant que le gouvernement jugera qu'il est utile que de nouveaux adversaires indépendants s'élèvent contre l'opposition bourgeoise. Dès l'instant où ce mouvement fera des ouvriers une puissance autonome et dangereuse pour le gouvernement, c'en sera fini. Puisse la manière dont la propagande est interdite aux progressistes dans là presse, les associations et les réunions, servir d'avertissement aux ouvriers! Les mêmes lois, ordonnances et mesures peuvent, du jour au lendemain, être retournées contre eux et mettre un terme à leur propagande, et c'est ce qui se produira dès qu'elle deviendra dangereuse, Il importe au plus haut point que les ouvriers en soient conscients, et ne tombent pas dans l'illusion de la bourgeoisie sous le régime de l' « Ère Nouvelle », où elle aussi était simplement *tolérée,* alors qu'elle se figurait être déjà bien en selle. Ceux qui s'imaginent que le gouvernement actuel affranchira, de leurs présentes entraves, la presse, les droits de réunion et d'association font partie des gens avec lesquels il n'est plus possible de parler. Sans libertés de la presse, d'association et de réunion, pas de mouvement ouvrier possible. »

Ces mots se trouvent pages 50 et 51 d'une brochure intitulée *La Question militaire et le Parti ouvrier allemand* de Frédéric Engels, publié à Hambourg en 1865. A cette époque, le cabinet Bismarck s'efforça de mettre sous son aile *l'Association générale des ouvriers allemands* [41] - la seule coalition organisée des: ouvriers sociaux-

---

[41] Lassalle lui-même fut empêché in extremis de devenir directement la créature de Bismarck. Dans son rapport à la conférence de l'A.I.T. de Londres sur la situation du mouvement ouvrier en Allemagne, Liebknecht écrit le 23-09-1865 : « Lassalle était allé trop loin; il était profondément pris dans les rêts de l'aristocratie - et ne pouvait plus reculer. Ce que ses amis [Marx-Engels) lui avaient prédit se vérifia bientôt. Afin que son mouvement ne soit pas aussitôt réprimé, il dut

démocrates d'Allemagne - en faisant miroiter aux ouvriers la perspective que le gouvernement accorderait le suffrage universel. Le « droit de vote général, égal et direct » n'était-il pas le seul moyen infaillible prêché par Lassalle pour conquérir le pouvoir politique par là classe ouvrière ? Pourquoi dès. lors se pencher sur des choses aussi basses que les libertés de la presse, de réunion et d'association pour lesquelles la bourgeoisie également intervenait ou du moins l'affirmait ? Si la bourgeoisie s'y intéressait n'était-ce pas précisément une raison pour les ouvriers de se tenir à l'écart de tout cela dans leur agitation ? L'auteur de la brochure ci-dessus mentionnée s'en prit à cette conception. Mais les dirigeants de l'Association générale des ouvriers allemands se croyaient plus malins, et l'auteur de la

---

faire des concessions au Pouvoir, c'est dire qu'à dut briser la pointe révolutionnaire des principes qu'il propageait. Et après un an déjà il se trouva devant Le dilemne: ou bien reconnaître qu'il avait commis une faute, ou bien passer du côté gouvernemental. »

Dans une lettre publiée par le Social-demokrat du 3-03-1865, Marx-Engels avaient déjà déclaré qu'ils renonçaient à collaborer à l'organe lassalléen en raison de son attitude pro-bismarckienne.

Dans sa déclaration du 18-02-1869, W. Liebknecht annonçait : « Je suis prêt à faire face à Monsieur von Schweitzer dans une réunion publique et à fournir la preuve qu'il (Schweitzer) - soit pour de l'argent, soit par penchant - tente de circonvenir systématiquement l'organisation du Parti ouvrier depuis fin 1864 et fait le jeu du césarisme bismarckien. » Et en outre je prouverai que moi-même et mes amis n'avons négligé aucun moyen pour promouvoir l'unité du parti et que Monsieur von Schweitzer a fait échouer jusqu'ici tous nos efforts en ce sens ».

brochure ainsi que ses amis eurent tout juste la satisfaction d'être mis au ban de leur ville natale Barmen par les Lassalléens.

Et où en sont les choses aujourd'hui ? Le « droit de vote général, égal et direct » existe depuis deux ans. Déjà on a voté pour deux Reichstag. Les ouvriers, au heu de se prélasser à la direction du pouvoir et de décréter des « subventions d'État » d'après la recette de Lassalle, envoient à grand peine une demi-douzaine de députés au Reichstag. Bismarck est chancelier d'Empire, et il dissout *l'Association générale des ouvriers allemands* [42].

---

[42]   L'A.G.O.A. s'étant radicalisée sous la pression des masses, comme cela s'était manifesté clairement au congrès de Hambourg, où la direction lassalléenne avait été obligée d'adopter un point de vue marxiste en opposition flagrante avec le lassalléanisme, la police de Leipzig ordonna le 16-09-1868 la dissolution de l'A.G.O.A. et la fermeture de sa section berlinoise. Le coup était manifestement dirigé contre les éléments radicaux, car von Schweitzer reconstitua trois semaines plus tard à peine l'Association à Berlin sous le même nom avec une direction lassalléenne.
 Dans les nouveaux statuts, il affirmait clairement son intention d'agir strictement dans le cadre de la législation prussienne. La direction s'était inclinée devant l'État prussien, et se mit en devoir de dissoudre les sections locales rebelles. Von Schweitzer s'engagea toujours davantage dans la collaboration avec Bismarck, dont il soutint la politique d'unification de l'Allemagne sous l'hégémonie prussienne, ce qui empoisonna tous les rapports entre la social-démocratie et l'État allemand: il s'opposa à l'affiliation des ouvriers allemands à l'Internationale, et lutta contre le parti ouvrier social-démocrate par tous les moyens, Schweitzer fut finalement exclu de l'A.G.O.A. en 1872,

Pourquoi le suffrage universel n'a-t-il pas apporté aux ouvriers le millénium promis ? La réponse ils pouvaient également la trouver déjà dans la brochure d'Engels, p. 48:

« Or en ce qui concerne le suffrage universel direct, il suffit de jeter un coup d'œil sur la France pour voir comment on peut réaliser des élections dociles, si l'on dispose d'une nombreuse population rurale abêtie, d'une bureaucratie bien organisée, d'une presse soigneusement contrôlée, d'associations parfaitement tenues en bride par la police - et sans aucune réunion politique. Combien de représentants d'ouvriers le suffrage universel direct fait-il entrer dans la Chambre française ? Et pourtant, disposant d'une concentration bien plus grande et d'une plus longue expérience de lutte et d'organisation, le prolétariat français a de l'avance sur l'allemand.

« Cela nous mène à un autre point encore. En Allemagne, la population dés campagnes est deux fois plus importante que celle des villes, c'est dire que les deux tiers de sa population vivent du sol et un tiers de l'industrie. Et comme en Allemagne

---

ses relations avec le gouvernement prussien furent alors rendues publiques.

la grande propriété foncière est la règle et le petit paysan parcellaire l'exception, cela signifie que, si un tiers des travailleurs est soumis aux capitalistes, *deux tiers sont aux ordres du seigneur féodal.* Ceux qui s'en prennent sans cesse aux capitalistes, mais ne soufflent mot contre les féodaux, feraient bien d'y réfléchir. Les féodaux exploitent en Allemagne deux fois plus de travailleurs que les bourgeois; ils y sont les ennemis tout aussi directs des ouvriers que les capitalistes.

« Mais ce n'est pas tout - tant s'en faut. Dans les anciens domaines féodaux, le régime patriarcal impose au journalier agricole ou au paysan sans terre une dépendance héréditaire vis-à-vis de son gracieux seigneur, et rend très difficile au prolétaire agricole son entrée dans le mouvement des travailleurs urbains. A quoi s'ajoutent les curés, l'abrutissement systématique des campagnes, la méchante éducation scolaire, le cercle clos, de la vie rurale. Le prolétariat agricole est la partie de la classe ouvrière la plus mal lotie et elle sera la dernière à prendre conscience de ses intérêts, de sa position sociale, bref, elle restera le plus longtemps un instrument inconscient dans les mains de la classe privilégiée qui l'exploite. Or quelle est cette classe ? En Allemagne, *ce n'est* pas *la bourgeoisie, mais la noblesse féodale.*

« En France, où il n'existe pratiquement que des paysans libres, propriétaires de leur terre, où l'aristocratie féodale est depuis longtemps privée de tout pouvoir politique, le suffrage universel n'a pas fait entrer les ouvriers dans les Chambres, mais, tout au contraire, les en a pratiquement exclus. Quel serait le résultat en Allemagne, où la noblesse féodale est encore effectivement une puissance sociale et politique, et où il y a deux travailleurs agricoles pour un ouvrier d'indu strie ? Combattre la réaction féodale et bureaucratique - formant actuellement en Prusse un couple indissociable - c'est lutter pour l'émancipation intellectuelle et politique du prolétariat rural. Tant que ce dernier ne sera pas entraîné dans le mouvement, le prolétariat des villes ne pourra rien obtenir. Loin d'être une arme pour lui, le suffrage universel direct ne sera qu'un *piège*.

« Cette analyse très franche, mais nécessaire, incitera-t-elle les féodaux à introduire le suffrage universel ? - Tant mieux. »

L'Association *générale des ouvriers allemands* a été dissoute non seulement sous le règne du suffrage universel, mais précisément *parce que* règne le suffrage universel. Engels lui avait prédit qu'elle serait persécutée dès qu'elle deviendrait *dangereuse*. Lors de son dernier congrès, l'Association avait décidé : 1. de faire de l'agitation pour *une pleine liberté politique,* et 2. de collaborer avec l'Association internationale des travailleurs.

Ces deux résolutions signifient une rupture totale avec tout le passé de l'Association. Du même coup, elle abandonnait la position de secte qu'elle occupait jusque-là pour se placer sur la large base d'un grand mouvement ouvrier. En haut lieu on semble avoir compris que c'était là en quelque sorte une entorse à la convention. En d'autres temps, cela n'aurait pas tiré vraiment à conséquence, mais depuis l'instauration du suffrage universel, il faut préserver soigneusement son prolétariat des campagnes et des petites villes de telles tentatives de subversion! Le suffrage universel fut donc le dernier clou enfoncé dans le cercueil de l'Association générale des ouvriers allemands. C'est un honneur pour l'association d'avoir succombé à la suite-de cette rupture avec le lassalléanisme borné. Quelle que soit l'organisation qui la remplacera, elle sera édifiée sur une base et des principes beaucoup plus larges que ceux que pouvaient offrir les quelques slogans lassalléens éternellement rabâchés à propos de l'aide de l'État. A partir du moment où les membres de l'Association dissoute se sont mis à penser, au lieu de croire seulement, disparaît alors le dernier obstacle qui se trouve sur la voie de la fusion de tous les ouvriers sociaux-démocrates d'Allemagne en un grand parti [43].

---

[43] Le Parti ouvrier allemand se constituera, en revendiquant les principes internationalistes, énoncés par Marx dans l'Adresse inaugurale et les Statuts de l'A.I.T. et en luttant contre les éléments démocrates libéraux ainsi que les chefs lassalléens liés au socialisme d'État de Bismarck. Le Parti ouvrier social-démocrate fut fondé au congrès d'Eisenach, du 7-9-08-1869, auquel assistèrent 263 délégués mandatés par 200 sections d'Allemagne, d'Autriche et de Suisse.

Pour Marx, le parti allemand devait se constituer par l'activité organisatrice des ouvriers eux-mêmes, en réaction non seulement contre les chefs lassalléens corrompus, mais encore de chefs, tels que Liebknecht, et Ëccarius qui voulaient régenter les ouvriers : « Je ne crois pas que Schweitzer ait eu le pressentiment du coup qui vient de le frapper. Si cela avait été le cas, il n'aurait pas glorifié avec tant d'ardeur les vertus d'une « organisation qui marche au pas ». Je crois que c'est l'Internationale qui a poussé le gouvernement prussien à prendre cette mesure [la dissolution de l'A.G.O.A.]. Ce qui explique la lettre « si chaudement fraternelle ».que Schweitzer m'a adressée, c'est tout simplement qu'après la décision de Nuremberg, il craignait que je prenne publiquement parti pour Liebknecht, contre lui. Après le congrès de Hambourg- le bonhomme m'avait écrit de bien vouloir y venir pour « qu'on me charge des lauriers tant mérités » - une telle polémique eût été périlleuse pour lui. Ce qui est le plus nécessaire pour la classe ouvrière allemande, c'est qu'elle cesse d'agir avec l'autorisation préalable de ses hautes autorités. Une race aussi bureaucratique ment éduquée doit suivre un cours complet de formation politique en agissant par sa seule initiative. Au reste, elle bénéficie d'un avantage absolu : elle commence le mouvement dans des conditions de maturité d'une époque bien plus avancée que les ouvriers anglais et, du fait de la situation allemande, les ouvriers ont un esprit généralisateur solidement ancré en eux. » (Marx à Engels, 26-09-1868.)

Demokratisches Wochenblatt, 10 octobre 1868.

Il convient d'ajouter la note suivante à l'article publié sous le même titre dans notre dernier numéro après la citation extraite de la brochure d'Engels sur le suffrage universel :

Le « Président de l'Humanité », Bernhard Becker [44], légué par Lassalle à l'Association a accablé en son temps le « parti Marx », - *c'est-à-dire Marx, Engels et Liebknecht* - d'injures les plus atroces [45]. À présent dans son écrit immonde, *Révélations sur la fin tragique de Ferdinand Lassalle,* qui met à nu sa bassesse d'âme et n'a d'intérêt que par les documents qui y sont passés sous silence, ce même Becker malmène comme suit la prose d'Engels:

« Quelle est la seule raison pour laquelle on n'agite pas pour la *liberté inconditionnelle de réunion, d'association et de presse* ? Pourquoi les ouvriers ne cherchent-ils pas à se débarrasser des

---

[44] Dans sa lettre du 25-09-1868, Marx avait demandé à Engels d'ajouter une note polémique contre le président de l'A.G.O.A. (1864-65), Bernhard Becker. En effet: « le moment est venu maintenant d'attaquer ce genre de lassalléanisme d'abord, et il ne faut absolument pas admettre que le pamphlet merdeux de B. Becker soit passé sous silence ».

[45] Ce joli travail est poursuivi maintenant par la comtesse Hatzfeldt, la « mère » de cette caricature de l'Association générale des ouvriers allemands qu'est l'organisation dirigée par les Försterling et Mende (Note d'Engels).

chaînes qu'on leur pose en ces temps de réaction ? » (p. 133). « En continuant tout simplement de développer la base démocratique, on peut rafraîchir le lassalléanisme et glisser dans le pur socialisme. Pour cela, il est nécessaire, entre autres, que l'on cesse d'épargner les intérêts des *hobereaux* ou propriétaires fonciers fortunés, et que la théorie socialiste soit complétée et achevée (sic) par *application à la grande masse des ouvriers agricoles* qui en Prusse dépasse de loin la population des villes » (p. 134).

On voit que l'auteur de cette brochure (Fr. Engels) peut être satisfait de l'effet qu'elle a produit sur ses adversaires!

Marx à J.-B. von Schweitzer, 13 octobre 1868.

Cher monsieur,

Si vous n'avez pas reçu de réponse à votre honorée du 15 septembre, la faute en est à un malentendu de ma part, J'ai cru comprendre que vous vouliez me communiquer votre avant-projet pour examen [46] et j'ai attendu. Ensuite il y eut le congrès, et c'est alors que j'estimai que la réponse - étant donné que je suis surchargé de travail - n'était plus pressante. Avant l'arrivée de votre lettre du 8 octobre, j'avais déjà à plusieurs reprises exhorté à la paix - en ma qualité de secrétaire de l'Internationale pour l'Allemagne. On m'avait répondu (et pour preuve on m'avait envoyé des passages du *Social-Demokrat) que* vous-même vous provoquiez la *guerre*. Je déclarai que mon rôle dans ce duel devait nécessairement se borner à Celui d'un arbitre « impartial ».

J'estime que je ne peux mieux répondre à la grande confiance que vous m'exprimez dans votre lettre qu'en vous communiquant ouvertement, sans ambages diplomatiques, quelle est ma position dans cette affaire.

Je reconnais absolument l'intelligence et l'énergie avec lesquelles vous agissez dans le mouvement ouvrier. Je n'ai jamais caché cette opinion à un quelconque de mes amis. Là où je dois m'exprimer publiquement - au Conseil général de

---

[46] Marx fait allusion - sans doute pour le rappeler à von Schweitzer - au fait que les dirigeants d'associations ouvrières désirant adhérer à l'Internationale devaient envoyer au Conseil général leurs statuts pour faire vérifier si elles étaient en harmonie avec les statuts et principes de l'Internationale.

l'Association internationale des travailleurs et dans l'Association des communistes allemands de Londres -je vous ai toujours traité comme un homme de notre parti, et je n'ai jamais lâché un mot sur *nos points de divergence.* Et pourtant ces points de divergence existent.

D'abord en ce qui concerne l'Association de Lassalle, elle a été fondée durant une période de réaction. Après un sommeil de quinze ans, le mouvement ouvrier a été tiré de sa torpeur en Allemagne par Lassalle - et c'est là son mérite impérissable. Cependant il commit de grosses fautes, car il se laissait trop dominer parles circonstances du moment. Il fit d'un point de départ insignifiant - son opposition à un nain tel que Schulze-Delitzsch - le point central de son agitation : l'aide de l'État, au lieu de l'action autonome du prolétariat. Bref, il reprit simplement la formule que Buchez, chef du socialisme *catholique* français avait lancée dès 1843 en opposition au mouvement ouvrier réel en France. Trop intelligent pour considérer cette formule comme autre chose qu'un pis-aller transitoire, Lassalle ne put la justifier que par *sa prétendue utilité* immédiate. En conséquence, il affirmait que cette formule était réalisable dans le plus proche avenir. Or donc, l'État en question ne fut rien d'autre que l'État prussien. C'est ce qui l'obligea à faire des concessions à la monarchie prussienne, à la réaction prussienne (parti féodal) et même aux cléricaux. Enfin il combina la formule de Buchez - assistance de l'État aux sociétés ouvrières - avec la revendication chartiste du suffrage universel, sans s'apercevoir que les conditions n'étaient pas lés mêmes en Allemagne qu'en Angleterre : il oublia les leçons du Bas-Empire sur le suffrage universel français [47].

Comme tous ceux qui prétendent avoir dans leur poche une panacée contre les souffrances des masses, il donna d'emblée à son agitation un caractère sectaire de type religieux. En effet, toute secte est religieuse. Précisément parce qu'il était le fondateur d'une secte, il nia tout rapport naturel avec le mouvement antérieur *d'Allemagne ou* de *l'étranger.* Il tomba dans l'erreur de Proudhon, en ne cherchant pas la base de son agitation dans les éléments réels du mouvement de classe, mais en voulant prescrire à ce dernier sa marche d'après une recette doctrinaire déterminée.

---

[47] Le suffrage universel a un sens différent selon que la population ouvrière est largement minoritaire ou majoritaire dans un pays : « Le suffrage universel qui fut, en 1848, une formule de fraternisation générale, est donc en Angleterre un cri de guerre. En France, le contenu immédiat de la révolution, c'était le suffrage universel; en Angleterre, le contenu immédiat du suffrage universel, c'est la révolution. » (Marx, Neue Oder Zeitung, 8-06-1855). A propos du parlementarisme révolutionnaire et de la politique social-démocrate, cf. Marx-Engels, le Parti de classe, 1, pp. 124-138.

Ce que je dis ici après coup, je l'avais en grande partie pi-édit à Lassalle, lorsqu'il vint me rendre visite à Londres en 1862 et me demanda de me mettre avec lui à la tête de ce nouveau mouvement.

Vous avez expérimenté personnellement l'opposition qui existe entre un mouvement de secte et un mouvement de classe. La secte cherche sa raison d'être et son point d'honneur, non pas dans ce qu'il y a *de commun* au sein du mouvement ouvrier, mais dans sa *recette particulière* qui l'en *distingue*. Ainsi lorsque vous avez proposé à Hambourg de convoquer un congrès en vue de fonder des syndicats [48], vous n'avez pu briser la résistance des sectaires qu'en menaçant de démissionner de votre poste de président. En outre, vous avez été contraint de dédoubler votre personne, en déclarant que l'une agissait en tant que chef de secte, et l'autre en tant qu'organe du mouvement de classe.

---

[48] Ce congrès se tint à Berlin du 26 au 29-09-1869. L'organisation lassalléenne interdit aux membres de l'Association des sociétés ouvrières allemandes d'y participer, empêchant ainsi une action unitaire et concertée au niveau syndical. Le congrès décida la création de l'Union des ouvriers allemands et nomma von Schweitzer et d'autres Lassalléens à la direction, portant ainsi la division au sein du mouvement syndical. Les statuts élaborés par Schweitzer portaient la marque du lassalléanisme, personnaliste et dictatorial. Marx les soumet à une vive critique dans la suite de sa lettre.

La dissolution de *l'Association générale des ouvriers allemands* vous a fourni l'occasion de réaliser un grand progrès et de déclarer - de prouver, s'il le fallait - qu'une nouvelle phase de développement venait de s'ouvrir, que le moment était venu de dissoudre le mouvement sectaire dans le mouvement de classe, et pour mettre fin à tout *personnalisme*.

Le contenu réel de la secte eût dû être transféré comme élément enrichissant dans le mouvement général, comme l'ont fait toutes les sectes ouvrières du passé. Au lieu de cela, vous avez mis en demeure le mouvement de classe de se subordonner à un mouvement sectaire particulier. Ceux qui ne sont pas vos amis en ont conclu que vous vouliez conserver à tout prix votre « propre mouvement ouvrier ».

En ce qui concerne le congrès de Berlin, il n'y avait pas lieu de se presser, puisque la loi sur les coalitions n'était pas encore votée [49]. Vous auriez donc dû vous entendre d'abord avec les chefs *extérieurs* au cercle lassalléen, pour élaborer avec eux un plan commun, puis convoquer le congrès. Au lieu de cela, vous

---

[49] Marx fait allusion à la loi, votée le 29 mai 1869 seulement par la Diète de l'Allemagne du Nord, accordant aux ouvriers le droit de coalition et de grève. Dans sa hâte, von Schweitzer était pour le moins « illogique » : il prônait uniquement « une action dans le cadre légal » dans sa lettre du 8-10-1868 à Marx, soit avant la loi autorisant les syndicats et les grèves.

ne leur avez laissé qu'une alternative : se rallier publiquement à vous, ou faire front *contre* vous. Quant au congrès, il n'apparaissait que comme une réplique élargie du congrès de Hambourg.

En ce qui concerne votre projet de statuts [des syndicats], j'en tiens les principes pour fondamentalement faux, et je crois avoir autant d'expérience dans le domaine syndical que n'importe quel autre contemporain. Sans vouloir entrer ici dans les détails, j'observe simplement que *l'organisation centralisée,* qui s'applique si bien aux sociétés secrètes et aux sectes, est en contradiction avec la nature même des syndicats. Même si elle était possible - or *je la tiens tout bonnement pour impossible* -, elle ne serait pas souhaitable, surtout en Allemagne. En effet, les ouvriers y sont dressés dès l'enfance par la bureaucratie à croire en l'autorité et l'instance supérieure, si bien qu'il faut avant tout qu'ils *apprennent* à *se tirer d'affaire tout seuls.*

Par ailleurs, votre plan manque de sens pratique. L' « Union » comprendrait trois puissances, d'origine diverse : 1° Le *bureau* élu par les associations de métier. 2° Le *président* (personnage superflu ici) élu au suffrage universel. Les statuts de l'Association internationale des travailleurs avaient également fait mention d'un président de l'Association. En réalité, il n'a jamais eu d'autre fonction que de présider aux séances du

Conseil général. J'ai refusé le poste de président en 1866 et proposé de le supprimer complètement en 1867, pour lui substituer un président de séance choisi à chaque réunion hebdomadaire du Conseil général. Le bureau londonien des syndicats n'a, lui aussi, qu'un président de séance. Son seul permanent est le *secrétaire, qui* est chargé des affaires courantes. 3° Le congrès, élu par les sections locales. Cela signifie, des heurts partout; or on prétend favoriser une « action rapide » !

Lassalle commit une lourde faute en empruntant à la Constitution française de 1852 le « président élu au suffrage universel » - et de plus - pour le mouvement syndical ! Or celui-ci s'occupe principalement de questions d'argent, et vous ne tarderez pas à constater que toute velléité de dictature s'arrête là.

Cependant quelles que soient les erreurs d'organisation, on pourrait peut-être les éliminer dans une mesure plus ou moins grande en agissant rationnellement. Comme secrétaire de l'Internationale, je suis prêt à assurer la médiation entre vous et la majorité de Nuremberg qui s'est affiliée directement à l'Internationale [50] ; j'entends, bien entendu, agir sur une base

---

50   Au congrès de Nuremberg, Bebel avait envoyé une lettre au Conseil général de Londres pour y inviter un délégué et informer le Conseil : «

rationnelle. J'ai écrit en ce sens à Leipzig (à Wilhelm Liebknecht [51]). Je ne méconnais pas les difficultés de votre position, et je n'oublie jamais que chacun d'entre nous dépend plus des circonstance extérieures que de sa volonté.

Je vous promets en toute occurrence d'être impartial, comme c'est mon devoir. Mais je ne puis vous promettre qu'un jour je ne serai pas amené à critiquer ouvertement les superstitions lassalléennes, comme je l'ai fait autrefois pour les proudhoniennes. Jexpliciterai alors mes positions *personnelles*, *dictées* absolument par l'intérêt du mouvement ouvrier.

En attendant, soyez assuré personnellement de ma meilleure volonté à votre égard.

Un événement considérable pour la majeure partie des sociétés ouvrières allemandes nous incite à vous adresser cette missive. L'Association des sociétés ouvrières allemandes tiendra son congrès les 5, 6 et 7 septembre à Nuremberg. Entre autres, l'ordre du jour renferme la question très importante du programme, qui décidera si l'Association continuera à l'avenir de travailler comme elle le fait actuellement sans aucun principe ni plan, ou si elle agira d'après une ligne directrice fondamentale, selon une orientation bien déterminée. Nous avons choisi cette dernière voie, et nous sommes résolus de proposer l'adoption du programme de l'A.I.T. tel qu'il est exposé dans le premier numéro du Vorbote, ainsi que l'affiliation à l'Internationale. »

[51] Cette lettre n'a pu être retrouvée.

Votre dévoué K. M.

PREMIÈRE INTERNATIONALE ET PARTI ALLEMAND

Marx à Wilhelm Bracke, 24 mars 1870.

Je vous ai envoyé hier 3 000 cartes d'adhésion à l'A.I.T. par l'adresse de Bornhorst.

J'ai des informations très intéressantes [52] à VOUS communiquer sur des événements internes de l'Internationale. Vous les recevrez par une voie indirecte. De parles statuts, tous les comités nationaux qui sont en relation avec le Conseil général, doivent lui envoyer un rapport trimestriel sur l'état du mouvement. Je vous le rappelle, en vous priant de tenir compte,

---

[52] Marx fait allusion à la Communication confidentielle du secrétaire-correspondant pour l'Allemagne, Karl Marx, sur les activités nocives de Bakounine qu'il avait fait parvenir au Comité directeur de la social-démocratie par le truchement du Dr. Kugelmann.

dans la rédaction de tels rapports, qu'ils *ne* sont pas rédigés pour le public et qu'ils peuvent donc exprimer les faits sans fard, de manière tout à fait objective [53].

J'ai appris par Borkheim et par la dernière lettre de Bornhorst que les finances des « Eisenachiens » étaient mauvaises. Pour vous consoler, sachez que celles du Conseil général de l'A.I.T. sont au-dessous du point zéro - grandeur en croissance négative constante.

Engels à Wilhelm Bracke, 28 avril 1870. In : Der Volksstaat, 14 mai 1870.

---

[53] Le comité directeur du Parti ouvrier social-démocrate adressa un rapport sur le développement et l'activité du Parti depuis le congrès d'Eisenach au Conseil général de l'A.I.T. en juin 1870. Ce document remarquable [publié pour la première fois dans Die I. Internationale in Deutschland (1864-1872), Dietz, 1964, pp. 488-502] trace en termes simples et concis un tableau de la situation réelle du mouvement ouvrier en Allemagne : il commence par l'indication des lieux et régions d'implantation du parti. la position du parti vis-à-vis des autres partis, bourgeois puis « ouvriers » dans le pays; le niveau de conscience des ouvriers dans les différentes régions, les tracasseries des autorités, les rapports des Eisenachiens avec les Lassalléens (qualifiés de parti monarchiste prétendument socialiste), les sociétés sociales chrétiennes, les syndicats de métiers dirigés par les « philanthropes » bourgeois, les partis républicains socialistes, et enfin les perspectives de développement au sein de la classe ouvrière allemande industrielle et agricole, avec quelques propositions pratiques de collaboration au niveau international.

J'ai été heureux de recevoir le compte rendu de caisse précis et détaillé [54]. En Angleterre, tant d'amorces de mouvements ouvriers et d'organisations ont été ruinées par une mauvaise trésorerie et comptabilité ainsi que par les reproches mérités ou non de détournements qui s'ensuivaient, que dans ce cas je puis certainement me permettre un jugement compétent sur l'importance de cette question. Les ouvriers doivent s'imposer des privations pour chaque pfennig qu'ils nous donnent, et ils ont le droit le plus absolu de savoir ce que chacun d'entre eux devient, tarit qu'il ne faut pas organiser de fonds *secrets*. Et précisément en Allemagne c'est de, la plus haute importance, depuis que là aussi l'exploitation des ouvriers par des agitateurs encanaillés est à l'ordre du jour. C'est un mauvais prétexte d'affirmer qu'en publiant de tels comptes rendus de caisse on ne fait que révéler à l'adversaire la faiblesse de notre propre parti. Si nos adversaires veulent juger de la force du parti ouvrier d'après son côté spécifiquement faible - sa trésorerie -, alors ils se tromperont toutes les fois dans leurs comptes. Et les dommages que le secret en ces choses occasionne dans nos propres rangs sont infiniment plus grands que ceux qui peuvent surgir de leur publication.

---

[54] Bornhorst avait envoyé à Engels le 17-03-1874) un compte rendu de trésorerie pour 1870 afin de l'informer de la mauvaise situation financière du Parti.

Bornhorst se plaint de l'abrutissement des ouvriers - je trouve bien plutôt que les choses progressent plus rapidement qu'on pouvait l'espérer en Allemagne. Certes les succès qui sont conquis çà et là le sont durement, et les choses vont toujours trop doucement pour ceux qui doivent les faire. Mais comparez 1860 et 1870, et comparez l'état de choses actuel avec celui qui règne en France et en Angleterre - avec l'avance que ces deux pays avaient sur nous ! Les ouvriers allemands ont envoyé plus d'une demi-douzaines d'hommes au parlement, les Français et les Anglais pas un seul. Si je puis me permettre une remarque, je dirai que nous considérons ici qu'il est de la plus haute importance qu'aux prochaines élections on présente autant de candidats ouvriers que possible et que l'on en fasse élire autant que possible.

K. Marx et Fr. Engels au comité du parti ouvrier social-démocrate, le 14 juin 1870. In : Volksstaat, 26 octobre 1872.

Chers amis!

Je reçois aujourd'hui une lettre de Stumpf dé Mayence, qui écrit entre autres :

« Liebknecht m'a chargé de t'écrire qu'en raison des élections au Reichstag, qui coïncident précisément avec la date de convocation du congrès de l'A.I.T., le 5 octobre, il vaudrait mieux tenir le congrès en Allemagne [55]. La conférence sociale-démocrate de Stuttgart a demandé lundi dernier que le congrès de l'A.I.T. se tienne ici le 5 octobre. Geib a été chargé de t'écrire à ce sujet. »

Liebknecht, ainsi que les autres membres de l'Internationale, devraient au moins connaître ses statuts qui déclarent expressément :

---

[55] Le congrès de l'A.I.T. de Bâle (1869) avait décidé que le prochain congrès devait se réunir à Paris. Le gouvernement de Napoléon III préparant une répression croissante contre les ouvriers, le Conseil général décida de transférer le congrès à Mayence (17-05-1870). Celui-ci n'eut pas lieu en raison de la guerre entre la Prusse et ta France. Le congrès de Mayence devait renforcer l'influence de l'Internationale en Allemagne et du Parti social-démocrate parmi les ouvriers allemands. Il eût enfin infligé une sévère défaite aux partisans de Bakounine, cf. Marx à Engels, le 17-05-1870.

« § 3. Le Conseil général peut en cas de nécessité modifier le *lieu*, mais il n'a pas pouvoir de différer là *date* de la réunion ».

Lorsque j'ai appuyé au Conseil général votre pressante demande de transfert du congrès en Allemagne, je supposais naturellement que vous aviez pris en considération toutes les circonstances. Il ne peut être question de différer la date fixée par les statuts.

Un autre passage de la lettre de Stumpf ne manque d'être préoccupant. Je lis en effet : « Je reviens tout juste de chez le maire. Il veut avoir comme garant un citoyen solvable : pour le cas où les partisans *de Schweitzer susciteraient des* bagarres, la ville doit avoir un recours pour d'éventuels dommages subis par la grande-électorale salle de marbre qui nous est réservée pour le congrès, etc. »

Vous avez proposé les villes de Mayence, Darmstadt où Mannheim, c'est dire que vous avez pris la responsabilité face au Conseil général de ce que le congrès peut être tenu dans l'une quelconque de ces villes saris des scènes de scandale qui rendraient ridicules l'Internationale et la classe ouvrière allemande, en particulier, aux yeux du monde entier. J'espère que toutes les mesures de prudence seront prises à cet égard.

Quel est le rapport numérique des partisans de Schweitzer et des nôtres à Mayence et environs ?

Au cas où le scandale est inévitable, il faut se préoccuper à l'avance qu'il retombe sur ses incitateurs. Il faudrait dénoncer, dans le Volksstaat, le Zuku*nft et* les autres feuilles allemandes qui nous sont ouvertes, le plan *de* la *police prussienne qui,* ne pouvant interdire directement la tenue du congrès international à Mayence, cherche à l'empêcher ou à gêner la tranquillité de ses séances. Si vous le faisiez en Allemagne, le Conseil général veillerait à ce que de semblables informations soient publiées à Londres, Paris, etc. L'Internationale peut fort bien se permettre un conflit avec Monsieur Bismarck, mais non des « bagarres ouvrières nationales allemandes » prétendument spontanées sur lesquelles on aurait posé l'étiquette de « luttes pour les principes ».

Stumpf se préoccupera sans doute - en liaison avec vous - de ce que les délégués trouvent des logis bon marché.

Salut et fraternité
Karl Marx.

Je profite de l'occasion pour envoyer mes meilleurs saluts au Comité. Depuis que messieurs les Schweitzeriens ont annoncé par *avance au* maire de Forst leur intention de susciter des bagarres et que ce dernier laisse faire les choses, la complicité de ces messieurs avec la police est *constatée*. Peut-être Stumpf pourrait-il demander au maire de Mayence qu'il se renseigne aussi chez messieurs les Schweitzeriens s'ils ont pour mission de « frapper ». Au demeurant, il serait temps que ces messieurs soient démasqués partout dans la presse comme de purs et simples agents de la police et, s'ils en viennent aux coups, qu'on leur administre à leur tour une bonne volée. Cela ne convient pas naturellement à l'occasion du congrès, mais jusque-là ils peuvent déjà recevoir assez de coups pour que cela leur suffise. On peut avoir une idée de la manière dont Monsieur Bismarck présente les choses dans la presse anglaise d'après l'extrait ci-joint qui a fait le tour de tous les journaux. La *North German Correspondance* est un organe de Bismarck créé avec de l'argent prussien. Meilleures salutations.

F. Engels.

Déclaration de Karl Marx
In : Pall Mall Gazette, 15 septembre 1870.

Le comité de la section allemande de l'Association internationale des travailleurs, dont le siège est à Brunswick, a lancé le 5 c. un manifeste à la classe ouvrière allemande, dans lequel il appelait celle-ci à faire obstacle à l'annexion de l'Alsace-Lorraine et à contribuer à une paix honorable avec la République française [56]. Sur ordre du général en exercice Vogel von Falckenstein, non seulement ce manifeste a été saisi, mais encore tous les membres du Comité, et même le malheureux imprimeur de ce document, ont été arrêtés et déportés, chargés de chaînes tels de vulgaires criminels, à Lötzen en Prusse Orientale.

Karl Marx
Les libertés de presse et de parole en Allemagne
The Daily News, 19 janvier 1871.

---

[56] Marx fait allusion au Manifeste en faveur de la paix et contre l'annexion qu'il avait rédigé fin août début septembre pour le comité exécutif du parti ouvrier social-démocrate de Brunsvick, cf. traduction française, in : Écrits militaires, pp. 517-523.

Lorsque Bismarck a accusé le gouvernement français « de rendre impossible en France la libre expression de l'opinion par la presse et les représentants du peuple », il avait manifestement pour seul but de faire une plaisanterie berlinoise [57]. Adressez-vous donc à Monsieur Stieber, l'éditeur du *Moniteur* versaillais et mouchard de police notoire en Prusse, si vous voulez savoir quel est l'état de la « véritable » opinion publique en France!

Sur ordre exprès de Bismarck, Messieurs Bebel et Liebknecht ont été arrêtés sous le prétexte d'une accusation de haute-trahison, simplement parce qu'ils avaient osé remplir leur devoir de représentants du peuple allemand en protestant contre l'annexion de l'Alsace et de la Lorraine, en votant contre les nouveaux crédits de guerre, en exprimant leur sympathie à la République française et en condamnant la tentative de transformer l'Allemagne en une pure et simple caserne prussienne. Pour avoir exprimé la même chose, les membres du

---

[57] Bismarck cherchait à se faire passer pour le champion des libertés publiques face au gouvernement républicain français afin de tromper l'opinion publique anglaise au moment où l'Angleterre allait intervenir dans le conflit franco-prussien pour imposer une paix honorable en faveur de la France.
  Le Moniteur était un journal prussien publié à Versailles du 15-10-1870 au 5-03-1971 au, nom du « Gouvernement général du Nord de la France et de la préfecture de Seine-et-Oise ».

Comité de Brunswick du Parti ouvrier social-démocrate sont - traités depuis début septembre de l'année dernière en bagnards et doivent maintenant subir de plus la comédie judiciaire d'une accusation de haute-trahison. Sous de semblables prétextes, on poursuit Monsieur Hepner, le rédacteur-adjoint du Volksstaat de Leipzig, pour haute-trahison. Les quelques journaux indépendants publiés hors de Prusse ne peuvent être diffusés dans les territoires dominés par les Hohenzollern. En Allemagne, la police disperse quotidiennement des réunions ouvrières réclamant la conclusion d'une paix honorable avec la France. D'après la doctrine officielle de la Prusse, exposée de manière naïve par le général Vogel von Falckenstein, tout Allemand qui « tente de s'opposer par son action aux buts prévisibles de l'état-major prussien en France » se rend coupable de haute-trahison.

Si Messieurs Gambetta et Cie devaient, à l'instar des Hohenzollern, réprimer de force l'opinion publique, ils n'auraient qu'à suivre la méthode prussienne : proclamer l'état de siège dans tout le pays sous prétexte que l'on est en guerre. Les seuls soldats français qui se trouvent en territoire allemand, croupissent dans des prisons prussiennes. Malgré cela le gouvernement prussien éprouve le besoin de maintenir rigoureusement l'état de siège en Allemagne, sous la forme la plus brutale et la plus révoltante du despotisme militaire et de la suspension de toutes les garanties légales. Le territoire de

France est soumis à l'invasion funeste de près d'un million d'Allemands. Malgré cela le gouvernement français peut renoncer sans crainte à la fameuse méthode prussienne « de rendre possible l'expression de la fibre opinion ».

Que l'on compare les deux pays !

L'Allemagne s'est révélée trop étroite pour l'amour universel qu'éprouve Bismarck pour l'expression d'une opinion indépendante. Lorsque les Luxembourgeois ont manifesté leurs sympathies pour la France, Bismarck fit de cette expression d'un sentiment l'un de ses prétextes à la résiliation de la Convention de neutralité londonienne. Lorsque la Belgique commit le même péché, l'ambassadeur prussien à Bruxelles - Monsieur von Balan - somma le gouvernement belge d'interdire non seulement tous les articles de journaux antiprussiens, mais encore d'imprimer simplement les nouvelles qui reconnaissaient que les Français faisaient preuve de courage dans leur guerre pour l'indépendance. En vérité, c'est une revendication très modeste que d'abolir la Constitution belge « pour le roi de Prusse » (Fr.)! A peine quelques journaux de Stockholm s'étaient-ils permis quelques anodines plaisanteries sur la « bigoterie » bien connue de Guillaume *Annexandre* [combinaison d'Alexandre et d'annexion], que Bismarck lança des messages courroucés au cabinet suédois. Il trouva même moyen de découvrir une presse par trop déchaînée au degré de latitude de Saint-Pétersbourg ! A son « humble et soumise » requête, les journalistes des feuilles les plus importantes de Pétersbourg furent convoqués devant le censeur-en-chef, qui leur ordonna de s'abstenir à l'avenir de toute remarque critique à l'égard du fidèle vassal borussien du tsar. L'un de ces rédacteurs, Monsieur Sagoulchacheff, fut assez imprudent pour dévoiler le secret de cet avertissement dans les colonnes du Golos. La police russe se précipita aussitôt sur lui et l'expédia dans quelque coin perdu de province. Il serait erroné de croire que ces méthodes de gendarme soient imputables à la fièvre de guerre qui atteint son paroxysme. Elles sont, au contraire, l'application méthodique, exacte de l'esprit des lois prussiennes. Il existe effectivement dans le Code pénal prussien une prescription curieuse, en vertu de laquelle tout étranger peut être poursuivi en raison de ses actes ou de ses écrits dans son propre pays Ou dans n'importe quel autre pays étranger pour « insulte au roi de Prusse » ou « trahison vis-à-vis de la Prusse » !

La France - et sa cause est heureusement loin d'être désespérée - lutte en ce moment, non pas pour sa propre indépendance nationale, mais pour la liberté de l'Allemagne et de l'Europe.

Avec ma considération distinguée,
Votre Karl Marx.

Engels à Wilhelm Liebknecht, 22 juin 1871.

Je ne m'explique pas tes préoccupations relatives à ton expulsion [58]. A ta place, je ne renoncerais pas à la citoyenneté hessoise sans être assuré d'en avoir une autre en poche. Sur ce plan, vous êtes trop timides. Un seul grand scandale public qui manifesterait clairement au monde que toutes ces lois

---

[58] W. Liebknecht avait informé Engels, dans sa lettre du 24-05-1871, qu'il voulait obtenir la citoyenneté saxonne pour ne pas être expulsé sous le moindre prétexte de ce pays : « Mais ce qui est embêtant, c'est que pour avoir la nationalité saxonne; je dois auparavant abandonner la citoyenneté hessoise, et si l'on me fait ensuite des difficultés, je suis le bec dans l'eau je n'aurai plus aucune nationalité allemande et je serai à la merci du premier policier venu. Tu sais sans doute que l'ordre d'expulsion de Prusse est encore valable. »

En général, Engels reprochera aux dirigeants sociaux-démocrates leur attitude de passivité qui leur fait subir les événements au lieu de les dominer en prenant l'initiative de la lutte. Ainsi écrivait-il à Liebknecht le 10-01-1871 : « Mais si vous vous laissez dépouiller de tous ces droits que vous avez sur le papier sans lutter et ne forcez pas le Reichstag à se décider ouvertement pour ou contre ses propres oeuvres, alors on ne peut certes plus vous aider. »

Dans un pays où l'adversaire de classe est obstiné et ne désarme jamais, comme en Allemagne, la passivité est plus fatale que partout ailleurs. A ce propos Engels écrivait le 22-02-1882 à Bernstein : « Depuis le commencement ce sont toujours messieurs les chefs qui ont été poussés par les masses, au lieu que ce soient eux qui aient poussés les masses ».

impériales ne sont qu'une farce, mettrait fin à toute cette merde. Mais si, au lieu de le provoquer, vous évitez le scandale qui, de toute façon, ne peut nuire qu'aux nationaux serviles, alors la police pourra se permettre n'importe quoi. Remarque bien que cela ne se rapporte qu'au passage en question de ta lettre, non à l'attitude du Volksstaat, qui est très courageuse et que nous Sommes unanimes à reconnaître comme telle. Ne crois pas que ces chiens de la police se risqueront contre toi, alors qu'ils entreprennent n'importe quoi contre un ouvrier isolé. Cela ne pourrait arriver qu'à partir du moment où ils auraient créé assez de précédents avec leurs expulsions d'ouvriers.

J'ignorai absolument que ton expulsion de Prusse fût encore valable. Il est possible que la police le *prétende*. Mais il m'est absolument incompréhensible que tu n'aies pas réglé cette question du temps où tu étais encore parlementaire.

Je ne puis assurer la tâche de correspondant du Volksstaat; tu vois que j'aide cependant là où je peux.

On ne peut rien entreprendre avec la *Pall Mall Gazette* [59]. J'ai eu l'occasion d'envoyer à ce journal des articles exclusivement militaires qui m'ont procuré toute sorte d'ennuis, et ni toi ni moi ne pouvons y publier des choses politiques. Je maintiens simplement la liaison afin d'y faire paraître quelque chose à l'occasion. Même s'ils t'acceptaient comme correspondant - ce qui est pratiquement exclu -, ils n'imprimeraient jamais tes correspondances. J'en suis déjà venu à la fin de l'année dernière à dire au rédacteur en chef que je savais fort bien que je ne pouvais pas lui fournir d'articles politiques, mais simplement militaires, et que j'attendais de sa part qu'il publie simplement nos mises au point dans nos affaires de parti, lorsque nous l'estimions nécessaire. C'est ce qui se passe aussi.

Tu sembles aussi avoir une fort bonne idée de la *Reynolds*, la plus misérable feuille de toute la presse londonienne, qui fait dans ses culottes quand elle n'est pu certaine du succès : elle a passé sous silence toute *l'Adresse* à l'exception du passage publié par le! Daily *News*.

Les ouvriers allemands se sont magnifiquement comportés durant la dernière grande crise, mieux que n'importe quels

---

[59] Après sa sortie de prison, Liebknecht connut de grands embarras d'argent et demanda à Engels de lui procurer un travail de correspondant auprès de la Pall Mall Gazette.

autres. Bebel les a également représentés de la manière la plus distinguée; toute la presse anglaise a publié son discours sur la Commune [60] qui a fait grosse impression ici. Vous devriez envoyer de temps en temps le Volkstaat à la Pall Mall. Elle en publierait parfois des extraits, car le directeur a peur, de Marx et de moi, et un autre journaliste sachant l'allemand est en train de publier des choses de ce genre. Or ce journal adore publier des informations curieuses que les autres n'ont pas.

Je te serais obligé si tu n'envoyais plus mon Volksstaat à Manchester, mais à Londres. Envoie-moi 34 des numéros avec l'*Adresse*, l'un pour correction, les autres pour la distribution. Meilleures salutations à toi et aux tiens.

Ton F.E.

---

[60] Le 25 mai 1871, Bebel avait déclaré au Reichstag : « Tout le prolétariat européen et tous ceux qui ont quelque sentiment pour la liberté et l'indépendance ont les yeux fixés sur Paris... Si Paris est momentanément écrasé, je vous rappelle alors que la lutte de Paris n'a été qu'un petit accrochage d'avant-poste, que la grande bataille nous attend encore en Europe, et que le cri de guerre du prolétariat parisien : « Guerre aux palais, paix dans les chaumières. Mort à la misère et à l'oisiveté ! » deviendra le cri de ralliement de tout le prolétariat d'Europe. »

Engels à Wilhelm Liebknecht, 22 mai 1872.

Quels rapports le Comité de Hambourg [du Parti ouvrier social-démocrate] pense-t-il entretenir avec l'Internationale [61] ? Nous devons maintenant - et rapidement - éclaircir cette question, afin que l'Allemagne puisse être convenablement représentée au Congrès. Je dois te prier de nous dire enfin clairement comment l'Internationale se présente chez vous.

1° Combien de cartes, à combien d'adhérents et où, avez-vous distribué à peu près ? Les 208 calculées par Fink ne sont tout de même pas tout !

2° Le Parti ouvrier social-démocrate veut-il se faire représenter au congrès ? si oui, comment pense-t-il au préalable se mettre en règle afin que ses mandats ne puissent pas être

---

[61] Marx-Engels se plaignirent durant toute cette période du peu d'intérêt pour l'Internationale que témoignaient les dirigeants sociaux-démocrates, et notamment Liebknecht qui assurait surtout les relations avec l'étranger : cf. Marx-Engels, le. Parti de classe, III, pp. 97-98. Peut-être les dirigeants allemands étaient-ils moins soucieux de l'adhésion formelle des militants à l'Internationale parce que l'organisation de parti fonctionnait correctement en Allemagne, et ce d'après les principes et les statuts de l'Internationale. Quoi qu'il en soit, cette attitude affaiblissait l'Internationale privée de l'appui d'un parti ouvrier organisé. Les dirigeants allemands eussent dû, en outre, opposer plus de résistance au gouvernement bismarckien interdisant les liaisons internationales.

contestés au congrès ? Il faut pour cela : 1. qu'il déclare, non seulement *symboliquement*, mais encore réellement, et expressément, son adhésion à l'Internationale comme branche allemande, et 2. qu'il paie en tant que telle sa cotisation avant le congrès. La chose devient sérieuse, et nous devons savoir où nous en sommes, sinon vous nous obligeriez à agir pour notre propre compte, en considérant que, le Parti ouvrier social-démocrate est étranger à l'Internationale et se comporte vis-à-vis d'elle comme une organisation neutre. Nous ne pouvons pas admettre que, pour des motifs que nous ignorons, mais qui ne peuvent être que mesquins, l'on omette de représenter les ouvriers allemands au congrès ou l'on sabote sa représentation. Nous vous prions de répondre rapidement et clairement sur ces points.

Je renverrai prochainement la quittance à Fink.

P.S. Il vaudrait mieux, si c'est possible, de m'envoyer pour correction les épreuves de mes articles. Je te confie ce soin. La condition première de ma collaboration au Volksstaat est cependant : 1. que l'on cesse de pourvoir mes articles de notes et remarques, et 2. qu'on les imprime par *larges* tranches.

Engels à Theodor Cuno, 7-8 mai 1872.

Il me reste encore un peu de temps pour vous raconter les salades concernant Becker [62]. C'est un exemple supplémentaire de la manière dont l'histoire du monde est conçue comme un ensemble de petits agissements. Le vieux Becker a toujours encore entête les idées d'antan sur l'organisation, celles qui appartiennent à 1848 : de petites sociétés, dont les chefs gardent entre eux une liaison plus ou moins systématique pour donner une direction commune à l'ensemble, à l'occasion un peu de conspiration, etc. -, et avec cela l'idée qui date de la même époque, selon laquelle l'autorité centrale de l'organisation allemande doit avoir son siège *en dehors de* l'Allemagne. Or donc,

---

[62] Tant que l'Allemagne était divisée en 36 états, le prolétariat ne pouvait s'y organiser en classe (nationale), mais restait divisé en autant de fractions. Rien ne s'opposait donc à ce que le mouvement ouvrier y soit alors organisé -d'après le principe de la nationalité, en fonction de la langue parlée (ce moyen de communication matériel), suivant les pays de langue allemande (Allemagne, Suisse, Autriche) avec le centre à Genève, qui garantissait le plus de liberté de mouvement. Cependant cette situation se transforma radicalement au moment de la formation du Reich allemand en 1871, et c'est pourquoi il fallait que le suisse J.-P. Becker cessât de vouloir organiser le mouvement allemand (cf. Marx-Engels, le Parti de classe, II, pp. 153-154), le ring sur lequel se battait désormais le prolétariat allemand s'étant accru dans des proportions considérables.

lorsque l'Internationale fut fondée et que Becker prit l'affaire en mains chez les Allemands de Suisse, il forma une section à Genève qui se transforma progressivement, grâce à la création de nouvelles sections en Suisse, en Allemagne, etc., en une « section-mère du groupe des sections de langue allemande », qui revendiqua la direction suprême, sur les Allemands non seulement de Suisse, d'Amérique, de France, etc., mais encore d'Allemagne et d'Autriche. C'était tout à fait la méthode de la vieille agitation révolutionnaire d'avant 1848, et il n'y avait rien à y redire tant que les sections s'y soumettaient de bon gré. Il se trouve simplement que notre brave Becker a oublié que toute l'organisation de l'Internationale est trop vaste pour de tels petits moyens et buts. Cependant Becker et les siens agissent tout de même, et restent toujours des sections immédiates et déclarées de l'Internationale.

Dans l'intervalle, le mouvement ouvrier s'est émancipé des entraves du lassalléanisme en Allemagne et se proclame, sous la direction de Bebel et de Liebknecht, *en principe* pour l'Internationale. L'organisation est trop puissante et a trop d'importance par elle-même pour qu'elle puisse reconnaître la direction de la section-mère genevoise; les ouvriers allemands tiennent leurs congrès et élisent leurs propres directions. Mais la position du Parti ouvrier allemand vis-à-vis de l'Internationale n'a jamais été claire. On en reste à un rapport purement platonique; il n'y a jamais eu de véritable adhésion, même pas de personnes isolées (à quelques exceptions près), et la formation de sections reste légalement interdite. On en vint en Allemagne à revendiquer les *droits* de membre, sans en supporter les *devoirs*, et ce n'est que depuis la Conférence de Londres que nous avons insisté ici pour que l'on remplisse également ses devoirs..

Dans ces conditions, vous comprendrez aisément que non seulement une certaine jalousie a dû se développer entre les chefs en Allemagne, d'une part, et la section-mère genevoise, d'autre part, mais encore que des conflits isolés étaient inévitables, notamment à propos des cotisations. Vous constaterez de quelle manière *autoritaire* le Conseil général est intervenu ici, comme toujours, au simple fait qu'il ne s'est jamais préoccupé de toute cette affaire et a laissé faire les gens des deux bords. Chacune des deux parties a raison sur certains points, et tort sur d'autres. Becker a d'emblée considéré l'Internationale comme l'essentiel, mais il a voulu utiliser une forme dépassée depuis bien longtemps; Liebknecht etc. ont raison dans la mesure où les ouvriers allemands doivent gérer leurs propres affaires et ne veulent pas se laisser régenter par le conseil du trou perdu qu'est Genève; en fait, ils ont subordonné leurs buts spécifiquement allemands à l'Internationale, au service de laquelle ils les ont placés. Le Conseil général n'interviendrait que si l'une des deux parties en appellerait à lui du en cas de conflit sérieux.

Liebknecht vous a manifestement pris pour un agent de Becker, voyageant dans l'intérêt de la section-mère genevoise, et c'est ce qui expliquerait toute la méfiance avec laquelle il semble vous avoir accueilli. Il fait partie lui aussi de la génération de 1848 et attache à de telles mesquineries plus d'importance qu'elles n'en méritent. Réjouissez-vous de n'avoir pas vécu cette époque -je ne parle pas du premier soulèvement révolutionnaire de février jusqu'à la bataille de juin, mais des intrigues de politique démocratique postérieures à juin 1848 et à l'émigration de 1849-185 1. te mouvement n'a-t-il pas aujourd'hui une envergure autrement impressionnante ?

Tout cela vous expliquera, je l'espère, votre réception à Leipzig. Il ne faut pas attacher d'importance à de pareilles bagatelles. Ces choses-là se règlent toutes seules avec le temps. Vous serez sans doute déçu aussi lorsque vous entrerez en contact avec les Internationaux belges. Ne vous faites pas trop d'idées sur les gens. Ce sont d'excellents éléments, quoiqu'on puisse affirmer que tout y soit tombé dans la routine, et les slogans y ont plus d'importance que la cause. En Belgique aussi on trouve un grand public avec les grandes phrases *d'autonomie et d'autoritarisme. Eh bien, vous verrez par vous-même* (Fr.). Bien à VOUS.

F. E.

Engels à F.-A. Sorge, 3 mai 1973.

Les Allemands, bien qu'ils aient leurs propres chamailleries avec les Lassalléens, ont été très déçus et démoralisés par le congrès de l'A.I.T. de la Haye [63], où ils s'attendaient à des flots de fraternité et d'harmonie qui les eussent changé de leurs propres chamailleries. A cela vient s'ajouter que les dirigeants du parti ouvrier social-démocrate ne sont pour l'instant que de fieffés Lassalléens (Yorck et Cie), qui réclament que le parti et le journal du parti soient rabaissés à tout prix au niveau du lassalléanisme le plus plat. Le combat se poursuit; les gens veulent mettre à profit le temps où Liebknecht et Bebel sont en prison pour arriver à leurs fins; le petit Hepner résiste avec énergie, mais il est pour ainsi dire exclu de la rédaction du *Volksstaat*, et de, toute façon il vient d'être expulsé de Leipzig. La victoire de ces gaillards équivaudrait à ce que nous perdions le

---

[63] Sur la dure bataille menée par Marx-Engels à la conférence de l'A.I.T. à La Haye, cf. le Parti de classe, III, pp. 62-87.

parti - du moins pour le moment [64]. J'ai écrit de façon très ferme à Liebknecht à ce sujet [65], et j'attends là réponse.

Pas le moindre signe de vie du Danemark. Depuis longtemps déjà, j'ai pensé que les Lassalléens du *Neuer Social-Demokrat* opéraient par le truchement de leurs partisans du Schlesvig-Holstein septentrional, pour y semer la confusion et pousser les gens à quitter l'Internationale. C'est ce que confirme chaque jour le *Neuer Social-Demokrat* qui est infiniment mieux informé sur ce qui se passe à Copenhague que le *Volksstaat.*

FUSION DU PARTI SOCIAL-DÉMOCRATE ALLEMAND

Engels à August Bebel, 20 juin 1873.

---

[64] En septembre 1872, Adolpf Hepner avait été condamné à un mois de prison et fut expulsé de Leipzig au printemps 1873 pour avoir développé « une activité en faveur de l'Internationale » et participé au congrès de la Haye de l'A.I.T. Engels cite ici encore un cas flagrant de collaboration « indirecte » entre Bismarck et les Lassalléens pour évincer les marxistes de la direction du mouvement ouvrier.

[65] Cette lettre n'a pas été retrouvée.

Je réponds d'abord à votre lettre, parce que celle de Liebknecht est encore chez Marx qui ne peut la retrouver pour le moment. Ce qui nous a fait craindre qu'à l'occasion de votre emprisonnement les dirigeants - par malheur entièrement lassalléens - du parti n'en profitent pour transformer le *Volksstaat* en un « honnête » N*euer Social-demokrat* [66], ce n'est pas Hepner, mais bien plutôt la lettre du comité directeur signée par Yorck. Celui-ci a manifesté clairement son intention, et comme le comité se targue de nommer et de démettre les rédacteurs, le danger était certainement assez grand. L'expulsion imminente de Hepner ne pouvait que faciliter encore cette opération. Dans ces conditions, il nous fallait absolument savoir où nous en étions, d'où cette correspondance [67].

---

[66] Cette lettre porte sur la série d'événements qui conduisirent à l'unification proprement dite du parti social-démocrate allemand. La fusion entre les Eisenachiens, proches de Marx-Engels, et les Lassalléens détermina dans une très forte mesure tout le cours ultérieur de la social-démocratie allemande et, partant, tout le mouvement ouvrier de l'époque. Ce n'est qu'après la guerre de 1914-1918 que nous aurons de véritables partis communistes.

La distinction établie par Marx entre parti formel et parti historique (celui-ci étant représenté par Marx-Engels) subsistera donc encore largement, et alimentera les (Efférentes polémiques entre la direction officielle de la social-démocratie allemande et Marx-Engels.

[67] A cette occasion, Engels avait également envoyé une lettre -à Liebknecht. Mais celle-ci, comme tant d'autres, a été égarée.

Vous ne devez pas oublier que Hepner et, à un degré beaucoup moindre, Seiffert, Blos, etc., n'ont pas du tout la même position face à Yorck que vous et Liebknecht, les fondateurs du parti, sans parler du fait que si vous ignorez purement et simplement leurs appréhensions, vous ne faites que leur rendre les choses plus difficiles. La direction du parti a de toute façon un certain droit formel de contrôle sur l'organe du parti. Or, l'exercice de ce droit dépend toujours de vous, mais l'on a tenté indubitablement cette fois-ci de l'orienter dans un sens nuisible au parti. Il nous est donc apparu qu'il était de notre devoir de faire tout notre possible afin de contrecarrer cette évolution [68].

---

[68] Depuis 1871, le comité exécutif du parti d'Eisenach se trouvait à Hambourg. Geib et Yorck y disposaient d'une influence croissante, et Yorck fit de tels compromis avec les Lassalléens que Hepner s'insurgea. Il écrivit à Engels, le 11 avril 1873: « Yorck est d'un lassalléanisme si borné qu'il hait tout ce qui ne ressemble pas au Neuer Sozial-demokrat... Liebknecht, par « sa tolérance bienveillante » - qui le plus souvent est déplacée -, n'est pas le moins responsable du fait que Yorck émerge à ce point. Or, lorsque j'en parle à Liebknecht, il prétend que je vois des fantômes, que la chose n'est pas si grave. Mais en réalité, c'est comme je le dis. »

La menace lassalléenne dans le parti devait s'aggraver du fait que les meilleurs éléments eisenachéens étaient pourchassés par la police. En raison de son « activité en faveur de l'Internationale » et de sa participation au Congrès de La Haye, Hepner fut emprisonné, puis persécuté par la police, et dut s'installer à Breslau, à l'autre bout de

Hepner peut avoir fait, dans les détails, quelques fautes tactiques, dont la plupart faites *après* réception de la lettre du comité, mais en substance nous devons résolument lui donner raison. Je ne peux pas davantage lui reprocher des faiblesses, car si le comité lui fait clairement entendre qu'il doit quitter la rédaction et ajoute qu'il devra travailler sous les ordres de Blos, je ne vois pas quelle résistance il puisse encore opposer. Il ne peut se barricader dans la rédaction pour tenir tête au comité. Après une lettre aussi catégorique des « autorités » qui sont au-dessus de lui, je trouve même que sont excusables les remarques de Hepner dans le *Volksstaat*, remarques que vous m'avez citées et qui m'avaient fait, déjà avant cela, une impression désagréable [69].

---

l'Allemagne; Liebknecht fut emprisonné du 15 juin 1872 au 15 avril 1874, et Bebel du 8 juillet 1872 au 14 mai 1874.

[69] Bebel lui-même s'efforçait alors de convaincre Marx-Engels que toute l'affaire avait été gonflée par des informations erronées de Hepner : « Il saute aux yeux que Hepner a fortement noirci le tableau de la situation de nos affaires de parti, et notamment l'influence et les intentions de Yorck. Cela ne m'étonne pas de la part de Hepner, qui est, certes, un camarade parfaitement fidèle et brave, mais facilement obstiné... Il vous est impossible à distance de juger vraiment de nos conditions, et Hepner manque absolument de sens pratique... L'influence de Yorck est insignifiante, à n'est rien moins que dangereux, de même que le lassalléanisme n'est pas du tout répandu dans le parti. S'il faut prendre des égards, c'est uniquement à cause des nombreux ouvriers honnêtes, mais fourvoyés, qui, si l'on agit avec adresse, seront sûrement de notre côté... J'espère qu'après ces différends vous n'hésiterez pas à poursuivre

De toute façon, il est certain que, depuis l'arrestation de Hepner et son éloignement de Leipzig, le *Volkstaat* est devenu bien plus mauvais : le comité, au lieu de se quereller avec Hepner, aurait mieux fait de lui apporter tout le soutien possible.

Le comité est allé jusqu'à demander que le *Volksstaat:* soit rédigé autrement, que les articles les plus théoriques (scientifiques) soient écartés, afin d'être remplacés par des éditoriaux à la *Neuer Sozial-demokrat : il envisagea un éventuel recours à des mesures directes de contrainte.* Je ne connais absolument pas Blos, mais si le comité l'a nommé à ce moment-là, on peut bien supposer qu'il a choisi un homme cher à son cœur.

Maintenant, en ce qui concerne la position du parti face au lassalléanisme, vous pouvez certainement juger mieux que nous de la tactique à suivre, notamment dans les cas d'espèce. Mais il faut tout de même tenir compte d'une chose que mérite

---

votre collaboration au Volksstaat. Rien ne serait pire que de vous retirer. »

Cette lettre permet de situer l'action de Marx-Engels face à la social-démocratie allemande. Même leurs partisans les plus fidèles - Bebel, Liebknecht, etc. -, sur lesquels ils devaient agir pour exercer une influence sur le parti, étaient loin d'avoir une conception aussi rigoureuse qu'eux, et c'est le moins qu'on puisse dire. Cependant; il était difficile de leur faire la leçon, les conseils arrivant toujours après les gaffes et les susceptibilités devant être ménagées.

réflexion. Quand on se trouve comme vous, d'une certaine manière, en posture de concurrent face à *l'Association générale des ouvriers allemands*, on est trop facilement porté à tenir compte de ce concurrent, et l'on s'habitue à penser avant tout à lui. En fait, *l'Association générale des ouvriers allemands* aussi bien que le *Parti ouvrier social-démocrate*, et même tous deux pris, ensemble, ne forment encore qu'une infime minorité de la classe ouvrière allemande. Or, d'après notre conception, confirmée par une longue pratique, la juste tactique dans la propagande n'est pas d'arracher ou de détourner çà et là à l'adversaire quelques individus, voire quelques-uns des membres de l'organisation adverse, mais d'agir sur la grande masse de ceux qui n'ont pas encore pris parti. Une seule force nouvelle que l'on tire à soi de son état brut vaut, dix fois plus que dix transfuges lassalléens qui apportent, toujours avec eux le germe de leur fausse orientation dans le parti.

Et encore, si l'on pensait attirer à soi les masses sans que viennent aussi les *chefs locaux*, le mal ne serait pas si grave! Mais il faut toujours reprendre à son compte toute la masse de ces dirigeants qui sont liés, par toutes leurs déclarations et manifestations officielles du passé, sinon par leurs conceptions actuelles, et qui doivent prouver avant tout qu'ils n'ont pas abjuré leurs principes, mais qu'au contraire le Parti ouvrier social-démocrate prêche le *véritable* lassalléanisme.

Tel a été le malheur à Eisenach. Peut-être n'était-ce pas facile d'éviter alors; mais il est incontestable que ces éléments ont nui au parti. Je ne sais pas si nous ne serions pas au moins aussi forts aujourd'hui si ces éléments n'avaient pas adhéré à notre organisation ? Mais, en tout cas, je tiendrais pour un malheur que ces éléments trouvent un renfort.

Il ne faut pas se laisser induire en erreur par les appels à l' « Unité ». Les plus grands facteurs de discorde, ce sont *justement* ceux qui ont le plus ce mot à la bouche. C'est ce que démontrent les Jurassiens bakouninistes de Suisse, fauteurs de toutes les scissions, qui crient maintenant le plus fort pour avoir l'unité.

Ces fanatiques de l'unité sont ou bien des petites têtes qui veulent que l'on mélange tout en une sauce indéterminée dans laquelle on retrouve les divergences sous forme d'antagonismes encore plus aigus dès qu'on cesse de la remuer, ne serait-ce que parce qu'on les trouve ensemble dans une seule marmite (en Allemagne, vous en avez un bel exemple chez les gens qui prêchent la fraternisation entre ouvriers et petits bourgeois), ou bien des gens qui n'ont aucune conscience, politique claire (par exemple, Mühlberger), ou bien des éléments qui veulent sciemment brouiller et fausser les positions. C'est pourquoi, ce sont les plus grands sectaires, les plus grands chamailleurs et filous, qui crient le plus fort à l'unité dans certaines situations. Tout au long de notre vie, c'est toujours avec ceux qui criaient le plus à l'unité que nous avons eu les plus grands ennuis et reçu les plus mauvais coups.

Toute direction d'un parti veut, bien sûr, avoir des résultats - et c'est normal. Mais il y a des circonstances où il faut avoir le courage de sacrifier le succès *momentané* à des choses plus importantes. Cela est surtout vrai pour un parti comme le nôtre, dont le triomphe final doit être complet et qui, depuis que nous vivons, et, sous nos yeux encore, se développe si colossalement que l'on n'a pas besoin, à tout prix, et toujours, de succès momentanés. Prenez, par exemple, l'Internationale après la Commune, elle connut un immense succès, Les bourgeois, comme frappés par la foudre, la croyaient toute-puissante. La grande masse de ses membres crut que cela durerait toujours. Nous savions fort bien que le ballon *devait* crever. Toute la racaille s'accrochait à nous. Les sectaires qui s'y trouvaient devenaient insolents, abusaient de l'Internationale dans l'espoir qu'on leur passerait les pires bêtises et bassesses. Mais nous ne l'avons pas supporté. Sachant fort bien que le ballon crèverait tout de même, il ne s'agissait pas pour nous de différer la catastrophe, mais de nous préoccuper de ce que l'Internationale demeure pure et attachée à ses principes sans les falsifier, et ce jusqu'à son terme.

Le ballon creva au congrès de la Haye, et vous savez que la majorité des membres du congrès rentra chez elle, en pleurnichant de déception. Et pourtant, presque tous ceux qui étaient si déçus, parce qu'ils croyaient trouver dans l'Internationale l'idéal de la fraternité universelle et de la réconciliation, n'avaient-ils pas connu chez eux des chamailleries bien pires que celles qui éclatèrent à la Haye! Les sectaires brouillons se mirent alors à prêcher la réconciliation et nous dénigrèrent en nous présentant comme des intraitables et des dictateurs. Or, si nous nous étions présentés à la Haye en conciliateurs, et si nous avions étouffé les velléités de scission, quel en eût été le résultat ? Les sectaires - notamment les bakouninistes - auraient disposé d'un an de plus pour commettre, au nom de l'Internationale, des bêtises et des infamies plus grandes encore; les ouvriers des pays les plus avancés se seraient détournés avec dégoût. Le ballon au lieu d'éclater se serait dégonflé doucement sous l'effet de quelques coups d'épingles, et au congrès suivant la crise se serait tout de même produite, mais au niveau le plus bas des querelles personnelles, puisqu'on avait *déjà quitté* le terrain des *principes* à *la Haye*. C'est alors que l'Internationale avait effectivement péri, péri à cause de l'unité! Au lieu de cela, à notre honneur, nous nous sommes débarrassés des éléments pourris. Les membres de la Commune qui ont assisté à la dernière réunion décisive ont dit qu'aucune réunion de la Commune ne leur avait laissé un effet aussi terrible que cette séance du tribunal jugeant les traîtres au prolétariat européen. Nous les avions laissés pendant dix mois se dépenser en mensonges, calomnies et intrigues - et qu'en est-il résulté ? Ces prétendus représentants de la grande majorité de l'Internationale déclarent eux-mêmes à présent qu'ils n'osent plus venir au prochain congrès. Pour ce qui est des détails, ci-joint mon article destiné au *Volksstaat* [70]. Si c'était à refaire, nous agirions en somme de la même façon, étant entendu qu'on peut toujours commettre des erreurs tactiques.

En tout cas, je crois que les éléments sains parmi les Lassalléens viendront d'eux-mêmes à vous au fur et à mesure, et qu'il ne serait donc Pas sage de cueillir les fruits avant qu'ils soient mûrs, comme le voudraient les partisans de l'unité.

Au reste, le vieil Hegel disait déjà : un parti éprouve qu'il vaincra en se divisant-et supportant la scission. Le mouvement

---

[70] Engels fait allusion à son article « Nouvelles de l'Internationale » publié le 2 août 1873 dans le Volksstaat, après la lettre de Hepner (Volksstaat, 7-05-1873).

Engels tout seul, devant la défaillance de la rédaction du Volksstaat et de la direction du parti eisenachéen, poursuivit la polémique en Allemagne contre les éléments anarchistes de l'Internationale, puisque pour plaire aux Lassalléens, les Eisenachéens avaient interrompu cette lutte.

du prolétariat passe nécessairement par divers stades de développement. A chaque stade, une partie des gens reste accrochée et ne réussit pas à passer le cap. Ne serait-ce que pour cette raison, on voit que la prétendue solidarité du prolétariat se réalise en pratique parles groupements les plus divers de parti qui se combattent à mort, comme les sectes chrétiennes dans l'Empire romain, et ce en subissant toutes les pires persécutions...

De même, nous ne devons pas oublier que si, par exemple, le *Neuer Sozial-demokrat* a plus d'abonnés que le *Volksstaat*, toute *secte est forcément* fanatique et obtient, en raison même de ce fanatisme, des résultats momentanés bien plus considérables, surtout dans des régions où le mouvement ne fait que, commencer (par exemple, l'Asso*ciation générale des ouvriers allemands* au Schleswig-Holstein). Ces résultats dépassent ceux du parti qui, sans particularités sectaires, représente simplement le mouvement réel. En revanche, le fanatisme ne dure guère.

Je dois finir, car le courrier va partir. En hâte simplement ceci : Marx ne peut s'occuper de Lassalle [71] tant que la

---

[71] Liebknecht avait écrit le 16 mai 1873 à Marx : « Lassalle t'a pillé, mal compris et falsifié -c'est à toi de le lui démontrer : nul autre ne peut le faire aussi bien que toi, et personne ne saurait en prendre ombrage parmi les éléments honnêtes du lassalléanisme (que nous devons

traduction française du Capital n'est pas achevée (vers fin juillet), sans compter qu'il a besoin de repos, car-il est très surmené.

Fort bien que vous ayiez stoïquement tenu le coup en prison et même étudié. Nous nous réjouissons tous de vous revoir ici l'année prochaine.

Salutations cordiales à Liebknecht. Sincèrement à vous F. Engels.

Engels à August Bebel, 18-28 mars 1875.

---

ménager). C'est pourquoi, je t'en prie, écris vite les articles en question pour le Volksstaat, et ne te laisse pas arrêter par d'autres considérations, par exemple, le fait que Yorck en soit le rédacteur. »

De même, Bebel écrivit à Marx, le 19 mai 1873 : « Je partage entièrement le souhait de Liebknecht, à savoir que vous soumettiez les écrits de Lassalle à une analyse critique. Celle-ci est absolument nécessaire. » Le même jour, Bebel écrivait à Engels : « Le culte de Lassalle recevrait un coup mortel, si l'ami Marx réalisait le souhait de Liebknecht - que je partage entièrement - et mettait en évidence les erreurs et les lacunes des théories de Lassalle dans une série d'articles présentés objectivement. »

Vous nous demandez notre avis sur toute cette histoire de fusion [72]. Nous en sommes, hélas, exactement au même point que vous : ni Liebknecht ni qui que ce soit d'autre ne nous en avait soufflé le moindre mot, et nous n'en savons donc pas plus que ce qui se trouve dans les journaux. Or, jusqu'à la semaine dernière - lorsque fut publié le projet de programme -, il ne s'y trouvait rien [73]. En tout cas, ce projet ne nous a pas, peu surpris.

Notre parti avait si souvent tendu la main aux Lassalléens pour une réconciliation, ou du moins leur avait offert de coopérer, il s'était heurté si souvent à un refus dédaigneux des Hasenclever, Hasselmann et Tölcke, que n'importe quel enfant eût dû tirer la conclusion suivante : si ces messieurs font eux-mêmes le pas aujourd'hui et nous offrent la réconciliation, c'est qu'ils doivent être dans un sacré pétrin. Or, comme nous connaissons ces gens-là, il est de notre devoir d'exploiter le fait

---

[72] Bebel avait écrit à Engels : « Que pensez-vous - vous et Marx - du problème de la fusion ? Je n'ai pas de jugement complet et valable, car on ne me tient absolument pas au courant et je ne sais que ce qu'en disent les journaux. J'attends avec un vif intérêt de voir et d'entendre comment les choses se présenteront lorsque je sortirai de prison le 1er avril. »

[73] Le Volksstaat et le Neuer Sozial-Demokrat publièrent simultanément, le 7 mars 1875, un appel à tous les sociauxdémocrates d'Allemagne, ainsi qu'un projet de programme et des statuts communs élabores, lors d'une pré-conférence tenue les 14 et 15 février 1875, entre Eisenachéens et Lassalléens.

qu'ils se trouvent dans une mauvaise passe pour que ce ne soit pas aux dépens de notre parti qu'ils se tirent d'affaire et renforcent de nouveau leurs positions ébranlées aux yeux des masses ouvrières. Il fallait les accueillir avec le maximum de fraîcheur, leur témoigner la plus grande méfiance et faire dépendre la fusion de leur plus ou moins grande disposition à abandonner leurs positions sectaires et leurs idées sur l'aide de l'État et de leur acceptation, pour l'essentiel, du programme d'Eisenach [74] de 1869 ou de son édition améliorée eu égard à la situation actuelle.

Notre parti *n'a absolument rien à apprendre* des Lassalléens au point de vue théorique, c'est-à-dire pour ce qui est décisif dans le programme; en revanche, il en va autrement pour les Lassalléens. La première condition de l'unification est qu'ils cessent d'être des sectaires, des Lassalléens, et qu'ils abandonnent donc la panacée de l' « aide de l'État », ou du moins n'y voient plus qu'une mesure transitoire et secondaire,

---

[74] Le congrès général des ouvriers sociaux-démocrates allemands adopta son programme à Eisenach les 7-9 août 1869, lors de la fondation du Parti ouvrier social-démocrate. Bebel, avec l'aide de W. Liebknecht, de W. Bracke, d'A. Geib, avait élaboré le projet de programme, en se fondant sur le préambule des statuts de l'A.I.T. écrit Marx. Il y subsistait de larges vestiges du lassalléanisme et de la démocratie vulgaire. Le projet de Bebel fut approuvé par le congrès à quelques modifications mineures près. Cf. note n° 52.

parmi tant d'autres. Le projet de programme démontre que les nôtres dominent de très haut les dirigeants lassalléens dans le domaine théorique, mais qu'ils sont loin d'être aussi malins qu'eux sur le plan politique. Ceux qui sont « honnêtes » ce sont une fois de plus fait cruellement duper par les « malhonnêtes [75] ».

On commence par accepter la phrase lassalléenne ronflante, mais historiquement fausse, selon laquelle : face à la classe ouvrière, toutes les autres classes forment une seule masse réactionnaire. Cette formule n'est vraie que dans quelques cas exceptionnels : dans une révolution du prolétariat - la Commune, par exemple - ou dans un pays où non seulement la bourgeoisie a imprimé son image à l'État et à la société, mais où, à son tour, la petite bourgeoisie démocratique a parachevé sa transformation jusque dans ses dernières conséquences [76].

---

[75] Engels ironise ici sur un mot lancé par des Lassalléens lors d'une polémique surgie à la suite d'un manifeste de Liebknecht et Bebel en juin 1869 : « Nous verrons qui vaincra de la corruptionou de l'honnêteté. »

[76] Cette, tactique frontale s'oppose à celle d'alliance à employer dans les pays où la bourgeoisie est encore progressive, c'est-à-dire l'Europe occidentale avant l'ère de la systématisation nationale bourgeoise en 1871 ou, plus tard, en Asie et dans les autres pays où la bourgeoisie n'est pas encore effectivement au pouvoir.

Une conséquence facile à déduire de cette distinction, c'est, par exemple, qu'en Europe, depuis 1871, le parti ne soutient plus aucune

Si, en Allemagne, par exemple, là petite bourgeoisie démocratique faisait partie de cette masse réactionnaire, comment le Parti ouvrier social-démocrate eût-il pu, des années durant, marcher la main dans la main avec le Parti populaire [77] ?

---

guerre d'État. En Europe, depuis 1919, le parti n'aurait plus dû participer aux élections en s'appuyant sur les électeurs ou partis petits-bourgeois. En revanche, en Asie et dans les autres continents de couleur, aujourd'hui encore le parti appuie, dans la lutte, les mouvements révolutionnaires démocratiques et nationaux, et l'alliance du prolétariat avec d'autres classes, y compris la bourgeoisie elle-même. La tactique n'est donc nullement dogmatique et rigide, mais se base sur les tâches à accomplir dans les grandes aires historiques et géographiques qui s'étendent sur des moitiés de continent et des moitiés de siècle, sans qu'aucune direction de parti n'ait le droit de les proclamer changées d'une année à l'autre, du moins tant qu'elles ne sont pas réalisées. Cf. Dialogue avec les morts, pp. 114-115.

[77] Le Parti populaire allemand surgit au cours des années 1863-1866, en opposition à la politique d'hégémonie prussienne et au libéralisme bourgeois à la prussienne. Il s'implanta notamment en Allemagne du Centre et du Sud-Ouest; il se proposait un État de type fédératif et démocratique s'étendant à toute l'Allemagne. Certains éléments étaient ouverts à l'idée d'une révolution populaire pour, réaliser leurs buts. Ces éléments fondèrent le Parti populaire saxon, composé essentiellement de travailleurs : sous l'influence de Liebknecht et de Bebel, il évolua vers le socialisme et finit par adhérer en grande partie, en août 1869, au Parti ouvrier social-démocrate d'Eisenach.

Des liaisons continuèrent de subsister après 1869, notamment avec le groupe de Leopold Sonnemann, le directeur de la Frankfurter Zeitung.

Engels explique l'évolution social-démocrate du parti par des conditions d'immaturité économique et sociale, notamment en Saxe, dans sa lettre du 30 novembre 1881 à Bernstein, où il annonce un type de parti nouveau, lié au développement des conditions économiques et

Comment se fait-il que le *Volksstaat* puise presque toute sa rubrique politique de *la Gazette de Franc*fort dans l'organe de la petite bourgeoisie démocratique ? Et comment se fait-il que pas moins de sept revendications de ce même programme correspondent presque mot pour mot au programme du Parti populaire et de la démocratie petite-bourgeoise ? J'entends les sept revendications politiques des articles 1 à 5 et de 1 et 2 [78], dont il n'en est pas une qui ne soit pas démocrate *bourgeoise.*

---

sociales du capitalisme pur. Cf. la lettre d'Engels à Gerson Trier sur les différences de tactique entre partis des pays développés et non développés, in : Parti de classe, vol. IV, p. 16-20.

[78] Engels fait allusion aux points suivants du projet de programme :
1. Suffrage universel, égal, direct, secret et obligatoire pour tous les citoyens âgés d'au moins 21 ans et pour toutes les élections générales et communales;
2. Législation directe par le peuple, avec le droit de rejet et de proposition des lois;
3. Obligation militaire pour tous. Substitution de la milice populaire à l'armée permanente. Décision par la représentation du peuple dans toutes les questions de guerre et de paix.
4. Abolition de toutes les lois d'exception, notamment dans le domaine de la presse, de l'association et de la réunion.
5. Juridiction populaire. Assistance juridique gratuite.
   Le Parti ouvrier social-démocrate réclame « comme base spirituelle et morale » de l'État :
1. Éducation universelle et égale du peuple par l'État. Obligation scolaire générale. Enseignement gratuit.
2. Liberté de conscience et liberté de la science. »
   Il convient de bien délimiter, à l'instar d'Engels, les revendications prolétariennes, les seules valables dans les pays de plein capitalisme, des revendications démocratiques-bourgeoises qui sont inhérentes à l'époque sociale-démocrate.

Deuxièmement, le principe de l'internationalisme du mouvement ouvrier est pratiquement repoussé dans son entier pour le présent, et ce, par des gens qui, cinq ans durant et dans les conditions les plus difficiles, ont proclamé ce principe de la manière la plus glorieuse [79]. Si des ouvriers allemands sont à la tête du mouvement européen, ils le doivent *essentiellement* à leur attitude authentiquement internationaliste au cours de la guerre. Aucun autre prolétariat n'aurait pu aussi bien se comporter. Or, aujourd'hui que partout à l'étranger les ouvriers revendiquent ce principe avec la même énergie que celle qu'emploient les divers gouvernements à réprimer toute tentative de s'organiser, c'est à ce moment qu'ils devraient le renier en Allemagne ! Que reste-t-il dans tout ce projet de l'internationalisme du mouvement ouvrier ? Pas même une pâle perspective de coopération future des ouvriers d'Europe en vue-de leur libération; tout au plus une future « fraternité internationale des peuples » - les « États-Unis d'Europe » des bourgeois de la *Ligue de la paix*.

Naturellement, il n'était pas indispensable de parler de l'Internationale proprement dite. Mais à tout le moins ne devait-on pas aller en deçà du programme de 1869, et fallait-il

---

[79] Cf. Le Capital, 1, Éditions Sociales, tome III, p. 58 et suivantes.

dire : *bien que* le parti ouvrier allemand soit contraint *pour l'heure* d'agir dans les limites des frontières que lui trace l'État - il n'a pas le droit de parler au nom du prolétariat européen et encore moins d'avancer des thèses fausses -, il est conscient de sa solidarité avec les ouvriers, de tous les pays et sera toujours prêt à remplir, comme par le passé, les devoirs que lui. impose cette solidarité. Ces obligations existent même si l'on ne se proclame ni ne se considère expressément comme faisant partie de l'Internationale, par exemple, apporter sa contribution lors des grèves, empêcher le recrutement d'ouvriers destinés à prendre la place de leurs frères en grève, veiller à ce que les organes du parti tiennent les ouvriers allemands au courant du mouvement à l'étranger, faire de l'agitatîon contre la menace ou le déchaînement effectif de guerres ourdies par les cabinets, et se comporter comme on l'a fait de manière exemplaire en 1870 et 1871, etc.

Troisièmement, les nôtres se sont laissé octroyer la « loi d'airain » de Lassalle qui se fonde sur une conception économique parfaitement dépassée, à savoir que l'ouvrier moyen ne touche que le *minimum* de salaire pour son travail, et ce du fait que, d'après la théorie de la population de Malthus, les ouvriers sont toujours en surnombre (c'était effectivement le raisonnement de Lassalle). Or, dans le Capital, Marx a amplement démontré que les lois qui régissent les salaires sont très complexes et que, selon les circonstances, c'est tantôt tel facteur et tantôt tel autre qui prédomine; bref, que cette loi n'est pas d'airain, mais au contraire fort élastique, et qu'il est impossible par conséquent de régler l'affaire en quelques mots, comme Lassalle se le figurait. Dans son chapitre sur l'accumulation du capital [80], Marx a réfuté dans, le détail le fondement malthusien de la loi que Lassalle a empruntée à Malthus et Ricardo (en falsifiant ce dernier), et qu'il expose, par,: exemple, dans *son Arbeiterlesebuch, page 5,* où il se réfère lui-même à un autre de ses ouvrages [81]. En adoptant la « loi d'airain » lassalléenne, on a reconnu à la fois une thèse fausse et son fondement erroné.

Quatrièmement, le programme présente, sous sa forme la plus crue, une *seule revendication sociale,* empruntée à Buchez par Lassalle : l'aide de l'État. Et ce, après que Bracke en ait prouvé si clairement toute l'inanité [82] et après que tous les orateurs de

---

[80]   Cf. Le Capital, 1, Éditions Sociales, tome III, p. 58 et suivantes.
[81]   A la page 5 de son Arbeiterlesebuch, Lassalle cite « la loi d'airain qui, en économie régit le salaire », d'après sa brochure Lettre ouverte au comité central pour la convocation du Congrès de Leipzig, 1863.
[82]   Dans son ouvrage Der Lassalle' sche Vorschlag - Ein Wort an den 4. Congress der sozial-demokratischen Arbeiterpartei (1873), Wilhelm Bracke avait exigé que l'on remplaçât ce point du programme (aide de l'État aux coopératives de production avec garanties démocratiques) par « des points ouvertement socialistes correspondant au mouvement de classe », à savoir « la nécessité d'une vaste organisation syndicale », l' «

notre parti, ou presque, aient été obligés de prendre position contre elle dans leur lutte contre les Lassalléens! Notre parti ne pouvait s'infliger à lui-même pire humiliation! L'internationalisme *dégradé au* niveau de celui d'un Amand Goegg, et le socialisme à celui d'un républicain bourgeois Buchez qui opposait cette revendication *aux socialistes* pour les confondre!

Dans le meilleur des cas, l' « aide de l'État », au sens de Lassalle, n'était *qu'une mesure* parmi de nombreuses autres pour atteindre le but, défini ici par la formule délavée que voici : « pour préparer la voie à la solution de la question sociale », comme s'il y avait encore pour nous, au plan théorique, une *question* sociale *qui n'ait pas été résolue!*

En conséquence, si l'on dit : le parti ouvrier allemand tend -à l'abolition du salariat et, par là, des différences de classe, en organisant la production coopérative à l'échelle nationale dans l'industrie et l'agriculture, et il appuie toute mesure qui puisse contribuer à atteindre ce but - aucun Lassalléen n'aurait à y redire quelque chose.

élimination de la propriété privée de ce que l'on appelle aujourd'hui capital » et la « communauté internationale du prolétariat ».

Cinquièmement, il n'est question nulle part de l'organisation de la classe ouvrière en tant que classe par le moyen des syndicats professionnels. Or, c'est là un point tout à fait essentiel, puisqu'il s'agit au fond *d'une organisation du prolétariat en classe* au moyen de laquelle il mène sa lutte quotidienne contre le capital et fait son apprentissage pour la lutte suprême, d'une organisation qui, de nos jours, Même en plein déferlement de la réaction (comme c'est aujourd'hui le cas à Paris après la Commune), ne peut plus être détruite. Étant donné l'importance prise par cette organisation en Allemagne aussi, nous estimons qu'il est absolument indispensable de lui consacrer une place dans le programme et, si possible, de lui donner son rang dans l'organisation du parti.

Voilà tout ce que les nôtres ont concédé aux Lassalléens pour leur être agréables. Et ceux-ci, qu'ont-ils donné en échange ? L'inscription dans le programme d'une masse confuse de *revendications purement démocratiques,* dont certaines sont uniquement dictées par la mode, comme la législation directe qui existe en Suisse et y fait plus de mal que de bien, si tant est qu'elle y fasse quelque chose : *administration* par le peuple, cela aurait quelque sens. De même, il manque la condition première de toute liberté, à savoir que, vis-à-vis de chaque citoyen, tout fonctionnaire soit responsable de tous ses actes devant les tribunaux ordinaires et selon le droit commun. Je ne veux pas perdre un mot sur des revendications telles que liberté de la science, liberté de conscience, qui figurent dans tout programme bourgeois libéral et ont quelque chose de choquant chez nous.

Le libre État populaire est mué en État libre. Du point de vue grammatical, un État libre est celui qui est libre vis-à-vis de ses citoyens, soit un État gouverné despotiquement. 1) conviendrait de laisser tomber tout ce bavardage sur l'État, surtout depuis la Commune qui n'était déjà plus un État au sens propre du terme [83]. Les anarchistes nous ont, suffisamment jeté à la tête l'État populaire, bien que déjà l'ouvrage de Marx contre Proudhon [84], puis le *Manifeste communiste* aient exprimé sans - ambages que l'État se défera au fur et à mesure de l'avènement de l'ordre socialiste pour disparaître enfin. Comme l'État n'est en fin-de compte qu'une institution provisoire, dont on se sert dans la lutte, dans la révolution, pour réprimer par la force ses adversaires, il est absurde de parler d'un fibre État populaire : tant que le prolétariat *utilise* encore l'État, il ne le fait pas dans l'intérêt de la liberté, mais dé la coercition de ses ennemis, et dès

---

[83] Pour la raison essentielle que cet État-est capable de dépérir, contrairement à tous les États des classes exploiteuses qu'il faut abattre par la force. Cf. à ce propos le commentaire de Lénine sur la question de l'État en traduction française dans Marx-Engels, Critique des programmes de Gotha et d'Erfurt, Éditions Sociales, 1950, pp. 109-120.

[84] Allusion à la Misère de la philosophie, publiée en 1847 (Paris -Bruxelles).

qu'il pourra être question de liberté, l'État, comme tel, aura cessé d'exister. Nous proposerions, en conséquence, de remplacer partout le mot « État » par *Gemeinwesen,* un bon vieux mot allemand, que le mot français « commune » traduit à merveille.

« Élimination de toute inégalité sociale et politique » est une formule douteuse pour « abolition de toutes les différences de classe ». D'un pays à l'autre, d'une province à l'autre, il y aura toujours une certaine inégalité dans les conditions d'existence : on pourra certes les réduire à un minimum, mais non les faire disparaître complètement. Les habitants des Alpes auront toujours d'autres conditions de vie que les gens des plaines. Se représenter la société socialiste comme le règne de l'égalité est une conception unilatérale de Français, conception s'appuyant sur la vieille devise Liberté, Égalité, Fraternité, et se justifiant, en ses temps et lieu, comme *phase de développement;* mais, de nos jours, elle devrait être dépassée comme toutes les visions unilatérales des vieilles écoles socialistes, car elle ne fait qu'embrouiller les esprits et doit donc être remplacée par des formules plus précises et mieux adaptées aux choses.

Je m'arrête, bien que chaque mot ou presque soit à critiquer dans ce programme sans sève ni vigueur. C'est si vrai qu'au cas où il serait adopté, Marx et moi nous ne pourrions *jamais* reconnaître comme nôtre ce nouveau parti, s'il s'érige sur une telle base; nous serions obligés de réfléchir très sérieusement M'attitude que nous prendrions - publiquement aussi - vis-à-vis de lui. Songez qu'à l'étranger on nous tient pour responsables de toutes les déclarations et actions du Parti ouvrier social-démocrate allemand. Bakounine, par exemple, nous impute dans son *État et Anarchie* chaque parole inconsidérée que Liebknecht a pu dire et écrire depuis la création *du Demokratisches Wochenblatt*. On s'imagine que nous commandons à tout le mouvement à partir de Londres, alors que vous savez, aussi bien que moi, que nous ne sommes pratiquement jamais intervenus dans les affaires intérieures du parti, et lorsque nous l'avons fait, ce n'était jamais que pour éviter que l'on fasse des bévues, *toujours d'ordre théorique,* ou pour qu'on les redresse si possible. Vous comprenez bien que ce programme marque un tournant, qui pourrait très facilement nous obliger à décliner toute responsabilité vis-à-vis du parti qui l'a fait sien.

En général, le programme officiel d'un parti importe moins que sa pratique. Cependant, un nouveau programme est toujours comme un drapeau que l'on affiche en public, et d'après lequel on juge ce parti. Il ne devrait donc en aucun cas être en retrait par rapport au précédent, celui d'Eisenach en l'occurrence. Et puis il faut réfléchir aussi a l'impression que ce programme fera sur les ouvriers des autres pays, et à ce, qu'ils penseront en voyant tout le prolétariat socialiste d'Allemagne ployer ainsi les genoux devant le lassalléanisme.

Je suis d'ailleurs persuadé qu'une fusion sur cette base ne tiendrait pas un an. Peut-on concevoir que les hommes les plus conscients de notre parti se prêtent à la comédie qui consiste à réciter des litanies de Lassalle sur la loi d'airain du salaire et l'aide de l'État ? Vous, par exemple, je voudrais vous y voir! Et si vous le faisiez tous, votre auditoire vous sifflerait. Or, je suis sûr que les Lassalléens tiennent autant à ces parties-là du programme que le juif Shylock à sa livre de chair. Il se produira, une scission, mais dans l'intervalle nous aurons de nouveau « lavé de leurs fautes » les Hasselmann, Hasenclever, Tölcke et consorts; nous sortirons de la scission plus faibles et les Lassalléens plus forts. En outre, notre parti aura perdu sa virginité politique, et ne pourra plus s'opposer franchement aux phrases de Lassalle, puisque nous les aurons inscrites pendant un certain temps sur notre propre étendard. Enfin, si les Lassalléens prétendent alors qu'ils sont le seul parti ouvrier et que les nôtres sont des bourgeois, le programme sera là pour le démontrer : toutes les mesures socialistes y sont les; leurs, et tout ce que notre parti y a ajouté, ce sont des revendications de la démocratie petite bourgeoise que ce même programme qualifie par ailleurs de fraction de la « masse réactionnaire » !

J'ai tardé à vous faire parvenir cette lettre, puisque vous ne deviez être libéré que le 1er avril [85], en l'honneur de l'anniversaire de Bismarck, et je ne voulais pas risquer de la voir saisie en cherchant à vous la faire parvenir en contrebande. Or, voici justement que je reçois une lettre de Bracke [86] qui, lui aussi, a les plus vives appréhensions à propos de ce programme et nous demande ce que nous en pensons. Je lui envoie donc cette lettre afin qu'il en prenne connaissance et vous la transmette ensuite, afin que je n'aie pas à écrire deux fois toutes ces salades. En outre, j'ai mis les choses au clair pour Ramm [87]

---

[85] En mars 1872, A. Bebel et W. Liebknecht avaient été condamnés à deux ans de forteresse au cours du procès de Leipzig de haute trahison pour leur appartenance à l'Association internationale des travailleurs et leurs convictions politiques. En avril 1872, au cours d'un nouveau procès pour insulte à l'Empereur, Bebel fut condamné à neuf mois de prison supplémentaires et il fut déchu de son mandat parlementaire. Liebknecht fut donc libéré le 15 avril 1874, et Bebel le 1er avril 1875.

[86] Le 25 mars 1875, Bracke avait écrit à Engels : « Le programme signé par Liebknecht et Geib pour le « congrès de fusion » m'oblige à vous écrire cette lettre. Il m'est impossible d'approuver ce programme, et Bebel est du même avis ». Bracke en voulait surtout au passage sur l'introduction de coopératives de production grâce à l'aide de l'État, et de conclure : « Comme Bebel semble décidé à livrer bataille, le moins que je me sente obligé de faire, c'est de le soutenir de toutes mes forces. Mais je souhaiterais cependant savoir auparavant ce que vous - vous et Marx - pensez de cette affaire. Votre expérience est bien plus mûre et votre vision des choses bien meilleure que la mienne. »

[87] Cette lettre a été perdue. Hermann Ramm répondit, le 24 mai 1875 : « Votre lettre, tout comme celle de Marx à Bracke, a aussitôt fait la ronde, et vous verrez en lisant les tractations du congrès que, pour notre part, nous avons tenté de tenir compte de vos intentions ainsi que de celles

aussi et me suis contenté d'écrire brièvement à Liebknecht [88]. Je ne peux lui pardonner de ne pas nous avoir écrit *un seul mot* de toute cette affaire jusqu'à ce qu'il ait été pratiquement trop tard. (alors que Ramm et d'autres croyaient qu'il nous avait scrupuleusement tenus au courant). C'est d'ailleurs, ainsi qu'il agit depuis toujours, d'où la masse de correspondance désagréable que Marx et moi nous avons eue avec lui. Cependant, cela passe les bornes cette fois, et nous sommes fermement *décidés à ne plus marcher.*

---

de Marx; il nous est plus facile de le faire au congrès - dont Liebknecht écrit en ce moment que tout se passe remarquablement bien - qu'il y a deux mois... Il en va autrement en ce qui concerne notre attitude sur le plan tactique. Là, il ne fait absolument aucun doute que si nous n'avions pas fait de concessions décisives, les gens de Hasselmann eussent été dans l'impossibilité de faire accepter l'idée de fusion à leur société - au reste grâce à la sclérose des esprits qui est le fruit d'une demi-douzaine d'années de propagande de ces gaillards. »

[88] Cette lettre a été perdue, le 21 avril 1875, Liebknecht répondit à Engels : « Les lacunes du programme auxquelles tu fais allusion existent indubitablement, et d'emblée nous les connaissions fort bien nous-mêmes. Mais elles étaient inévitables à la conférence; si l'on ne voulait pas que les négociations en vue de la fusion fussent rompues. Les lassalléens avaient juste auparavant tenu une réunion de leur comité directeur, et sont arrivés en étant fiées par mandat impératif sur les quelques points les plus criticables. Nous devions leur céder d'autant plus qu'il ne faisait pas le moindre doute pour aucun de nous (et même de chez eux) que la fusion signifierait la mort du lassalléanisme. » (Cet argument - décisif aux yeux de Liebknecht - est maintenant faux comme le montre d'ailleurs Engels dans la présente lettre, lorsqu'il dit que la fusion referait une virginité aux dirigeants lassalléens compromis.)

Tâcher de prendre vos dispositions afin de venir ici cet été. Vous logerez naturellement chez moi, et si le temps le permet, nous pourrons aller nous baigner quelques jours à la mer : cela vous fera le plus grand bien après votre long séjour en prison.

Marx à W. Bracke, 5 mai 1875.

Ayez la bonté, après les avoir lues, de porter à la connaissance de Geib, Auer, Bebel et Liebknecht les gloses marginales au programme de fusion ci-jointes [89]. Nota *bene : le* manuscrit doit revenir entre vos mains, afin qu'il reste à ma disposition si nécessaire [90]. Je suis surchargé de travail et obligé de dépasser

---

[89] Les gloses marginales auxquelles Marx fait allusion forment ce que l'on appelle la critique du programme de Gotha (1875). Nous ne les reproduisons pas ici, mais le lecteur les trouvera dans l'une des éditions suivantes : MARX-ENGELS, Programmes socialistes, Critique des projets de Gotha et d'Erfurt, Programme du parti ouvrier français (1880), éd. Spartacus, pli. 15-39; Critique des programmes de Gotha et d'Erfurt, Éd. sociales, pp. 17-39; Karl MARX, Oeuvres. Économie 1, La Pléiade, pp. 1413-1434.

[90] Marx était parfaitement conscient des manœuvres des dirigeants sociaux-démocrates -notamment de Liebknecht – pour escamoter son texte. Qui plus est, il savait parfaitement que sa critique ne serait pas utilisée pour modifier le programme en question. C'est donc pour sauver les principes - et avec eux l'avenir du mouvement - qu'il a écrit

largement ce que m'autorise le médecin. Aussi n'ai-je éprouvé aucun « plaisir » à écrire ce long papier. Il le fallait cependant, afin que les positions que je pourrais être amené à prendre par la suite ne soient pas mal interprétées par les amis du parti auxquels cette communication est destinée.

Après le congrès de fusion, nous publierons, Engels et moi, une brève déclaration dans laquelle nous dirons que nous n'avons absolument rien de commun avec ce programme de principes et que nous gardons nos distances vis-à-vis de lui.

C'est d'autant plus indispensable que l'on entretient à l'étranger l'idée, soigneusement exploitée parles ennemis du parti, bien qu'elle soit parfaitement erronée, qu'à partir de Londres nous dirigeons en secret le mouvement du parti dit d'Eisenach. Ainsi, dans un ouvrage en russe tout récemment paru, Bakounine, par exemple, m'attribue la responsabilité non

---

son texte. Dans sa lettre du 1er mai 1891 à Bebel, Engels dit lui-même à ce sujet : « Quelle était la situation alors ? Nous savions aussi bien que la Frankfurter Zeitung du 9 mars 1875, par exemple, que j'ai retrouvée, que l'affaire était tranchée depuis le moment où ceux qui avaient été chargés par le parti d'établir le programme avaient accepté le projet (du programme de Gotha). C'est en ayant conscience que Marx écrivit son texte pour sauver son âme, sans aucun espoir de succès : comme on le sait, il a terminé son document qui n'était plus dès lors qu'un témoignage par la formule : Dixi et salvavi animam meam (J'ai parlé et j'ai sauvé mon âme).

seulement de tous les programmes, etc., de ce parti, mais encore de chaque fait et geste de Liebknecht depuis sa collaboration avec le Parti populaire.

A part cela, c'est mon devoir de ne pas reconnaître - fût-ce par un silence diplomatique - un programme qui, j'en suis convaincu, est absolument condamnable et démoralisateur pour le parti.

Tout pas en avant du mouvement réel vaut plus qu'une douzaine de programmes. Si l'on ne pouvait pas, à cause des circonstances présentes, aller plus loin que le programme d'Eisenach, il fallait se contenter tout simplement de conclure un accord pour l'action contre l'ennemi commun [91]. En

---

[91] Ce paragraphe a été largement exploité par Bernstein et autres révisionnistes pour démontrer qu'aux yeux de Marx un progrès immédiat était préférable à un principe, bref qu'il faut sacrifier le socialisme (lointain) à une conquête immédiate. En fait, c'est abuser des mots du texte.
Un accord contre l'ennemi commun implique :
1. que le programme et les principes ne soient pas l'objet de l'accord, et ne soient donc pas sacrifiés à cause de lui, autrement dit pas de concession des principes à l'allié; 2. que l'allié lutte vraiment contre l'ennemi commun, et ne soit pas déjà passé dans les rangs de l'ennemi (comme ce fut le cas, par exemple, de la social-démocratie au cours de la guerre impérialiste en 1914 en Allemagne, et plus encore, si l'on peut dire, après l'assassinat de Rosa Luxemburg et la répression spartakiste faite sous le règne de cette même social-démocratie).

revanche, si l'on élabore un programme de principes (qu'il vaut mieux remettre à un moment où une longue activité commune en aura préparé le terrain), c'est pour poser des jalons qui signalent, aux yeux du monde entier, à quel niveau en est le mouvement du parti.

Les chefs des Lassalléens sont venus a nous sous la pression des événements. Si d'emblée on leur avait fait savoir qu'on n'accepterait aucun marchandage sur. les principes, ils eussent dû se contenter d'un programme d'action ou d'un plan d'organisation pour agir en commun. Au lieu de cela, on leur permet d'arriver armés de mandats, dont on reconnaît soi-même la force obligatoire, et l'on se rend ainsi à la merci de gens qui, eux, ont besoin de nous. Pour couronner le tout, ils tiennent un nouveau congrès avant *le* congrès *de* compromis, alors que notre propre parti tient le sien post festum. On a manifestement cherché ainsi à escamoter toute critique et ne pas donner à notre parti le temps de réfléchir. On sait que le seul fait de l'unité satisfait les ouvriers, mais l'on se trompe si l'on pense que ce succès du moment n'est pas trop chèrement payé.

Au surplus, ce programme ne vaut rien, même abstraction faite de la canonisation des articles de foi lassalléens.

Engels à Bracke, 11 octobre 1875.

Nous sommes tout à fait du même avis que vous : dans sa hâte à obtenir à tout prix l'unité, Liebknecht a fourvoyé toute l'entreprise [92]. On peut vouloir quelque chose à tout prix, mais il ne faut pas pour autant le dire ou le montrer à l'autre partenaire. Par la suite il faut alors justifier une faute après une autre. Après avoir mis en oeuvre le congrès de fusion sur une base erronée et proclamé qu'il ne devait échouer à aucun prix, on était obligé à chaque fois de tâcher du lest sur tous les points essentiels. Vous avez tout à fait raison : cette fusion porte en elle le germe de la scission, et si elle se produit, je souhaite qu'elle éloigne de nous *uniquement* les fanatiques incorrigibles, mais non la masse de ceux qui sont par ailleurs capables et susceptibles de se redresser à bonne école. Cela dépendra du moment et des conditions où cela se produira inévitablement.

Dans sa réaction définitive, le programme se divise en trois parties :

---

[92] Engels analyse maintenant les premiers effets de la fusion sur l'opinion en général et au plan des réalisations.

1. Des phrases et des slogans lassalléens qu'il ne fallait accepter à aucune condition. Lorsque deux fractions fusionnent, on reprend dans lé programme les points sur lesquels on est d'accord, et non les points en litige. En acceptant cependant de le faire, les nôtres sont passés sous les fourches caudines;

2. Une série de revendications propres à la démocratie vulgaire, rédigées dans le style et l'esprit du *Parti populaire;*

3. Un certain nombre de phrases prétendument communistes, empruntées la plupart au *Manifeste,* mais réécrites de sorte que, si on les examine de près, on s'aperçoit qu'elles contiennent toutes sans exception des âneries horribles. Si l'on ne comprend rien à ces choses, il ne faut pas y toucher, et se contenter de les recopier littéralement d'après ceux qui les connaissent.

Par chance, le programme a eu un sort meilleur qu'il ne le méritait. Ouvriers, bourgeois et petits bourgeois croient y lire ce qui devrait effectivement y figurer, mais n'y figure pas, et il n'est venu à l'esprit de personne dans les divers camps d'examiner au grand jour le véritable contenu de ces phrases merveilleuses. C'est ce qui a permis que nous fassions le silence sur ce programme [93]. Au surplus, on ne peut traduire ces phrases dans une autre langue sans être *obligé* ou bien d'en faire quelque chose qui devienne franchement idiot, ou bien de leur substituer un sens communiste; or, amis comme ennemis adoptent le second procédé, et c'est ce que j'ai dû faire moi-même pour une traduction destinée à nos amis espagnols.

Nous n'avons pas lieu de nous réjouir de l'activité qu'a déployée jusqu'ici le comité directeur. Ce fut d'abord les mesures contre vos écrits et ceux de B. Becker [94] : si elles ont échoué, ce n'est certes pas à cause du comité. Ensuite, Sonnemann - que Marx a rencontré lors de son passage à Londres - a raconté qu'il avait proposé à Vahlteich d'accepter cette offre!. C'est plus que de la censure, et je ne comprends pas pourquoi Vahlteich s'est soumis à une telle interdiction. En plus, c'est parfaitement maladroit. Vous vous préoccupez de ce qu'au

---

[93] Un programme dont le sort le plus heureux est de rester ignoré, justifie le jugement de Marx : « Tout pas en avant du mouvement réel vaut mieux qu'une douzaine de programmes. »

[94] Dans sa lettre du 7 juillet 1875, Bracke avait informé Engels que la direction de Hambourg -formée en majorité de lassalléens - avait décidé de mettre à l'index de la littérature du parti les ouvrages de critique du lassalléanisme : W. BRACKE, Der Lassalle'sche Vorschlag, 1873; Bernard BECKER, Geschichte der Arbeiter-Agitation Ferdinand Lassalle, 1874, et Enthüllungen über den tragischen Tod Ferdinand Lassalles (1868). Cette décision fut finalement annulée après une protestation énergique.

contraire la *Frankfurter* soit fournie entièrement par les nôtres en Allemagne. Enfin, il me semble que les membres lassalléens n'ont pas agi très correctement lors de la création de l'imprimerie coopérative de Leipzig [95]. Après que les nôtres eurent, en toute confiance, reconnu le comité directeur comme comité de contrôle de l'imprimerie de Leipzig, il a fallu contraindre les Lassalléens à cette acceptation à Berlin. Cependant, je ne suis pas encore au courant des détails.

En attendant, c'est une bonne chose que ce comité ne déploie guère d'activité et se contente, comme dit C. Hirsch qui était ici il y a quelques jours, de végéter en tant que bureau de correspondance et d'information. Toute intervention active de sa part précipiterait la crise, et on semble s'en rendre compte.

Et de quelle faiblesse avez-vous fait montre en acceptant que trois Lassalléens siègent au comité directeur, avec deux des nôtres seulement [96] ? En fin de compte il semble cependant que l'on s'en soit tout de même tiré, même si c'est avec un bel œil au beurre noir. Espérons qu'on en restera là et que notre

---

[95] L'assemblée générale de la coopérative d'imprimerie de Berlin élut, le 29 août 1875, les lassalléens W. Hasselmann, F.W. Fritzsche et H. Rackow au comité directeur, qui agit en tant que comité de contrôle.
[96] Le comité se composait de trois lassalléens (Hasenclever, Hasselmann, Derossi) et de deux Eisenachéens (Geib, Auer).

propagande agira auprès des Lassalléens dans l'intervalle. Si l'on tient jusqu'aux prochaines élections, cela pourra aller. Mais ensuite les policiers et juges Stieber et Tessendorf entreront en scène [97], et C'est alors que l'on s'apercevra de ce que les lassalléens Hasselmann et Hasenclever nous auront apporté...

Écrivez-nous à l'occasion. W. Liebknecht et A. Bebel sont trop engagés dans cette affaire pour nous dire crûment la vérité, et aujourd'hui moins que jamais les affaires *intérieures* du parti parviennent au grand jour.

Engels à August Bebel, 12 octobre 1875. (D'après August Bebel : *Aus meinem Leben*, 2. Teil, Stuttgart 1911.)

Votre lettre confirme entièrement notre opinion que la fusion a été précipitée de notre part et porte en elle le germe d'une scission future. Si nous parvenons à éviter cet éclatement

---

[97] A l'avance, Engels indique à la social-démocratie allemande les grandes lignes du combat qu'elle aura à mener (d'abord contre l'ennemi au sein de la classe ouvrière et de l'organisation même, contré le lassalléanisme; puis contre la répression judiciaire et policière, culminant dans la loi antisocialiste de 1879) avant de pouvoir mener l'assaut révolutionnaire contre le pouvoir politique de la bourgeoisie.

jusqu'aux prochaines élections au Reichtag, alors ce serait déjà bien...

Le programme, tel qu'il est conçu actuellement, se compose de trois parties :

1. Les principes et slogans lassalléens, dont l'acceptation restera une honte pour notre parti. Lorsque deux fractions font l'unité sur un programme commun, elles s'efforcent d'y inclure les points sur lesquels elles sont d'accord et ne touchent pas ceux où elles ne le sont -pas. L'aide de l'État lassalléenne figurait certes au programme d'Eisenach, mais seulement comme *l'une* dès nombreuses *mesures de transition* et, pour autant que je le sache, elle aurait été définitivement écartée par une motion de Bracke au congrès de cette année, si cette fusion *ne s'était pas produite*. Or voilà qu'elle y figure maintenant comme la panacée à tous les maux sociaux, à l'exclusion de toutes les autres mesures. En se laissant imposer la « loi d'airain des salaires » et autres slogans lassalléens, notre parti a subi une terrible défaite morale. Il s'est converti à la religion lassalléenne. C'est absolument indéniable à l'heure actuelle. Cette partie du programme représente les fourches caudines sous lesquelles notre parti est passé pour la plus grande gloire de saint Lassalle.

2. Des revendications démocratiques rédigées entièrement dans le sens et le style du Parti Populaire [98].

3. Des revendications vis-à-vis de l' « État actuel » (si bien qu'on ne sait plus à qui les autres « revendications » peuvent bien être adressées) qui sont non seulement confuses mais encore tout à fait illogiques.

4. Des propositions générales, empruntées pour la plupart au *Manifeste communiste* et aux statuts de l'Internationale, mais qui ont été remaniées au point qu'elles sont ou bien *absolument*

---

[98] Le Parti populaire allemand surgit au cours des années 1863-1866, en opposition à la politique d'hégémonie prussienne et au libéralisme bourgeois à la prussienne. Il s'implanta notamment en Allemagne du Centre et du Sud-Ouest; il se proposait un État de type fédératif et démocratique s'étendant à toute l'Allemagne. Certains éléments étaient ouverts à l'idée d'une révolution populaire pour, réaliser leurs buts. Ces éléments fondèrent le Parti populaire saxon, composé essentiellement de travailleurs : sous l'influence de Liebknecht et de Bebel, il évolua vers le socialisme et finit par adhérer en grande partie, en août 1869, au Parti ouvrier social-démocrate d'Eisenach.

Des liaisons continuèrent de subsister après 1869, notamment avec le groupe de Leopold Sonnemann, le directeur de la Frankfurter Zeitung.

Engels explique l'évolution social-démocrate du parti par des conditions d'immaturité économique et sociale, notamment en Saxe, dans sa lettre du 30 novembre 1881 à Bernstein, où il annonce un type de parti nouveau, lié au développement des conditions économiques et sociales du capitalisme pur. Cf. la lettre d'Engels à Gerson Trier sur les différences de tactique entre partis des pays développés et non développés, in : Parti de classe, vol. IV, p. 16-20.

fausses ou bien *tout à fait ineptes,* comme Marx l'a prouvé en détail dans l'écrit que vous savez [99].

Le tout est au plus haut point désordonné, confus, incohérent, illogique et honteux. S'il existait dans la presse bourgeoise un seul esprit critique, il se serait emparé de ce programme pour l'examiner phrase à phrase et réduire chacune d'elles à son véritable contenu. Il aurait mis en évidence alors toutes ses contradictions et ses insanités dans le domaine économique (par exemple, le passage disant que les instruments de travail sont aujourd'hui le « monopole de la classe capitaliste », comme s'il n'y avait pas de propriétaires fonciers! Ensuite tout le bavardage sur l' « affranchissement dit *travail* », alors qu'il ne peut être question que de l'affranchissement de la *classe ouvrière*, le *travail, lui,* étant aujourd'hui précisément *trop libre* déjà). Bref, il n'aurait aucun mal à faire sombrer notre parti dans le ridicule. Au lieu de cela, ces ânes de journalistes bourgeois ont pris ce programme tout à fait au sérieux, et ils y ont lu ce qui ne s'y

---

[99] Les gloses marginales auxquelles Marx fait allusion forment ce que l'on appelle la critique du programme de Gotha (1875). Nous ne les reproduisons pas ici, mais le lecteur les trouvera dans l'une des éditions suivantes : MARX-ENGELS, Programmes socialistes, Critique des projets de Gotha et d'Erfurt, Programme du parti ouvrier français (1880), éd. Spartacus, pli. 15-39, Critique des programmes de Gotha et d'Erfurt, Éd. sociales, pp. 17-39; Karl MARX, Oeuvres. Économie 1, La Pléiade, pp. 1413-1434.

trouvait pas, l'interprétant même comme communiste. Les ouvriers semblent faire de même. *C'est cette circonstance seule* qui noue a permis, à Marx et à moi, de ne pas nous désolidariser publiquement de ce programme : tant que nos adversaires et aussi les ouvriers prêteront nos intentions à ce programme, nous pourrons nous taire.

Si vous êtes satisfait du résultat pour la question des personnes, c'est que nos exigences ont dû baisser considérablement : deux des nôtres et trois Lassalléene ! Ainsi donc, sur ce plan aussi, les nôtres ne sont pas traités en alliés jouissant des mêmes droits, mais en vaincus qui sont mis d'emblée en minorité. L'action du comité, pour autant que nous en sachions, n'est pas non plus édifiante : décision de *ne pas* mettre sur la liste des écrits du parti les deux ouvrages de Bracke et de B.. Becker sur Lassalle [100]; si elle est révoquée, ce

---

[100] Dans sa lettre du 7 juillet 1875, Bracke avait informé Engels que la direction de Hambourg -formée en majorité de lassalléens - avait décidé de mettre à l'index de la littérature du parti les ouvrages de critique du lassalléanisme : W. BRACKE, Der Lassalle'sche Vorschlag, 1873; Bernard BECKER, Geschichte der Arbeiter-Agitation Ferdinand Lassalle, 1874, et Enthüllungen über den tragischen Tod Ferdinand Lassalles (1868). Cette décision fut finalement annulée après une protestation énergique.

n'est pas de la faute du comité [101], pas plus que celle de Liebknecht; défense faite a Vahlteich d'accepter le poste de correspondant de la *Frankfurter Zeitung*. C'est Sonnemann lui-même qui l'a raconté à Marx, lors de son passage en Allemagne. Ce qui m'étonne encore plus que l'arrogance du Comité et la complaisance avec laquelle Vahlteich s'y est soumis au lieu de passer outre, c'est la bêtise monumentale de cette décision. Le comité devrait, au contraire, s'efforcer qu'un journal comme la *Frankfurter* ne marche qu'avec nos gens [102]...

Vous avez cependant parfaitement raison de dire que toute cette affaire nous servira de leçon et qu'elle peut même donner de bons résultats dans certaines circonstances. La fusion en soi est un grand pas, à condition qu'elle tienne deux ans, mais il ne fait pas de doute qu'on aurait pu l'obtenir à meilleur compte.

Frédéric Engels

---

[101] L'assemblée générale de la coopérative d'imprimerie de Berlin élut, le 29 août 1875, les lassalléens W. Hasselmann, F.W. Fritzsche et H. Rackow au comité directeur, qui agit en tant que comité de contrôle.

[102] Le comité se composait de trois lassalléens (Hasenclever, Hasselmann, Derossi) et de deux Eisenachéens (Geib, Auer).

BILAN POLITIQUE
APRÈS LES ÉLECTIONS ALLEMANDES DE 1877

La Plebe, 26 février 1877.

Votre correspondant de Berlin vous aura donné tous les détails sur les élections en Allemagne. Notre triomphe est si grand qu'il a frappé de terreur la bourgeoisie allemande et. étrangère; ici, à Londres, le contrecoup s'en est fait sentir dans toute la presse. Ce n'est pas le nombre de sièges que nous avons conquis qui est le plus remarquable. Il vaut cependant la peine de mentionner que l'Empereur Guillaume, le roi de Saxe et le plus petit prince d'Allemagne (le duc de Reuss) habitent tous trois des circonscriptions où l'ont emporté des ouvriers socialistes et qui sont par conséquent représentées par des socialistes. Ce qui est important, c'est qu'à côté des majorités nous avons eu de fortes minorités tant dans les grandes villes que dans les campagnes : à Berlin 31500, à Hambourg, Barmen-Elberfeld, Nuremberg, Dresde 11 000 voix par ville. Non seulement dans les districts ruraux du Schlesvig-Holstein, de Saxe, de Brunsvick, mais même dans la forteresse du féodalisme, au Mecklembourg, nous avons de fortes minorités d'ouvriers agricoles. Le 10 janvier 1874, nous avions obtenu 350 000 suffrages; le 10 janvier 1877, au moins 600 000. Les élections nous fournissent le moyen de nous compter [103]; des bataillons qui passent en revue, le jour des élections, nous pouvons dire qu'ils constituent le corps de bataille du socialisme allemand. L'effet moral tant sur le parti socialiste qui constate avec joie ses progrès, que sur les ouvriers, qui sont encore indifférents, et voire sur nos ennemis est énorme. C'est une bonne chose de commettre tous les trois ans le péché mortel d'aller voter. Ces messieurs les abstentionnistes diront ce qu'ils voudront : un seul

---

[103]   Comme à tous les tournants du mouvement, Engels fait ici le bilan des forces sur lesquelles le socialisme peut s'appuyer. Pour cela, il se réfère aux résultats des élections, qui sont un étalon du rapport des forces, fourni par le mécanisme démocratique de la classe adverse au pouvoir qui règne par ce moyen, tant qu'elle est ta plus forte. Le parlementarisme, comme tactique révolutionnaire, est éminemment un moyen d'effectuer sa propagande et de compter ses forces (dans les conditions et le moment choisis par l'adversaire) pour l'assaut révolutionnaire, et non de conquérir pacifiquement le pouvoir par l'intérieur du système capitaliste, surtout après que la Commune ait démontré qu'il fallait briser de l'extérieur la machine d'État bourgeoise avant d'instaurer la dictature du prolétariat.

Dans ses bilans successifs, Engels constatera que l'Allemagne n'est pas encore mûre pour que triomphe la révolution socialiste, les rapports de classe aussi bien que le niveau de conscience idéologique étant encore trop peu développés pour permettre de balayer les classes au pouvoir.

Après ce texte sur le contexte économique et social de l'action du parti allemand, nous passons aux différents écrits de Marx-Engels relatifs à la formation du mouvement social-démocrate en Allemagne.

fait tel que les élections du 10 janvier vaut plus que toutes les phrases « révolutionnaires ». Et quand je dis *bataillons et corps de bataille*, je ne parle pas au figuré 71). Au moins la moitié sinon davantage, de ces hommes de vingt-cinq ans (c'est la limite d'âge la plus basse de. ceux qui ont voté pour nous) a passé deux ou trois ans sous les armes, sait fort bien manier le fusil et le canon et appartient aux corps de réserve de l'armée. Encore quelques années de progrès de ce genre, et la réserve et le landwehr, soit les trois quarts de l'armée de guerre, seront avec nous, ce qui permettra de désorganiser totalement le système officiel de rendre impossible toute guerre offensive.

Cependant, certains diront : Mais pourquoi donc ne faites-vous pas immédiatement la révolution ? Parce que, n'ayant encore que 600 000 suffrages sur 5 millions et demi et étant donné que ces voix sont dispersées çà et là dans les nombreuses régions du pays, nous ne vaincrions certainement pas, et verrions ruiner, dans des soulèvements irréfléchis et des tentatives insensées, un mouvement qui n'a besoin que d'un peu de temps pour nous conduire à un triomphe certain. Il est clair que *l'on ne nous laissera* pas *vaincre facilement*, que les Prussiens ne pourront pas voir toute leur armée de guerre s'infecter de socialisme sans prendre des contre-mesures, mais plus il y aura de réaction et de répression, plus le flot montera haut - jusqu'à emporter les digues. Savez-vous ce que l'on a fait à Berlin ? Le soir du 10 janvier, un rassemblement que la police elle-même a évalué à quelque 22 000 personnes a encombré toutes les voies proches du siège du parti socialiste. Grâce à la parfaite organisation et à la discipline de notre parti, notre Comité avait reçu le premier les résultats définitifs des élections. Quand le résultat fut proclamé, toute la foule poussa un chaleureux vivat - à qui ? - aux élus ? - non « à notre agitateur le plus actif, le procureur du roi, Tessendorff ». Celui-ci s'est toujours distingué par ses procès judiciaires contre les socialistes - et, avec ses violences, il a fait doubler notre nombre.

Voilà comment les nôtres répondent aux mesures de violence : ils ne les craignent pas, mais les provoquent même puisqu'elles sont le meilleur moyen d'agitation.

Engels à J.-Ph. Becker, 21 décembre 1876.

Que De Paepe ait été au congrès de Berne [104], c'est ce qui concorde avec toute son attitude passée. Depuis le congrès de la

---

[104] Les anarchistes profitèrent de l'enterrement de Bakounine pour tenter de regrouper les sections et fédérations, qui subsistaient encore formellement en juillet 1876, de l'Association Internationale des

Haye, il est resté officiellement avec ceux qui avaient quitté l'Internationale, mais en tant que, chef de l'opposition. Actuellement il prend un bon chemin, en incitant les Flamands à exiger le suffrage universel et une législation économique. C'est la première chose convenable qui se fasse en Belgique [105]. Les forts en gueule wallons sont obligés de marcher également à présent. Mais les nôtres en Allemagne seraient impardonnables de donner dans le panneau des Jurassiens. Partout les organes bakouninistes chantent victoire - comme si les Allemands allaient envoyer quelqu'un à leur congrès de Berne. Liebknecht savait fort bien à quoi s'en tenir [106], car j'avais répondu à la lettre

---

Travailleurs. Le congrès anarchiste, qui fut convoque a Berne du 26 au 30 octobre 1876, devait servir ce dessein. Après avoir fait allusion à ce projet dans sa lettre à Engels du 26 juillet 1876, Marx déclare : « Dans un court article du Volksstaat, Liebknecht déclare que personne d'autre que nous (c'est-à-dire lui, ne souhaiterait davantage que ce projet réussisse, et d'ajouter, en tant qu'incorrigible bavard, que les actes suivent les paroles. Il est naturellement flatté de ce que monsieur Guillaume proclame le Volksstaat comme le dernier mot de l'Internationale issue de Bakounine ».

[105] Sur la création contre-révolutionnaire de l'État belge, en tant que rempart de l'impérialisme et de la réaction contre le mouvement révolutionnaire, cf. le Fil du temps no 1 et 4 (Gérant-responsable Jacques Angot B.P. 24. Paris-19e) et Marx-Engels, la Belgique, Édition Fils du Temps, 1975.

[106] Cette lettre a été égarée, est-il besoin de le dire! Toutes les tâches sont étroitement liées entre elles : à peine Liebknecht est-il tombé dans « Sa fusion » avec les Lassalléens qu'il pactise maintenant avec ses pires ennemis politiques, ceux contre lesquels Marx-Engels ont si durement polémiqué de 1868 jusqu'à la dissolution de l'Internationale, en

où il nous demandait ce que nous pensions des offres de réconciliation et quelle serait la position que nous adopterions : pas de position du tout, lui dis-je, car les gaillards sont toujours les mêmes, et si quelqu'un voulait se brûler les doigts il n'avait qu'à le faire. Et après cela, ils ont entrepris l'action avec leurs rêves de conciliation crédules, comme si l'on avait affaire aux plus droits des braves gens!

---

réclamant vainement à Liebknecht de les appuyer, cf. lettre du 33-5-1872 à Liebknecht et note 35. Au plan politique, une erreur en appelle le plus souvent une autre et demeure rarement isolée.

Il peut paraître paradoxal que les socialistes de droite ou réformistes opportunistes, ces chauds partisans des méthodes parlementaires, s'accordent avec les anarchistes qui condamnent l'action politique ainsi que l'utilisation du parti et de l'État prolétariens de classe. Comme toute la tentative de rapprochement entre l'aile droite de la social - démocratie allemande et les anarchistes en témoigne, il n'y a pas opposition de principe entre réformistes opportunistes et anarchistes : tous deux abandonnent (à leur propre manière certes le champ politique aux bourgeois, les réformistes en pratiquant une politique bourgeoise qui écarte en fait la politique révolutionnaire marxiste, et les anarchistes en niant purement et simplement la nécessité d'une action politique en général. Cf. le même phénomène au niveau des, revendications économiques, Marx-Engels, Le Syndicalisme, tome 1er, Éditions Maspéro, pp. 11-16.

Une fois de plus, la lettre-clé de toute cette affaire a été « égarée ». W. Liebknecht avait, en effet, écrit à Engels vers la mi-juillet 1876: « À propos, il me vient à l'esprit de vous demander ce que vous pensez des tentatives de rapprochement avec les Bakouninistes ? On pourrait certes s'y lancer lors d'un congrès commun, après que les délégués des deux parties aient siégé à part ? Écris-moi ce que vous en pensez ? »

II.

SOUS LE RÉGIME DE
LA LOI ANTI-SOCIALISTE

« La parole est à von Helldorf-Bedra. On ne saurait être plus candide : « Messieurs, la présente loi (anti-socialiste) se caractérise comme une loi préventive, au sens le plus éminent du terme; elle ne prévoit aucune action pénale, mais autorise seulement les interdictions de la police et déclare punissables les violations de ces interdictions EXTÉRIEUREMENT RECONNAISSABLES. » En d'autres termes : elle permet tout bonnement à la POLICE de tout interdire et ne punit aucune violation de loi quelconque, mais les « violations » d'oukases de la police. C'est une façon parfaite de rendre superflues les lois pénales » (Karl Marx, *Notes marginales sur les débats au Reichstag relatifs à la loi anti-socialiste*, septembre 1878).

DÜHRING, BISMARCK ET LA DROITE SOCIALE-DÉMOCRATE

Engels à W. Liebknecht, 31 juillet 1877.

J'ai reçu tes deux lettres des 21 et 28. Je veux espérer que le fiasco des dühringeries est définitif, et que vous ne rafistolerez pas de nouveau les choses pour les remettre en circulation. La presse du parti se ridiculise si elle se laisse aller à lui attribuer une valeur scientifique simplement.... parce que les Prussiens le persécutent [107]. Et il n'y a qu'eux qui l'aient fait, que je sache.

Vahlteich a bel et bien affirmé que les socialistes n'étaient ni des marxistes ni des dühringiens (?! ?!) : tous les journaux ont

---

[107] A la tentative du rapprochement entre anarchistes et social-démocrates, vient s'ajouter bientôt un autre mauvais coup porté au marxisme - le soutien apporté au socialisme petit-bourgeois de Dühring. Engels condamne tout d'abord le démocratisme de Liebknecht qui défend un individu particulièrement dangereux pour la social-démocratie allemande étant la survivance massive en Allemagne de l'idéologie de la petite bourgeoisie pour la seule raison que Bismarck en avait fait une victime de l'arbitraire policier. Le privatdozent Düring avait commencé en 1872 à critiquer certains professeurs réactionnaires en même temps que le statut suranné des universités allemandes - ce qui le mit au centre des attaques du corps professoral réactionnaire. Après avoir recommencé ses attaques en 1877, Dühring fut traduit devant le conseil de discipline universitaire, qui lui interdit en juillet 1877 d'enseigner.

Pour contrecarrer l'influence de Dühring dans le mouvement ouvrier allemand, Engels sera amené à écrire tout un volume pour réexposer le point de vue marxiste véritable tant ses élucubrations petites bourgeoises étaient pernicieuses.

On ne peut manquer d'être frappé parla concordance entre les erreurs des dirigeants sociaux-démocrates allemands (qui révèlent les faiblesses du mouvement) et les, points d'attaque de Bismarck. Celui-ci non seulement saura exploiter habilement Dühring et les autres confusionnistes au sein du mouvement ouvrier en leur laissant pleine liberté d'agitation, tandis qu'il interdira, d'abord, l'Anti-Dühring d'Engels, puis toute l'œuvre subversive. de Marx-Engels tant que durera la loi antisocialiste. Bismarck prend même sein le cas échéant de s'appuyer sur une fraction au sein du parti ouvrier pour mieux toucher l'ennemi numéro un des classes dirigeantes allemandes, cf. note no 77.

mis en évidence cette formule après le congrès lorsqu'ils ont publié le discours qu'il a perpétré en réunion publique [108]. Je ne crois pas qu'il voudra se dédire. Qu'il soit actuellement en tôle n'est pas une raison pour moi de le considérer pour meilleur qu'il n'est.

Élisée Reclus est un simple compilateur, rien de plus. Comme son frère et lui ont participé à la fondation de l'Alliance. secrète (anarchiste), il pourrait, s'il le veut, t'en dire bien davantage sur ce sujet que toi-même tu pourrais lui en dire. Qu'il soit encore avec ces braves gens ou non, importe peu : il est politiquement confus et impuissant.

Je n'ai jamais dit que la masse de nos gens ne désire pas de science véritable. J'ai parlé du parti [109], et celui-ci est ce pour quoi il se donne dans la presse et les congrès. Et là ce qui

---

[108] Le 25 août 1876 le Volksstaat de Liebknecht, cet éternel conciliateur, avait publié une adresse des « socialistes » de Berne prônant une réconciliation avec les anarchistes vivant en Suisse et invitant les sociaux-démocrates allemands à assister au congrès des ... anarchistes de Berne (26-30 octobre 1876). Bebel lui-même proposa d'envoyer à ce congrès une adresse « rédigée en termes fraternellement amicaux ». Julius Vahlteich, député social-démocrate allemand, qui assista à titre d'hôte,, au congrès anarchiste de Berne, y déclara dans son discours du 27 octobre: « Il n'y a parmi nous ni marxistes ni düringhiens » !

[109] La lettre dans laquelle Engels expliquait sa position à ce sujet n'a pas été retrouvée.

domine maintenant, c'est la demi-science et l'ancien ouvrier qui se targue d'être littérateur. Si - comme tu l'affirmes - ces gens ne forment qu'une petite minorité, c'est tout de même parce que chacun d'eux a une influence et des partisans que vous prenez tant d'égards vis-à-vis d'eux. Le déclin théorique et moral date de la fusion (avec les Lassalléens), et on aurait pu l'éviter si l'on avait fait preuve à ce moment-là d'un peu plus de réserve et d'intelligence. Un parti sain est capable d'exsuder pas mal de choses avec le temps; mais c'est un processus long et difficile - et ce n'est pas parce que les masses sont en bonne santé qu'il faut leur inoculer sans nécessité une maladie.

C'est une chance pour *la Zukunft que* ta lettre soit encore arrivée à temps. Elle a empêché que j'envoie ma décision déjà prise en ce qui concerne l'offre de collaboration. Cette offre émanant d'une rédaction parfaitement anonyme, qui n'est pas à même de présenter d'autres garanties de son sérieux scientifique que la résolution du congrès - comme si un congrès de parti pouvait conférer un caractère scientifique quelconque. C'est vraiment un grand risque que de confier nos manuscrits à des gens parfaitement inconnus, des gens qui sont peut-être les pires duhringiens !

Tu dis que Wiede fait partie de la rédaction. Mais lui-même vient de me réclamer ma collaboration dans une lettre du 20 c. à une revue qu'il a l'intention de fonder à Zurich!

Bref, j'en ai assez de cette confusion qu'entraîne le lancement continuel d'affaires irréfléchies et précipitées. Je ne peux accepter la moindre offre de collaboration, ne serait-ce que parce qu'il faut que je termine une fois pour toutes les travaux les plus importants. Je suis encore en train de mettre la dernière main à *l'Anti-Dühring*, et ensuite je n'écrirai plus que des articles que je tiendrai moi-même pour urgents, et s'il existait une revue qui ne soit pas un organe du parti, c'est à elle que je les donnerais, afin de ne pas faire l'objet des débats d'un congrès [110].

---

[110] Face à l'importance toujours accrue de l'idéologie socialiste petite bourgeoise en Allemagne et à l'appui que celle-ci recevait de la plus grande partie des dirigeants sociaux-démocrates allemands, Engels dut réfuter les thèses aberrantes de Dühring. Mais il se heurta sur ce point à des obstacles invraisemblables. Ainsi, au congrès de Gotha (27-29 mai 1877), certains délégués sociaux-démocrates tentèrent de faire passer une résolution interdisant la poursuite de la publication de l'Anti-Dühring d'Engels dans l'organe central du parti, le Vonwärts. Johann Most, député social-démocrate, déposa la motion suivante : « Le congrès déclare que des écrits qui, telles les critiques publiées ces mois derniers par Engels contre Dühring, n'ont aucun intérêt pour la majorité des lecteurs du Vorwärts, doivent être écartés à l'avenir de l'organe central ». Julius Vahlteich intervint dans le même sens, et critiqua le ton sur lequel Engels attaquait Dühring. Il ajouta que Marx aussi bien qu'Engels avaient beaucoup servi la cause et continueraient, il faut le souhaiter de le faire à l'avenir encore; mais la même chose était

vraie aussi pour Dühring. Ces gens devaient être utilisés par le parti, mais les disputes de professeurs n'avaient pas leur place dans le Vorwärts, mais devaient être menées dans des publications à part.

August Bebel proposa une solution de compromis : « Considérant la longueur que les articles d'Engels contre Dühring avait atteinte et atteindrait encore par la suite; considérant que la polémique menée par Engels dans le Vorwärts contre Dühring ouvrait le droit à ce dernier ou à ses partisans de répondre tout aussi longuement; considérant que la place viendrait à manquer dans le Varwärts et que le sujet traité avait un caractère de pur différend scientifique -le Congrès décide que les articles d'Engels contre Dühring sont à écarter du Vorwärts lui-même, et doivent être publiés dans la Revue ou éventuellement dans le supplément scientifique du Vorwärts voire dans une brochure. En outre il convient d'éviter toute mention ultérieure de cette polémique dans le Vorwärts lui-même ».

Dans cette affaire, Liebknecht ne prit pas non plus de position nette en faveur d'Engels, mais se contenta d'appuyer Bebel, en 'annonçant la création d'un supplément scientifique ou revue, qui publierait à l'avenir de tels articles. L'Anti-Dühring fut relégué dans le supplément scientifique du Vorwärts et publié par bribes. Il se trouva qu'au moment de la parution du chapitre sur la « Philosophie » et de la section sur l' « Économie politique », Dühring fut chassé de l'université et connut son plus grand triomphe. Le Vorwärts chanta ses louanges et publia même des poésies sur le héros et à peine l'ouvrage d'Engels parut-il en brochure séparée que Bismarck l'interdit.

Dans son article sur Fünfzig Jahre Anti-Dühring (In : Unter dem Banner des Marxismus, 1919 2, pp. 466-87), Riazanov donne de nombreux détails sur l'influence des idées de Dühring chez les Eisenachiens, les débats infâmes au congrès de Gotha et enfin l'influence de Dühring en Russie même. Riazanov déclare, par exemple, que Bernstein contamina Bebel, à qui fi envoya les élucubrations de Dühring en prison : en mars 1874, Bebel écrivit un article élogieux sur « un communiste nouveau ». Dans ses mémoires, Bernstein se permit d'écrire : « A la place du cri de bataille Marx ici, Lassalle là, un nouveau cri de bataille semblait s'annoncer en 1875-1876: Dühring ici, Marx et

Il faut bien admettre que pour des travaux scientifiques il n'y a pas de forum démocratique, et une expérience m'a suffi.

Lassalle là. Et ma modeste personne n'a pas peu contribué à cette évolution ».

Engels à J.-Ph. Becker, 12 décembre 1878.

Les Prussiens viennent de prendre une autre mesure heureuse : interdire mon *Anti-Dühring*. Il ne faut plus que l'on vende en Allemagne ce qui est dirigé contre les braillards qui font semblant d'être socialistes. De même on a interdit *tous* les écrits de Greulich, de moi-même, etc. dirigés, contre les bakouninistes. Bismarck escompte que les fadasseries des anarchistes et de Dühring relâcheront la cohésion chez les nôtres en contribuant à susciter ce qu'il souhaite le plus au monde : une tentative de putsch, pour qu'il puisse tirailler. Malgré tout cela, nos ouvriers. se comportent magnifiquement en Allemagne, et je souhaite que tout l'Empire prussien soit honteusement défait par eux. Ce que Bismarck obtiendra cependant, c'est que lorsque la Russie donnera le coup d'envoi à la danse - et cela ne devrait plus guère tarder - alors les choses seront assez mûres en Allemagne.

Karl Marx

Lettre à Fr.-A. Sorge, 19 octobre 1877.

En Allemagne, un esprit pourri gagne notre parti, non pas tant dans les masses que parmi les dirigeants (ceux qui viennent des classes supérieures et des rangs « ouvriers »). Le compromis avec les Lassalléens a également conduit à un compromis avec des médiocrités, à Berlin [...] avec Dühring et ses « admirateurs », et ailleurs avec toute une bande d'étudiants et de docteurs super-intelligents qui veulent donner au socialisme un tour « supérieur, idéal », autrement dit substituer à la base matérialiste (qui réclame une étude. sérieuse et objective, si l'on veut opérer à partir d'elle) leurs divinités de la Justice, de la Liberté, de l'Égalité et de la Fraternité. Le Dr. Höchberg qui édite la *Zukunft* est un représentant de cette tendance; il a « acheté » sa place dans le parti je suppose dans les intentions les plus sublimes, mais je me fiche des « intentions ». Rarement quelque chose de plus misérable que son programme de la *Zukunft n'a* vu la lumière du jour avec plus de « modestie prétentieuse ».

Quant aux ouvriers, lorsqu'à l'instar de monsieur Most et consorts, ils abandonnent leur métier pour devenir des littérateurs *de profession*, ils créent chaque fois des ravages « théoriques » et sont toujours disposés à s'associer avec la caste des prétendus « gens cultivés ». Or précisément il nous a fallu plusieurs décennies de travail et de peine énormes pour mettre dans l'esprit des ouvriers allemands ce qui leur donnait un poids théorique (et donc pratique aussi) supérieur à celui des Français et des Anglais. A présent le socialisme *utopique* et les jeux d'imagination sur les constructions futures de la société, c'est ce qui s'étale de nouveau et dans une forme plus creuse, non seulement si on la compare à celle des grands utopistes français et anglais, mais même à Weitling. Il est évident que l'utopisme, qui avant le temps du socialisme matérialiste et critique renfermait ce dernier en germe ne peut plus être, s'il revient par la suite, que niais, insipide et de fond en comble réactionnaire.

Le Vorwärts semble avoir comme principe essentiel ces derniers temps de ne publier que ce que les Français appellent de la « copie », et ce, d'où qu'elle vienne. Par exemple, dans les derniers numéros, un gaillard qui. ne connaît pas l'ABC de l'économie politique, s'est mis à faire de grotesques révélations sur les « lois » des crises : il ne nous révèle que son propre effondrement « intérieur [111] ». Il y a ensuite ce futé polisson de Berlin à qui l'on permet de faire imprimer aux frais du « peuple souverain » ses pensées hétérodoxes sur l'Angleterre et les

---

[111] Le Vorwärts avait publié les 5 et 7 octobre 1877 un article intitulé Les conséquences du grand krach. F.-A. Sorge apprit à Marx, dans sa lettre du 19-07-1877 que Karl-Daniel-Adolph Douai en était l'auteur.

niaiseries panslavistes les plus plates dans une série d'articles qui n'ont ni queue ni tête.

C'en est plus qu'assez!
Ton Karl Marx.

LA SOCIAL-DÉMOCRATIE BISMARCK
ET LA LOI ANTI-SOCIALISTE

Interview de Karl Marx, in: *The* Chicago *Tribune*, 5-01-1879.

Dans une petite villa de Haverstock Hill dans la partie nord-ouest de Londres, habite Karl Marx, le fondateur du socialisme moderne. En 1844, il fut banni de sa patrie, l'Allemagne, pour avoir diffusé des théories révolutionnaires. Il y retourna en 1948, mais en fut expulsé quelques mois plus tard. Il s'installa ensuite à Paris, dont il fut également expulsé en raison de ses théories politiques. Depuis il a établi son quartier-général à Londres. Ses convictions lui ont causé des difficultés dès le début. A en juger par la maison qu'il habite, elles ne lui ont pas apporté beaucoup de bien-être. Dans toutes ces années, Marx a défendu ses conceptions avec une obstination qui est sans aucun doute fondée sur la ferme conviction qu'il a de leur justesse. Pour opposé qu'on puisse être à la diffusion de telles idées, il n'en reste pas moins que l'on doit un certain respect à l'abnégation de cet homme honorable.

J'ai rendu visite deux ou trois fois au Dr. Marx; je l'ai trouvé chaque fois dans sa bibliothèque, où il était assis avec un livre dans une main et une cigarette dans l'autre. Il doit avoir plus de soixante-dix ans. Il est de taille bien proportionnée, large d'épaules et se tient droit. Il a une tête d'intellectuel, et l'aspect extérieur d'un Juif cultivé. Ses cheveux et sa barbe sont longs et gris fer, les yeux d'un noir étincelant surmontés de sourcils broussailleux. Il fait preuve d'une grande prudence vis-à-vis des étrangers, mais il veut bien les recevoir en général. Cependant l'Allemande d'un aspect vénérable qui reçoit les visiteurs, a la recommandation de n'admettre ceux de la patrie que s'ils peuvent exhiber une lettre de recommandation. Dès lors que l'on est installé dans la bibliothèque et que, Marx a vissé son monocle pour prendre en quelque sorte sa mesure intellectuelle, il sort de sa réserve et étale alors pour le visiteur intéressé ses connaissances des hommes et des choses du monde entier. Dans la conversation, il n'est nullement unilatéral, mais touche autant de domaines que les nombreux volumes de sa bibliothèque. On peut juger le mieux des hommes par ce qu'ils lisent Que le lecteur tire ses propres conclusions, lorsque je lui aurai dit ce que m'apprit un coup d'œil rapide : Shakespeare, Dickens, Thackeray, Molière, Racine, Montaigne, Bacon, Gœthe, Voltaire, Paine; des livres bleus anglais, américains et français, des ouvrages politiques en langue russe, allemande, espagnole, italienne, etc.

Au cours de mes entretiens, j'ai été très surpris par sa connaissance approfondie des problèmes américains de ces dernières vingt années. La précision surprenante de sa critique de notre législation tant nationale que locale me donna l'impression qu'il tirait ses informations de source confidentielle. Cependant ses connaissances ne se limitent pas à l'Amérique, mais embrassent toute l'Europe.

Lorsqu'il parle de son sujet favori, le socialisme, il ne se lance pas dans ces tirades mélodramatiques qu'on lui attribue en général. Il développe alors ses plans utopiques de l' « émancipation de l'humanité » avec un sérieux et une force qui indiquent combien il est fermement persuadé de la réalisation de ses théories - sinon dans ce siècle, du moins dans le prochain.

Le Dr. Karl Marx est sans doute lé plus connu en Amérique comme auteur du *Capital* et fondateur de l'Internationale, ou du moins comme l'un de ses principaux supports. L'interview suivante montrera ce qu'il a à dire sur cette Association dans sa forme actuelle. On trouvera ci-après quelques extraits des statuts imprimés en 187-1 par ordre du Conseil général et à partir desquels on peut se faire un jugement impartial des buts que poursuivait l'Internationale.

Durant ma visite, j'indiquai au Dr. Marx que J. C. Bancroft Davis, dans son rapport officiel de 1877 avait communiqué un programme qui me paraissait être l'exposé le plus concis et le plus clair des buts du socialisme qui soit jusqu'ici. Il répondit que ce programme était tiré du rapport sur le *congrès socialiste de Gotha en mai 1875*, et que la traduction en était médiocre. Le Dr. Marx s'offrit à les amender, et je les reproduis ci-après sous sa dictée [112].

1. Suffrage universel, égal, direct et scrutin secret pour tous les citoyens de plus de vingt ans dans toutes les élections et tous

---

[112] On en trouvera la traduction française dans Marx-Engels, Programmes socialistes, Éd. Spartacus, pp. 92-93.

les votes. Jours d'élections et de votes fixés le dimanche ou aux jours de repos légaux.

2. Législation directe par le peuple. Décision de la guerre et de la paix par le peuple.

3. Obligation militaire pour tous. Milices populaires à la place de l'armée permanente.

4. Abolition de toutes les lois qui limitent ou suppriment la libre expression de l'opinion, de la pensée et de la recherche ainsi que le droit de presse, de réunion et d'association.

5. Juridiction assurée par le peuple et assistance judiciaire gratuite. Éducation populaire universelle et égale par l'État. Obligation scolaire pour tous. Enseignement gratuit dans tous les établissements d'instruction.

7. Extension la plus grande possible des droits et libertés dans le sens des revendications ci-dessus.

8. Un seul impôt progressif sur le revenu pour l'État et les communes, au heu de tous les impôts indirects existant et pesant essentiellement sur le peuple.

9. Droit illimité de coalition.

10. Journée de travail normale correspondant aux besoins de la société. Interdiction du travail le dimanche.

11. Interdiction du travail des enfants ainsi que du travail nuisible à la santé physique et morale des femmes.

12. Législation de protection de la vie et de la santé des travailleurs. Contrôle de l'hygiène des maisons ouvrières. Surveillance des mines, des fabriques, des ateliers et de l'industrie domestique par des fonctionnaires élus par les ouvriers.

Une efficace législation de responsabilité.

13. Réglementation du travail dans les prisons.

Dans le rapport de Bancroft Davis, il y a cependant un douzième article, qui est le plus important de tous et qui s'intitule : « Instauration de coopératives socialistes de production avec l'aide de l'État sous le contrôle démocratique du peuple travailleur.'»

Je demandai au docteur pourquoi il l'avait omis, et il répondit :

Marx : « *Avant* le congrès de Gotha de 1875, la social-démocratie était divisée. L'une des ailes était constituée par les partisans de Lassalle, l'autre par ceux qui, en général, avait approuvé le programme de l'Internationale et formaient ce que l'on appelle le parti d'Eisenach. Le douzième article mentionné ne fut pas repris dans le programme proprement dit, mais glissé dans l'introduction générale comme concession faite aux Lassalléens. Par la suite, il n'en fut plus jamais question. Monsieur Davis ne dit absolument pas que cet article a été repris dans le programme à titre de compromis sans espèce de valeur particulière, mais il le souligne avec le plus grand sérieux comme 'étant l'un des principes fondamentaux du programme. »

Question : « Mais les socialistes ne considèrent-ils pas en général le transfert des moyens du travail en propriété commune de la société comme le grand but de leur mouvement ? »

Marx : « *Certainement,* nous disons que ce sera le résultat du mouvement.. Mais c'est une question de temps, d'éducation et de développement des formes sociales supérieures. »

Question : « *Ce* programme vaut sans doute pour l'Allemagne et un ou deux autres pays ? »

Marx : « Si vous ne vouliez tirer vos conclusions que de ce seul programme, vous méconnaîtriez l'activité du mouvement. Plusieurs points de ce programme n'ont pas de signification hors de l'Allemagne. L'Espagne, la Russie, l'Angleterre et l'Amérique ont leurs propres programmes, qui à chaque fois correspondent à leurs difficultés particulières. Leur seule analogie, c'est la communauté de leur but final. »

Question : « Et c'est le règne des travailleurs ? »

Marx : « *C'est* l'émancipation du travail. »

Question : « Le mouvement américain est-il pris au sérieux par les socialistes européens ? »

Marx : « *Certes*. Il est le résultat naturel du développement de ce pays. On a prétendu que le mouvement ouvrier a été importé parles étrangers. Lorsqu'il y a cinquante ans le mouvement ouvrier a commencé de s'agiter en Angleterre, on a prétendu la même chose. Et c'était bien avant qu'il fût question de socialisme! En Amérique, ce n'est que depuis 1857 que le mouvement ouvrier a pris une importance assez grande. A cette époque les syndicats locaux prirent leur essor, ensuite on créa des centrales syndicales pour les différents métiers, et enfin ce fut l'Union Ouvrière Nationale. Cette progression chronologique montre que le socialisme est né en Amérique sans l'aide de l'étranger, uniquement sous l'effet de la concentration du capital ainsi que sous celui des changements intervenus dans les rapports entre ouvriers et entrepreneurs.

Question : « *Quels* sont les résultats obtenus jusqu'ici par le socialisme ? »

Marx : Il en est deux : les socialistes ont démontré que la lutte générale entre capital et travail se déroule partout; bref, ils ont démontré leur caractère international. En conséquence, ils ont tenté de promouvoir l'entente entre les ouvriers des divers pays. Cela est d'autant plus nécessaire que les capitalistes deviennent de plus en plus cosmopolites et ce, non seulement en Amérique, mais encore en Angleterre, en France et en Allemagne, où l'on engage des forces de travail étrangères en vue de les dresser contre les travailleurs du pays. Nous avons créé aussitôt des liaisons à l'échelle internationale entre les travailleurs des différents pays. Il s'avéra que le socialisme n'était pas seulement un problème local, mais encore international qui devait être résolu par l'action internationale des ouvriers. Les classes ouvrières sont venues spontanément au mouvement, sans savoir où le mouvement les conduirait. Les socialistes eux-mêmes n'inventent pas le mouvement, mais expliquent son caractère et ses buts aux ouvriers. »

Question : « *C'est-à-dire* : le renversement de l'ordre social en vigueur ? »

Marx : « Dans l'actuel système, le capital et la terre sont en possession des entrepreneurs, tandis que les ouvriers disposent uniquement de leur forcie de travail, qu'ils sont obligés de vendre comme une marchandise. Nous affirmons que ce système est simplement une phase de transition historique, qu'il disparaîtra et fera place a une organisation supérieure de la société. Nous observons partout une division de la société en classes. L'antagonisme de ces deux classes va main dans la main avec le développement des ressources industrielles dans les pays civilisés. En considérant les choses sous l'angle socialiste, les moyens sont déjà prêts pour transformer révolutionnairement la phase historique actuelle. Dans de nombreux pays des organisations politiques se sont développées au-delà des syndicats. En Amérique il est devenu manifeste que l'on a besoin d'un parti ouvrier indépendant. Les ouvriers ne peuvent pas se fier aux politiciens. Des spéculateurs et des cliques se sont emparés des organismes législatifs, et la politique est devenue leur affaire. A ce point de vue, l'Amérique n'est pas un cas unique, mais le peuple y est plus énergique qu'en Europe. En Amérique, tout mûrit beaucoup plus vite, on ne parle pas longtemps, et on appelle chaque chose par son nom. »

Question : « *Comment* expliquez-vous la croissance rapide du parti socialiste en Allemagne ? »

Marx : « L'actuel parti socialiste est né tardivement. Les socialistes allemands ne se sont pas attardés sur les systèmes utopiques qui ont eu un certain poids en France et en Angleterre. Les Allemands inclinent plus que d'autres peuples à la théorisation, et ils ont tiré des conclusions pratiques de l'expérience antérieure des autres. Vous ne devez pas oublier que pour l'Allemagne, contrairement à d'autres pays, le capitalisme est quelque chose de complètement nouveau. Il a mis à l'ordre du jour des questions qui étaient pratiquement déjà oubliées en France et en Angleterre. Les nouvelles forces politiques, auxquelles les peuples de ces pays avaient été assujettis, se trouvèrent en Allemagne face à une classe ouvrière, qui était déjà imprégnée de théories socialistes. C'est pourquoi les ouvriers purent déjà s'y constituer en un parti politique autonome alors que le système de l'industrie moderne naissait à peine. Ils eurent leurs propres représentants au parlement. Il n'existait pas de parti d'opposition contre la politique du gouvernement, et ce rôle échut au parti ouvrier. Vouloir décrire ici l'histoire du parti nous amènerait trop loin. Mais je dois vous dire ceci : si, contrairement à l'américaine et à l'anglaise, la bourgeoisie allemande ne se composait pas des plus grands lâches qui soient, elle aurait déjà dû mener une politique d'opposition contre le gouvernement. »

Question « Combien de Lassalléens y a-t-il dans les rangs de l'Internationale ? »

Marx : « Les Lassalléens ne sont pas organisés en parti. Il existe naturellement chez nous des croyants de cette tendance. Auparavant Lassalle avait déjà appliqué nos principes généraux. Lorsqu'il commença son agitation après la période de réaction consécutive à 1848, il crut qu'il pourrait le mieux ranimer le mouvement ouvrier en recommandant la formation de coopératives ouvrières de production. Son intention était d'aiguillonner les ouvriers pour les pousser à l'action. Il ne considérait cela que comme un simple moyen pour atteindre le véritable but du mouvement. Je possède des lettres de lui en ce sens. »

Question : « *C'était* donc en quelque sorte sa panacée ? »

Marx : « *C'est* exactement cela. Il alla voir Bismarck et lui parla de ses projets. A l'époque, Bismarck encouragea les efforts de Lassalle de toutes les façons concevables. »

Question : « *Quel* pouvait bien être le but de Bismarck dans cette affaire ? »

Marx : « Il voulait jouer la classe ouvrière contre la bourgeoisie, dont était issue la révolution de 1848. »

Question : « *On* dit que vous êtes la tête et le chef du mouvement socialiste, et que de votre maison vous tirez tous les fils qui conduisent aux organisations, révolutions, etc. Est-ce vrai ? »

Marx : « *Je* sais. Ce sont des fadaises, et cela a aussi un côté comique. Deux mois avant l'attentat de Hödel [113], Bismarck s'est plaint dans la *Norddeutsche Allgemeine Zeitung* que j'avais fait un

---

[113] Les 11 mai et 2 juin 1878, l'empereur Guillaume 1er fut victime d'attentats : le premier effectué par le ferblantier Max Hödel et le second par l'anarchiste Eduard Nobiling. Ce dernier était dans un état dément lors de l'attentat et tenta de se suicider en se tirant une balle dans la tête; il mourut le 10 septembre 1878.
    Bismarck attribua mensongèrement ces attentats à la social-démocratie afin d'avoir un prétexte pour sa loi anti-socialiste votée le 19 octobre 1878 et la pousser, dans le refus de la violence,.

pacte avec le général des Jésuites Beckx et que nous étions responsables de ce que Bismarck ne pouvait rien faire avec le mouvement socialiste. »

Question : « Mais votre « Association Internationale » ne dirige-t-elle pas le mouvement ? »

Marx : « L'Internationale avait son utilité, mais elle a fait son temps, et elle n'existe plus aujourd'hui. Elle a existé et elle a dirigé le mouvement. Elle est devenue superflue en raison de la croissance du mouvement socialiste au cours de ces dernières années. Dans les différents pays, on a fondé des journaux que l'on échange mutuellement. C'est la seule liaison que les partis des différents pays entretiennent entre eux. L'Internationale avait été créée en premier lieu pour rassembler les ouvriers et leur montrer combien il est utile de mettre en oeuvre une organisation entre les différentes nationalités. Les intérêts des divers partis dans les différents pays ne se ressemblent pas.

Le spectre des chefs de l'Internationale qui siègent à Londres est invention pure. Il est exact que nous avons donné des directives à nos organisations ouvrières de l'extérieur, dès lors que l'organisation de l'Internationale était fermement consolidée. Ainsi nous avons été obligés d'exclure certaines sections de New York, entre autres celle où Madame Woodhull s'est glissée à l'avant-scène. C'était en 1871. Il existe de nombreux politiciens américains qui voudraient bien réaliser leur affaire avec le mouvement. Je ne veux pas citer de noms - les socialistes américains les connaissent fort bien. »

Question : « *On* attribue beaucoup de discours incendiaires contre la religion à vos partisans ainsi qu'à vous-même, monsieur le Dr. Marx. Vous souhaitez sans doute voir liquidé tout ce système de fond en comble ? »

Marx : « Nous savons que des mesures de violence contre la religion sont absurdes. A nos yeux, la religion disparaîtra à mesure que le socialisme se renforcera. Le développement social doit contribuer matériellement à susciter cette disparition, ce qui n'empêche qu'un rôle important y échoit à l'éducation. »

Question : « *Le* pasteur Joseph Cook de Boston a affirmé récemment dans une homélie : Karl Marx aurait dit qu'aux États-Unis et, en Grande-Bretagne, et peut-être aussi en France; West possible qu'une réforme ouvrière puisse être réalisée sans révolution sanglante, mais que le sang devait être répandu en Allemagne, en Russie ainsi qu'en Italie et en Autriche [114]. »

---

[114] Dans son interview publiée dans la Chicago Tribune et reproduite dans le présent recueil, Marx avait admis qu' « aux États-Unis et en

Marx : « J'ai entendu parler de monsieur Cook. Il est très mal renseigné sui le socialisme. On n'a pas besoin d'être socialiste pour prévoir qu'en Russie, en Allemagne, en Autriche et probablement aussi en Italie - si les Italiens continuent de suivre la voie qu'ils ont prise jusqu'ici - on en viendra à des révolutions sanglantes. Les événements de la Révolution française peuvent se dérouler encore une fois dans ces pays. C'est ce qui apparaît clairement à tout connaisseur des conditions politiques. Mais

>Grande-Bretagne, et peut-être aussi en France, il est possible qu'une réforme ouvrière puisse être réalisée sans révolution sanglante, mais que le. sang devait être répandu en Allemagne, en Russie ainsi qu'en Italie et en Autriche ». D'emblée donc,. Marx condamne toute voie pacifique au socialisme pour l'Allemagne, et les sociaux-démocrates le savaient fort bien, car Marx l'a répété. souvent. Au cours de la phase idyllique du capitalisme, il était possible, aux yeux de Marx-Engels, POUR CERTAINS PAYS DÉTERMINÉS, de conquérir pacifiquement le pouvoir, puis d'instaurer la DICTATURE DU PROLÉTARIAT, c'est-à-dire d'utiliser tout de même finalement la force. Cependant après le stade du capitalisme idyllique ou pacifique, il n'est plus possible d'envisager cette hypothèse : les raisons mêmes qui faisaient qu'elle était possible alors n'existant plus de nos jours. C'est ce que Lénine explique : « La dictature révolutionnaire du prolétariat, c'est la violence exercée contre la bourgeoisie; et cette violence est nécessitée surtout, comme Marx et Engels l'ont expliqué maintes fois et de la façon la plus explicite (notamment dans la Guerre civile en France et dans la préface de cet ouvrage), par l'existence du militarisme et de la bureaucratie. Or ce sont justement ces institutions, justement en Angleterre et en Amérique, qui, justement dans les années 70, époque à laquelle Marx fit sa remarque, n'existaient pas. Maintenant, elles existent et en Angleterre et en Amérique. Cf. la Révolution prolétarienne et le renégat Kautsky, in V. Lénine, la Commune de Paris, p. 100.

ces révolutions seront faites par la majorité. Les révolutions ne sont pas faites par un parti, mais par toute la nation. »

1. *Question* : « *Le* pasteur, dont nous Venons de parler, a cité un extrait d'une lettre que vous avez écrite aux communards parisiens et où l'on peut lire : « Nous sommes à présent au maximum 3 millions. Mais dans Vingt ans nous serons 50 ou peut-être 100 millions. Alors le monde nous appartiendra : nous ne nous Soulèverons pas seulement à Paris, Lyon et Marseille contre le capital que nous honnissons, mais encore à Berlin, Munich, Dresde, Londres, Liverpool, Manchester, Bruxelles, Saint-Pétersbourg et New-York, dans le monde entier. Et avec ce nouveau soulèvement, sans précédent dans l'histoire, le passé disparaîtra comme un épouvantable cauchemar : l'insurrection populaire qui éclatera en même temps en cent lieux effacera même le souvenir du passé. « Reconnaissez-vous, Monsieur le Docteur, avoir écrit cela ? »

Marx : « *Pas* un seul mot. Je n'écris jamais des choses aussi mélodramatiques. Je réfléchis beaucoup à ce que j'écris. Cela a été publié sous ma signature dans le *Figaro* à l'époque. De telles lettres furent répandues à ce moment-là par centaines. J'ai écrit au *Times* de Londres et j'ai expressément déclaré que c'était un faux [115]. Cependant si je voulais démentir tout ce que l'on a dit et écrit de moi, alors je devrais occuper vingt secrétaires. »

Question : « *Pourtant* vous avez écrit en faveur de la Commune de Paris ?

Marx : « *Certainement je* l'ai fait, ne serait-ce que pour répondre aux éditoriaux que l'on a écrits contre elle. Cependant les correspondances de Paris publiées dans la presse anglaise réfutent suffisamment les racontars des éditoriaux sur les pillages, etc. La Commune n'a tué qu'environ 60 personnes. Le maréchal Mac-Mahon et son armée de bouchers en ont tué plus de 60 000. Jamais un mouvement n'a été tant calomnié que la Commune. »

Question : « Les socialistes estiment-ils que l'assassinat et l'effusion de sang soient nécessaires à la réalisation de leurs principes ? »

Marx : « Il n'est pas un seul grand mouvement qui soit ne sans effusion de sang. Les États-Unis d'Amérique du Nord ont conquis leur indépendance en répandant le sang. Napoléon a

---

[115]   Cf. Marx -Engels, la Commune de Paris, Éd. 10-18, la lettre au Times se trouve pp. 172-173.

conquis la France par des événements sanglants, et il a été renversé de la même manière. L'Italie, l'Angleterre, l'Allemagne et tous les autres pays fournissent d'autres exemples du même genre. Quant au meurtre, on sait que ce n'est pas nouveau. Orsini a tenté d'assassiner Napoléon, mais les rois ont tué plus d'hommes que quiconque. Les Jésuites ont tué, et les puritains sous Cromwell ont tué. Tout cela s'est passé avant qu'on entende parler des socialistes. Aujourd'hui cependant on rend responsable les socialistes de toute tentative d'assassinat de rois ou d'hommes d'État. Or les socialistes jugeraient en ce moment précis la mort de l'Empereur d'Allemagne comme particulièrement regrettable : il leur est, en effet, plus profitable à son poste - et Bismarck a plus fait pour notre mouvement que n'importe quel autre homme d'État, parce qu'il pousse toujours les choses à leur extrême. »

Question : « Que pensez-vous de Bismarck ? »

Marx : « Avant sa chute, on tenait Napoléon pour un génie - ensuite on lui a reproché d'être un fou. Bismarck connaîtra le même sort. Sous le prétexte d'unifier l'Allemagne, il a commencé par ériger un despotisme. Ce à quoi il tend est clair pour tout le monde. Son action la plus récente ne tend à rien d'autre qu'à un coup d'État masqué - mais il ne réussira pas. Les socialistes allemands et français ont dénoncé la guerre de 1870 parce qu'elle était purement dynastique. Dans leurs manifestes, Us ont dit à l'avance au peuple allemand que s'il tolérait que la prétendue guerre de défense se transformât en guerre de conquête, il serait puni par l'instauration d'un despotisme militaire et par une oppression impitoyable des masses laborieuses. A l'époque le parti social-démocrate a tenu en Allemagne de nombreuses réunions et a publié des manifestes dans lesquels il réclamait la conclusion d'une paix honorable avec la France. Le gouvernement prussien se mit aussitôt à le persécuter, et beaucoup de ses chefs furent incarcérés. Malgré tout cela les députés socialistes - et eux seuls - eurent l'audace de protester avec grande énergie au Reichstag allemand contre l'annexion violente des provinces françaises. Cependant Bismarck n'en continua pas moins sa politique de force - et l'on parle du génie de Bismarck! La guerre touchait à sa fin, et comme il ne pouvait plus effectuer de nouvelles conquêtes, mais produire seulement des idées originales, Bismarck échoua lamentablement. Le peuple perdit sa foi en lui, et sa popularité déclina de plus en plus. Or il a besoin d'argent et son État aussi. En même temps qu'une pseudo-constitution, il imposa au peuple la charge de lourds impôts pour ses plans de guerre et d'unification, et il continuera de le faire jusqu'au bout - actuellement il tente d'arriver à ses fins sans Constitution aucune. Afin de mener ses exactions à sa guise, il a suscité le spectre du socialisme, et il fait tout ce qui est en son pouvoir pour provoquer un soulèvement populaire. »

Question : « Recevez-vous régulièrement des rapports de Berlin ? »

Marx : « *Oui*, je suis fort bien informé par mes amis. Berlin est parfaitement calme, et Bismarck est déçu. Il a expulsé 48 dirigeants, dont les députés Hasselmann et Fritzsche, ainsi que Rackow, Baumann et Auer de *la Freie Presse*. Ces hommes ont exhorté les ouvriers berlinois au calme, et Bismarck le savait. Il n'était pas sans savoir non plus que 75 000 ouvriers sont près de mourir de faim à Berlin. Il avait le ferme espoir qu'une fois les dirigeants éloignés, les ouvriers en viendraient à se bagarrer, ce qui eût donné le signal à un bain de sang. Alors il aurait pu donner un tour de vis à tout l'Empire allemand, laisser libre cours à sa chère politique du sang et du fer, et les ramassages d'impôts ne connaîtraient plus de limites. Jusqu'ici il n'y a pas eu, de désordres, et Bismarck a dû constater à sa grande consternation qu'il s'est ridiculisé devant tous les hommes d'État.»

210

COMMENTAIRE JURIDIQUE SUR LA MISE HORS LA LOI DES SOCIALISTES ET DE LA RÉVOLUTION

Marx, Notes marginales sur les débats du Reichstag relatifs à la loi ANTI-SOCIALISTE (Séances des 16 et 17-09-1878).

Vice-Bismarck-von Stolberg parla 4 minutes et 7 secondes [116].

---

[116] S'agissant d'un brouillon, Marx écrit pour éclaircir le problème qui se pose, sans se préoccuper de la présentation littéraire qui permettrait au lecteur de suivre son raisonnement. Il se place sur le terrain de l'adversaire pour réfuter son argumentation juridique à partir de la légalité existante, c'est-à-dire en mettant l'adversaire en contradiction avec lui-même. Marx ne prend donc pas la peine de démontrer ici que la légalité n'est que violence systématisée, potentielle (tant que le « châtiment » ne suit pas) - comme tout le droit appartient aux superstructures juridiques de contrainte de l'État de classe bourgeois, violence concentrée.
Dans la critique du programme de Gotha, Marx ne s'en prend pas à la revendication d'un « fibre État populaire » parce que c'est simplement une formule fausse pour la dictature du prolétariat, mais essentiellement - comme il ressort du texte - parce que cette formule repose sur une conception sociale-démocrate de l'État existant ou de l'État en général. Pour les marxistes, « dès que l'on pourra parler de liberté, il n'y aura plus d'État ». Dans la situation d'alors, les sociaux-démocrates, avec, leurs revendications démocratiques, entendaient agir « à l'intérieur de l'État existant » avec la prétention d'en faire un « libre État populaire » !

La critique de Marx-Engels se comprend toujours à partir de leurs conceptions fondamentales, ainsi le problème de la légalité entre-t-il dans celui de l'État.

C'est toujours en détachant un argument ou une citation du contexte général que les faussaires ont démontré que Marx avait changé d'opinion.

De même, on ne saurait déduire d'une situation isolée que Marx est contre la violence individuelle, il cherche simplement ici à démontrer qu'on ne saurait imputer à la social-démocratie un crime qu'elle n'a pas commis, surtout lorsque ce déni de justice vise à légaliser l'interdiction du mouvement ouvrier et à le persécuter sans tenir compte des lois édictées par le gouvernement lui-même. En ce qui concerne les attentats individuels, cf. la note n° 85.

Dès le 17 septembre, Marx écrivit à Engels : « Monsieur Eulenburg (cf. les journaux d'aujourd'hui) n'apporte pas d'eau à la rivière [jeu de mot intraduisible en français l'expression allemande équivalente étant « trägt auch keine Eulen nach Athen », ne porte pas de hibou à Athènes]. Je n'ai jamais lu quelque chose d'aussi lamentable que l'extrait qui forme la quintessence de son discours. Celui de Stolberg est de la même veine. La loi d'exception sera votée pour retirer au mouvement social-démocrate l'apparence de la légalité. C'est une méthode éprouvée. Mettre hors la loi (en fr.) est depuis toujours un moyen infaillible pour mettre en opposition à la loi les mouvements hostiles au gouvernement - la légalité nous tue... Bebel en a manifestement imposé, cf. Daily News d'aujourd'hui. Ce début est bon. » Plus loin, Marx remarque :

« Les socialistes russes commettent les « atrocités », et les social-démocrates allemands qui se conforment à la loi, doivent en conséquence être mis hors la loi - c'est ce que ce nigaud de Stolberg a exposé avec le plus grand sérieux. Il oublie simplement d'ajouter qu'en face de ces « atrocités » perpétrées en Russie fi existe un « état légal » que le hobereau Bismarck s'efforce d'atteindre avec ses projets de loi, mais ce but ne sera jamais pour lui qu'un idéal hors de sa portée. »

Bracke avait envoyé à Marx les comptes rendus sténographiques. Dans sa lettre à Engels du 24 septembre 1878, Marx écrit à ce propos : « Il faut avoir lu ce document sténographique pour avoir une idée de la bêtise d'un ministre prussien moyen, du « génie » de leur maître, ainsi

Extrait du compte rendu sténographique.

Reichstag : 4e séance lundi, le 16 septembre 1878.

Président : Forckenbeck.

La séance s'ouvre à 11 heures 30 minutes et s'achève à 3 heures 40 minutes.

Suppléant du chancelier, le ministre d'État, comte de Stolberg-Wernigrode :

« ... Il s'agit... de se préoccuper que cette agitation (sic) ne puisse à l'avenir être menée sous quelque apparence de légalité que ce soit. »

Extraits des discours tenus à la séance du 16 septembre : Attentat.

---

que de la vulgarité des représentants de la bourgeoisie allemande qui sont pendus à leur basque. Je m'occupe à l'occasion de ces extraits, afin d'en faire profiter la presse anglaise; cependant je ne sais pas encore si finalement ce sera adapté au Daily News. »

Bebel : « Messieurs, au début de la séance d'aujourd'hui, le représentant du chancelier a particulièrement insisté sur les attentats, comme l'avait d'ailleurs déjà fait l'Empereur dans son discours du trône il y a quelques jours et comme on l'avait fait expressément encore dans l'exposé des motifs de la loi en discussion. Aujourd'hui même tous les orateurs ont, eux aussi, abordé plus ou moins la question des attentats, et tous ont cité ces attentats comme étant le motif de cette loi d'exception - et en fait, il est manifeste qu'ils en sont la cause.

« Messieurs, dans ces conditions, on aurait pu attendre, pour le moins, que le gouvernement s'exprime de manière claire et précise sur ce sujet et qu'il démontre pièces à l'appui quelles découvertes il a faites, quels faits accablants ont pu être mis au jour contre nous jusqu'ici, et qu'il prouve l'existence ne serait-ce que d'un lien idéal entre les auteurs des attentats et la social-démocratie. Or, on ne nous a rien démontré de pareil aujourd'hui, et on est resté aux phrases creuses et aux incriminations, Et néanmoins on a continué avec le slogan : La social-démocratie est responsable des attentats. Et c'est l'accusation : La social-démocratie est le parti des assassins du Kaiser, etc.

« Nous n'avons aucunement l'intention de nous laisser faire et d'admettre qu'on étouffe cette affaire... Au contraire, nous avons l'intérêt le plus vif dans l'immédiat de savoir ce que renferment les nombreux procès-verbaux qui ont été rédigés sur ces attentats. Nous insistons tout particulièrement pour qu'on nous fasse savoir ce qui a pu venir à la lumière du jour dans les si nombreux interrogatoires auxquels on a soumis, dans les contrées les plus diverses d'Allemagne, des membres du parti et même des gens qui n'en faisaient pas partie et appartenaient bien plutôt aux tendances les plus diverses et, en tout cas, n'avaient ni de près ni de loin un quelconque rapport avec les auteurs *de* attentats. Nous sur qui on fait peser la responsabilité et la faute, nous exigeons enfin la clarté, particulièrement aussi en ce qui concerne le dernier attentat qui a servi de prétexte immédiat au renouvellement du Reichstag et au dépôt -de cette loi [117] ...

« Voici comment j'appris la nouvelle de l'attentat : je sortais du Vorwärts où j'étais allé quérir des informations sur le Dr. Nobiling, le 2 juin 1878 très tard dans la soirée. J'étais très

---

[117] « Après le rejet par 251 voix contre 57 du projet de toi antisocialiste du gouvernement le 24 mai 1878. Bismarck prit le second attentat contre Guillaume 1er comme prétexte pour dissoudre le Reichstag le 11 juin 1878. Les élections nouvelles furent « préparées » pour le 30 juin, et Bismarck obtint une majorité docile au Reichstag. La social-démocratie obtint, en dépit de la menace de représailles politiques et économiques, un nombre de suffrages encore jamais atteint auparavant: 437 158 voix, et neuf socialistes entrèrent au Reichstag.

satisfait de ma journée et je m'arrêtai quelques minutes devant un magasin, sur la devanture duquel on avait apposé une dépêche, dont le contenu me surprit au plus haut point. La voici:

« Berlin, 2 heures du matin. Au cours du dernier interrogatoire judiciaire l'auteur de l'attentat, Nobiling, a reconnu qu'il avait des inclinations socialistes, qu'il avait également assisté à plusieurs reprises à des meetings socialistes et qu'il avait déjà eu l'intention il y a huit jours de tuer sa Majesté le Kaiser parce qu'il avait jugé utile d'éliminer le chef de l'État. »

« ... La dépêche qui lança cette information dans le monde est expressément de source officielle. J'ai ici dans la main la dépêche que la rédaction de la « Kreuzzeitung » a reçue des autorités constituées avec des notes de la main du rédacteur en chef de ce journal. Il ne fait absolument pas le moindre doute que cette dépêche est de source officielle. Or, des informations diverses de source tout à fait digne de foi démontrent que Nobiling n'a subi aucun interrogatoire judiciaire le jour de l'attentat ou la nuit qui l'a suivi, que rien n'a été établi qui, de quelque manière que ce soit, puisse être considéré comme un point sérieux auquel on pourrait rattacher les raisons du meurtrier et ses idées politiques. Chacun de vous, messieurs, sait ce qu'il en est du bureau télégraphique de Wolff

(Approbations), chacun sait que de telles dépêches ne peuvent absolument pas passer sans avoir l'approbation officielle. Au demeurant, cette dépêche porte expressément le mot « Officiel ». Il ne fait donc pas de doute, à mon avis, que cette dépêche ait été consciemment et intentionnellement falsifiée par les autorités constituées pour être envoyée aux quatre coins du monde. « (Écoutez! Écoutez!) » La dépêche renferme l'une des calomnies les plus infâmes qui ait jamais été lancée dans le monde par les autorités officielles, et ce, avec l'intention de faire suspecter de la façon la plus basse tout un grand parti et lui faire endosser la co-responsabilité d'un crime.

« Je demande encore : d'où vient-il que les organes gouvernementaux, la totalité de la presse officielle et officieuse, auxquels presque tous les autres journaux ont emboîté le pas, aient pu en se fondant sur ladite dépêche, lancer contre nous durant des semaines et des mois, jour après jour, la campagne la plus inouïe de diffamation qui soit, que jour après jour ils aient pu lancer dans le monde les comptes rendus les plus épouvantables et les plus inquiétants sur la *découverte de complots et de complicités,* etc. sans qu'une seule fois de côté gouvernemental... Au contraire, *du côté gouvernemental, tout a été réalisé* pour diffuser et accréditer encore davantage dans l'opinion publique la croyance en la vérité de ces affirmations mensongères - et jusqu'à cette heure, les représentants officiels du gouvernement n'ont absolument rien fait pour donner le moindre éclaircissement sur les obscurités existantes... »

Bebel en vient ensuite (p. 39 colonne II) à la campagne de dénigrement : « On a manifestement tout mis en oeuvre pour provoquer des désordres; on a cherché à nous exciter à l'extrême, afin que nous nous laissions aller à des *actes de violence.* Il apparaît de toute évidence que *l'on* ne considère pas les attentats comme suffisants. Dans certains milieux, on se serait indubitablement réjoui, si, à la suite de ces incitations à des actes de violence, nous eussions perdu notre sang-froid. On aurait alors disposé des prétextes pour prendre contre nous les mesures les plus sévères, etc. ».

Et Bebel de réclamer *que l'on exhibe enfin au grand jour les procès-verbaux,* et qu'ils soient *imprimés pour être présentés au Reichstag, et plus particulièrement à la Commission* chargée d'examiner ce projet de loi. « Je dépose ici une demande analogue à celle qui a déjà été déposée à bon droit il y a quelques jours lors de la discussion de l'accident du « Grand Prince Électoral [118] » avec l'approbation de presque tous les

---

[118] Le 31 mai 1878, le cuirassier allemand « Grand Prince Électoral » entra en collision avec le cuirassier « Roi Guillaume » et sombra avec ses 270 hommes d'équipage. Cet incident provoqua le dépôt d'une

membres de l'Assemblée, afin de discuter de l'accident susmentionné : le *ministre de la Marine* (von Stosch) *n'a-t-il pas donné lui-même son assentiment* exprès, pour autant que la décision lui appartenait (!) ? » Cette demande de Bebel a été saluée au Reichstag par des « Très juste! Très bien! »

Or que répond le gouvernement prussien à cette accusation foudroyante ? Il dit par la bouche de Eulenburg, qu'il ne présentera pas les procès verbaux et qu'il n'existe absolument aucun élément matériel d'accusation.

Ministre de l'Intérieur, le comte de Eulenburg « A ce premier sujet (information des représentants du gouvernement fédéral « sur l'enquête effectuée contre le criminel Nobiling décédé dans l'intervalle »), j'ai à déclarer sur la *possibilité ou l'admissibilité de la communication* des comptes rendus judiciaires du procès contre Nobiling, que c'est aux autorités judiciaires prussiennes qu'il reviendra de décider, si la demande de communication est introduite auprès d'elles. Mais d'ores et déjà, Messieurs, je puis vous dire qu'un interrogatoire de Nobiling a eu lieu et que dans cet interrogatoire, *pour* autant *que je sache, il* a déclaré avoir participé à des réunions sociales-démocrates et avoir trouvé

---

interpellation au Reichstag à laquelle le ministre de la marine von Stosch répondit le 13 septembre 1878.

satisfaction aux doctrines qu'on y exprimait. Je dois m'abstenir de vous faire d'autres communications, étant donné que *le ministère de la Justice prussien doit encore décider de l'opportunité de communiquer ces actes.* »

Ce que l'on peut dire de la déclaration de Eulenburg, c'est simplement : 1. Qu' « un » interrogatoire a eu lieu; mais il se garde de préciser s'il est « judiciaire ». Il ne dit pas non plus *quand* cet interrogatoire a eu lieu (certainement après qu'une balle soit passée par sa tête emportant des parties de sa cervelle). Or ce que Eulenburg fait dire à Nobiling (en admettant que celui-ci se soit trouvé dans un état où il jouissait de toutes ses facultés) démontre premièrement : qu'il ne s'est pas déclaré social-démocrate, *membre du parti social-démocrate; il* a dit simplement avoir assisté à certaines réunions de ce parti comme un misérable philistin et « avoir trouvé satisfaction aux doctrines qu'on y exposait ». Ces doctrines n'étaient donc pas les siennes. Il se comportait vis-à-vis d'elles comme un novice. 2. Que son « attentat » n'a aucun lien avec les réunions et les doctrines qu'on y exposait.

Mais nous n'en avons pas encore fini avec les bizarreries! « Tout ce que Monsieur Eulenburg peut dire » - et il le prétend lui-même - est problématique. Par exemple : « que dans cet interrogatoire, pour *autant que je* sache, il a déclaré ». A l'en croire, monsieur Eulenburg n'a *donc* jamais vu les procès-verbaux; il ne le sait que par ouï-dire et il ne peut en dire que « ce qu'il a su lui-même par cette voie », mais aussitôt il s'inflige un démenti à lui-même. Tout à l'heure il vient de dire « tout ce dont on l'a informé », mais dans la phrase qui suit immédiatement il dit : « *Je dois m'abstenir de vous en communiquer davantage,* en considération du fait que le ministère de la Justice prussien doit encore décider de l'opportunité de communiquer ces actes. » En d'autres termes : le gouvernement se compromettrait s'il « communiquait » ce qu'il sait.

Soit dit en passant : Si *un seul* interrogatoire a eu lieu, on doit bien savoir « quand », c'est-à-dire quel jour Nobiling a été arrêté avec une balle dans le crâne et des coups de sabre sur la tête, à savoir le jour où le fameux télégramme a été lancé, à 2 *heures du matin, le 2 juin.* Aussitôt après le gouvernement a cherché à rendre le parti *ultramontain* responsable pour Nobiling. L'interrogatoire n'avait donc établi *aucune espèce de rapport* entre l'attentat de Nobiling et la social-démocratie.

Mais Eulenburg n'est pas encore au bout de ses aveux. Il doit « souligner expressément *qu'en mai* déjà j'ai dit ici que *l'affirmation ne tend pas à signifier [sic]* [119] *que ces actes avaient* été *directement fomentés par la socialdémocratie; je ne suis pas davantage en* mesure *aujourd'hui d'étayer* cette affirmation OU EN GÉNÉRAL D'AJOUTER QUOI QUE CE SOIT EN CE SENS ». Bravo! Eulenburg avoue carrément que toute l'infâme campagne et la chasse policière et judiciaire, depuis l'attentat de Hödel jusqu'à la session du Reichstag, ne fournit pas un atome *de consistance à* la « thèse » de l'attentat chère au gouvernement!

Les Eulenburg et consorts - qui ont pour le domaine des compétences du « ministère prussien de la Justice » des « égards » si tendres qu'ils y trouvent un obstacle présumé à la divulgation des « procès-verbaux » au Reichstag, et ce, même après que Hödel ait été décapité et que Nobiling soit mort, autrement dit après que l'enquête soit définitivement close, - n'éprouvent aucun embarras, au début de l'enquête contre Nobiling, le jour même de son attentat, pour susciter le *delirium tremens* du philistin allemand au moyen d'une « dépêche » tendan-

---

[119] Le suffrage universel a un sens différent selon que la population ouvrière est largement minoritaire ou majoritaire dans un pays : « Le suffrage universel qui fut, en 1848, une formule de fraternisation générale, est donc en Angleterre un cri de guerre. En France, le contenu immédiat de la révolution, c'était le suffrage universel; en Angleterre, le contenu immédiat du suffrage universel, c'est la révolution. » (Marx, Neue Oder Zeitung, 8-06-1855). A propos du parlementarisme révolutionnaire et de la politique social-démocrate, cf. Marx-Engels, le Parti de classe, 1, pp. 124-138.

cieusement rédigée sur le prétendu premier interrogatoire .de Nobiling et pour y dresser tout un monument de mensonges par le truchement de la presse! Quel respect pour la *Justice* et notamment pour ceux qui sont tenus pour coresponsables par le gouvernement!

Après que Eulenburg ait déclaré qu'il n'existe aucun élément dans ces attentats pour étayer une accusation contre la social-démocratie et qu'il refusa en conséquence de présenter les procès-verbaux qui projettent sur cette circonstance écœurante un jour grotesque, il poursuit en disant que le projet de loi ne repose en fait que sur une « théorie » - du gouvernement, bien sûr -, à savoir que la manière dont les *doctrines de la sociale-démocratie,* ont été diffusées par une agitation passionnée, pourrait très bien faire mûrir DANS DES TEMPÉRAMENTS SAUVAGES les *mêmes* tristes fruits que *ceux que nous* avons *eu le plus grand regret de constater.* (Les tristes fruits que sont Sefeloge, Tschech, Schneider, Becker, Kullmann, Cohen, alias Blind ?) « Et en faisant cette affirmation, messieurs, je crois aujourd'hui encore être en *accord avec toute la presse allemande* » *(soit* toute la presse des reptiles, et non pas les différents journaux *indépendants de toutes tendances) « à l'unique exception de la presse social-démocrate ».* (Encore un mensonge pur et simple!)

(Les réunions auxquelles Nobiling a assisté ont toutes eu lieu *sous la surveillance* policière d'un agent de la police; rien n'y est donc répréhensible; les *doctrines qu'il* y entendait, ne peuvent que se rapporter aux sujets qui se trouvaient à l'ordre du *jour.)*

Après ces affirmations *effectivement* mensongères sur « toute là presse allemande », Monsieur Eulenburg est « sûr *de ne pas se heurter à un démenti en suivant cette voie* ».

Face à Bebel, il doit « rappeler quelle position la presse sociale-démocrate a prise vis-à-vis de ces événements », afin de démontrer « que la social-démocratie n'abhorre pas », comme *elle le* prétend, « le *meurtre,* sous quelque forme qu'il se présente ».

Démonstration : 1. « Dans les organes de la social-démocratie, on a d'abord tenté de prouver que les attentats avaient été perpétrés sur commande » (Kronprinz).

(Doléances de la *Norddeutsche Allgemeine Zeitung* sur le caractère légal de l'agitation de la social-démocratie allemande.)

2. « *Lorsqu'on* s'aperçut que l'on n'arrivait à rien sur cette piste.... on affirma que les deux criminels ne jouissaient pas de toutes leurs facultés et on présenta les actes de ces idiots isolés

comme des phénomènes qui se sont toujours produits dans le passé » (n'est-ce pas exact, au demeurant ?) « et pour lesquels il n'y a pas à rendre responsable qui que ce soit » (démontre l'amour pour le « Meurtre ») (C'est ce qu'ont affirmé aussi de nombreux journaux qui n'étaient pas sociaux-démocrates).

Monsieur Eulenburg, non content de garder par-devers soi les procès-verbaux, dont, à l'en croire, il ne sait rien - ou dont il doit s'abstenir de parler par respect du « ministère de la Justice prussien » -, réclame à pré-sent en se fondant sur lesdits procès-verbaux (qu'il s'abstient de nous communiquer) qu'on le croit lorsqu'il dit ceci : « Messieurs, l'enquête qui a été menée n'a pas fourni le moindre indice permettant de dire que les deux hommes n'ont pas été d'une manière ou d'une autre en mesure de peser les conséquences et la signification de leurs actes. Au contraire, *tout ce que l'on a pu constater*, c'est qu'ils ont agi avec un total discernement et, dans le dernier cas (donc Hödel que l'on a décapité ?), avec la préméditation d'un fieffé coquin. »

3. « De nombreux organes de la social-démocratie se sont laissés aller à *excuser ces actes, à justifier leurs auteurs*. Ce n'est pas eux, mais la société [le gouvernement l'a excusée, en rendant responsable non pas *elle-même*, mais les « doctrines de la social-démocratie » et l'agitation de la classe ouvrière - soit encore *une partie de la société* et de ses « doctrines »] qui est *rendue responsable*

des crimes qui ont été commis » [on n'excuse donc pas les *actes,* puisqu'autrement on ne les aurait pas appelés « crimes » et l'on n'aurait même pas discuté de la question de la « responsabilité »].

Après avoir sonné ainsi l'hallali :

4. « Parallèlement à tout cela, messieurs, on se mit à citer des actes criminels qui ont été tentés, voire même commis, contre des hauts fonctionnaires en Russie. En ce qui concerne l'attentat de Véra Zassoulitch (cf. le *Journal* de Pétersbourg et la presse du monde entier!) et l'assassinat du général de Mézensoff (à ce propos, cf. Bismarck), vous avez lu qu'un journal paraissant ici posait la question : Et puis que leur restait-il à faire d'autre ? Comment pouvait-il se tirer d'affaire autrement [120] ? »

---

[120] L'attentat de Véra Zassoulitch contre le commandant de la ville de Pétersbourg, Trépoff, le 2 février 1878 et son acquittement par un tribunal de jurés firent sensation dans toute l'Europe. Le 16 août 1868, Kravchintsky tua d'un coup de poignard le commandant de gendarmerie Mézensoff. Est-il besoin de dire que Marx-Engels n'étaient pas opposés par principe aux attentats individuels (qui sont des actes sociaux de politique, et non privés), comme il ressort par exemple de la citation suivante - « En Russie le meurtre politique est le seul moyen dont disposent des hommes, intelligents, convenables et ayant du caractère pour se défendre contre les agents d'un despotisme inouï » (Engels, lettre à Bignami du 21 mars 1879, CC note n° 169).

5. « Enfin *à l'étranger la social-démocratie* a, expressément et sans mâcher ses mots, exprimé sa sympathie pour ces actes. Le *Congrès de la Fédération du Jura* qui a tenu ses assises en juillet *de cette année* a déclaré expressément que les actes de Hödel et de Nobiling étaient des actes révolutionnaires qui avaient toutes ses sympathies, etc. »

Mais la social-démocratie allemande est-elle « responsable » des déclarations et des agissements d'une clique qui lui est antagoniste et dont les méfaits commis jusqu'ici en Italie, en Suisse, en Espagne (et même en Russie, cf. Netchaïev) ne visent que la « tendance Marx ? »

Auparavant Monsieur Eulenburg avait déjà dit à propos de ces mêmes anarchistes qu'il avait dû abandonner l'hypothèse selon laquelle « les attentats avaient été effectués sur commande, lorsque des organes de la social-démocratie eux-mêmes ont déclaré à l'étranger - j'en donnerai ci-après un échantillon - qu'ils étaient convain*cus que rien de semblable* n'était arrive » : il oublie de citer un passage le démontrant !

Suit maintenant le *beau passage* sur la « tendance *Marx* » *et* la « tendance *des prétendus anarchistes* » *(p. 50,* colonne I). Elles sont différentes, mais « *il n'est pas niable que ces associations ont toutes entre elles une certaine* » [laquelle ? antagonique] « *liaison,* comme cette *certaine* liaison fait partie de tous les phénomènes d'une seule et même époque ». Si l'on veut faire de cette « liaison » un *cas pendable* (en fr.), il faut avant tout démontrer la *nature précise* de cette liaison et ne pas se contenter d'une phrase, qui est si « universelle » qu'elle peut s'appliquer à tout et à rien, dans un univers où tout a une « certaine » liaison avec tout. La « tendance Marx » a démontré qu'une « liaison » déterminée existait entre les doctrines et les actes des « anarchistes » et ceux de la « police » européenne. Lorsque dans la publication *L'Alliance* etc. cette liaison a été révélée jusque dans les détails, toute la presse bien pensante et reptilienne se tut. Ces « révélations » ne correspondaient pas à sa conception de cette « liaison ». (Cette clique n'a jamais commis d'attentats que contre des membres de la tendance « Marx »!)

Après ce faux *fuyant* (en fr.), Monsieur Eulenburg relie la suite de ce qu'il dit par un « et » *qui* s'efforce de démontrer cette « liaison » par un faux lieu commun qu'il exprime sous une forme particulièrement « critique » : « et », poursuit-il, « c'est un fait d'expérience dans de tels mouvements, *qui reposent sur la loi de la pesanteur [un* mouvement peut reposer sur la loi de la pesanteur, par exemple, le mouvement de chute, mais l'expérience repose tout d'abord sur le phénomène de la chute], que les *tendances extrêmes* (par exemple, dans le christianisme l'automutilation) prennent *progressivement* le dessus et que les tendances plus modérées ne peuvent se maintenir face aux premières. » Premièrement, c'est un faux lieu commun : en effet, il n'est pas vrai que, dans les mouvements historiques, les prétendues tendances extrêmes l'emportent sur le mouvement adapté à l'époque - Luther contre Thomas Münzer, les puritains contre les niveleurs, les jacobins contre les hébertistes. L'histoire démontre précisément l'inverse. Deuxièmement : La tendance des « anarchistes » n'est pas un courant « extrême » de la social-démocratie allemande; si Eulenburg pense le contraire, il devrait le démontrer, au lieu de l'affirmer gratuitement. Dans la social-démocratie, il ne s'agit que du mouvement historique réel de la classe ouvrière; l'autre n'est qu'un mirage de *la jeunesse sans issue* (en fr.) qui veut faire l'histoire et ne fait qu'illustrer la manière dont les idées du socialisme français se trouvent caricaturées chez les *hommes déclassés* (en fr.) des classes supérieures. C'est pourquoi l'anarchisme est en fait vaincu partout, et il ne fait que végéter là où il n'existe pas de véritable mouvement ouvrier. Et ceci est un fait.

Tout ce que démontre Monsieur Eulenburg, c'est combien il est dangereux que la « police » se mette à « philosopher ».

Que l'on se réfère à la phrase qui suit (colonne I, p. 51), où Eulenburg parle comme si la chose était déjà faite.

Il s'efforce maintenant de démontrer ce qui est condamnable dans « les doctrines et les buts de la social-démocratie » ! Et comment ? Par trois citations qu'il juge bon de faire précéder de cette brillante phrase de transition :

« Et lorsque vous considérez d'un peu plus près ces doctrines et ces buts de la social-démocratie, vous voyez alors que ce n'est pas -comme on l'a dit précédemment - *l'évolution pacifique qui en est le but,* mais que cette *évolution pacifique n'est qu'une étape* qui doit conduire à ces *buts ultimes,* qui ne peuvent être atteints par aucune autre voie si ce n'est celle de la violence. » C'est un peu comme la *Ligue nationale (Nationalverein)* a été une « étape » dans le *processus violent de prussianisation de l'Allemagne.* C'est du moins ainsi que Monsieur Eulenburg s'imagine la chose avec « le sang et le fer ».

Si l'on considère la première partie de la phrase, elle n'exprime qu'une tautologie ou une bêtise : si l'évolution a un « but », des « buts ultimes », alors ce « but » etc., et non le caractère de l'évolution, est « pacifique » ou « non pacifique ». En fait, ce que Eulenburg veut dire, c'est : l'évolution pacifique vers le but n'est qu'une étape qui doit conduire au développement violent du but, et aux yeux de Monsieur Eulenburg cette transformation ultérieure de l'évolution « pacifique » en « violente » se trouve dans la nature même du but recherché. En l'occurrence, le but est l'émancipation de la classe ouvrière et le bouleversement (transformation) de la société qu'elle implique.

Une évolution historique ne peut rester « pacifique » qu'aussi longtemps, que ceux qui détiennent le pouvoir dans la société ne lui barrent pas la route par des obstacles violents. Si, par exemple, en Angleterre et aux États-Unis la classe ouvrière conquiert la majorité au parlement ou au congrès, elle pourrait écarter par la voie légale les lois et institutions qui gênent son développement, et ce dans la mesure où l'évolution sociale le mettrait en évidence. Néanmoins le mouvement « pacifique » pourrait se transformer en mouvement « violent » par la rébellion des éléments intéressés au maintien de l'ancien état de choses, et alors - comme dans la guerre civile américaine et la révolution française - ils seraient écrasés par la force, étant traités de rebelles à la violence « légale ».

Mais ce que Eulenburg prêche, c'est la réaction *violente* de la part des détenteurs du pouvoir contre *l'évolution qui* se trouve dans une « étape pacifique », et ce pour éviter d'ultérieurs conflits « violents » (de la part *de la* classe *montante de* la société). C'est le cri de guerre de la contre-révolution violente contre l'évolution effectivement « pacifique ». En effet, le gouvernement cherche à écraser par la *violence* un développement qui lui est défavorable, mais est *légalement inattaquable.* C'est l'introduction à des révolutions inévitablement *violentes.* Tout *cela* est de l'histoire ancienne, mais reste éternellement neuf.

Or donc Monsieur Eulenburg démontre les doctrines de violence de la social-démocratie grâce à trois citations :

1. *Marx dit dans son ouvrage* sur *le Capital :* « *Nos buts* etc. [121]. » Or, « nos buts », c'est ce qui est dit au nom du parti *communiste, et* non de la social-démocratie allemande [122]. En outre, ce passage

---

[121] Il s'agit du passage suivant du Manifeste : « Les communistes... déclarent ouvertement que leurs buts ne peuvent être atteints que par une révolution violente de tout l'ordre social qui a existé jusqu'ici. »

[122] Engels fait ici une distinction, désormais classique, entre parti formel (pratique) et parti historique (programmatique, théorique). Marx et Engels représentaient au plus haut point le parti historique, c'est-à-dire le communisme comme résultat de l'expérience de toute l'évolution humaine. De ce point de vue ils critiquaient le parti formel, - en l'occurrence social-démocrate -, qui tendait seulement vers une politique communiste. Même alors il ne fallait jamais perdre de vue la continuité, le fil vers ce but, quel que fût l'éloignement de son action de départ. Une doit pas y avoir d'opposition entre ces deux notions de parti, même à l'époque où la distinction est encore historiquement inévitable. Comme Marx n'a cessé de le montrer, ils doivent tendre à se rejoindre de plus en plus, jusqu'à coïncider.

En somme, le danger qui guettait toujours la social-démocratie était ce qu'on appelle l'immédiatisme, forme d'opportunisme qui ne considère que le mouvement actuel; Marx-Engels défendaient essentiellement l'avenir, le but et la continuité d'action et s'efforçaient de réaliser la formule du Manifeste, selon laquelle les communistes représentent dans le mouvement actuel l'avenir du mouvement, en

ne se trouve pas dans le Capital publié en 1867, mais dans le *Manifeste communiste*, paru en « 1847 », soit vingt ans avant la création effective de la « social-démocratie allemande » !

2. Et de citer un autre passage extrait de la brochure de Monsieur Bebel intitulée « N'os buts », où l'on présente comme étant une formule de Marx le passage suivant [après que Monsieur Eulenburg ait cité un passage du « C*apital* » *qui ne* s'y trouve point, il eh cite un autre qui s'y trouve, naturellement, puisqu'il extrait sa citation de l'ouvrage de Bebel : cf. le passage dans le *Capital 1,* 2e édition] :

« Ainsi donc nous voyons quel est le rôle de la *violence* dans les différentes périodes de l'histoire, et ce n'est certes pas à tort que Karl Marx écrit (dans son livre *le Capital, où* il décrit le *cours du développement de la production capitaliste)* : La violence est l'accoucheuse de toute vieille société qui est grosse d'une nouvelle. C'est une puissance économique. »

3. Voici maintenant la citation extraite de Bebel, « Nos buts » (colonne I, p. 51). Il y est précisément dit : « Le cours de ce développement dépend de l'intensité (force) avec laquelle les

---

défendant « toujours au cours des différentes phases de l'évolution que traverse la lutte entre prolétariat et bourgeoisie l'intérêt de l'ensemble du mouvement ».

milieux participants conçoivent le mouvement; il *dépend de la résistance que le mouvement* trouve chez ses adversaires. Une chose est certaine :plus *cette résistance sera violente, plus violent sera le passage aux nouvelles conditions sociales.* La question ne peut en aucun cas être résolue par aspersion d'eau de rose. » C'est ce que Eulenburg cite à partir de Bebel, « Nos buts ». Cela se trouve page 16, cf. le *passage annoté* 16 et *ibid.* 15; cf. *ibid.* le passage annoté page 43 (qui est de nouveau « falsifié », parce que cité *hors de son contexte).*

Après ces colossales prouesses, que l'on considère les insanités puériles, qui se contredisent et s'annulent réciproquement, à propos des « contacts » de Bismarck avec les « dirigeants de la social-démocratie [123] » (p. 51, colonne II).

---

[123] Dans son discours au Reichstag du 16-09-1878, Bebel avait noté que Bismarck, qui accusait la social-démocratie de vouloir renverser le pouvoir par la violence, avait eu néanmoins des contacts étroits avec Lassalle; à quoi le ministre de l'Intérieur Eulenberg, se tournant vers Bebel, répondit : « Lorsqu'un mouvement de la dimension du mouvement ouvrier prend son essor, il n'est pas seulement souhaitable, mais encore nécessaire pour le gouvernement de se tenir au courant de ses buts par ouï-dire et par écrit. Il doit apprendre si possible de la bouche même de ses dirigeants leurs intentions, leurs motifs, afin, le cas échéant, de canaliser d'une manière ou d'une autre, un mouvement aussi puissant dans le flot paisible du développement légal - en procédant ainsi nous ne faisons que notre devoir... En disant cela, je n'ai absolument pas voulu dire qu'à l'époque où ces contacts ont eu lieu le mouvement se trouvait dans une voie tout autre que celle où il évolue aujourd'hui : A l'époque c'était Lassalle et ses partisans qui se trouvaient

Dans la même séance :

Après *Stolberg,* la parole est à *Reichensperger* [124]. Sa plus grande peur : que la loi qui soumet tout à la police, s'applique également à d'autres partis déplaisant au gouvernement. Et de se lancer dans les éternels coassements des catholiques. (Cf. les passages annotés, pp, 30-35).

Après Reichensperger, la parole est à *von Helldorf-Bedra.* On ne saurait être plus candide: « Messieurs, la présente loi se caractérise comme une loi préventive au sens le plus éminent du terme; elle ne prévoit aucune sanction pénale, *mais autorise seulement les interdictions de la police et déclare punissables les violations de ces interdictions extérieurement reconnaissables* » *(p.* 36, colonne I). Elle permet tout bonnement à la POLICE de tout

---

à la tête, alors que chacun sait que, par la suite, cette tendance a été opprimée et évincée parla suivante, celle que l'on appelle la direction internationale, celle-ci imposant ses vues a présent. » (Cf. Comptes rendus sténographiques des débats du Reichstag allemand, 4e législature, lre session 1878; vol. I. Berlin 1878.)

[124] Dans cette dernière partie, Marx cite des extraits de discours de bourgeois allemands. On constate qu'ils sont particulièrement veules : « Reichensperger représente le bourgeois rhénan du Centre. Bamberger reste fidèle à la formule : Nous sommes tout de même des chiens! » (Marx à Engels, 17-09-1878.) Le député national-libéral avait utilisé cette formule pour caractériser la manière dont Bismarck traitait les députés du parti de l'opposition.

interdire et ne punit aucune violation de loi quelconque, mais les « violations » d'oukases de la police. C'est une façon parfaite de rendre superflues les lois *pénales*. Monsieur von Helldorf avoue que le « danger » réside dans les victoires électorales des sociaux-démocrates, victoires qui ne sont même pas compromises par la campagne de provocation suscitée à l'occasion des attentats. Application du suffrage universel d'une manière qui déplaît au gouvernement! (p. 36, colonne Il).

Le gaillard approuve néanmoins Reichensperger: les « instances de doléance », la « commission de la Diète fédérale » sont de la foutaise. « Il s'agit simplement de la *décision d'une question policière,* et entourer une telle *instance de garanties juridiques serait carrément erroné;* ce qui aide contre les abus, c'est « la confiance dans les *fonctionnaires politiques haut placés » (p. 37, 1* et Il). Il demande que l' « en corrige notre droit électoral » (p. *38,* colonne l).

RÉACTIONS
À LA LOI ANTI-SOCIALISTE

Extraits du discours de W. Liebknecht à la séance du 17 mars 1879 au Reichstag.

Liebknecht : « Il va de soi que nous nous conformerons à la loi, parce que notre parti est certainement un *parti de réforme au sens. le plus rigoureux du terme*, et *non un parti qui veut faire une révolution violente - ce* qui de toute façon est une *absurdité.* Je *nie de la façon la plus solennelle* que nos efforts tendent au renversement violent de l'ordre en vigueur de l'État et de la société [125]. »

---

[125] Ces deux extraits de discours de W. Liebknecht ont été retrouvés dans les archives d'Engels, qui les a ponctués de points d'exclamation. Le commentaire en figure dans la lettre suivante à J.-Ph. Becker.

Liebknecht a tenu son premier discours, bien après la proclamation de la loi antisocialiste - ce qui témoigne que ce n'est pas sous l'effet de la première surprise qu'il a réagi de manière aussi défaitiste. Le 17 mars 1879, le gouvernement prussien avait déposé au Reichstag son ordonnance sur la proclamation du petit état de siège à Berlin et les environs à la suite de la loi antisocialiste. Liebknecht fut le seul député social-démocrate à intervenir dans ces débats. Son discours témoigne d'une conception qui l'a finalement emporté dans la social-démocratie allemande, et que Marx-Engels ont tenté de contrecarrer de toutes leurs forces.

Extraits du discours de W. Liebknecht à la Diète de Saxe, le 17 février 1880.

Liebknecht : « Nous protestons contre l'affirmation selon laquelle nous, serions un parti révolutionnaire (*Umsturzpartei*)... La participation de notre parti aux élections est, au contraire, un acte qui démontre (!) que la social-démocratie *n'est pas imparti révolutionnaire*... À partir du moment où un parti se place sur la

---

La façon dont réagit Liebknecht dans ses deux discours illustre en gros la réaction de la majorité des dirigeants social-démocrates lors de la loi antisocialiste, et notamment la fraction parlementaire qui exercera toujours plus sa répression et ses mesures disciplinaires contre les ouvriers révolutionnaires, en jetant la graine fasciste dans les masses.

Engels a des mots très durs pour caractériser la défaillance des dirigeants : « La tempête qui submergea les socialistes français après la Commune était tout de même autrement grave que les clameurs qui se sont élevées autour de l'affaire Nobiling en Allemagne. Et avec quelle fierté et quelle assurance les ouvriers français ont-ils réagi! Vous n'y trouverez pas de telles faiblesses et de telles complaisances avec l'adversaire. Lorsqu'il ne pouvaient pas s'exprimer librement, Us se taisaient, laissant les philistins hurler tout leur soûl. Ne savaient-ils pas que leur temps reviendrait bientôt... » (Engels à A. Bebel, 14-11-1879.)

Devant changer du jour au lendemain ses méthodes d'organisation et d'action, la social-démocratie réagit donc très mal au coup de force de Bismarck. Marx-Engels sauvèrent littéralement le parti à ce moment-là de la débâcle complète : cf. l'ouvrage de Heinrich Gemkow : Friedrich Engels' Hilfe beim Sieg der deutschen Sozialdemokratie uber das Sozialistengesetz, Dietz Verlag, Berlin 1957, écrit avant la détente pour les temps après la détente.

base de tout l'ordre légal, le droit du suffrage universel, et témoigne ainsi qu'il est tout disposé à collaborer à la législation et à l'administration de la communauté, à partir de ce moment (!) il a proclamé qu'il *n'est pas un parti révolutionnaire...* J'ai souligné tout à l'heure que le *simple fait* déjà de la participation aux élections est une preuve que la social-démocratie n'est *pas un parti révolutionnaire*, etc. »

Engels à J.-Ph. Becker, 1er juillet *1879.*

L'intervention pusillanime et tout à fait déplacée de Liebknecht au Reichstag a eu un effet absolument déplorable dans les pays latins, comme on le conçoit; elle a même été partout désagréablement ressentie parmi les Allemands [126]. C'est ce que nous avons exprimé dans ma lettre [127]. En Allemagne,

---

[126] Les concessions parlementaires de Liebknecht à Bismarck auront un double effet néfaste sur la social-démocratie allemande : d'une part, elles renforceront les tendances capitulardes petites bourgeoises dans le parti et notamment la fraction parlementaire, d'autre part, elles apporteront de l'eau au moulin des éléments « anarchisants » - Most dans son journal Freiheit - qui se gargariseront de grands mots révolutionnaires en préconisant des méthodes stériles d'agitation.

[127] La lettre en question n'a pas été retrouvée -on s'en doute. Il ressort d'une lettre de W. Bracke à Engels du 6 juin 1879 qu'Engels lui avait envoyé une lettre le 16 mai 1879, en le priant de la transmettre à A.

c'en est fini une fois pour toutes de la vieille agitation nonchalante, marquée de temps à autre par une peine de six semaines à six mois de prison. Quelle que soit l'issue de l'état de chose imposé aujourd'hui, on peut déjà dire que le nouveau mouvement part d'une base plus ou moins révolutionnaire et doit donc avoir un caractère bien plus résolu que dans la première période du mouvement qui est derrière nous. La phraséologie sur la possibilité d'atteindre pacifiquement le but deviendra inutile, tu ne peut plus être pris au sérieux. En mettant fin à ces déclamations et en jetant le mouvement dans la voie révolutionnaire, Bismarck nous a rendu un énorme service, qui compense largement le léger dommage qu'il nous cause en freinant notre agitation [128].

Bebel. Celui-ci répondit dans une lettre à Bracke, datée du 24 mai, que ce dernier recopia à l'intention d'Engels : « Je te renvoie ci-inclus la lettre d'Engels Je suis tout à fait d'accord avec son contenu. J'ai été indigné moi aussi de ce que Liebknecht ait déclaré, de manière aussi ostentatoire, dans son discours sur l'état de siège qu'il se soumettait avec tout le parti à la loi et qu'il ait répété, en outre, deux ou trois fois cette déclaration dans son discours. Ce jour-là, je suis arrivé quelques minutes après le discours, et c'est le lendemain seulement que j'en lus le compte rendu et dus me rendre à l'évidence. J'attendis le compte rendu sténographique, et comme j'y trouvai ces affirmations reproduites de manière pire encore, je ne me suis pas gêné pour faire des reproches à Liebknecht. Je lui ai aussi communiqué des passages de la lettre d'Engels : il a écouté sans rien dire. Lorsque tu écriras à Engels, salue-le de ma part, et dis-lui que je suis complètement d'accord avec lui... »

[128] Engels fait preuve ici d'un grand esprit dialectique, en même temps que d'optimisme révolutionnaire. En effet, si Bismarck, en plaçant la

Par ailleurs, cette intervention docile au Reichstag apporte de l'eau au moulin des héros de la phrase révolutionnaire qui cherchent à désorganiser le parti par leurs manœuvres et intrigues. Le centre de ces menées est l'Association ouvrière de Londres où siègent les grandes gueules de *1849* à la Weber, à la Neustadt an der Hardt et consorts [129]. Depuis la reprise du mouvement en Allemagne, ces gens ont perdu toute la signification qu'ils pouvaient encore avoir de *1840* à *1862* et ils

---

social-démocratie hors la loi, espère que celle-ci sera assez veule et complaisante pour devenir inoffensive, Engels peut, pour sa part, espérer, au contraire, que la social-démocratie, placée hors du cadre bourgeois deviendra de plus en plus révolutionnaire : La décision pour l'une ou l'autre solution reste entre les mains de la social-démocratie et de ses dirigeants en Allemagne. En soi, la toi anti-socialiste n'a pas d'effets négatifs, mais impose une réaction, dont dépendra ensuite le sort du mouvement. D'où l'importance des conseils d'Engels, d'une part, et de la suite que leur donneront les dirigeants social-démocrates, d'autre part.

[129]   Engels fait allusion à une association issue de la Ligue des Justes qui prit un caractère de plus en plus international et changea à plusieurs reprises de nom. Après la loi anti-socialiste, a s'y développa une tendance anarchisante qui prit la direction de l'Association pendant un certain temps. Avec l'appui de l'Association, Johann Most - ancien député social-démocrate émigré à Londres - publia au début de 1879 le journal Freiheit. Celui-ci critiqua la tactique suivie parles dirigeants de la social-démocratie allemande après la promulgation de la loi anti-socialiste, condamnant la combinaison des moyens de lutte légaux et illégaux, exigeant le renoncement à l'activité parlementaire et prônant le terrorisme individuel. En mars 1880, une grande partie des membres de l'Association se sépara des éléments anarchisants et se constitua en association sous le même nom.

pensent maintenant avoir une occasion de se hausser à la tête. Le jeune Weber, un vague négociant et quelques autres se sont constitués au moins six fois au cours de ces dernières années en comité central du mouvement ouvrier européen et américain, mais notre monde sans foi les a ignorés chaque fois avec obstination.

C'est à toute force qu'ils veulent arriver maintenant à leurs fins, et ils ont trouvé en Most un allié. La *Freiheit* claironne la révolution radicale jusqu'au meurtre et à l'incendie - ce qui naturellement ne peut que combler d'aise ce brave Most, lui qui ne pouvait se permettre tout cela auparavant. Ceci dit on a énormément exagéré les histoires du Reichstag prises comme prétexte pour diviser le parti et créer un parti nouveau. C'est là une exploitation de la situation de contrainte et du silence qui règne maintenant en Allemagne au profit de quelques têtes creuses, dont l'ambition est en disproportion complète avec les capacités, et si -comme on l'a prétendu - Most raconte à qui veut l'entendre que nous l'appuyons, alors il ment. Depuis qu'il a commencé à jouer ce rôle, il ne s'est plus laissé voir chez nous. Au fond, c'est une bonne chose qu'il se soit ainsi démasqué, si bien qu'il a gâché toutes ses chances pour son retour ultérieur en Allemagne; il n'est pas dépourvu de talent, mais il est atrocement vaniteux, indiscipliné et ambitieux : il vaut donc mieux qu'il se discrédite lui-même. Au reste, la *Freiheit* ne continuera certainement pas à vivre bien longtemps, et tout s'endormira de nouveau bien tranquillement.

Frédéric Engels

BISMARCK
ET LE PARTI OUVRIER ALLEMAND

The Labour Standard, 23-07-1881.

La presse bourgeoise anglaise est devenue très silencieuse ces derniers temps sur les brutalités exercées par Bismarck et ses créatures contre les membres du Parti ouvrier social-démocrate en Allemagne. Le *Daily News* a représenté dans une certaine mesure la seule exception. Autrefois l'indignation était véritablement considérable dans les quotidiens et hebdomadaires anglais, lorsqu'à l'étranger des gouvernements despotiques se permettaient de tels excès vis-à-vis de leurs sujets. Mais, en l'occurrence, ceux qui sont touchés par la répression, ce sont des ouvriers qui sont fiers de ce nom. C'est la raison pour laquelle les journalistes qui représentent la « bonne société », les « dix mille privilégiés »,cachent les faits, et, à en juger par leur silence obstiné, il semblerait presque qu'ils les approuvent. Les ouvriers, qu'ont-ils à faire avec la politique ? Ne devraient-ils pas l'abandonner aux classes « supérieures » ?

Et il y a encore une autre raison au silence de la presse anglaise : il est bien difficile d'attaquer la loi de force bismarckienne et son application et de défendre en même temps les mesures de violence prises par monsieur Forster en Irlande [130]. C'est un point particulièrement sensible auquel il ne faut pas toucher, bien sûr. Il est difficile d'attendre de la presse bourgeoise qu'elle révèle elle-même combien la réputation morale de l'Angleterre a souffert en Europe et en Amérique à la suite des procédés employés par l'actuel gouvernement en Irlande.

A chaque élection générale, le Parti ouvrier allemand est sorti avec un nombre de suffrages plus considérable : lors des avant-dernières élections, ses candidats obtinrent plus de 500 000 voix, et lors des dernières plus de 600 000. Berlin élut deux députés sociaux-démocrates, Elberfeld-Barmen un, ainsi que Breslau et Dresde. Dix sièges furent conquis, et ce, face à la

---

[130] Au lieu de pleurnicher et de servir la violence adverse en se mettant à trembler et à démoraliser ses propres troupes devant la terreur policière, comme le font de nos jours les démocrates, Engels passe à l'attaque et ironise, sans faire de concession à l'opinion publique démocratique anglaise à laquelle il dévoile, au contraire, les mauvais coups portés par l'Angleterre, aux Irlandais.

L'entrée en vigueur de la loi foncière d'août 1881 suscita une vive résistance parmi les métayers irlandais. Forster, le secrétaire d'État pour l'Irlande, prit alors une série de mesures d'exception, et utilisa la troupe pour déloger les métayers qui refusaient de se plier aux exigences anglaises.

coalition du gouvernement avec la totalité des partis libéraux, conservateurs et catholiques, face aux clameurs qui se sont élevées à la suite des deux tentatives d'assassinat de l'Empereur Guillaume 1er pour lesquelles tous les autres partis, unanimes, ont attribués la responsabilité au Parti ouvrier. C'est alors que Bismarck réussit à faire passer son projet de loi, par lequel il a mis hors la loi la social-démocratie. Les journaux des ouvriers, dont le nombre atteint plus de cinquante, ont été bridés, leurs associations interdites, leurs cercles fermés, leurs fonds mis sous séquestre, leurs réunions dispersées par la police et, pour couronner le tout, une ordonnance stipule que l' « état de siège » peut être décrété dans toutes les villes et tous les districts -tout comme en Irlande. Cependant Bismarck s'est permis de faire en Allemagne ce que les lois d'exception anglaises elles-mêmes n'ont osé faire en Irlande. Dans tous les districts dans lesquels l' « état de siège » était décrété la police obtint le droit d'expulser quiconque pouvait lui apparaître simplement « suspect » de faire de la propagande socialiste. L'état de siège fut naturellement aussitôt décrété à Berlin, et des centaines de personnes (des milliers avec leurs familles) furent expulsées. En effet, la police prussienne se plaît à expulser des pères de famille; en général, elle laisse en paix les jeunes gens, non mariés, car pour eux l'expulsion ne serait pas une bien grande sanction, alors qu'elle représente dans la plupart des cas une longue période de misère, sinon de ruine complète pour les pères de famille. Lorsque Hambourg élut un ouvrier au Reichstag, l'état de siège fut aussitôt décrété. La première fournée d'ouvriers expulsés de Hambourg s'élève environ à une centaine, et il faut y ajouter pour chacun d'eux plus de trois membres de leur famille. En deux jours, le parti ouvrier put rassembler l'argent pour leur voyage et leurs autres besoins immédiats. L'état de siège vient également d'être décrété à Leipzig, sans autre justification que celle selon laquelle le gouvernement n'avait pas d'autre moyen pour détruire l'organisation du parti. Dès le premier jour, trente-trois ouvriers furent expulsés, en majeure partie des hommes mariés, chargés de famille. En tête de liste figurent les trois députés au Reichstag allemand; peut-être monsieur Dillon [131] leur enverra-t-il un message de congratulations en raison de ce que leur situation n'est finalement pas plus mauvaise que la sienne.

Mais ce n'est pas encore tout. Après que le Parti ouvrier a été mis hors la loi selon toutes les règles de l'art légal et privé de tous les droits politiques, dont jouissent tous, les autres Allemands, la police peut procéder avec le plus grand arbitraire contre les membres de ce parti. En prétextant des besoins inhérents aux perquisitions en vue de rechercher la littérature

---

[131] John Dillon; homme politique irlandais, membre du parlement anglais, se trouvait à ce moment-là en prison.

interdite, la police soumet les familles et les filles aux traitements les plus éhontés et les plus brutaux. Celles-ci sont arrêtées selon la fantaisie des policiers et retenues des semaines entières en détention préventive et ne sont libérées parfois qu'après des mois de prison. La police invente des délits nouveaux, inconnus du code pénal, et les prescriptions de ce code pénal lui-même sont étendues au-delà des limites du possible. Le plus souvent la police trouve des fonctionnaires de la justice et des juges assez corrompus ou fanatiques pour l'aider, voire lui fournir leur concours : la carrière n'en dépend-elle pas ? Les conséquences qui en découlent, ressortent clairement des chiffres suivants :Dans la seule année qui va d'octobre 1879 à octobre 1880, il n'y avait pas moins de 1 108 personnes incarcérées dans la seule Prusse pour crime de haute trahison, de lèse-majesté, d'offense à l'État etc. et pas moins de 10 094 prisonniers politiques pour diffamation politique, injures à Bismarck et autres propos séditieux. Onze mille deux cent deux prisonniers politiques - cela dépasse même les prouesses irlandaises de Monsieur Forster!

Qu'est-ce que Bismarck a-t-il atteint avec toutes ces mesures de violence ? Exactement la même chose que Monsieur Forster en Irlande. Le parti social-démocrate continue de fleurir et possède une organisation tout aussi solide que la Ligue de là Terre irlandaise. Il y a quelques jours, des élections ont eu lieu pour renouveler le conseil municipal de Mannheim. Le Parti ouvrier a mis seize candidats sur les rangs et les a fait passer tous avec une majorité de presque trois contre un. C'est alors que Bebel - le député au Reichstag de Dresde - présenta sa candidature dans la troisième circonscription électorale de Leipzig pour la Diète de Saxe. Bebel lui-même est ouvrier (tourneur) et l'un des meilleurs - sinon le meilleur - orateur en Allemagne. Pour faire échec à son élection, le gouvernement expulsa tout son comité électoral. Or quel en fut le résultat ? Malgré toutes les limitations portées au droit de suffrage, Bebel fut élu à une forte majorité.

On le voit, les mesures de force de Bismarck ne servent à rien. Au contraire, elles exaspèrent le peuple. Ceux à qui on a enlevé tous les moyens légaux pour exprimer leur point de vue et défendre leurs intérêts saisiront un beau jour des moyens illégaux - et personne ne pourra leur en faire le reproche. Combien de fois monsieur Gladstone et Monsieur Forster n'ont-ils pas proclamé cette doctrine! Et comment procèdent-ils maintenant en Irlande ?

LA CRÉATION
D'UN ORGANE RÉVOLUTIONNAIRE
LE SOZIALDEMOKRAT

Engels à Bernstein, 26 juin 1879.

Lorsqu'on m'a sollicité avec insistance et que je me suis décidé à prendre en main cette casserole de Dühring [132], Liebknecht m'a déclaré expressément que c'était la dernière fois que l'on me demanderait d'interrompre mes travaux les plus importants pour une activité journalistique, a moins que des événements politiques le réclament absolument - ce dont je serai seul juge. L'expérience de ces neuf dernières années m'a

---

[132] Non sans raison Engels se plaint de ce que Liebknecht lui impose des polémiques contre de pseudo-socialistes qu'il a lui-même élevé par ses complaisances vis-à-vis des éléments « cultivés » prétendument attirés par le socialisme.

Sous le régime de la loi anti-socialiste, les erreurs politiques des dirigeants deviennent plus lourdes de conséquences, trouvant en Bismarck quelqu'un qui transformait tous les dévoiements « théoriques » en impasses réelles dans lesquelles s'engageait le mouvement ouvrier révolutionnaire, du fait qu'il réprimait tous les éléments révolutionnaires et donnait libre cours à toits les éléments petits bourgeois dans le parti qui s'agitaient sur l'avant-scène sous l'œil bienveillant des autorités officielles.

appris qu'il n'était pas possible de mener à terme des travaux assez importants et d'être en même temps actif dans l'agitation pratique. Et puis avec le temps je prends de l'âge et je dois une fois pour toutes me cantonner dans un secteur déterminé, si je veux mener à terme un travail quelconque. C'est ce que j'ai écrit également à monsieur Wiede lors de la création de la *Neue Gesellschaft*.

Pour ce qui concerne monsieur Höchberg [133], vous vous trompez si vous pensez que j'avais une quelconque « répulsion » à son égard. Lorsque Monsieur Höchberg créa la *Zukunft*, nous avons reçu une offre - signée de la rédaction - d'y collaborer. A moins que je ne me trompe beaucoup, le nom même de monsieur Höchberg nous était alors inconnu, et il allait de soi

---

[133] Hochberg Karl (pseudonyme pour Dr. Ludwig Richter) financera l'organe illégal du parti, le Sozialdemokrat, qui parut en Suisse sous la loi anti-socialiste et, sous l'influence d'Engels, finit par défendre les principes révolutionnaires.

Bien que sans préventions contre Höchberg, Engels sera amené par ses prises de position capitulardes à s'opposer à son patronage que les dirigeants sociaux-démocrates finirent tout de même par imposer. Toute l'affaire du Sozialdemokrat est de première importance. Après la défaillance lors de la promulgation de la loi anti-socialiste, il s'agissait de réorienter le parti vers une politique révolutionnaire et de déterminer la juste tactique à adopter sous le régime de la loi anti-socialiste. Comme l'épisode de Dühring (cf. note no 77) l'avait montré, la diffusion du marxisme restait encore à faire en Allemagne, et il importait au mouvement révolutionnaire de disposer, face aux idéologues socialistes petits bourgeois, d'un organe politique et théorique.

que nous n'étions pas intéressés par ce genre d'invitations anonymes. Là dessus monsieur Höchberg publia son programme dans *la Zukunft : le* socialisme devait reposer sur la notion de « Justice ». Ce programme excluait d'emblée tous ceux pour lesquels le socialisme ne se déduit pas en dernière instance comme conclusion de quelconques idées ou de principes, par exemple de justice, etc., mais est le produit idéal d'un processus économique matériel, celui de la production sociale à un certain niveau. Ce faisant, monsieur Höchberg avait donc lui-même exclu toute collaboration de notre part. En dehors de ce programme cependant, je n'ai rien reçu jusqu'ici qui me permette de me faire un jugement motivé sur les conceptions philosophiques de Monsieur Höchberg. Tout cela n'est pas une raison pour avoir une quelconque « répulsion » pour lui, ou un préjugé contre toute entreprise littéraire de sa part. Ma position à son égard est la même que celle que j'ai à l'égard de toute autre publication socialiste nouvelle : tant que je ne sais pas ce qu'elle contient, j'attends avec sympathie.

Cependant, tout cela n'est qu'accessoire, l'essentiel est que je dois m'interdire toute collaboration à des revues, si je veux arriver au terme de mes travaux, qui sont bien plus importants pour l'ensemble du mouvement que quelques articles de journaux. Et vous avez constaté que j'ai suivi cette règle depuis quelques années contre tous et de manière égale.

Dans ce que vous me rapportez, je retiens que l'on chuchote que Marx et moi nous étions « entièrement d'accord » avec les positions défendues par la Freiheit de Londres [134]. Or c'est précisément le contraire qui est vrai. Nous n'avons plus vu Monsieur Most depuis qu'il a lancé ses attaques contre les parlementaires sociaux-démocrates. Pour ce qui est de notre jugement sur cette affaire, il n'a pu l'apprendre qu'au milieu du mois, lorsque j'ai répondu au secrétaire de l'Association ouvrière, qui m'avait demandé d'y faire un exposé. J'ai refusé carrément, parce qu'en Allemagne etc, on aurait dû en conclure que je suis d'accord avec la sorte de polémique que la *Freiheit* a ouverte contre les parlementaire sociaux-démocrates, et ce publiquement; ce n'est aucunement le cas, si peu que j'apprécie et approuve certaines interventions au Reichstag.

Comme on nous a communiqué par ailleurs aussi de semblables informations, nous souhaiterions être mis en état de mettre fin une fois pour toutes à ces insinuations. On pourrait le

---

[134] Les concessions parlementaires de Liebknecht à Bismarck auront un double effet néfaste sur la social-démocratie allemande : d'une part, elles renforceront les tendances capitulardes petites bourgeoises dans le parti et notamment la fraction parlementaire, d'autre part, elles apporteront de l'eau au moulin des éléments « anarchisants » - Most dans son journal Freiheit - qui se gargariseront de grands mots révolutionnaires en préconisant des méthodes stériles d'agitation.

faire le plus simplement, si vous aviez la bonté de nous communiquer par écrit les passages de lettres en question, afin que nous sachions exactement *ce que* l'on a dit de nous de sorte que nous puissions y répondre comme il convient. Il va de soi que votre allusion ne pouvait être que de nature générale, mais c'est précisément pour cela qu'elle appelle des informations précises, pour que je puisse intervenir directement. Le tapage révolutionnaire n'est rien de neuf pour nous depuis près de 40 ans.

Si monsieur Most devait tomber dans les bras des anarchistes et même de Russes comme Tkatchov, ce serait un malheur pour lui tout au plus. Ces gens sombrent dans l'anarchie qu'ils ont creusée eux-Mêmes sous leurs pieds. Ce qui ne veut pas dire qu'il ne faut pas de temps en temps leur donner un coup sur la tête.

Fr. Engels à J. Ph. Becker, 8 septembre 1879.

La *Freiheit* ne passera certainement pas le cap de la nouvelle année, si l'on ne fait pas de bêtises de J'autre côté en lui donnant une importance nouvelle. On veut fonder un organe officiel du parti à Zurich - le Sozialdemokrat - et la direction sous le très haut contrôle de ceux de Leipzig, doit en être confiée aux Allemands de Zurich (Höchberg, Bernstein et Schramm), dont je ne peux vraiment pas dire qu'ils m'inspirent confiance [135]. En effet, ne trouve-t-on pas de fort curieuses choses dans la revue sociale et scientifique du Jahrbuch [136] édité par Höchberg qui fait partie de ces, Allemands. D'après ce qu'on y lit, le parti aurait eu tort de se présenter comme un parti ouvrier, à se serait attiré lui-même la loi anti-socialiste en raison de ses *attaques*

---

[135] Après l'interdiction de l'organe central du parti social-démocrate, le Vorwärts, le parti mit en oeuvre la publication d'un journal illégal, le Sozialdemokrat. En été 1879, Karl Höchberg, Eduard Bernstein et Carl August Schramm et d'autres forces opportunistes tentèrent de mettre la main sur la direction de ce journal. De juillet à septembre 1879, il y eut un important échange de correspondance entre Leipzig (A. Bebel, W. Liebknecht et L. Viereck), Paris (Carl Hirsch, que Marx-Engels eussent voulu voir à la tête du journal), Zurich (Bernstein, Höchberg et Schramm) et Londres (Marx-Engets) sur la question d'un organe central de la social-démocratie, à l'abri de la loi anti-socialiste. Bien qu'ils ne - parvinrent pas à imposer leur candidat à la direction du journal, Marx-Engels purent néanmoins, par leurs critiques d'abord, et leurs conseils et leur collaboration ensuite (à partir de 1881), mettre le journal dans la bonne voie révolutionnaire.

[136] Le premier numéro du Jahrbuch für Sozialwissenschaft und Sozialpolitik parut en août 1879 à Zurich sous le patronage de Karl Höchberg (sous le pseudonyme de Dr. Ludwig Richter).

Höchberg, Bernstein et Schramm y publièrent leur programme opportuniste dans l'article intitulé Rétrospective du mouvement socialiste en Allemagne, où ils attaquaient ouvertement le caractère révolutionnaire du parti et demandaient sa transformation en parti réformiste démocratique et petit bourgeois. Cf. la critique de cet article dans Marx-Engels, Le Parti de classe, III, pp. 134-142.

inutiles contre la bourgeoisie; en outre, il ne s'agit pas de faire la révolution, mais de suivre un long processus pacifique, etc. Ces lâchetés absurdes apportent évidemment de l'eau au moulin de Most, et il se met en devoir de les exploiter, comme tu as pu le voir dans les derniers numéros de la *Freiheit*.

Ceux de Leipzig nous ont demandé de collaborer au nouvel organe, et nous avions effectivement accepté; mais lorsque nous avons appris à qui devait en revenir la direction immédiate, nous avons décliné leur offre - et depuis *ce Jahrbuch* nous avons complètement coupé nos relations avec ces gens qui veulent introduire de telles niaiseries et de telles méthodes de lèche-cul dans le parti: Höchberg et ses compères. Ceux de Leipzig ne tarderont pas à remarquer quels alliés ils se sont dégotés là. De toute façon, il va bientôt être temps d'intervenir contre ces philanthropiques grands et petits bourgeois, ces étudiants et docteurs, qui se faufilent dans le parti allemand et qui veulent diluer la lutte de classe du prolétariat contre ses oppresseurs en une institution générale de fraternisation entre les hommes - et ce, au moment même où les bourgeois, avec lesquels on voudrait que nous fraternisions, nous déclarent hors la loi, anéantissent notre presse, dispersent nos réunions et nous livrent à l'arbitraire policier sans phrase. Il n'est pas concevable que les ouvriers allemands marchent dans ce genre d'affaire.

Nos gens ont obtenu une grande victoire en Russie [137]: ils ont fait sauter. l'alliance russo-allemande. S'fis n'avaient pas jeté le gouvernement russe dans cette terreur sans issue par leur action inflexible, le gouvernement aurait trouvé la force de surmonter l'apathie intérieure de la noblesse et de la bourgeoisie devant l'interdiction anglaise d'entrer dans la ville ouverte de Constantinople et de prévenir ainsi la défaite diplomatique de Berlin qui s'en suivit [138]. Dans ces conditions, les Russes cherchent maintenant à mettre ces défaites au compte de l'étranger, de la Prusse. Certes, l'oncle et le neveu ont rafistolé la

---

[137] L'attentat de Véra Zassoulitch contre le commandant de la ville de Pétersbourg, Trépoff, le 2 février 1878 et son acquittement par un tribunal de jurés firent sensation dans toute l'Europe. Le 16 août 1868, Kravchintsky tua d'un coup de poignard le commandant de gendarmerie Mézensoff. Est-il besoin de dire que Marx-Engels n'étaient pas opposés par principe aux attentats individuels (qui sont des actes sociaux de politique, et non privés), comme il ressort par exemple de la citation suivante - « En Russie le meurtre politique est le seul moyen dont disposent des hommes, intelligents, convenables et ayant du caractère pour se défendre contre les agents d'un despotisme inouï » (Engels, lettre à Bignami du 21 mars 1879, CC note no 169).

[138] Lors de la guerre russo-turque de 1877-78, le gouvernement britannique empêcha les troupes russes d'exploiter leur victoire et de faire leur entrée à Constantinople, en menaçant la Russie d'une rupture des relations diplomatiques. Les 7 et 8 février, le parlement anglais vota des crédits de guerre pour l'éventualité d'une entrée en guerre de l'Angleterre aux côtés de la Turquie. Dans ces conditions, le gouvernement tsariste renonça à son but séculaire : occuper Constantinople, cf. Marx-Engels, La Russie; Éd. 10-18, pp. 116-131; à propos de la guerre russo-turque, cf. Marx-Engels, Écrits militaires, Éd. L'Herne, pp. 605-609.

félure tant bien que mal à Alexandrovo, mais elle n'est plus réparable. Et si la catastrophe ne se produit pas très bientôt en Russie, il y aura la guerre entre la Russie et la Prusse que le Conseil général de l'Internationale avait prévue comme conséquence inévitable du conflit prusso-français, guerre qui fut évitée à grand peine en 1873 [139].

---

[139] Cf. La seconde Adresse du Conseil général sur la Guerre franco-allemande, in Marx-Engels : la Guerre civile en France, Éd. Sociales, 1953, p. 287. Dès la fin de -la guerre franco-prussienne, Marx prévoyait d'après le nouveau rapport de forces qui s'était instauré à la suite de ce conflit, quel serait l'aboutissement final du cycle historique ouvert en 1871 et appelé classiquement la « phase idyllique du développement capitaliste » : « Quiconque n'est pas complètement étourdi par les clameurs du moment et n'a pas intérêt à égarer le peuple allemand comprendra qu'une guerre entre l'Allemagne et la Russie doit naître de la guerre de 1870 aussi fatalement que la guerre de 1870 elle-même est née de la guerre de 1866. Je dis fatalement, sauf le cas peu probable où une révolution éclaterait auparavant en Russie. En dehors de ce cas peu probable, la guerre entre l'Allemagne et la Russie, peut, d'ores et déjà, être considérée comme un fait accompli » (Lettre de Marx au Comité directeur de la social-démocratie allemande de Brunswick, fin août-début septembre 1870). Cette perspective a été sans cesse répétée de 1870 à 1895, date de la mort d'Engels, et, ce seul fait devrait convaincre de mensonge tous ceux qui affirment que Marx-Engels avaient abandonné la « vision catastrophique » de la guerre et de la révolution dans la dernière phase de leur vie.

PETITS BOURGEOIS SOCIALISTES
DE DROITE ET DE GAUCHE

Marx à F.-A. Sorge, 19 septembre 1879.

Nos points de litige avec Most n'ont absolument rien de commun avec ceux de ces messieurs de Zurich, du trio formé par le Dr. Höchberg, Bernstein (son secrétaire) et C.A. Schramm. Nous n'en voulons pas; à Most parce que sa *Freiheit* est *trop révolutionnaire,* nous lui reprochons de ne pas avoir de CONTENU *révolutionnaire* et de ne faire que de la phraséologie révolutionnaire. Nous ne lui reprochons pas non plus de *critiquer les chefs du parti* en Allemagne, mais: premièrement de chercher le *scandale* public au lieu de communiquer aux gens ce qu'il pense par écrit, c'est-à-dire *par lettre* missive; deuxièmement, utiliser cela uniquement comme prétexte pour faire l'important à son tour et mettre en circulation les plans idiots de conjuration secrète de messieurs *Weber junior et* Kaufmann. Ces gaillards, avant son arrivée se sentaient appelés à prendre en main la direction suprême du « mouvement ouvrier universel » et, partout où ils l'ont pu, ils ont effectivement ourdi les manœuvres les plus variées pour réaliser leur « douce et folle

» entreprise. Le brave John Most - un homme d'une vanité tout à fait enfantine - croit en fait que les événements du monde ont subi un revirement gigantesque parce que lui-même n'est plus en Allemagne, mais-sévit à Londres. Ce gaillard n'est pas salis talent, mais il le tue par sa manie de remplir des pages et des pages. En outre, il est absolument sans esprit de suite (en Fr.). A chaque fois que change le vent, il court dans une autre direction, tantôt par-ici, tantôt par-là, comme une girouette.

De plus, il se pourrait bien effectivement que Engels et moi nous soyions obligés de lancer une « déclaration publique » contre ceux de Leipzig et leurs alliés de Zurich.

Les choses prennent le cours suivant. Bebel nous a écrit que l'on voulait fonder un organe du parti à Zurich, et demandait nos noms pour collaborer. Hirsch était désigné comme rédacteur présumable. Là dessus *nous avons accepté,* et j'écrivis directement à Hirsch [140] (alors à Paris, d'où il vient d'être expulsé pour la seconde fois), afin qu'il en prenne la direction, car il était le seul à nous offrir l'assurance que la ligue du parti serait strictement maintenue et que seraient tenus à l'écart toute cette bande de docteur et d'étudiants et cette racaille de

---

[140] Cette lettre n'a pas été retrouvée, les papiers de Hirsch ayant été confisqués par la police française lors de son arrestation et de son expulsion.

socialistes de la chaire qui s'affichent dans le *Zukunft*, etc. et commencent à s'insinuer déjà dans le *Vorwärts*. Or il se révéla que Hirsch avait découvert un nid de guêpes à Zurich. Les 5 hommes, le Dr Höchberg (cousin de Sonnemann, radoteur sentimental qui, avec son argent, s'est acheté sa place dans le parti), le petit juif Bernstein, son secrétaire, C.A. Schramm, philistin, même s'il est bien intentionné, et l'émissaire de Leipzig *Viereck* Qui aussi une vieille barbe philistine, fils naturel de l'Empereur d'Allemagne) et le marchand *Singer* de Berlin (petit bourgeois pansu : il m'a rendu visite il y a quelques mois), ces cinq hommes se constituèrent- avec la haute autorisation de Leipzig-en comité constituant et nommèrent un *comité de surveillance de la rédaction et de l'administration* du journal à Zurich, c'est-à-dire le trio Höchberg, Bernstein, C.A. Schramm, qui devait décider en première instance, il y avait au-dessus d'eux Bebel, Liebknecht et quelques autres de la direction du parti allemand. Or donc Hirsch demanda premièrement *d'où venait l'argent;* Liebknecht répondit : du parti + de Dr Höchberg; Hirsch retira la fleur de rhétorique et réduisit le tout fort justement à « Höchberg ». Deuxièmement, Hirsch ne voulait pas se soumettre au comité trifolié Höchberg-Bernstein, C.A. Schramm et il y était d'autant plus autorisé que dans la réponse à sa lettre où il lui demandait simplement ces renseignements, Bernstein le tançait bureaucratiquement et traitait sa *Laterne* - est-ce merveilleux de l'entendre ? - d'ultra-révolutionnaire, etc.

Après un échange de lettres assez longue, où Liebknecht ne joua pas un rôle brillant, Hirsch se retira; Engels écrivit à Bebel que *nous* nous retirions également, comme nous avions refusé notre collaboration dès le début à la *Zukunft (Höchberg) et à la Neue Gesellschaft* (Wiede). Ces gaillards, théoriquement nuls et pratiquement inutilisables, veulent abâtardir le socialisme (qu'ils veulent arranger à leur goût d'après des recettes universitaires) et surtout émasculer le *parti* social-démocrate, ils veulent éclairer les ouvriers de leurs lumières ou, comme ils le disent, leur apporter des « éléments de culture » avec leur demi-savoir confus et enfin ils cherchent à rendre le parti respectable aux yeux du philistin. Ce sont de misérables radoteurs *contre-révolutionnaires*. Or donc, l'organe hebdomadaire apparaît à présent (ou doit paraître) à Zurich, sous le contrôle et la surveillance suprême de ceux de Leipzig. (Vollmar en est le rédacteur).

Dans l'intervalle, Höchberg est venu ici pour nous appâter [141]. Il n'y trouva que le seul Engels, qui lui fit comprendre quel

---

[141] Engels écrit à ce propos dans sa lettre à J.-Ph. Becker du 15-09-1879 : « Par bonheur Höchberg a soudain atterri chez moi avant-hier. J'en ai profité pour lui dire ses quatre vérités. Au fond, ce pauvre jeune homme est brave, mais affreusement naïf; il est tombé des nues lorsque je lui ai expliqué que nous ne pensions pas le moins du monde laisser tomber le drapeau prolétarien que nous brandissons depuis près de quarante ans, et que l'idée ne nous effleurait même pas de faire chorus avec les rêveries de réconciliation de tous les petits bourgeois que nous

abîme profond il y avait entre nous et lui, en faisant la critique du *Jahrbuch* publié par Höchberg (sous le pseudonyme de Dr L. *Richter*). Regarde donc le *misérable* bousillage qu'est l'article signé 3, c'est-à-dire la triade Höchberg-Bernstein-C.A. Schramm. Mais le brave John Most lui aussi figure dans un article reptilien sur le libraire Schäffle. Jamais on a publié quelque chose d'aussi blâmable pour le parti. Bismarck a fait le plus grand bien - non pour lui, mais pour nous - en permettant à ces gaillards, au milieu du silence qu'il imposa à l'Allemagne, à se faire clairement entendre. Höchberg tomba littéralement des nues quand Engels lui dit ses quatre vérités. il n'était lui, qu'un homme de progrès « pacifique » et n'attendait, en réalité, l'émancipation prolétarienne que des « bourgeois cultivés », c'est-à-dire de ses semblables. Liebknecht ne lui avait-il pas dit qu'au fond nous étions tous d'accord là dessus ? Tous en Allemagne - c'est-à-dire tous les chefs - partageaient cet avis, etc.

---

combattons également depuis près de quarante ans. Bref, il sait enfin à quoi s'en tenir avec nous et pourquoi nous ne pouvons marcher avec lui et ses semblables, quoique ceux de Leipzig puissent dire et faire. « Nous adresserons également à Bebel une déclaration catégorique sur notre point de vue face à ces nouveaux alliés du parti allemand, et nous verrons alors ce qu'ils feront. Si l'organe du parti prend position pour cet article bourgeois, alors nous ferons une déclaration publique en sens opposé. Cependant ils ne permettront sans doute pas que les choses aillent jusque-là. »

En fait, Liebknecht après avoir fait une gaffe énorme en transigeant avec les Lassalléens, a ouvert toutes grandes les portes à la demi-humanité et a ainsi préparé malgré lui dans le parti une démoralisation qui *ne* put être évitée *que* grâce à la loi anti-socialiste.

Si l' « hebdomadaire » - l'organe du parti - devait néanmoins procéder comme on a commencé de le faire dans le *Jahrbuch* de Höchberg, nous serions obligés d'intervenir publiquement contre une telle dépravation du parti et, de la théorie! Engels a rédigé une lettre circulaire à Bebel etc. (naturellement uniquement pour la *circulation privée* parmi les chefs du parti allemand). Il y explique notre position sans ménagement. Ces messieurs sont donc déjà prévenus et ils nous connaissent aussi suffisamment pour savoir qu'il s'agit ici de plier ou de rompre! S'ils veulent se compromettre., tant pis! Nous ne leur permettront en aucun cas de *nous* compromettre. On peut voir à quel point le parlementarisme les a déjà rendus bourriques dans le fait, entre autres, qu'ils ont imputé à Hirsch un crime - devine lequel ? Dans la *Laterne, il* avait quelque peu malmené cette chiffe de Kayser, en raison de son discours éhonté sur la législation douanière de Bismarck. Mais, dit-on à présent, le parti, c'est-à-dire la poignée de représentants du parti avait chargé Kayser de parler de la sorte! La honte est d'autant plus grande pour ces gaillards! Mais cela même n'est qu'une échappatoire misérable. Effectivement ils furent assez niais pour permettre à Kayser de parler pour lui et au nom de ses mandants, mais il parla au nom du parti. Quoi qu'il en soit, ils sont déjà si atteints de crétinisme parlementaire qu'ils croient être *au-dessus de toute critique* et foudroyent quiconque les critique comme s'il commettait un crime de lèse-majesté!

CRÉATION DE L'ORGANE ILLÉGAL
« DER SOZIALDEMOKRAT »

Engels à A. Bebel, 4 août 1879.

Depuis ma dernière lettre du 25 juillet (que vous avez reçue, j'espère, car je l'ai envoyée en recommandé [142]), Hirsch nous a communiqué sa correspondance avec Bernstein et Liebknecht à propos du nouveau journal (le *Sozialdemokrat* [143]). D'après celle-ci,

---

[142] Cette lettre n'a pas été retrouvée.
[143] Après l'interdiction de l'organe central du parti social-démocrate, le Vorwärts, le parti mit en oeuvre la publication d'un journal illégal, le Sozialdemokrat. En été 1879, Karl Höchberg, Eduard Bernstein et Carl August Schramm et d'autres forces opportunistes tentèrent de mettre la main sur la direction de ce journal. De juillet à septembre 1879, il y eut un important échange de correspondance entre Leipzig (A. Bebel, W. Liebknecht et L. Viereck), Paris (Carl Hirsch, que Marx-Engels eussent voulu voir à la tête du journal), Zurich (Bernstein, Höchberg et Schramm) et Londres (Marx-Engets) sur la question d'un organe central de la social-démocratie, à l'abri de la loi anti-socialiste. Bien qu'ils ne - parvinrent pas à imposer leur candidat à la direction du journal, Marx-Engels purent néanmoins, par leurs critiques d'abord, et leurs conseils et leur collaboration ensuite (à partir de 1881), mettre le journal dans la bonne voie révolutionnaire.

les choses se présentent encore bien plus mal que nous étions en droit de l'admettre après votre lettre.

Hirsch avait parfaitement raison de demander quelles étaient les dispositions prises et quels étaient les gens qui, soit comme fondateurs, soit comme dirigeants, tiendraient les rênes du journal. Mais il n'obtint d'autre réponse de Liebknecht que celle-ci : « le parti plus Höchberg » et l'assurance renouvelée que tout était en ordre. Ainsi donc, nous devions admettre que le journal était fondé par Höchberg et que les « nous », auxquels selon E. Bernstein étaient confiés « la mise en oeuvre et la surveillance » étaient une fois de plus Höchberg et son secrétaire Bernstein.

[Il est clair que dans ces conditions C. Hirsch ne pourra se charger de la direction, à moins qu'il n'obtienne des garanties tout à fait précises pour son indépendance vis-à-vis de celui qui le surveillera et qui a fondé le journal. Je doute fortement que des garanties *suffisantes puissent* être obtenues, et je suis à peu près certain que les négociations avec C. Hirsch n'aboutiront pas. En effet, même si elles réussissaient, il est certain que la position de Hirsch ne serait pas tenable à la longue face aux deux surveillants, dont l'un a fondé le journal sans être social-démocrate, mais social-philanthrope, et l'autre (Liebknecht) reconnaît qu'il « voudrait diriger le journal lui-même [144] ».]

Que tout se passe effectivement ainsi, c'est ce qui ressort aussi de la seconde lettre de Bernstein qui vient d'arriver tout à l'heure.

Il ne vous aura donc pas échappé que les erreurs contre lesquelles nous vous avons mis en garde dans ma dernière lettre, font désormais par la force même des choses partie intégrante du journal. Höchberg a montré lui-même que sur le plan théorique, c'était un esprit extrêmement confus et que, dans la pratique, il était mû par une impulsion irrésistible vers la fraternisation avec tous et avec chacun, pourvu qu'il fasse semblant non simplement d'être socialiste, mais même simplement social. Il a fourni ses preuves dans *la Zukunft, où* il a discrédité et ridiculisé le parti, sur le plan théorique aussi bien que pratique.

Le parti a besoin avant tout d'un organe *politique*. Or dans le meilleur des cas, Höchberg est un homme parfaitement apolitique - même pas social-démocrate, mais *social-philanthrope*.

---

[144] Les passages entre crochets ont été ajoutés à la main dans la copie de la lettre conservée par Engels.

Et de fait, selon la lettre de Bernstein, le journal *ne doit pas être politique,* mais de vague principe socialiste, c'est dire qu'entre de telles mains il sera nécessairement fait de rêveries sociales, une continuation de la *Zukunft.* Un tel journal ne représenterait le parti que si celui-ci voulait s'abaisser à être la queue de Höchberg et de ses amis les socialistes de la chaire. Si les dirigeants du parti voulaient ainsi placer le prolétariat sous la direction de Höchberg et ses vasouillards amis, les ouvriers l'accepteraient difficilement : la scission et la désorganisation seraient inévitables - et Most et ses braillards remporteraient leur plus grand triomphe.

Dans ces conditions (que nous ignorions complètement lorsque j'ai écrit ma dernière lettre), nous pensons que Hirsch a tout à fait raison de vouloir ne rien avoir à faire avec cela. Il en va de même pour Marx et moi. Notre acceptation de collaborer valait pour un véritable organe du parti, et ne pouvait s'appliquer qu'à lui, non pour un organe privé de Monsieur Höchberg déguisé en organe du parti. Nous n'y collaborerons à. aucun prix. [Nous resterons en correspondance avec C. Hirsch, et nous verrons ce qui sera: faisable au cas où il accepterait tout de même la direction. Dans les circonstances présentes, c'est le seul parmi tous les rédacteurs possibles en qui nous pouvons avoir confiance.] En conséquence, Marx et moi nous vous prions expressément de bien vouloir veiller à ce que nous ne soyions pas cités comme collaborateurs de cette feuille.

K. Marx et Fr. Engels

CIRCULAIRE À A. BEBEL, W. LIEBKNECHT, W. BRACKE

à propos du « Sozialdemokrat »
et de la tactique sous l'illégalité

D'après le brouillon, écrit à la mi-septembre 1879.

Cher Bebel,

La réponse à votre lettre du 20 août a quelque peu traîné en longueur, en raison aussi bien de l'absence prolongée de Marx. que de divers incidents, d'abord l'arrivée des *Annales* de Richter, ensuite la venue de Hirsch lui-même [145].

---

[145] Cette lettre adressée à la direction du Parti ouvrier social-démocrate d'Allemagne est un document important de politique interne de parti. Il s'agit indubitablement de la lettre décisive pour la création de l'organe

Je suis obligé d'admettre que Liebknecht ne vous a pas montré la dernière lettre que je lui avais adressée, bien que je le lui aie demandé expressément, car sinon vous n'eussiez sans doute pas avancé les arguments mêmes que Liebknecht avait fait valoir et auxquels j'ai déjà *répondu* dans ladite lettre.

Passons maintenant aux divers points sur lesquels il importe de revenir ici.

---

illégal du parti, le Sozial-demokrat. Il ne s'agissait pas seulement de réorienter le parti vers une politique révolutionnaire, niais encore de déterminer le juste programme sous le régime exceptionnel de la loi anti-socialiste.

Dans sa lettre du 20 août 1879, Engels écrivait à Marx que, lors de la visite de Hirsch, il avait dit à ce dernier : « Précisément maintenant où (grâce à l'interdiction faite par Bismarck au parti de poursuivre des activités révolutionnaires) tous les éléments pourris ou vaniteux peuvent sans contrainte occuper l'avant-scène du parti, il est plus que jamais temps de laisser tomber la politique de conciliation et le manque de netteté, et de ne pas craindre, si nécessaire, les polémiques et le scandale. Un parti qui aime mieux se laisser mener par le bout du nez par le premier imbécile venu (Kayser, par exemple), plutôt que de le désavouer publiquement, n'a plus qu'à tout remballer. »

I. Les négociations avec C. Hirsch

Liebknecht demande à Hirsch s'il veut prendre la responsabilité de la rédaction de l'organe du parti qui doit être créé à Zurich (le *Sozialdemokrat*). Hirsch désire des précisions pour la mise en oeuvre de ce journal : de quels fonds disposera-t-il, et de qui proviendront-ils ? La première question l'intéresse, afin de savoir si le journal ne s'éteindra déjà au bout de quelques mois, la seconde pour connaître celui qui détient les cordons de la bourse, autrement dit celui qui tient en dernier ressort entre ses mains l'autorité sur la vie du journal [146]. La réponse du 27

---

[146] Dans sa lettre du 20 août 1879 à Marx, Engels écrit: « Ci-inclus la lettre de Hirsch que je te retourne, ainsi que celle de Liebknecht auquel je viens de répondre. J'ai attiré son attention sur ses contradictions : « Tu écris à Hirsch que, derrière le Sozial-demokrat, il y aurait le parti + Höchberg; cela signifie donc que si Hochberg est un + de façon quelconque, c'est qu'il s'agit de sa bourse, puisque par ailleurs c'est une grandeur négative. Tu m'écris maintenant que cet Höchberg n'a pas donné un sou. Comprenne qui pourra; pour ma part, je renonce. »

Dans leur lettre du 21 octobre 1879 à Engels, Fritzsche et Liebknecht précisaient : « En fait donc : 1. la commission de rédaction se compose de Bebel, Fritzsche, Liebknecht; 2. les propriétaires sont : Auer, Bebel, Fritzsche, Grillenberger et Liebknecht; 3. dans la commission administrative, il y a Bernstein. » (Cf. Wilhelm LIEBKNECHT,

juillet de Liebknecht à Hirsch (« Tout est en ordre, tu apprendras la suite à Zurich ») ne parvient pas à son destinataire. Mais de Zurich arrive une lettre à Hirsch en date du 24 juillet, Bernstein l'y informe que « l'on *nous* a chargés de la mise en oeuvre et du *contrôle » (du* journal). Un entretien aurait eu lieu « entre Viereck et *nous* », au cours duquel on se, serait aperçu « que votre position serait difficile en raison des divergences que vous avez eues avec plusieurs camarades du fait que vous appartenez au journal *Laterne;* cependant, je ne tiens pas ces réticences pour bien importantes ». Pas un mot d'explication sur les causes.

Par retour de courrier, Hirsch demande le 26, quelle est la situation matérielle du journal. Quels camarades se sont portés garants pour couvrir un éventuel déficit ? Jusqu'à quel montant et pour combien de temps ? Il n'est pas du tout question, à ce stade de la question du traitement que touchera le rédacteur, Hirsch cherche simplement à savoir si « les moyens sont assurés pour tenir le journal un an au moins ».

Bernstein répond le 31 juillet : un éventuel déficit serait couvert parles contributions volontaires, *dont certaines (!)* sont

---

Briefwechsel mit Karl Marx und Friedrich Engels, publié par l'Internationaal Instituut Voor Sociale Geschiedenis, Amsterdam, Mouton et Co, 1963, The Hague, pp. 273-274.)

déjà souscrites. A propos des remarques de Hirsch sur l'orientation qu'il pensait donner au journal, il fait remarquer, entre autres remarques désobligeantes et *directives* (cf. ci-dessus) : « La Commission de surveillance doit s'y tenir d'autant plus qu'elle est elle-même sous contrôle, c'est-à-dire responsable. Vous devez donc vous entendre sur ces points avec la Commission de surveillance. » On souhaite une réponse immédiate, par télégraphe si possible.

Mais, au lieu d'une réponse à ses demandes justifiées, Hirsch reçoit la nouvelle qu'il doit rédiger sous la *surveillance* d'une commission siégeant à Zurich, commission dont les conceptions divergent substantiellement des siennes et dont les noms des membres ne lui sont même pas cités!

Hirsch, indigné à juste titre par ces procédés, préfère s'entendre avec les camarades de Leipzig. Vous connaissez sans doute sa lettre du 2 août à Liebknecht, étant donné que Hirsch y demandait *expressément* qu'on vous informe - vous et Viereck - de son contenu. Hirsch est même disposé à se soumettre à une commission de surveillance à Zurich, à condition que celle-ci fasse par écrit ses remarques à la rédaction et qu'il puisse faire appel de la décision à la commission de contrôle de Leipzig.

Dans l'intervalle, Liebknecht écrit à Hirsch le 28 juillet : « L'entreprise a *naturellement* une base, étant donné que tout le parti (Höchberg inclusivement) la soutient. Mais ne te soucie pas des détails. »

Même la lettre suivante de Liebknecht ne fait aucune mention de cette base; en revanche, elle assure que la commission de Zurich ne serait pas une commission de rédaction, mais ne se préoccuperait que *d'administration* et de finances. Le 14 août encore, Liebknecht m'écrit la même chose et me demande de convaincre Hirsch d'accepter. Vous-même, vous êtes encore si peu au courant du contenu effectif de la question le 20 août que vous m'écrivez « Il (Höchberg) n'a pas plus de voix dans la rédaction du journal *que n'importe quel autre camarade connu.* »

Enfin Hirsch reçoit une lettre de Viereck, en date du 11 août, dans laquelle il reconnaît que « les trois camarades, domiciliés à Zurich et formant la *commission de rédaction,* ont commencé à mettre en place le journal et s'apprêtent 4 élire un rédacteur qui doit être-confirmé dans sa fonction par les trois camarades de Leipzig *Pour autant que je m'en souvienne, il* était également dit dans les résolutions portées à votre connaissance que le comité de fondation (zurichois) devrait assumer *aussi bien* les responsabilités *politiques* que financières vis-à-vis du parti (...).

De tout cela, il me semble que l'on puisse conclure que (...) sans la collaboration des trois camarades domiciliés à Zurich et chargés par le parti de cette fondation, on ne pouvait concevoir la formation de la rédaction. »

Hirsch tenait enfin là *quelque chose* de précis, même si ce n'était que sur la position du rédacteur vis-à-vis des Zurichois. Ils forment une *commission de rédaction,* et ont aussi la responsabilité *politique;* sans leur collaboration, on ne peut former de rédaction. Bref, on indique à Hirsch qu'il doit s'entendre avec les trois camarades de Zurich, dont on ne lui fournit toujours pas les noms.

Mais, pour que la confusion soit totale, Liebknecht apporte une nouvelle au bas de la lettre de Viereck : « P. Singer de Berlin vient de passer ici et *rapporte : la* commission de surveillance de Zurich n'est pas, comme le pense Viereck, une *commission de rédaction,* mais essentiellement une commission d'administration qui est responsable vis-à-vis du parti, en l'occurrence nous, pour ce qui est des finances du journal. Naturellement, les membres ont aussi le droit et le devoir de discuter avec toi des problèmes de rédaction (un droit et un devoir qu'a tout membre du parti, soit dit en passant]; ils ne peuvent pas te mettre *sous tutelle.* »

Les trois Zurichois et un membre du comité de Leipzig - le seul qui ait été présent lors des négociations - soutiennent que Hirsch doit être placé sous la direction administrative des Zurichois, tandis qu'un second camarade de Leipzig le nie tout uniment. Et, dans ces conditions, il faut que Hirsch se décide, avant que ces messieurs ne se soient mis d'accord entre eux. Que Hirsch soit justifié à connaître les décisions prises au sujet des conditions auxquelles on estime devoir le soumettre, c'est à quoi on n'a même pas pensé, et ce, d'autant plus qu'il ne semble même pas qu'il soit venu à l'esprit des camarades de Leipzig de prendre *eux-mêmes* bonne note de ces décisions! Autrement, comment les contradictions mentionnées ci-dessus eussent-elles été possibles ?

Si les camarades de Leipzig ne peuvent se mettre d'accord sur les fonctions à attribuer aux Zurichois, comment ces derniers peuvent-ils y voir clair!

Schramm à Hirsch, le 14 août : « Si vous n'aviez pas écrit à ce moment-là, vous vous seriez trouvé dans le même 'cas que Kayser et vous eussiez procédé de même : Vous vous seriez mis au travail et on n'en aurait plus parlé. Mais, de la sorte, nous devons, face à votre déclaration, nous réserver le droit de décider par un vote quels seront les articles à accepter dans le nouveau journal. »

La lettre à Bernstein, dans laquelle Hirsch aurait répété cela, est du 26 juillet, *bien après* la conférence à Zurich au cours de laquelle on avait fixé les pouvoirs des trois Zurichois. Mais on se gonfle déjà tellement à Zurich dans le sentiment de la plénitude de son pouvoir bureaucratique que l'on revendique déjà, dans la lettre ultérieure à Hirsch, de nouvelles prérogatives, à savoir *décider* des articles à accepter dans le journal. Déjà le *comité de rédaction* devient une *commission de censure*.

C'est seulement à l'arrivée de Höchberg à Paris que Hirsch apprit de lui le nom des membres des deux commissions.

En conséquence, si les tractations avec Hirsch ont échoué, à quoi cela tient-il ?

1. Au refus obstiné des camarades de Leipzig aussi bien que des Zurichois de lui faire part de quoi que ce soit de tangible sur les bases financières, donc sur les possibilités du maintien en vie du journal, ne serait-ce que pour un an. La somme souscrite, il ne l'a apprise qu'ici par moi (après que vous me l'aviez communiquée). Il n'était donc pratiquement pas possible, à partir des informations données précédemment (le parti + Höchberg), de tirer une autre conclusion que celle selon laquelle le journal reposerait essentiellement sur Höchberg, ou

dépendrait tout de même bientôt de ses contributions. Or, cette dernière éventualité n'est pas encore, et de loin, écartée aujourd'hui. La somme de - si je lis bien - 800 marks est *exactement la même* (40 L.) que celle que l'association de Londres a dû mettre en rallonge pour *la Liberté* au cours de *la première moitié de l'année.*

2. L'assurance renouvelée, qui depuis s'est révélée tout à fait inexacte, de Liebknecht, selon laquelle les Zurichois ne devaient absolument pas contrôler la rédaction, ainsi que la comédie et les méprises qui en sont résultées.

3. La certitude, enfin acquise, que les Zurichois ne devaient pas seulement contrôler la rédaction, mais encore exercer une censure sur elle, et que Hirsch ne tiendrait dans tout cela que le rôle d'homme de paille.

Nous ne pouvons que lui donner raison si, après cela, il a décliné l'offre. Comme nous l'avons appris par Höchberg, la commission de Leipzig a encore été renforcée par deux membres non domiciliés dans cette ville. Elle ne peut intervenir rapidement que si les trois camarades de Leipzig sont d'accord. De ce fait, le centre de gravité se trouve totalement déplacé à Zurich, et Hirsch, pas plus que n'importe quel autre rédacteur véritablement révolutionnaire et d'esprit prolétarien, ne pourrait à la longue travailler avec les individus de cette localité. Davantage à ce sujet plus tard.

II. L'orientation prévue du journal

Dès le 24 juillet, Bernstein informe Hirsch que les divergences qu'il avait eues avec « certains camarades » en tant que journaliste de la *Laterne* rendraient sa position plus difficile.

Hirsch répond que l'orientation du journal devrait être, selon lui, la même en gros que celle de la *Laterne*, soit une politique qui évite les procès en Suisse et n'effraie pas inutilement en Allemagne. Il demande quels sont ces camarades, et poursuit : « Je n'en connais qu'un seul, et je vous promets que je recommencerai à le critiquer de la même façon s'il commet le même genre d'infraction à la *discipline*. »

Gonflé du sentiment de sa nouvelle dignité officielle de censeur, Bernstein lui répond aussitôt : « En ce qui concerne maintenant l'orientation du journal, le comité de surveillance est néanmoins d'avis que *la Laterne ne* saurait servir de modèle au journal; à nos yeux, le journal ne doit pas tant se lancer dans une politique radicale, il doit s'en tenir à un socialisme de principe. Dans tous les cas, il faut éviter des incidents comme la polémique contre Kayser qui a été désapprouvée par tous les camarades sans exception [sic] ».

Et ainsi de suite, et ainsi de suite. Liebknecht appelle la 'polémique contre Kayser une « gaffe », et Schramm. la tient pour si dangereuse qu'il a aussitôt établi la censure à l'encontre de Hirsch.

Hirsch écrit une nouvelle fois à Höchberg, en lui expliquant qu'un incident comme celui qui est advenu à Kayser « ne peut se produire lorsqu'il existe un organe officiel du parti, dont les claires explications ainsi que les discrètes et bienveillantes indications ne *peuvent* atteindre aussi durement un parlementaire ».

Viereck écrit lui aussi qu'il fallait prescrire au journal « une attitude sans passion et une opportune ignorance de toutes les divergences pouvant surgir »; il ne devrait pas être une « *Laterne* plus grande », et Bernstein d'ajouter : « On peut tout au plus lui reprocher d'être une tendance trop modérée, mais-cela ne saurait être un reproche en des temps où l'on ne peut pas naviguer toutes voiles dehors. »

En quoi consiste donc l'affaire Kayser, ce crime impardonnable que Hirsch aurait commis ? Kayser est le seul parlementaire social-démocrate qui ait parlé et voté au Reichstag sur les droits douaniers. Hirsch l'accuse d'avoir violé la discipline du Parti du fait qu'il ait : 1. Voté pour des impôts indirects, dont le programme du parti avait expressément exigé la suppression; 2. Accordé des moyens financiers à Bismarck, violant ainsi la première règle de base de toute notre tactique de parti : « Pas un sou à ce gouvernement! »

Sur ces deux points, Hirsch avait indubitablement raison. Et après que Kayser eut foulé aux pieds, d'une part, le programme du parti sur lequel les parlementaires avaient été assermentés pour ainsi dire par décision du congrès et, d'autre part, la toute première et indéclinable règle de la tactique du parti, en accordant par son vote de l'argent à Bismarck *comme pour le remercier de la loi anti-socialiste,* Hirsch avait parfaitement le droit, à notre avis, de frapper aussi fort.

Nous n'avons jamais pu comprendre pour quelles raisons on a pu se mettre tant en colère en Allemagne sur cette attaque contre Kayser! Or voici que Höchberg me raconte que la «

fraction parlementaire » a *autorisé* Kayser à intervenir de la sorte, et l'on tient Kayser pour couvert par cette autorisation [147].

Si les choses se présentent de la sorte, c'est tout, de même un peu fort. D'abord, Hirsch, pas plus que le reste du monde, ne pouvait connaître cette décision secrète [148]. Dans ces conditions, la honte, qui auparavant ne pouvait atteindre que le seul Kayser, n'en deviendrait encore que plus grande pour le parti, tandis que ce serait toujours le mérite de Hirsch d'avoir dévoilé aux yeux du monde entier les discours ineptes et le vote encore plus inepte de Kayser, et d'avoir sauvé du même coup l'honneur du parti. Ou bien la social-démocratie allemande est-elle véritablement infectée de la maladie parlementaire, et croit-elle qu'avec les voix populaires aux élections le Saint-Esprit ne soit

---

[147] Kayser avait effectivement agi avec l'accord de la fraction sociale-démocrate pour voter en faveur du projet de loi de Bismarck tendant à introduire de fortes taxes d'entrée sur le fer, le bois, les céréales et le bétail. C'était donc toute la fraction parlementaire qui avait violé la discipline du parti, en couvrant, à contresens des principes du parti, l'intervention de Kayser dans l'important débat de la protection douanière, où la fraction se déroba donc doublement. Cf. le rebondissement de cette affaire, note no 152.

[148] Dans le brouillon, Marx-Engels avaient écrit, en outre, le passage suivant : « Admettons même que deux ou trois députés sociaux-démocrates (car il ne pouvait guère y en avoir plus à la séance) se soient laissé induire à autoriser Kayser à raconter ses bêtises devant le monde entier et a voter pour accorder de l'argent a Bismarck, ils eussent alors été obligés de prendre sur eux la responsabilité de leur acte, et d'attendre ce que Hirsch en dirait alors. »

déversé sur ses élus, transformant les séances de la fraction en conciles infaillibles, et les résolutions de la fraction en dogmes inviolables ?

Une gaffe a certainement été faite; cependant, elle n'à pas été faite par Hirsch, mais par tes députés qui ont couvert Kayser avec leur résolution. Or, si ceux-là-mêmes qui sont appelés à veiller en premier au respect de la discipline de parti se mettent à violer de manière si éclatante cette même discipline en prenant une telle décision, la chose n'en est que plus grave. Mais là où cela atteint son comble, c'est lorsqu'on se réfugie dans la croyance, sans vouloir en démordre, que ce n'est pas Kayser avec son discours et son vote, ainsi que les autres députés avec leur décision de le couvrir, qui auraient violé la discipline de parti, mais Hirsch en attaquant Kayser bien que cette dernière décision lui restât cachée.

Au demeurant, il est certain que, dans cette question de protection douanière, le parti a pris la même attitude obscure et indécise que dans presque toutes les autres questions économiques qui se posent dans la pratique, par exemple celle des chemins de fer nationaux. Cela provient de ce que l'organe du parti notamment le Vorwärts, au lieu de discuter à fond de ces problèmes réels, s'étend avec complaisance sur la construction de l'ordre de la société future. Lorsque, après la loi anti-socialiste, la protection douanière est subitement devenue un problème pratique, les opinions divergèrent suivant les orientations et tendances les plus variables,, et il n'eût pas été possible d'en trouver un seul dans le tas qui détienne ne serait-ce que la condition préalable à la formation d'un jugement clair et juste sur la question : la connaissance des rapports de l'industrie et de la position de celle-ci sur le marché mondial. Chez les électeurs, il ne pouvait pas ne pas se manifester çà et là des tendances protectionnistes, mais fallait-il en tenir compte ? Le seul moyen pour trouver une issue à ce désordre, c'était de poser le problème en termes purement politiques (comme on le fit dans la *Laterne), mais* on ne voulait pas le faire avec clarté et fermeté. Il ne pouvait donc pas manquer d'advenir ce qui advint : dans ce débat, le parti intervint pour la première fois d'une manière hésitante, incertaine et confuse, et finit par se ridiculiser sérieusement avec Kayser.

Cependant, l'attaque contre Kayser devient maintenant l'occasion de prêcher sur tous les tons à l'intention de Hirsch que le nouveau journal ne doit à aucun prix imiter les excès de la *Laterne,* qu'il doit le moins possible suivre une politique radicale, mais s'en tenir sans passion à des principes socialistes. On l'entendit tout autant de la bouche de Viereck que de celle de Bernstein, qui précisément parce qu'il voulait modérer

Hirsch, apparaissait comme l'homme d'une situation où l'on « ne peut cingler toutes voiles dehors ».

Or, pour quelles raisons. s'expatrie-t-on, si ce n'est précisément pour cingler toutes voiles dehors ? A l'étranger, rien ne s'y oppose. Il n'y a pas en Suisse les lois allemandes sur les délits de presse, d'association etc. On y a donc non seulement la possibilité, mais encore le devoir-de dire ce que l'on ne pouvait dire en Allemagne, même avant la loi anti-socialiste, du fait du régime courant des lois. En outre, on ne s'y trouve pas seulement devant l'Allemagne, mais encore face à l'Europe entière, et on a le devoir - pour autant que les lois suisses le permettent - de proclamer ouvertement les voies et les buts du parti allemand. Quiconque voudrait se laisser lier les mains en Suisse par des lois allemandes démontrerait précisément qu'il est digne des lois allemandes, et qu'il n'a, en fait, rien d'autre à dire que ce que l'On était autorisé à dire en Allemagne avant les lois d'exception. Il ne faut pas davantage se laisser arrêter par l'éventualité selon laquelle les rédacteurs se verraient temporairement interdire tout retour en Allemagne. Quiconque n'est pas prêt à prendre un tel risque n'est pas fait pour un poste d'honneur aussi exposé.

Mais il y a plus. Les lois d'exception ont mis le parti allemand au ban de l'Empire, précisément parce qu'il était le seul parti d'opposition sérieux en Allemagne. Si, dans un organe publié à l'étranger, il exprime à Bismarck sa reconnaissance d'avoir perdu ce poste de seul parti d'opposition sérieux en se montrant bien docile, s'il encaisse ainsi le coup sans manifester la moindre réaction, il ne fait que prouver qu'il méritait ce coup de pied. Parmi les feuilles allemandes publiées en émigration depuis 1830, la *Laterne* figurait parmi les modérées. Mais si l'on considère déjà qu'elle était trop frondeuse, alors le nouvel organe que l'on veut créer ne pourra que compromettre le parti devant nos camarades des pays non allemands.

III. Le manifeste des trois Zurichois

Dans l'intervalle, nous avons reçu les *Annales* de Höchberg qui contiennent l'article intitulé « Rétrospective du mouvement socialiste en Allemagne », fruit de la collaboration - au dire de Höchberg lui-même - des trois membres de la commission zurichoise. C'est une critique pure et simple du mouvement tel qu'il a existé jusqu'ici et donc aussi du programme pratique d'orientation du nouvel organe, dans la mesure où il dépend d'eux.

On a d'emblée la déclaration suivante :

« Le mouvement que Lassalle considérait comme éminemment politique, auquel il appelait non seulement les ouvriers mais encore tous les démocrates honnêtes, à la tête duquel devaient marcher les représentants indépendants de la science et *toits les hommes épris d'un authentique amour de l'humanité, ce* mouvement est tombé sous la présidence de J.-B. von Schweitzer, *ait niveau d'une lutte pour les intérêts* unilatéraux des ouvriers de l'industrie. »

Laissons de côté la question de savoir si cela correspond ou non à la réalité historique. Le reproche bien précis que l'on fait ici à Schweitzer, c'est qu'il ait réduit le lassalléanisme - conçu ici comme un mouvement démocratique et philanthrope bourgeois - à n'être plus qu'une organisation air service exclusif de la lutte et des intérêts des ouvriers de l'industrie : il l'aurait « rabaissé » en *approfondissant* le caractère de classe de la lutte des ouvriers de l'industrie contre la bourgeoisie.

En outre il lui est reproché d'avoir « rejeté la démocratie bourgeoise ». Or, qu'est-ce que la démocratie bourgeoise petit bien avoir à faire avec le parti social-démocrate ? Si cette démocratie bourgeoise est constituée d' « hommes honnêtes », elle ne tiendra même pas à y entrer; si elle veut cependant, ce ne sera que pour y semer la pagaille.

Le parti lassalléen « préférait se comporter de la manière *la plus unilatérale* en *parti ouvrier* ». Les messieurs qui écrivent cela sont eux-mêmes membres d'un parti qui, de la manière la plus tranchée, se veut un parti ouvrier, et ils y ont même une charge et une dignité. Il y a donc ici une incompatibilité absolue. S'ils croient à ce qu'ils écrivent, ils doivent quitter ce parti, ou pour le moins se démettre de leur charge et dignité. S'ils ne le font pas, ils reconnaissent qu'ils veulent exploiter leur fonction pour combattre le caractère prolétarien du parti. En conséquence, le parti se trahit lui-même en les maintenant dans leurs fonctions.

A en croire ces messieurs, le parti social-démocrate ne doit pas être un parti exclusivement ouvrier, mais un parti universel, celui « de tous les hommes épris d'un authentique amour de l'humanité », ce que l'on démontre le mieux en abandonnant les vulgaires passions prolétariennes et en se plaçant sous la direction de bourgeois instruits et philanthropes, « afin de se former un bon goût » et « d'apprendre le bon ton » (p. 85). En conséquence, la « conduite affreuse » de certains dirigeants devra céder le pas à la « conduite bourgeoise » respectable.

(Comme si l'apparence extérieure négligée était le moindre reproche que l'on puisse adresser à ces gens!) Alors ce sera le ralliement de « nombreux éléments appartenant aux sphères des classes *instruites et possédantes*. Mais ceux-ci ne doivent être gagnés à notre cause que lorsque l'agitation pourra donner des *résultats tangibles*. »

Le socialisme allemand se serait « trop préoccupé-de conquérir les masses, négligeant par là d'effectuer une propagande énergique (!) dans ce que l'on appelle les couches supérieures de la société ». En outre, le parti « manque toujours encore d'hommes capables de le représenter au Parlement ». Il est en effet « désirable et nécessaire de confier les mandats à c'eux qui disposent de suffisamment de temps pour se familiariser à fond avec les principaux dossiers des affaires. Le simple ouvrier et le petit artisan (...) n'en ont que très rarement le loisir ». Autrement dit, votez pour les bourgeois!

En somme, la classe ouvrière est incapable de s'émanciper par ses propres moyens : elle doit se mettre sous la férule de bourgeois « instruits et possédants » qui, seuls, « disposent de moyens et de temps » pour se familiariser avec ce qui est bon aux ouvriers. Enfin, il ne faut à aucun prix s'attaquer directement à la bourgeoisie, mais au contraire elle doit être gagnée à la cause par une propagande énergique.

Or, si l'on veut gagner les couches supérieures de la société ou simplement les éléments de bonne volonté qui s'y trouvent, il ne faut surtout pas les effrayer. Et les trois Zurichois croient avoir fait une découverte apaisante à ce propos:

« Le parti montre précisément maintenant, sous la pression de la loi anti-socialiste, qu'il *ne veut* pas suivre la voie d'une révolution violente, sanglante, mais est décidé (...) à s'engager dans la voie de la légalité, c'est-à-dire de la réforme. Ainsi donc, si les 5 à 600 000 électeurs sociaux-démocrates, soit à peine le 10e ou le 8e de tout le corps électoral, qui de plus, sont éparpillés dans tout le vaste pays, sont assez clairvoyants pour ne pas aller se casser la tête contre le mur, en tentant d'effectuer une « révolution sanglante » tant qu'ils ne sont qu'un contre dix, cela ne prouve pas du tout qu'ils *s'interdisent à* tout jamais dans l'avenir d'utiliser *à* leur profit un événement extérieur violent et la subite poussée révolutionnaire qui s'ensuivrait et même la *victoire* du peuple arrachée dans un heurt surgi dans ces conditions. Le jour où Berlin sera de nouveau assez inculte pour se lancer dans un nouveau 18 mars 1848, les sociaux-démocrates, au lieu de participer à la lutte des « canailles qui ont soif de se battre sur les barricades », devront bien plutôt « suivre la voie de la légalité », jouer les modérateurs, démonter les barricades et, si nécessaire, marcher avec les nobles seigneurs de la guerre contre les niasses si unilatérales, vulgaires et incultes. En somme, si ces messieurs viennent affirmer qu'ils entendent par là autre chose, mais alors que pensent-ils ?

Mais il y a pire encore.

« En conséquence, plus il [le parti] saura demeurer calme, objectif et réfléchi dans sa critique des conditions existantes et dans ses projets de changement de celles-ci, moins il sera possible maintenant [que la loi anti-socialiste est en vigueur] de répéter l'opération qui vient de réussir, à savoir l'intimidation de la bourgeoisie par la réaction consciente grâce à l'agitation du spectre de la terreur rouge. »

Afin d'enlever a la bourgeoisie la dernière trace de peur, il faut lui démontrer clairement et simplement que le spectre rouge n'est vraiment qu'un spectre, qu'il n'existe pas. Or, qu'est-ce que le secret du spectre rouge, sinon la peur de la, bourgeoisie de l'inévitable lutte à mort qu'elle aura à mener avec le prolétariat ? La peur de l'issue inéluctable de la lutte de classe moderne ? Que l'on abolisse la lutte de classe, et la bourgeoisie ainsi que « tous les hommes indépendants » ne craindront plus « de marcher la main dans la main avec les prolétaires » ! Mais ceux qui seraient alors dupés, ce seraient les prolétaires.

Que le parti démontre, par une attitude humble et soumise, qu'il a rejeté une fois pour toutes les « incorrections et les excès » qui ont donné prétexte à la loi anti-socialiste.

S'il promet de son plein gré qu'il n'évoluera que dans les limites des lois en vigueur sous le régime d'exception contre les socialistes, Bismarck et les bourgeois auront certainement la bonté d'abolir cette loi devenue superflue.

« Que l'on nous comprenne bien », nous ne voulons pas « abandonner notre parti ni notre programme, mais nous pensons que, pour de longues années encore, nous avons suffisamment à faire, si nous employons toute notre force, toute notre énergie, en vue de la conquête de buts immédiats que nous devons atteindre coûte que coûte, avant que de pouvoir penser à réaliser nos fins plus lointaines ». Dès lors, c'est en masses que viendront nous rejoindre aussi bien bourgeois, petits-bourgeois qu'ouvriers « qui, à l'heure actuelle, sont effrayés par nos revendications extrêmes ».

Le programme ne doit pas être *abandonné*, mais simplement *ajourné* - *pour* un temps indéterminé. On l'accepte, mais à proprement parler non pour soi et pour le présent, mais à titre posthume, comme héritage pour ses enfants et petits-enfants.

En attendant, on emploie, « toute sa force et toute son énergie » à toutes sortes de reprises et de rafistolages de la société capitaliste, pour faire croire qu'il se passe tout de même quelque chose, et aussi pour que la bourgeoisie ne prenne pas peur. Dans ces conditions, gloire au « communiste » Miquel qui a démontré qu'il était inébranlablement convaincu de l'effondrement inévitable de la société capitaliste d'ici quelques siècles, en spéculant tant qu'il pouvait, apportant ainsi sa contribution matérielle *à* la crise de 1873, autrement dit qui *a effectivement* fait quelque chose pour ruiner l'ordre existant.

Un autre attentat contre le bon ton, ce sont aussi les « attaques exagérées contre les fondateurs » de l'industrie, qui étaient tout simplement « enfants de leur époque »; « on ferait mieux de s'abstenir de vitupérer contre, Strousberg et ses pairs ». Hélas, tout le monde est « enfant de son époque », et si cela est une excuse suffisante, il ne faut plus attaquer qui que ce soit, nous devons cesser toute polémique et tout combat; nous recevrons tranquillement tous les coups de pied que nous donnent nos adversaires, car nous, les sages, nous savons qu'ils ne sont que « des enfants de leur époque » et ne peuvent agir autrement. Au lieu de leur rendre les coups avec intérêt, il faut bien plutôt plaindre ces malheureux!

De même, notre prise de position en faveur de la Commune a eu, pour le moins, l' « inconvénient de rejeter de notre parti des gens qui autrement sympathisaient avec nous et d'avoir accru en général *la haine de la bourgeoisie* à notre égard ». En outre, le parti n'est pas sans porter une certaine responsabilité à la promulgation de la loi antisocialiste, car il a excité inutilement la haine de la bourgeoisie ».

Tel est le programme des trois censeurs de Zurich. Il est on ne peut plus clair, surtout pour nous qui connaissons fort bien tous ces prêchi-prêcha depuis 1848. Il s'agit de représentants de la petite bourgeoisie qui manifestent leur peur que le prolétariat, entraîné par la situation révolutionnaire, « n'aille trop loin ». Au lieu de la franche opposition politique, ils recherchent le compromis général; au lieu de lutter contre le gouvernement et la bourgeoisie, ils tentent à les gagner à leur cause par persuasion; au lieu de résister avec un esprit de fronde à toutes les violences exercées d'en haut, ils se soumettent avec humilité et avouent qu'ils méritent d'être châtiés. Tous les conflits historiquement nécessaires leur apparaissent comme des malentendus, et toute discussion s'achève par l'assurance que tout le monde est d'accord au fond. On joue aujourd'hui au social-démocrate, comme on jouait au démocrate bourgeois en 1848. Comme ces derniers considéraient la république démocratique comme quelque chose de très lointain, nos sociaux-démocrates d'aujourd'hui considèrent le renversement de l'ordre capitaliste comme un objectif lointain et, par conséquent, comme quelque chose qui n'a absolument aucune incidence sur la pratique politique actuelle. On peut donc à cœur joie faire le philanthrope, l'intermédiaire, et-couper la poire en deux. Et c'est ce que l'on fait aussi dans la lutte de classe entre prolétariat et bourgeoisie. On la reconnaît sur le papier-de toute façon, il ne suffit pas de la nier pour qu'elle cesse d'exister -, mais dans la pratique on la camoufle,, on la dilue et on l'édulcore. Le parti social-démocrate *ne doit pas* être un parti ouvrier; il ne doit pas s'attirer la haine de la bourgeoisie ni aucune autre; c'est avant tout dans la bourgeoisie qu'il faut faire une propagande énergique. Au lieu de s'appesantir sur des objectifs lointains qui, même s'ils ne peuvent être atteints par notre génération, effraient les bourgeois, le parti ferait mieux d'user toute son énergie à des réformes petites-bourgeoises de rafistolage qui vont consolider le vieil ordre social et peuvent éventuellement transformer la catastrophe finale en un processus de dissolution lent, fragmentaire et si possible pacifique.

Ce sont exactement ces gens-là qui, sous l'apparence d'une activité fébrile, non seulement ne font rien eux-mêmes, mais cherchent encore à empêcher les autres de faire quelque chose - sans cesser jamais de bavarder. Ce sont exactement ceux-là mêmes qui, par crainte de toute action, ont freiné le mouvement à chaque pas en 1848 et 1849, et l'ont enfin fait échouer. Ils ne voient jamais la réaction à l'œuvre et sont tout étonnés de se trouver finalement dans une impasse, où toute résistance et toute fuite sont impossibles. Ces gens veulent enfermer l'histoire dans leur étroit et mesquin horizon petit-bourgeois, tandis qu'elle leur passe à chaque fois par-dessus la tête.

Pour ce qui est du contenu socialiste de leur écrit, il est déjà suffisamment critiqué dans le *Manifeste* au chapitre « Le socialisme allemand ou vrai » : Quand on écarte la lutte de classe comme un phénomène pénible et « vulgaire », il ne reste plus qu'à fonder le socialisme sur un « véritable amour de l'humanité » et les phrases creuses de « justice ».

C'est un phénomène inévitable et inhérent au cours historique que des individus ayant appartenu jusqu'alors à la classe dominante se rallient au prolétariat en lutte et lui apportent des éléments de formation théorique. C'est ce que nous avons expliqué déjà dans le *Manifeste communiste*. Cependant, il convient de faire deux observations à ce sujet :

Premièrement: ces gens, pour être utiles au mouvement prolétarien, doivent vraiment lui apporter des éléments de formation d'une valeur réelle. Or, ce n'est pas du tout le cas de la grande majorité des convertis bourgeois allemands. Ni la *Zukunft* ni la *Neue Gesellschaft* [149] n'ont apporté quoi que ce soit qui ait pu faire avancer d'un seul pas notre mouvement : les éléments de formation réels d'une authentique valeur théorique ou pratique y font totalement défaut. Au contraire, elles cherchent à mettre en harmonie les idées socialistes, superficiellement assimilées, avec les opinions théoriques les plus diverses que ces messieurs ont ramenées de l'université ou d'ailleurs, et dont l'une est plus confuse que l'autre, étant donné le processus de décomposition que traversent actuellement les vestiges de la philosophie allemande. Au lieu de commencer par étudier sérieusement la nouvelle science, chacun préfère la retoucher pour la faire concorder avec les idées qu'il a reçues, se fabriquant en un tour de main sa petite science privée à lui, avec la prétention-affichée de l'enseigner aux autres. C'est ce qui explique qu'on trouve parmi ces messieurs presque autant de points de vue que de têtes. Au lieu d'apporter la clarté sur tel ou tel point, ils ne font qu'y mettre la pire des confusions par bonheur, presque uniquement dans leur milieu. Le parti peut

---

[149] La Neue Gesellschaft, mensuel pour la science sociale, » édité par Franz Wiede d'octobre 1877 à mars 1880 à Zurich, était de tendance nettement réformiste.
    La Zukunft, bimensuel de même tendance, parut d'octobre 1877 à novembre 1878 à Berlin, publié et financé par le philanthrope petit-bourgeois Karl Höchberg, qui fut exclu plus tard de la social-démocratie.

parfaitement se passer de tels éléments de formation théorique, dont le premier principe est d'enseigner ce qui n'a même pas été appris.

Deuxièmement : lorsque ces individus venant d'autres classes se rallient au mouvement prolétarien, la première chose qu'il faut exiger d'eux, c'est de n'apporter avec eux aucun vestige de leurs préjugés bourgeois, petits-bourgeois, etc., mais de s'approprier sans réserve, les conceptions prolétariennes. Or, ces messieurs ont démontré qu'ils sont enfoncés jusqu'au cou dans les idées bourgeoises et petites-bourgeoises. Dans un pays aussi petit-bourgeois que l'Allemagne [150], ces conceptions ont certainement

---

[150] Cet esprit philistin, qui survit dans l'idéologie, c'est-à-dire dans les superstructures de la société, même longtemps après que la base matérielle, économique et sociale, ait disparu, est spécifiquement allemand au sens d'Engels : « En Allemagne, la petite bourgeoisie est le fruit d'une révolution manquée, d'une évolution interrompue et refoulée, d'où ses défauts spécifiques et anormale ment développés, à savoir la lâcheté, la mesquinerie, l'impuissance et l'incapacité de prendre toute initiative, caractéristiques ,qui seront maintenus depuis la Guerre de Trente et les événements qui suivirent - précisément à une époque où tous les autres grands peuples connurent un essor rapide. Ces travers leur sont restés, même lorsque l'Allemagne fut de nouveau entraînée dans le mouvement historique; ils étaient si fort qu'il marquent de leur sceau les autres classes sociales de l'Allemagne, faisant en quelque sorte ressortir le caractère général de l'Allemand, jusqu'à ce qu'enfin notre classe ouvrière fasse éclater ces barrières étroites. Les ouvriers allemands se montrent précisément les pires « sans patrie » en ce qu'ils se sont entièrement débarrassés dé la mesquinerie des petits bourgeois allemands.

leurs misons d'être, mais uniquement hors du parti ouvrier social-démocrate. Que ces messieurs se rassemblent en un parti social-démocrate petit-bourgeois, c'est leur droit le plus parfait. On pourrait alors traiter avec eux, et selon le cas mettre sur pied un cartel avec eux, etc. S'il y a des raisons de les tolérer pour l'instant, nous avons l'obligation de les tolérer seulement, sans leur confier aucune charge ni influence dans la direction du parti, en étant parfaitement conscient que la rupture avec eux ne peut être qu'une question de temps. Au demeurant, il semble bien que ce moment soit venu. Nous ne comprenons pas que le parti tolère plus longtemps dans son sein les auteurs de cet article. Si la direction du parti tombait peu ou prou entre les mains de cette sorte de gens, le parti se déviriliserait tout simplement et, sans tranchant prolétarien, il n'existe plus.

Quand à nous, tout notre passé fait qu'une seule voie nous reste ouverte. Voilà près de quarante ans que nous prônons la

---

Les traditions petites bourgeoises ne correspondent donc pas à une phase historique normale en Allemagne, mais sont une caricature outrée, une sorte de dégénérescence - tout comme le Juif polonais est la caricature du Juif. Le petit bourgeois anglais, français, etc. ne se tient nullement au même niveau que l'Allemand.
En Norvège, par exemple la petite paysannerie et la petite bourgeoisie avec une faible adjonction de moyenne bourgeoisie - comme cela s'est produit, à peu de choses près, en Angleterre et en France au XVIIe siècle - sont depuis plusieurs siècles l'état normal de la société. » (Engels à P. Ernst, Berliner Volksstaat, 5-10-1890).

lutte de classe comme le moteur le plus décisif de l'histoire, et plus particulièrement la lutte sociale entre bourgeoisie et prolétariat comme le plus puissant levier de la révolution sociale moderne. Nous ne pouvons donc en aucune manière nous associer à des gens qui voudraient rayer du mouvement cette lutte de classe.

En fondant l'internationale, nous avons expressément proclamé que la devise de notre combat était: « L'émancipation de la classe ouvrière sera l'œuvre de la classe ouvrière elle-même ».

Nous ne pouvons donc marcher avec des gens qui expriment ouvertement que les ouvriers sont trop incultes pour s'émanciper eux-mêmes et qu'ils doivent donc être libérés d'abord par en haut, par les grands et philanthropes petits bourgeois.

Si le nouvel organe du Parti adoptait une orientation correspondant aux convictions politiques de ces messieurs, convictions bourgeoises et non prolétariennes, à notre grand regret, il ne nous resterait plus qu'à déclarer publiquement notre opposition à son égard et à rompre la solidarité dont nous avons toujours fait preuve jusqu'ici, vis-à-vis du parti allemand à l'étranger. Cependant. nous espérons que les choses n'iront pas jusque-là.

Cette lettre est destinée à tous les cinq membres de la commission en Allemagne, ainsi qu'à Bracke. Rien ne s'oppose, du moins de notre part, à ce qu'elle soit également communiquée aux Zurichois.

Engels à J.-Ph. Becker. 19 décembre 1879.

Hier j'ai écrit à Bebel que nous ne pouvions pas collaborer au Socialdemokrat. Il ressort des dernières lettres de Höchberg qu'il tient pour évident que le *Sozialdemokrat* défende les mêmes conceptions que le *Jahrbuch* [151] Tant que ceux de la direction de Leipzig se tiennent sur le même terrain que lui et ses amis philistins, je ne vois pas comment on pourrait le faire changer

---

[151] Le premier numéro du Jahrbuch für Sozialwissenschaft und Sozialpolitik parut en août 1879 à Zurich sous le patronage de Karl Höchberg (sous le pseudonyme de Dr. Ludwig Richter).
    Höchberg, Bernstein et Schramm y publièrent leur programme opportuniste dans l'article intitulé Rétrospective du mouvement socialiste en Allemagne, où ils attaquaient ouvertement le caractère révolutionnaire du parti et demandaient sa transformation en parti réformiste démocratique et petit bourgeois. Cf. la critique de cet article dans Marx-Engels, Le Parti de classe, III, pp. 134-142.

d'avis. Mais nous ne sommes pas exclus pour autant de l'entreprise. Après avoir combattu sans arrêt ce même socialisme petit bourgeois depuis le *Manifeste*, voire depuis l'écrit de Marx contre Proudhon, nous ne pouvons marcher avec lui au moment précis où la loi ANTI-SOCIALISTE lui donne l'occasion de brandir de nouveau son drapeau. Et c'est tant mieux. Nous serions entraînés dans des polémiques sans fin avec ces messieurs, le *Sozialdemokrat* deviendrait une arène de combat, et finalement nous devrions quand même proclamer notre retrait. Dans tout cela, se sont les Prussiens et les bourgeois qui seraient les gagnants, et c'est ce qu'il faut éviter. Mais cela ne doit absolument pas être un exemple à suivre pour d'autres qui n'ont pas été obligés comme nous - à *cause des négociations préalables mêmes* - de défier ouvertement les Höchberg et consorts. Je ne vois absolument pas pourquoi toi, par exemple, tu ne collaborerais pas à cette feuille [152]. Les correspondances des ouvriers allemands sont la seule chose qui nous procure encore de la joie, et tes articles ne feraient

---

[152] Le 16 décembre 1879, J.-Ph. Becker avait écrit à Engels : « Les efforts que vous déployez à Londres commencent à porter leurs fruits à Leipzig et Zurich. Liebknecht m'a écrit qu'il répondrait à l'article du Jahrbuch dans une brochure à part, et le Sozialdemokrat parie désormais un langage plus vivant et conforme aux principes. Cependant, je n'eprouve pas encore le besoin de répondre à l'invitation pressante de collaborer que m'ont faite Höchberg, Bernstein et Liebknecht. »

qu'élever le niveau de la feuille - et puisqu'elle existe maintenant, il est toujours préférable d'en faire autant que possible un bon qu'un mauvais journal. Je dis cela en espérant que ces gens te paient convenablement, car ce serait vraiment trop fort que de, te faire travailler gratuitement dans la situation, ou tu te trouves. Nous n'en voulons pas particulièrement à ceux de la direction de Leipzig pour cette histoire. Nous avons prévu tout cela il y a déjà des années. Liebknecht ne peut pas se passer de concilier et de se faire des amis à droite et à gauche, et si le parti n'est très fort qu'en apparence, avec de nombreux effectifs et de gros moyens financiers, il n'est pas très regardant quand aux éléments recrutés. Cela durera jusqu'à ce qu'il se brûle les doigts. Lorsque cela se produira, ces braves gens reviendront alors dans la bonne voie.

Frédéric Engels

LE SOCIALISME
DE MONSIEUR DE BISMARCK

L'Égalité, 3 et 24 mars 1880.

1. Le tarif douanier

Dans le débat sur la fameuse foi qui a mis hors la loi les socialistes allemands, Monsieur Bismarck déclara que des mesures de répression ne suffiraient pas à elles seules pour écraser le socialisme ;- il fallait encore prendre d'autres mesures afin d'éliminer les indiscutables méfaits sociaux, assurer un emploi régulier et prévenir les crises dans l'industrie et ce n'est pas tout encore [153]. Ces mesures « positives ». pour le bien-être

---

[153] Nous reproduisons ici deux articles sur les mesures économiques prises par Bismarck, non seulement pour permettre l'essor de l'industrie allemande en se donnant les moyens de s'affirmer sur le marché mondial, mais encore pour assurer l'équilibre social entre les

social, il promit de les mettre en application. En effet, dit-il, si l'on a conduit comme je l'ai fait les affaires de son pays durant dix-sept ans, alors on est justifié de se considérer comme un expert en matière d'économie politique; c'est comme si quelqu'un prétendait qu'il suffit d'avoir mangé des pommes de terre pendant dix-sept ans pour connaître à fond l'agronomie.

En tout cas, Monsieur Bismarck a tenu parole cette fois-ci. Il a pourvu l'Allemagne de deux grandes « mesures sociales », et ce n'est pas encore fini [154].

---

classes, notamment pour contenir le mouvement ouvrier. Cette législation économique est en quelque sorte le corollaire de la loi anti-socialiste. On remarquera que toutes les mesures prises par le gouvernement des classes dominantes portaient clairement la marque de l'opposition - voilée ou directe selon les besoins tactiques - contre la classe ouvrière, tant la lutte des classes était directe et vive. Ce qui rend ces, vieux textes si ,précieux, c'est que le caractère antagoniste de tous, les rapports sociaux y apparaît de manière limpide, et nous apprend en quelque sorte à lire dans les conditions actuelles du capitalisme où tous les rapports sont séniles et mystifiés tant parles dirigeants capitalistes au pouvoir que les dirigeants ouvriers vendus, en vue de plonger les masses dans une ambiance de concorde nationale niant le caractère antagoniste des classes existantes.

[154] Pour compléter sa législation industrielle et la loi anti-socialiste. Bismarck avait préparé des projets de loi en matière sociale, qui étaient évidemment autant de pièges posés à la social-démocratie. Fin avril-début mai, les projets de loi sur l'assurance-maladie des travailleurs et les compléments à la législation professionnelle furent adoptés en seconde lecture par-le Reichstag. Ces deux lois faisaient partie du programme de réforme sociale annoncé à grands cris par Bismarck fin 1881. Le 2 mai, Bebel écrit à Engels que quelques députés sociaux-

La première, c'est un tarif douanier qui doit assurer à l'industrie allemande l'exploitation exclusive du marché intérieur.

---

démocrates voulaient voter pour la loi d'assurance -maladie, et cita les noms de Max Kayser et de Moritz Rittinghausen, dont l'intention était d'engager le parti dans la voie de la politique de réforme. Par discipline de parti. les sociaux-démocrates votèrent contre le projet de Bismarck. mais Grillenberger. par exemple, prononça à cette occasion un discours ouvertement opportuniste.

Ce ne fut pas la bourgeoisie allemande qui, concéda le fameux système d'assurance sociale aux ouvriers allemands, mais Bismarck, le représentant des hobereaux, tout heureux de jouer un mauvais tour à la fois à la bourgeoisie et à la social-démocratie, selon la bonne recette bonapartiste.

Dès 1844, Marx avait dénoncé le caractère fallacieux des mesures sociales prises par des représentants de classe semi-féodales : « Étant un aristocrate et un monarque absolu, le roi de Prusse déteste la bourgeoisie. Il n'a donc pas lieu d'être effrayé si celle-ci va lui être encore, plus soumise et devient d'autant plus impuissante que ses rapports avec le prolétariat se tendent. On sait que le catholique déteste plus le protestant que l'athée, tout comme le légitimiste déteste davantage le libéral que le communiste. Ce n'est pas que l'athée et le communiste soient plus proches du catholique et du légitimiste, au contraire, ils leur sont plus étrangers que le protestant et le libéral, parce qu'ils se situent en dehors de leur sphère. Ainsi, en politique, le roi de Prusse trouve une opposition directe chez les libéraux. Pour le roi, l'opposition du prolétariat n'existe pas davantage que le roi lui-même n'existe pour le prolétariat. Il faudrait que le prolétariat eût atteint déjà une puissance décisive pour supprimer ces antipathies et ces oppositions politiques, et s'attirer l'hostilité de tous en politique. » (Marx, Notes critiques relatives à l'article « Le roi de Prusse et la Réforme sociale. Par un Prussien , 7-8-1844, trad. fr. : Marx-Engels, Écrits militaires, Édit. L'Herne, pp. 157-158.)

Jusqu'à 1848 l'Allemagne ne possédait pratiquement pas de grande industrie; l'emploi de la vapeur et de la machinerie était exceptionnel.

Après- que la bourgeoisie, grâce à sa lâcheté dans les années 1848 et 1849, eût subi une honteuse défaite sur le terrain politique, elle se consola en se précipitant avec un zèle ardent dans la-grande industrie. L'image du pays se transforma rapidement. Celui qui a vu pour la dernière fois en 1849 la Prusse rhénane, la Westphalie, le royaume de Saxe, la Haute-Silésie, Berlin et les cités maritimes ne les reconnaissait déjà plus en 1864. Les machines et la vapeur avaient fait partout irruption. De grandes fabriques avaient le plus souvent pris la place des petits ateliers. Des navires à vapeur se substituaient progressivement aux navires à voile, d'abord dans la navigation côtière, puis dans le commerce d'outre-mer. Les lignes de chemin de fer se multipliaient; dans les arsenaux, les mines de charbon et de fer, régnait une activité dont on tenait les pesants Allemands pour totalement incapables jusqu'ici. Par rapport au développement de la grande industrie en Angleterre et même en France, s'était encore relativement peu, mais c'était déjà un début. Et de plus tout cela s'est fait sans le soutien des gouvernements, sans subventions ni primes à l'exportation et, avec un système tarifaire, qui par rapport à ceux des autres pays du continent pouvait être considéré comme fortement libre-échangiste.

Soit dit en passant, comme partout les questions sociales soulevées par un tel bouleversement industriel ne manquaient pas de surgir. Jusque-là les ouvriers de l'industrie allemande avaient végété dans des conditions qui tenaient du moyen, âge. En général, ils disposaient jusque-là de la possibilité de devenir peu à peu des petits bourgeois, des maîtres-artisans, des propriétaires de plusieurs métiers à tisser, etc. Tout cela disparut alors. Les travailleurs qui devenaient ouvriers salariés des grands capitalistes, commencèrent à former une classe stable, un véritable prolétariat. Or qui dit prolétariat, dit socialisme. En outre, il subsistait encore des traces de ces libertés que les ouvriers avaient conquises en l'art 1848 sur les barricades. Grâce à ces deux circonstances le socialisme put maintenant se développer en Allemagne au grand jour et gagner les masses, alors qu'avant 1848 il devait se limiter à faire une propagande illégale avec une organisation secrète regroupant peu de membres. Ainsi la reprise de l'agitation socialiste par Lassalle date de l'année 1863.

Puis ce fut la guerre de 1870, la paix de 1871 et les milliards. Tandis que la France n'était aucunement ruinée par le paiement de ces milliards, l'Allemagne par cette recette se trouva au bord de la ruine. Dilapidés à pleines mains par un gouvernement de parvenus dans un Empire parvenu, ces milliards tombèrent entre les mains de la haute finance, qui s'empressa de les placer avec profit à la bourse. Les plus beaux jours du Crédit mobilier fêtaient leur résurrection à Berlin. Pour le pari, on fonda des sociétés par actions et de commandite, des banques, des institutions d'effets et de crédit foncier, des sociétés de construction de chemins de fer, des fabriques de toutes sortes, des arsenaux, des sociétés de spéculation sur les immeubles et d'autres entreprises, dont l'aspect industriel n'était que prétexte à la spéculation boursière la plus éhontée. Les prétendus besoins du commerce, de la circulation, de la consommation, etc. ne servaient qu'à masquer la soif irrépressible des hyènes de la bourse de faire travailler les milliards tant qu'ils étaient entre leurs mains. Au reste, on a assisté à tout cela à Paris dans les glorieuses années des Péreire et des Fould: les mêmes agioteurs et boursicoteurs étaient ressuscités à Berlin sous les, noms de Bleichröder et Hansemann.

Ce qui s'était -passé à Paris en 1867, et plus encore à Londres et New York, ne manqua pas de se produire aussi à Berlin : la spéculation démesurée finit par un krach général. Les sociétés par centaines firent banqueroute; les actions des sociétés qui se maintinrent, devinrent invendables; ce fut partout l'effondrement complet. Mais pour pouvoir spéculer, il avait fallu créer des moyens de production et de communication, des fabriques, des chemins de fer, etc., dont les actions étaient devenues l'objet de la spéculation. Lorsque surgit la catastrophe, il s'avéra cependant que le besoin public qui avait été pris comme prétexte, avait été dépassé de loin, qu'au cours de quatre ans on avait édifié plus de chemins de fer, de fabriques, de mines, etc., qu'au cours d'une évolution normale d'un quart de siècle.

En dehors des chemins de fer, dont nous parlerons encore plus tard, la spéculation s'était surtout précipitée sur l'industrie sidérurgique. De grandes fabriques avaient surgi du sol comme des champignons, et l'on avait même fondé certaines usines qui éclipsaient le Creusot. Hélas il se révéla le jour de la crise qu'il n'y avait pas d'utilisateurs pour cette production gigantesque [155].

---

[155] L'Allemagne d'aujourd'hui ne produit plus les quelques 700 000 tonnes d'acier de l'époque, mais bel et bien 53 Millions de tonnes. Ce chiffre met en évidence le niveau absolument inouï de production antisociale et le gaspillage fantastique de forces productives du capitalisme sénile qui empoisonne non seulement les hommes et la nature ambiante, mais concentre encore de façon criminelle les moyens de production dans quelques rares pays dits développés, privant la majeure partie des habitants de la planète des plus élémentaires moyens de subsistance indispensables à la vie la plus élémentaire et les fait crever de faim faute de moyens techniques.

La critique d'Engels, sur cet arrière-plan, démasque les efforts de Bismarck comme des combines servant à imposer au monde solvable, mais qui n'a pas de besoins vitaux, une production de camelote, tout

D'énormes sociétés industrielles se trouvaient acculées à la faillite. En tant que bons patriotes allemands, les directeurs appelèrent au secours le gouvernement, afin qu'il érigeât un système douanier contre les importations qui les protégerait de la concurrence du fer anglais dans l'exploitation du marché intérieur. Cependant si l'on exigeait une protection douanière pour le fer, on ne pouvait pas la refuser à d'autres industries, voire à l'agriculture. Ainsi donc dans toute l'Allemagne on organisa une agitation bruyante pour la protection douanière, une agitation qui permit à Monsieur Bismarck d'instaurer un tarif douanier qui devait remplir ce but. Ce tarif, élevé en loi dans l'été 1879, est maintenant en vigueur.

Cependant l'industrie allemande, telle qu'elle était, avait toujours vécu à l'air frais de la libre concurrence. Comme elle était née la dernière, après celles d'Angleterre et de France, elle devait se limiter à combler de petites lacunes que ses prédécesseurs avaient laissé subsister et à fournir des articles qui étaient trop mesquins pour les Anglais et trop minables pour les

---

juste bonne à faire de l'argent et des profits, afin de promouvoir l'odieux capitalisme, c'est-à-dire, selon l'expression de Marx, la « production pour la production », qui aboutit aux crises et à la guerre, aux destructions massives de biens de production et des carnages humains. La critique de Marx-Engels, loin d'être dépassée, fournit de manière radicale la critique des conditions éléphantesques et dégénératives du capitalisme moderne.

Français, c'est-à-dire des produits constamment changeants qui se trouvent à l'échelle la plus basse de la fabrication, des *marchandises médiocres et bon marché*. Que l'on ne croie pas que c'est là simplement notre opinion : ce sont littéralement les mots qui ont été employés officiellement par le commissaire du gouvernement allemand, Monsieur Reuleaux, un homme de science de réputation européenne qui jugea de la qualité des marchandises allemandes exposées à Philadelphie en 1876.

Une telle industrie ne peut tenir sur des marchés neutres qu'aussi longtemps que le libre échange subsiste dans son propre pays. Si l'on veut que les étoffes allemandes, les métaux travaillés, les machines allemandes soutiennent la concurrence à l'étranger, il faut alors obtenir toutes les matières premières servant à fabriquer ces marchandises : fils de coton, de lin ou de soie, fer brut, fils de métal, et ce aux mêmes bas prix que les concurrents étrangers, soit de deux choses l'une : ou bien on veut continuer à exporter des étoffes et des produits de l'industrie métallurgique, et alors on a besoin du libre échange et l'on court le risque que ,ces industries travaillent les matières premières venant de l'étranger; ou bien on veut protéger les filatures et la production de métal brut en Allemagne grâce à un système douanier, alors c'en sera bientôt fait de la possibilité d'exporter des produits constitués des matières premières que - sont les fils et les métaux bruts.

Par son fameux tarif qui protège les filatures et l'industrie métallurgique, Monsieur Bismarck détruit la dernière chance de trouver un marché à l'étranger tel qu'il a subsisté jusqu'ici encore pour les étoffes, les produits métallurgiques, les aiguilles et les machines allemands. Or l'Allemagne, dont l'agriculture produisait un excédent exportable dans la première moitié de ce siècle, ne peut plus se tirer d'affaire aujourd'hui sans un supplément venu de l'étranger. Si Monsieur Bismarck empêche son industrie de produire pour l'exportation, on peut se demander comment il paiera ces importations et beaucoup d'autres, dont il a bel et bien besoin malgré tous les tarifs du monde ?

Pour résoudre cette question, il fallait rien moins que le génie de Monsieur Bismarck, uni à celui de ses amis et conseillers boursiers. Le résultat en est le suivant :

Prenons le fer. La période de la spéculation et de la production fiévreuse a gratifié l'Allemagne de deux usines (celle de *l'Union de Dortmund* et celle de *Laura-Hütte)*, qui chacune, à elle seule, peut produire autant que l'exige en moyenne toute la consommation du pays. Ensuite, il y a encore les gigantesques usines de Krupp à Essen, des usines analogues à Bochum et d'innombrables autres plus petites. Ainsi la consommation de fer à l'intérieur est couverte au moins trois à quatre fois. Une telle situation exige, semble-t-il, absolument un, libre-échange illimité qui seul pourrait assurer un débouché et des marchés à ce gigantesque excédent de production. Mais il faut croire que ce n'est pas l'avis des intéressés.

Étant donné qu'il existe tout au plus une douzaine d'usines qui comptent vraiment et dominent les autres, il en résulte ce que les Américains appellent *un anneau* : *une* société pour maintenir les prix à leur même niveau à l'intérieur et pour réglementer l'exportation. Dès qu'il y a une mise en adjudication pour des rails où d'autres produits, le comité désigne dans ses rangs celui de ses membres auquel le contrat écherra et à quel prix il devra l'accepter. Les autres participants font leur offre à un prix supérieur, qui a également été convenu à l'avance. Du fait que toute concurrence s'arrête, il y a un monopole absolu. La même chose vaut pour l'exportation. Afin d'assurer la réalisation de ce plan, chaque membre de cet *anneau* dépose entre les mains du comité une traite bancaire de plus de 125 000 frcs qui est mise en circulation et présentée en paiement dès que son signataire rompt le contrat. Le prix de monopole imposé de cette façon aux consommateurs allemands permet aux fabricants de vendre à l'étranger l'excédent de leur production à des prix qui rebutent les Anglais eux-mêmes - et c'est le philistin allemand qui (soit dit en passant le mérite bien) en supporte l'addition. Dans ces conditions, les exportations allemandes redeviennent possibles, grâce à ces mêmes protections douanières qui, aux yeux du large public allemand, doivent en apparence y mettre fin.

Veut-on des exemples ? L'année dernière, une compagnie de chemin de fer italienne, dont nous ne pouvons citer le nom, avait besoin de 30 000 ou 40 000 tonnes (à 1000 kilogrammes) de rails. Après de longues négociations, une firme anglaise se charge de fournir 10 000; le reste fut pris en charge par l'Union de Dortmund à un prix que les Anglais avaient refusé. Un concurrent anglais à qui l'on demandait pourquoi il ne pouvait pas supplanter l'entreprise allemande répondit : Qui pourrait soutenir la concurrence avec un banquerouteur ?

En Écosse, on veut construire un pont de chemin de fer sur un détroit maritime dans la région d'Edimbourg. Il faut pour cela 10 000 tonnes d'acier de Bessmer. Or qui accepte le prix le plus bas et bat tous ses concurrents dans la patrie même de la grande industrie sidérurgique ? Un Allemand, un favori de Bismarck à plus d'un titre - Monsieur Krupp de Essen, le « roi des canons [156] ».

---

[156] Ces prévisions (cf. également note n° 99) sans cesse répétées par le marxisme catastrophique - outre les perpétuelles mesures de violence

Voilà pour ce qui en est du fer. Il va de soi que ce beau système ne peut que différer à un peu plus tard l'inévitable faillite. Jusqu'à ce que les autres industries en fassent tout autant - or elles ne ruineront pas la concurrence étrangère, mais leur propre pays. On a tout à fait l'impression de vivre dans un pays de fous - et cependant tous les faits mentionnés ci-dessous sont tirés de journaux allemands, bourgeois et libre-échangistes. Organiser la destruction de l'industrie allemande sous prétexte de la protéger - les socialistes allemands ont-ils donc tort de répéter depuis des années que Monsieur Bismarck agit pour le socialisme comme s'il était payé par eux pour le faire ?

---

du gouvernement allemand - eussent dû attirer tout particulièrement l'attention des dirigeants sociaux-démocrates sur le problème inéluctable de la violence et les préparer de longue date à ne passe laisser « surprendre » par la violence le jour décisif du 4 août 1914, où toute leur politique fit fiasco et précipita le monde dans un malheur qu'il paie aujourd'hui encore par d'incessantes guerres auxquelles le livrent plus que jamais le pacifisme bêlant des actuels partis ouvriers dégénérés de l'Est et de l'Ouest.

II. Les chemins de fer d'État

De 1869 à 1873, pendant la marée montante de la spéculation berlinoise, deux entreprises d'abord antagonistes, puis alliées dominèrent la bourse : la *Disconto-Gesellschaft* et la banue *Bleichröder*. C'étaient en quelque sorte les Péreire et Mirès berlinois, Comme la spéculation s'étendait essentiellement sur les chemins de fer, ces deux banques eurent l'idée de s'emparer, par des voies détournées, de la plupart des lignes de chemin de fer déjà existantes ou en voie de construction. En achetant ou en retenant un certain nombre d'actions de chaque ligne, on pouvait dominer leur conseil d'administration; les actions elles-mêmes devaient servir de gage pour les emprunts avec lesquels on allait acheter de nouvelles actions, et ainsi de suite. On le voit : une simple répétition des astucieuses petites opérations qui apportèrent le plus grand profit aux deux Péreire d'abord et finirent par la crise bien connue du Crédit mobilier. Les Péreire berlinois connurent dès le début le même succès.

En 1873 vint la crise. Nos deux banques se trouvèrent dans un cruel embarras avec leur montagne d'actions de chemin de fer, dont on ne pouvait plus tirer les millions qu'elles avaient engloutis. Le projet de mettre la main sur les chemins de fer avait échoué. On changea donc de méthode, en essayant de vendre les actions à l'État. Le projet de concentration de tous les chemins de fer entre les mains du gouvernement de l'Empire n'a pas pour point de départ le bien social du pays, mais l'intérêt individuel de deux banques insolvables.

Il n'était pas bien difficile de mettre ce projet en exécution. On avait « intéressé » un grand nombre de membres du parlement aux nouvelles sociétés, de sorte que l'on dominait le parti des national-libéraux et celui des conservateurs modérés, c'est-à-dire là majorité. De hauts fonctionnaires de l'Empire ainsi que des ministres prussiens trempèrent dans l'escroquerie boursière qui présida à la fondation de ces sociétés. En dernière instance, c'était Bleichröder - de son état banquier et factotum financier de Monsieur Bismarck. Il ne manqua donc pas de moyens.

Pour commencer, on fit monter au maximum le prix des actions, afin que la vente des chemins de fer à l'État rapporte. On créa dans ce but, en 1873, l'Office impérial des chemins de fer; son directeur, un escroc boursier bien connu, augmenta d'un seul coup les tarifs de tous les chemins de fer allemands de 20 %. Grâce à cette opération, les recettes nettes et, en conséquence aussi, la valeur des actions monta d'environ 35 %. Ce fut la seule mesure réalisée par ce monsieur, la seule pour laquelle il avait occupé la charge, car il s'en démit aussitôt après.

Dans l'intervalle, on avait réussi d'arranger le projet au goût de Bismarck. Cependant les petits royaumes et les États opposèrent une résistance : le Conseil fédéral repoussa purement et simplement le projet. Nouveau changement de méthode : on décida que ce serait d'abord la Prusse qui achèterait tous les chemins de fer prussiens, afin de les céder éventuellement à l'Empire.

Au reste il y avait encore pour le gouvernement d'Empire un autre motif caché, qui lui rendait désirable l'achat des chemins de fer. Et ce motif est en liaison avec les milliards français.

De ces milliards on avait retenu des sommes considérables poiré la création de trois fonds impériaux : le premier pour la construction de l'immeuble du Reichstag, le second pour des fortifications, le troisième enfin pour les invalides des deux dernières guerres. La somme totale se montait à quelque 920 millions de francs.

De ces trois fonds le plus important et le plus bizarre était celui qui était prévu pour les invalides. Il était destiné à se consommer lui-même, c'est-à-dire à la mort du dernier invalide le capital aussi bien que les revenus devaient être mangés. Un fonds qui se consomme de lui-même, c'est, semble-t-il, encore une invention de fous. Mais ce n'étaient pas des fous, mais des escrocs de la bourse de la *Diskonto-Gesellschaft*, qui en étaient les auteurs - et pour une bonne raison. Aussi fallut-il presque un an pour convaincre le gouvernement d'en accepter l'idée.

Aux yeux de nos spéculateurs, ce fonds n'était pas consommé vite. Ils estimèrent, en outre, qu'il fallait pourvoir les deux autres fonds de la même agréable propriété de se consommer eux-mêmes. Le moyen en était simple. Avant même que la toi ait déterminé le mode de placement de ces fonds, on chargea une entreprise commerciale du gouvernement prussien de vendre les valeurs correspondantes. Cette entreprise s'adressa à la *Diskonto-Gesellschaft* qui lui vendit en échange des trois fonds d'Empire des actions de chemin de fer d'une valeur de 300 millions de francs. Or à l'époque on était incapable de placer ces actions, comme nous l'avons déjà vu. Parmi ces actions il y avait aussi pour une valeur de 120 millions, des actions de fer Magdebourg-Halberstadt et les lignes qui avaient fusionné avec elle. Or cette ligne avait pratiquement fait banqueroute : elle procura néanmoins des gains considérables aux escrocs boursiers, bien qu'elle n'offrait guère de perspective de rapporter quoi que ce soit aux actionnaires. On le comprend, si l'on sait que le conseil d'administration avait émis des actions d'une valeur de 16 millions pour couvrir les frais de construction de trois lignes secondaires et que cet argent avait déjà disparu avant même que l'on ait commencé la construction de ces lignes. Le fonds des invalides peut être fier de posséder un nombre considérable d'actions de lignes... qui n'existent pas encore.

L'acquisition de ces lignes par l'État prussien devait légaliser d'un coup l'achat de leurs actions par l'Empire, et leur donner, en outre, une valeur réelle déterminée. D'où l'intérêt du gouvernement impérial dans cette affaire. C'est dans ces conditions que ces lignes furent les premières dont l'achat fut proposé par le gouvernement prussien et ratifié par lès Chambres.

Le prix consenti aux actionnaires par l'État était beaucoup plus élevé que la valeur réelle de *bonnes* lignes de chemin de fer. C'est ce que démontre la constante augmentation du cours des actions depuis la décision de les acheter, et surtout depuis que l'on a rendues publiques les conditions de leur achat. Deux grandes lignes, dont les actions étaient à 103 et 108 en décembre 1878, sont notées aujourd'hui à 148 et 158. C'est la raison pour laquelle les actionnaires avaient le plus grand mal à cacher leur joie au cours de la transaction,

Il n'est pas nécessaire de souligner que cette hausse a profité essentiellement aux spéculateurs berlinois qui étaient dans la confidence pour ce qui est des intentions du gouvernement. La bourse qui, au printemps 1979, était encore passablement déprimée, s'éveilla à une vie nouvelle. Avant de se séparer définitivement de leurs chères actions, les escrocs les lancèrent dans un nouveau tourbillon de spéculations.

On le voit : l'Empire allemand est tout aussi complètement assujetti à la Bourse que l'Empire français en son temps. Les boursiers préparent des projets qu'ils font exécuter par le gouvernement - au profit de leur portefeuille. Sur ce plan, ils ont encore en Allemagne un avantage qui leur manquait dans l'Empire bonapartiste : lorsque le gouvernement impérial se heurte à des résistances face aux petits princes, il se transforme en gouvernement prussien qui est décidé à ne pas trouver de résistance dans ses Chambres qui, de toute façon, ne sont que des filiales de la Bourse.

Le Conseil général de l'Internationale n'a-t-il pas dit aussitôt après la guerre de 1870 : vous, Monsieur Bismarck, vous n'avez renversé le régime bonapartiste en France *que pour le rétablir de nouveau chez vous* [157] !

---

[157] Cf. Première et Deuxième Adresses du Conseil général sur la guerre franco-allemande, in: Marx-Engels, La Guerre civile en France, Éditions Sociales, 1953, pp. 277-290.

III.

PÉNÉTRATION PETITE-BOURGEOISE DE LA SOCIAL-DÉMOCRATIE

« L'une des caractéristiques les plus négatives de la majorité de la fraction parlementaire sociale-démocrate c'est précisément l'esprit prudhommesque du philistin qui veut convaincre son adversaire au lieu de le combattre : « notre cause n'est-elle pas *si* noble et si juste » que tout autre petit bourgeois doit inévitablement se joindre à nous à condition seulement qu'il ait bien compris ?]Pour en appeler ainsi à l'esprit prudhommesque, il faut méconnaître entièrement les intérêts qui guident cet esprit, voire les ignorer délibérément. C'est ce qui est l'une des caractéristiques essentielles du philistinisme spécifiquement allemand [158]. » (Engels à A. Bebel, 18-03-1886.)

---

[158] Cet esprit philistin, qui survit dans l'idéologie, c'est-à-dire dans les superstructures de la société, même longtemps après que la base matérielle, économique et sociale, ait disparu, est spécifiquement allemand au sens d'Engels : « En Allemagne, la petite bourgeoisie est le fruit d'une révolution manquée, d'une évolution interrompue et refoulée, d'où ses défauts spécifiques et anormale ment développés, à savoir la lâcheté, la mesquinerie, l'impuissance et l'incapacité de prendre toute initiative, caractéristiques ,qui seront maintenus depuis la Guerre de Trente et les événements qui suivirent - précisément à une époque où tous les autres grands peuples connurent un essor rapide. Ces travers leur sont restés, même lorsque l'Allemagne fut de nouveau entraînée dans le mouvement historique; ils étaient si fort qu'il marquent de leur sceau les autres classes sociales de l'Allemagne, faisant en quelque sorte ressortir le caractère général de l'Allemand, jusqu'à ce qu'enfin notre classe ouvrière fasse éclater ces barrières étroites. Les ouvriers allemands se montrent précisément les pires « sans patrie » en ce qu'ils se sont entièrement débarrassés dé la mesquinerie des petits bourgeois allemands.

Les traditions petites bourgeoises ne correspondent donc pas à une phase historique normale en Allemagne, mais sont une caricature outrée, une sorte de dégénérescence - tout comme le Juif polonais est la caricature du Juif. Le petit bourgeois anglais, français, etc. ne se tient nullement au même niveau que l'Allemand.

En Norvège, par exemple la petite paysannerie et la petite bourgeoisie avec une faible adjonction de moyenne bourgeoisie - comme cela s'est produit, à peu de choses près, en Angleterre et en France au XVIIe siècle - sont depuis plusieurs siècles l'état normal de la société. » (Engels à P. Ernst, Berliner Volksstaat, 5-10-1890).

STAGNATION POLITIQUE
ET ESSOR ÉCONOMIQUE

Engels à Johann Phifipp Becker, 1er avril 1880.

Au surplus, les choses prennent de nouveau le même tour en Allemagne qu'en l'an 1850 [159]. L'Association ouvrière se scinde en

---

[159] Après avoir fait le bilan de l'évolution capitaliste en Allemagne en 1880, Engels constate que la loi anti-socialiste de Bismarck a eu pour effet de maintenir l'Allemagne dans une stagnation politique semblable à celle de l'Empire bonapartiste français, cette stagnation étant fatale au mouvement révolutionnaire et n'étant brisée que par une guerre extérieure. Tout l'art des classes dominantes au pouvoir en Allemagne est désormais de préserver leur pouvoir, grâce à un état correspondant au développement économique (mais de plus en plus dépassé en Allemagne) qui permet à la bourgeoisie de ne pas occuper encore directement elle-même le pouvoir, le bonapartisme ayant alors pour fonction principale de faire en sorte que l'armée et la bureaucratie détiennent les fonctions étatiques et empêchent le prolétariat et la bourgeoisie d'en venir aux mains.
Après avoir constaté que le bonapartisme bismarckien a réussi à bloquer la société allemande en gonflant les superstructures politiques, et que la bourgeoisie met à profit le calme social pour industrialiser le pays à outrance, Engels espère que le mouvement politique se remettra en route. Il fait d'abord confiance aux forces ouvrières mises en mouvement d'abord par l'essor économique spontané; puis, en un

toute sorte de partis - ici Most, là Rackow -, et nous avons assez de. peine pour ne pas nous laisser entraîner dans cet engrenage. Rien que des tempêtes dans un verre d'eau, qui peuvent avoir sur ceux qui y participent une excellente influence, en contribuant à leur formation politique de militant, mais pour l'évolution du monde il est assez indifférent que 100 ouvriers allemands se prononcent pour l'un ou l'autre. Si cela pouvait encore exercer une certaine influence sur les Anglais - mais il n'en est rien. Most, avec son besoin irrépressible et confus d'action, ne peut se tenir tranquille, mais de toute façon il ne peut aboutir à rien : les gens en Allemagne ne sont pas du tout disposés à admettre que le moment de la révolution est maintenant venu, simplement parce que Most a été chassé d'Allemagne par ordonnance judiciaire. *La Freiheit* veut à toute force devenir la feuille la plus révolutionnaire d'Allemagne, mais elle n'y parviendra pas simplement en répétant à chaque ligne le mot de révolution. Par bonheur, il est assez indifférent que cette feuille écrive ceci ou cela. La même chose vaut pour

---

second temps organisées d'après les principes sociaux-démocrates, après la liquidation des séquelles du lassalléanisme.

Engels constate cependant que le régime de la loi anti-socialiste a développé comme en serre chaude le philistinisme petit bourgeois, ce qui explique les défaillances de plus en plus graves de la direction politique du mouvement allemand. Engels espérait encore qu'au premier stade de développement la base qui se trouvait alors dans une situation d'antagonisme de classe aiguë, pût redresser les erreurs des dirigeants!

l'organe de Zurich - le *Sozial-demokrat* - qui aujourd'hui prêche la révolution et demain déclare que la révolution violente serait le plus grand des malheurs. Il craint d'un côté, d'être dépassé par les grandes phrases de Most et, de l'autre, d'être pris au sérieux par les ouvriers lorsqu'il lance ses mots d'ordre grandiloquents. Comment choisir entre les criailleries creuses de la *Freiheit* et le philistinisme borné du *Sozial-demokrat* ?

Je crains que nos amis d'Allemagne ne se trompent sur le mode d'organisation qu'il faut maintenir en place dans les circonstances actuelles. Je n'ai rien à redire au fait que les membres élus du parlement se placent en tête, s'il n'y a pas d'autre direction. Mais on ne peut exiger, et encore moins appliquer la stricte discipline comme le faisait l'ancienne direction du parti élue à cet effet. C'est d'autant moins possible que dans les circonstances actuelles il n'y a plus de presse ni de rassemblements de masse. Plus l'organisation sera lâche en apparence, plus elle sera ferme en réalité.

Mais au lieu de cela, on veut maintenir le vieux système : la direction du parti décide de manière définitive (bien qu'il n'y ait pas de congrès pour la corriger ou, si besoin est, pour la démettre), et quiconque attaque un membre quel qu'il soit de la direction est aussitôt traité en hérétique. Ainsi les meilleurs éléments savent eux-mêmes qu'il existe au sein du parti pas mal d'incapables, voire de gens douteux. En outre, il faut être tout à fait borné pour ne pas s'apercevoir que, dans leur organe, ce ne sont pas ceux de la direction de Leipzig qui exercent le commandement, mais - grâce à sa bourse - Höchberg, ainsi que ses compères, les philistins Schramm et Bernstein.

À mon avis, le vieux parti avec tout son mode d'organisation antérieure est au bout du rouleau. Si le mouvement européen, comme il faut l'espérer, reprenait bientôt sa marche, alors la grande masse du prolétariat allemand y entrerait. Ce seront alors les 500 000 hommes de l'an 1878 [160] qui formeraient la

---

[160] Comme à tous les tournants du mouvement, Engels fait ici le bilan des forces sur lesquelles le socialisme peut s'appuyer. Pour cela, il se réfère aux résultats des élections, qui sont un étalon du rapport des forces, fourni par le mécanisme démocratique de la classe adverse au pouvoir qui règne par ce moyen, tant qu'elle est ta plus forte. Le parlementarisme, comme tactique révolutionnaire, est éminemment un moyen d'effectuer sa propagande et de compter ses forces (dans les conditions et le moment choisis par l'adversaire) pour l'assaut révolutionnaire, et non de conquérir pacifiquement le pouvoir par l'intérieur du système capitaliste, surtout après que la Commune ait démontré qu'il fallait briser de l'extérieur la machine d'État bourgeoise avant d'instaurer la dictature du prolétariat.

Dans ses bilans successifs, Engels constatera que l'Allemagne n'est pas encore mûre pour que triomphe la révolution socialiste, les rapports de classe aussi bien que le niveau de conscience idéologique étant encore trop peu développés pour permettre de balayer les classes au pouvoir.

Après ce texte sur le contexte economique et social de l'action du parti allemand, nous passons aux différents écrits de Marx-Engels relatifs à la formation du mouvement social-démocrate en Allemagne.

masse autour du noyau formé et, conscient - et alors l' « organisation ferme et docile » héritée de la tradition lassalléenne deviendrait une entrave qui pourrait, certes, arrêter une voiture, mais serait impuissante contre une avalanche.

Et en plus de cela, les dirigeants font toutes sortes de choses qui sont tout à fait propres à faire éclater le parti.

Premièrement, le parti doit continuer à entretenir les vieux agitateurs et journalistes, en se chargeant d'une grande quantité de journaux dans lesquels il n'y a rien d'autre que ce que l'on trouve dans n'importe quelle feuille de chou bourgeoise. Et ils voudraient que les ouvriers tolèrent cela à la longue!

Deuxièmement, ils interviennent au Reichstag et à la Diète de Saxe avec tant de mollesse qu'ils se ridiculisent eux-mêmes et déshonorent le parti devant le monde entier : ils font des propositions « positives » aux gouvernements existants qui connaissent mieux qu'eux la manière de régler les questions de détail, etc. Et c'est ce que les ouvriers, qui ont été déclarés hors la loi et sont livrés pieds et poings liés à l'arbitraire policier devraient considérer comme leur représentation véritable!

Troisièmement, ils approuvent le philistinisme petit-bourgeois du *Sozialdemokrat.* Dans *chacune* de leurs lettres, ils nous écrivent que nous ne devons surtout pas croire tous ces rapports qui parlent de scissions ou de divergences au sein du parti. Or tous ceux qui arrivent d'Allemagne nous assurent que les camarades sont précipités dans la plus grande confus ion par ce comportement des chefs et ne sont pas du tout d'accord avec eux. Nos ouvriers nous donnent une magnifique preuve de leur valeur, et sans leurs qualités rien ne serait possible. Le mouvement allemand a cette particularité que toutes les erreurs de la direction sont sans cesse corrigées par les masses, et cette fois-ci il en sera de même.

Engels à Eduard Bernstein, 30 novembre 1881.

Si un événement extérieur a contribué à remettre Marx quelque peu à neuf, c'est les élections [161]. Aucun prolétariat ne s'est encore comporté aussi magnifiquement. En Angleterre, après le grand échec de 1848, c'est l'apathie et, à la fin, la reddition à l'exploitation capitaliste, à part quelques luttes

---

161 Indice de l'industrialisation rapide qui révolutionnait les rapports entre les classes et prolétarisait une partie toujours plus grande de la population, renforçant objectivement le mouvement social-démocrate, les élections de 1881 donnèrent 300 000 voix aux sociaux-démocrates en dépit de la loi anti-socialiste.

syndicales isolées pour des salaires plus élevés. En France, le prolétariat a disparu de la scène après le 2 décembre.

‚En Allemagne, après trois années de persécutions inouïes, d'une pression qui ne se relâche pas, d'impossibilité absolue de s'organiser publiquement et même tout simplement de se faire entendre, nos hommes non seulement ont gardé toute la vigueur d'antan, mais sont encore plus forts. Et ils se renforcent essentiellement parce que le centre de gravité du mouvement se déplace des districts semi-ruraux de la Saxe vers *les grandes villes industrielles*.

‚La masse de nos partisans en Saxe se compose d'artisans tisseurs voués au déclin par le métier à vapeur. Ils ne continuent à végéter qu'en adjoignant à leur salaire de famine des occupations. domestiques (jardinage, ciselage de jouets, etc.). Cette population se trouve dans une situation économique réactionnaire, à un stade de production en voie de disparition. Le moins, qu'on puisse dire c'est que ces gens ne sont pas des représentants nés du socialisme révolutionnaire, comme les ouvriers de la grande industrie. Ils n'en sont pas pour autant par nature *réactionnaires* (comme, par exemple, les derniers tisserands à main le sont finalement devenus en Angleterre, lorsqu'ils ont formés le noyau des *Ouvriers conservateurs)*. Cependant, ils deviennent à la longue incertains - et ce, en raison de leur atroce situation de misère qui les rend moins aptes à résister que les citadins, et de leur dispersion qui permet plus aisément de les faire passer sous le joug politique que les gens des grandes villes. Après avoir lu les faits rapportés dans le *Sozialdemokrat* [162], on ne peut qu'admirer l'héroïsme avec lequel ces pauvres diables résistent encore en si grand nombre.

Cependant ils ne forment pas le véritable noyau d'un grand mouvement ouvrier à l'échelle nationale. Dans certaines circonstances - comme de 1865 à 1870 -, leur misère les rend plus réceptifs aux idées socialistes que les gens des grandes villes. Mais elle les rend également peu sûrs. Quiconque est en train de se noyer s'accroche à n'importe quel fétu de paille et ne peut attendre Jusqu'à ce que le navire ait quitté la rive pour apporter du secours. Or le navire, c'est la révolution socialiste, et le fétu de paille le protectionnisme et le socialisme d'État. Il est caractéristique que, dans ces régions, il n'y a pratiquement que des conservateurs qui aient une chance de nous battre. Et si, à l'époque, Kayser a pu faire une telle idiotie lors du débat sur le protectionnisme, cela provenait des électeurs, notamment ceux de Kayser - comme Bebel lui-même me l'a écrit.

---

[162] Cf. l'article du 17 novembre 1881 intitulé « Pourquoi nous avons été battus à Glauchau ? », sur la misère et l'oppression atroce des tisserands de la région de Glauchau-Meerane.

Maintenant tout est différent. Berlin, Hambourg, Breslau, Leipzig, Dresde, Mayence, Offenbach, Barmen, Elberfeld, Solingen, Nuremberg, Francfort-sur-le-Mein, Hanau, *outre* Chemnitz et les districts des Monts des Géants; tout cela nous donne une tout autre base. La classe *révolutionnaire de par sa situation économique est devenue le noyau du mouvement.* En outre, le mouvement gagne désormais uniformément toute la partie industrielle de l'Allemagne, alors qu'il se limitait jusqu'ici à quelques centres strictement localisés : il *s'étend à* présent seulement à l'échelle nationale, - d'où la frayeur terrible des bourgeois.

En ce qui concerne les élus [163], espérons que tout aille pour le mieux, bien que je sois pessimiste pour un certain nombre d'entre eux. Mais ce serait un malheur si, en définitive, Bebel n'en faisait pas partie. C'est le seul qui soit capable, avec la justesse de son instinct, de tenir en bride les éléments nouveaux qui ont certainement en réserve toutes sortes de petits plans, et d'éviter que l'on commette des impairs qui nous ridiculiseraient.

---

[163] Lors des élections du 27 octobre 1881, les sociauxdémocrates suivants furent élus : Wihelm Blos, J.H.W. Dietz, Karl Frohme, Bruno Geiser, Karl Grillenberger, W. Hasenclever, Max Kayser, Julius Kräcker, W. Liebknecht. M. Rittinghausen, K.W. Stolle et G.H. von Vollmar. A. Bebel ne put obtenir la majorité absolue, et fut battu à la suite de diverses manoeuvres électorales à Dresde.. Il fut élu finalement à Hambourg en juin 1883.

MASSES ET CHEFS

Comme je reviens à l'instant de chez Marx, je vous prie de bien vouloir dire de sa part à Höchberg qu'il le remercie de son offre amicale, mais Marx n'aura sans doute. pas l'occasion d'en faire usage. La seule chose qui soit établie à propos de ce voyage dans le Sud, c'est qu'il n'aura pas lieu sur la Riviera, ni en Italie en général, et ce, pour cette simple raison de santé : il faut éviter à un convalescent des chicanes policières, et c'est l'Italie qui offre le moins de garanties de tranquillité outre l'Empire de Bismarck naturellement.

Les nouvelles (du *Sozialdemokrat) sur* l'incident des « chefs » en Allemagne [164] nous ont vivement intéressées. Je n'ai jamais

---

[164] Lors des débats du Reichstag sur l'état de siège, le 10 décembre 1881, les parlementaires sociaux-démocrates W. Blos et W. Hasenclever déclinèrent toute responsabilité pour les déclarations du Sozialdemokrat. La rédaction du journal saisit l'occasion pour attaquer, au niveau des principes, les positions opportunistes de la fraction

dissimulé qu'à mon avis, en Allemagne, les masses étaient bien meilleures que messieurs les chefs - surtout depuis que, grâce à la presse et à l'agitation, le parti est devenu une vache à lait qui les approvisionne en bon beurre, même après que Bismarck et la bourgeoisie aient subitement tué cette vache. Les mille existences qui ont été brusquement ruinées de ce fait, ont le malheur personnel de n'être pas plongées dans une situation directement révolutionnaire, mais d'être frappées d'interdiction et mises au ban. Autrement, nombre de ceux qui pleurent misère seraient déjà passés dans le camp de Most, puisqu'ils trouvent que le *Sozialdemokrat* est trop docile. La plupart d'entre

---

parlementaire. Le 15 décembre 1881, E. Bernstein écrivit l'éditorial intitulé : Ou bien... ou bien!

Au Reichstag, il faut absolument jouer cartes sur table et prendre parti: il ne peut y avoir de faux-fuyants. Ce n'est pas que nous pensions que nos parlementaires dussent à chacun de leurs discours proclamer la révolution violente, car ils ne feraient que ridiculiser notre cause, mais leurs discours doivent entièrement s'accorder au caractère et à la situation de notre parti. Nos parlementaires ont été envoyés au parlement pour y faire entendre la voix du prolétariat, la voix du cœur de ceux qui souffrent, sont persécutés et opprimés. lis ne doivent pas y geindre et y pleurnicher, mais accuser et stigmatiser; ils ne doivent pas y parlementer, mais protester et affirmer la position qui est adoptée en dehors du parlement; même s'ils doivent siéger au parlement, ils sont les représentants des déshérités et des damnés. »

Grâce à l'impulsion de Bebel, la fraction parlementaire se réunit enfin pour faire approuver en général les positions défendues par l'organe central du parti. Cette déclaration parut dans le Sozialdemokrat du, 16 février 1882 et portait également la signature de Blos et Havenclever.

eux sont restés en Allemagne et se trouvent le plus souvent dans des localités passablement réactionnaires, où ils sont mis au ban du point de vue social, mais dépendent des philistins pour leur subsistance et beaucoup sont très gangrenés par le philistinisme. Ils fondèrent donc bientôt toutes leurs espérances sur l'abolition de la loi anti-socialiste:. Il n'est pas étonnant que-sous la pression des philistins, il leur vint l'idée folle - en réalité tout à fait absurde - qu'ils pourraient y arriver en se montrant dociles [165]. L'Allemagne est un pays fatal à ceux qui n'ont pas une grande force de caractère. L'étroitesse et la mesquinerie des conditions civiles aussi bien que politiques, l'ambiance des

---

[165] Engels fait allusion aux hésitations et défaillances manifestées par la social-démocratie allemande au moment de la promulgation de la loi anti-socialiste. Ainsi, avant même son entrée en vigueur, le comité directeur du parti se dissolut, en dépit d'une certaine résistance de Liebknecht, Bebel et Bracke. Cette décision fut dictée par les éléments qui surestimaient la force de l'État prussien et étaient prêts à capituler devant la terreur gouvernementale, quitte à renoncer aux principes révolutionnaires du parti. L'absence d'une direction ferme et résolue et d'une claire ligne politique compliqua au début la lutte contre la loi d'exception et favorisa l'entrée massive d'éléments opportunistes dans le parti, ceux-ci se groupant essentiellement autour des parlementaires sociaux-démocrates W. Blos et M. Kayer. En réaction à cet esprit capitulard, il se forma un groupe anarchisant autour de la Freiheit dirigé par Johann Most à Londres, auquel vint se joindre le député ex-lassalléen Wilhelm Hasselmann. Les deux déviations, opportuniste et anarchiste avaient en commun l'abandon de la lutte organisée du prolétariat contre la loi anti-socialiste, liquidaient le parti révolutionnaire en laissant le prolétariat pratiquement désarmé devant la répression de Bismarck.

petites villes, et même des grandes, les petites chicanes qui se multiplient de plus en plus dans la lutte contre la police et la bureaucratie -tout cela use et lasse au lieu d'inciter à la fronde, et c'est ainsi que dans la « grande chambre d'enfants [166] » nombreux sont ceux qui deviennent eux aussi puérils. Les petites conditions font les mesquines conceptions, et il faut beaucoup d'intelligence et d'énergie à celui qui vit en Allemagne pour être capable de voir au-delà du cercle tout à fait immédiat et ne pas perdre de vue l'enchaînement général des événements historiques. Rien n'est plus aisé que d'y tomber dans l' « objectivité » de ceux qui sont satisfaits et ne voient pas plus loin que le bout de leur nez, autrement dit le subjectivisme le plus borné qui soit, même s'il est partagé par des milliers d'individus semblables.

Aussi pour naturelle que soit l'apparition de cette orientation qui masque son manque de compréhension et de volonté de résistance derrière une « objectivité » super-intelligente, il ne faut pas moins la combattre avec énergie. Et c'est là où la masse des ouvriers offre le meilleur point d'appui. Ils sont les seuls à vivre dans des conditions modernes en Allemagne et toutes leurs petites et grandes misères trouvent leur centre dans le

---

[166] Dans son poème Pour l'apaisement contenu dans le recueil Poésies de notre temps, Heine écrivait : « Allemagne, ô dévote chambre d'enfants, tu n'es pas une mine romaine d'assassins ! »

capital oppresseur [167]. Tandis que tous les autres combats, tant politiques que sociaux, sont piteux et mesquins en Allemagne et ne tournent qu'autour de fripouilleries, combats que l'étranger a déjà surmontés, leur combat à eux est le seul qui soit de grande envergure, le seul qui soit au niveau de notre époque, et ne démoralise pas les combattants, mais leur injecte sans cesse une énergie nouvelle. Donc, plus vous chercherez vos correspondants parmi les véritables ouvriers, ceux qui ne sont pas encore devenus des « chefs », plus vous aurez de chance d'opposer un contrepoids aux déclamations et aux pleurnicheries des chefs.

Il était inévitable que toute sorte de gens bizarres entrent au Reichstag cette fois-ci. Il est d'autant plus regrettable que Bebel n'ait pas été réélu. Il est le seul à avoir une claire compréhension

---

[167] Un témoin oculaire - Marx lui-même - écrivait à cette époque sur les conditions de vie petites bourgeoises en Allemagne, à l'occasion d'un séjour à Hanovre : « Sur le continent les gens ont une vie plus facile que de l'autre côté de la Manche. Avec 2 000 thalers, on peut mener une vie confortable ici. Il y a par exemple, de très agréables et nombreux parcs à la Cremourn, où flânent de nombreuses personnes. Tout y est bien plus artistement conçu que dans les parcs de Londres, et il y a des cafés-concerts tous les soirs, dans lesquels toute une famille peut trouver son plaisir toute l'année au prix de 2 thalers et 6 schillings. Ce n'est qu'un exemple de la vie agréable, dont les philistins Jouissent. Les jeunes gens s'y amusent plus librement et tout à fait gratuitement - ou presque! » (à-Laura Marx, 13-5-1867).

des choses, une vision politique d'ensemble et assez d'énergie pour empêcher des bêtises.

Fr. Engels à A. Bebel, 16 mai 1882.

C'est un grand malheur que ce soit précisément toi toujours si brillant qui aies été battu aux élections. Tu étais doublement nécessaire étant donné les nombreux nouveaux éléments, parfois peu sûrs, qui ont été élus. De fait, il semble qu'on ait fait au début quelques gaffes assez désagréables, mais que cela aille mieux à présent. C'est pourquoi je me suis réjoui (et pas moins que Marx) de l'attitude courageuse du *Sozialdemokrat*, qui ne s'est pas gêné d'intervenir énergiquement contre les pleurnicheries et la pusillanimité de Breuel et Cie, même s'ils sont défendus par des députés tels que Blos et Geiser [168]. ils ont tenté leur chance jusque chez nous : Viereck m'a envoyé une lettre tout à fait lamentable sur lejournal, et je lui ai fait part ,de mon point

---

[168] Le Sozialdemokrat avait critiqué énergiquement la position opportuniste. prise par les députés sociaux-démocrates W. Hasenclever et W. Blos, cf. note no 121. Les 19 janvier et 23 février 1882, ce même journal publia deux lettres ouvertes d'un membre du parti - Ernst Breuel -expulsé de Hambourg. Celui-ci se solidarisait avec Hasenclever et Blos, et accusait le Sozialdemokrat de manque d'objectivité et de tendances anarchistes. Le journal répondit à ces accusations injustifiées dans ses numéros des 19 et 26 janvier, ainsi que du 23 février 1883.

de vue en toute amitié, mais avec fermeté [169] - et depuis je n'ai plus eu de ses nouvelles. Hepner vint nous voir également, « malade du cœur, et pauvre de bourse », et se plaignit amèrement du sort qu'on avait réservé à sa petite brochure. Tout cela m'a montré combien il était tombé bas. Ce que tous deux déploraient le plus c'est que le *Socialdemokrat* ne respectait pas les lois en vigueur en Allemagne et que les tribunaux allemands en poursuivaient les diffuseurs pour crime de lèse-majesté, haute-trahison, etc. d'après le contenu du journal. Or ne ressort-il pas de manière lumineuse du journal lui-même ainsi que des comptes rendus sur les procès intentés aux nôtres que ces porcs de juges trouvent dans tous les cas un prétexte pour frapper fort, quelle que soit l'écriture de la feuille. Rédiger un journal dans lequel les tribunaux ne trouvent pas matière à répression est un art qui reste à inventer. Et avec cela ces messieurs oublient qu'avec un organe aussi mou qu'ils le voudraient, ils pousseraient nos gens en masses compactes dans le camp de Most. Au reste je conseillerai à Bernstein (que nous soutenons de notre mieux) de tempérer autant que possible le ton d'indignation morale par l'ironie et la raillerie, car ce ton devient ennuyeux et ne peut aller que crescendo, jusqu'au ridicule.

---

[169] Ni la lettre de Louis Viereck à Engels, ni la réponse de celui-ci n'ont pu être retrouvées.

Avant-hier Singer était ici, et il m'a appris que l'adresse de contrebande était encore bonne, ce dont je n'étais plus tout à fait sûr, puisque je ne l'avais pas utilisée depuis longtemps. Il a un autre doute. Il fait partie de ceux qui voient dans l'étatisation du moindre truc une mesure à moitié socialiste ou du moins susceptible de préparer le socialisme, et c'est pourquoi il est ravi, dans son for intérieur, des tarifs douaniers protecteurs, du monopole du tabac, de l'étatisation des chemins de fer, etc. Ce sont-là des foutaises, dont certains ont hérité dans leur combat unilatéral contre l'école de Manchester et qui trouvent un grand succès chez les éléments cultivés, parce qu'elles leur fournissent des arguments faciles dans les débats avec leur entourage bourgeois et « savant ».

Comme il me l'a rapporté, vous avez discuté récemment de ce point a Berlin, et par chance il a été mis en minorité. Nous ne devons nous discréditer ni politiquement ni économiquement pour de telles considérations. Je me suis efforcé de lui faire comprendre : 1. que les tarifs douaniers protecteurs étaient, à notre avis, une grave erreur en Allemagne (mais non en Amérique par contre), parce que notre industrie s'est développée sous le régime du libre-échange et qu'elle est devenue capable d'exporter; or pour garder cette capacité d'exportation elle a absolument besoin de la concurrence des produits semi-fabriqués étrangers sur le marché intérieur; qu'une industrie sidérurgique qui produit quatre fois plus qu'il n'en faut pour le pays, n'utilise la protection douanière que contre son propre pays pour vendre, à vil prix, cette fois, à *l'étranger*; 2. que le monopole du tabac représente une étatisation si minime qu'on ne peut même pas l'utiliser comme exemple dans les débats; qu'en outre, je me fous complètement de ce que Bismarck parvienne ou non à l'appliquer, puisque dans les deux cas le résultat tournera à notre avantage; 3. que l'étatisation des chemins de fer ne sert qu'aux actionnaires qui vendent leurs actions au-dessus de leur valeur, mais ne nous est d'aucune utilité puisque nous règlerons leurs comptes à quelques grandes compagnies aussi vite qu'à l'État - à condition que nous nous emparions d'abord du pouvoir; que les sociétés par actions fournissent d'ores et déjà la preuve que le bourgeois, en tant que tel, est-devenu superflu, puisque toute la gestion et l'administration y sont assurées par des fonctionnaires salariés - et que l'étatisation n'y ajoute aucune démonstration nouvelle. Mais il s'est mis cela si bien en tête qu'il n'était d'accord que sur le fait que votre opposition aux projets était, politiquement parlant, la seule correcte.

INFLUENCE PETITE-BOURGEOISE
DANS LA FRACTION PARLEMENTAIRE

Engels à Eduard Bernstein, 28 février - 1er mars 1883.

Veuillez donc me faire le plaisir de ne plus jeter constamment à la tête le terme de « camarade » dans le journal. Premièrement, j'ai horreur des procédés qui constituent à gratifier quelqu'un de titres; faisons donc comme dans les milieux littéraires allemands où l'on appelle simplement les gens par leur nom, sans titre (à moins qu'on veuille les attaquer), lorsque l'appellation de « camarade » ne sert pas à *informer véritablement le* lecteur que l'intéressé appartient au parti. Ce qui se fait parfaitement à la tribune et dans les débats oraux peut ne pas être de mise dans les choses imprimées. Ensuite, nous ne sommes pas des « camarades » au sens étroit du terme. Nous n'appartenons guère plus au parti allemand qu'au français, à l'américain ou au russe, et nous ne nous considérons pas plus liés par le programme allemand que par le programme « Minimum ». En fait, nous tenons à notre position particulière de représentants du socialisme *international.* Au demeurant, elle nous interdit d'appartenir à un parti national quel qu'il soit, tant que nous ne rentrons pas en Allemagne par exemple, pour participer directement à la lutte qui s'y déroule. En ce moment cela n'aurait pas de sens.

Ce que vous dites de la responsabilité de Liebknecht dans le rabattage d'éléments petits-bourgeois est depuis longtemps mon avis. Parmi ses nombreuses remarquables caractéristiques, Liebknecht a le défaut de vouloir attirer à toute force des éléments « cultivés » dans le parti; aux yeux de cet ancien instituteur, rien ne peut être plus grave qu'un ouvrier confondant un « me » et un « moi » au parlement. Nous n'aurions jamais dû présenter aux élections un homme comme Viereck; il nous a plus mortellement ridiculisé au Reichstag que cent faux « moi », que les Hohenzollern et les maréchaux eux-mêmes perpètrent. Si les « cultivés » et en général ceux qui nous viennent de milieux bourgeois ne se placent pas *entièrement* sur le terrain prolétarien, ils sont pure corruption. En revanche s'ils sont véritablement sur ce terrain, ils sont parfaitement utilisables et les bienvenus. En outre, ce qui caractérise Liebknecht, c'est qu'il sacrifie sans sourciller de grands succès futurs à un succès momentané. L'expédition très douteuse de Viereck et de Fritzsche en Amérique en est une illustration. Cela s'est passé couci-couça, mais savons-nous combien Fritzsche nous ridiculisera encore à l'avenir en Amérique ? Et par dessus le marché on dit : c'était le représentant de la social-démocratie envoyé officiellement en Amérique. Et le cas Oppenheimer a montré à quel point il faut prendre garde de telles sortes de candidatures [170].

Encore une interruption!

Le 1er mars. Depuis toujours nous avons combattu jusqu'à l'extrême la mentalité petite-bourgeoise et philistine dans le parti, parce qu'elle a gagné toutes les classes en Allemagne depuis la guerre de Trente ans et est devenu le fléau héréditaire

---

[170] En août 1880. le premier congrès illégal du parti avait décidé l'organisation d'un voyage de propagande aux États-Unis afin de rassembler des fonds pour les élections de l'automne 1881. Les députés F. W. Fritzsche et L. Viereck furent du voyage. Ils connurent un grand succès et rapportèrent quelque 13 000 marks. Engels leur reprocha d'avoir « rabaissé le point de vue du parti au niveau de la démocratie vulgaire et du philistinisme prudhommesque » - ce que ne pouvait compenser et réparer « aucune somme d'argent américain » (à Bebel. 1er-1-1884).

Dans sa lettre à Bebel du 23-1-1890, Engels donne cette précision : « Il vous sera certainement difficile de recevoir beaucoup d'argent de l'Amérique. Et c'est bien au fond. Un véritable parti américain serait bien plus utile pour vous et le monde entier qu'un peu d'argent que vous recevriez, précisément parce que le soi-disant parti qui y existe n'est pas un parti, mais une secte, et par-dessus le-marché encore une secte allemande, une sorte de succursale en terre étrangère du parti allemand et plus particulièrement de ses éléments surannés spécifiquement lassaléens. Or à présent que la clique Rosenberg a, été renversée, le plus grand obstacle se trouve écarté à la naissance et à l'essor d'un véritable Parti américain. »

allemand, un corollaire de l'esprit de soumission et de servilité et de toutes les tares congénitales des Allemands. C'est elle qui nous a rendus si ridicules et méprisables à l'étranger. C'est la cause principale de la veulerie et de là faiblesse de caractère qui règnent en Allemagne. Elle règne sur le trône aussi bien que dans l'échoppe du savetier. C'est seulement depuis qu'il s'est formé un prolétariat *moderne en* Allemagne que s'est développée une classe qui n'est pratiquement pas touché par cette maladie héréditaire allemande: N'a-t-elle pas démontré dans la lutte qu'elle avait de la liberté, d'esprit, de l'énergie, le sens de l'humour et de la ténacité ? Comment ne lutterions-nous pas contre toute tentative d'inoculer artificiellement à cette classe saine la seule qui le soit en Allemagne - le vieux poison héréditaire du philistinisme borné et de la veulerie petite bourgeoise ? Il se trouve qu'au premier choc après les attentats et la loi anti-socialiste, les chefs se sont laissés gagner par la panique [171] - ce qui prouve qu'eux-mêmes ont vécu beaucoup

---

[171] Engels fait allusion aux hésitations et défaillances manifestées par la social-démocratie allemande au moment de la promulgation de la loi anti-socialiste. Ainsi, avant même son entrée en vigueur, le comité directeur du parti se dissolut, en dépit d'une certaine résistance de Liebknecht, Bebel et Bracke. Cette décision fut dictée par les éléments qui surestimaient la force de l'État prussien et étaient prêts à capituler devant la terreur gouvernementale, quitte à renoncer aux principes révolutionnaires du parti. L'absence d'une direction ferme et résolue et d'une claire ligne politique compliqua au début la lutte contre la loi d'exception et favorisa l'entrée massive d'éléments opportunistes dans

trop au milieu des philistins et se trouvent sous la pression de l'opinion petite-bourgeoise. On voulut alors que le parti *paraisse,* sinon *devienne,* tout à fait petit bourgeois. Cela est heureusement surmonté à présent, mais les éléments petits-bourgeois qui se sont introduits dans le parti peu avant la loi anti-socialiste, notamment les étudiants parmi lesquels prédominent ceux qui ont raté leurs examens, sont toujours là, et il faut les tenir sévèrement à l'œil. Nous nous réjouissons que vous collaboriez à cette tâche, et vous disposez pour cela du poste le plus important au *Sozialdemokrat.* Mais surtout continuez de laisser dormir le malheureux article des annales. Il allait jusqu'à justifier les boursicoteurs! Pourtant on peut parfaitement être soi-même à la fois boursicoteur et socialiste, tout en détestant et méprisant la *classe* des boursicoteurs. Me viendrait-il jamais à l'idée de m'excuser de ce que j'étais moi aussi dans le temps *associé* dans une fabrique ? Il serait bien reçu celui qui voudrait me le reprocher! Et si j'étais certain de pouvoir profiter demain d'un million à la Bourse et mettre ainsi de grands moyens à la

---

le parti, ceux-ci se groupant essentiellement autour des parlementaires sociaux-démocrates W. Blos et M. Kayer. En réaction à cet esprit capitulard, il se forma un groupe anarchisant autour de la Freiheit dirigé par Johann Most à Londres, auquel vint se joindre le député ex-lassalléen Wilhelm Hasselmann. Les deux déviations, opportuniste et anarchiste avaient en commun l'abandon de la lutte organisée du prolétariat contre la loi anti-socialiste, liquidaient le parti révolutionnaire en laissant le prolétariat pratiquement désarmé devant la répression de Bismarck.

disposition du parti en Europe et en Amérique, j'irai tout droit à la Bourse.

Vous avez parfaitement raison de mépriser ceux qui cherchent des louanges chez l'adversaire. Nous avons souvent été dans une colère noire, lorsque le *Volksstaat ou* le *Vorwärts* enregistrait avec joie le plus petit pet d'appréciation des socialistes de la chaire. Miquel a commencé à trahir lorsqu'il s'est mis à dire : nous devons arracher dans chaque domaine l'appréciation admirative de la bourgeoisie. Et Rudolph Meyer peut nous flatter tant qu'il veut : il n'aura de louanges que pour des écrits tels que son admirable *Politische Gründer*. Naturellement nous n'avons jamais parlé de choses sérieuses avec lui, mais uniquement sur Bismarck et consorts. Mais du moins Meyer est-il un garçon comme il faut, sachant montrer les dents même à messieurs les nobles, et ce n'est pas un arriviste comme tous ces socialistes de la chaire, qui s'épanouissent maintenant aussi en Italie -un échantillon en est Achille Loria, qui était ici il y a peu de temps, mais il en avait assez après deux visites chez moi.

Le tumulte suscité à propos de la révolution électrotechnique est, pour Viereck qui ne comprend absolument rien à la chose, une simple occasion de faire de la réclame pour la brochure qu'il a publiée. La chose est néanmoins hautement révolutionnaire. La machine à vapeur nous a appris à transformer la chaleur en mouvement mécanique, mais avec l'utilisation,& l'électricité, c'est la porte ouverte à toutes les formes de l'énergie : chaleur, mouvement mécanique, électricité, magnétisme, lumière, l'un pouvant être transformé et retransformé dans l'autre, et utilisé industriellement. Le cercle est bouclé. La dernière invention de Deprez, à savoir que le courant électrique de très haute tension peut être transporté avec des pertes d'énergie relativement minimes par de simples fils télégraphiques jusqu'à des distances impensables jusqu'ici en étant susceptible d'être utilisé au bout -bien que la chose ne soit encore qu'en germe - libère définitivement l'industrie de presque toutes les barrières locales, rend possible l'utilisation des forces hydrauliques tirées des coins les plus reculés, et même, si elle profitera au début aux *villes,* elle finira tout de même par devenir le levier le plus puissant de l'abolition de l'antagonisme entre ville et campagne. Il est évident que, de ce fait aussi, les forces productives auront une extension telle qu'elles glisseront de plus en plus vite des mains de la bourgeoisie au pouvoir. Cet esprit borné de Viereck n'y voit qu'un nouvel argument pour ses chères étatisations : ce que la bourgeoisie ne peut pas, c'est Bismarck qui doit le réaliser.

Engels à A. Bebel, 10 mai 1883.

Je veux bien croire que tu préfères *ne pas* siéger au Reichstag. Mais tu vois ce que ton absence peut permettre. Il y a des années déjà, Bracke m'écrivait que de tous c'était encore Bebel qui possédait le véritable sens parlementaire. C'est ce que j'ai toujours constaté. Il faudra donc bien qu'à la première occasion tu reprennes ton poste, et je serais très heureux si tu étais élu à Hambourg, si bien que tu serais délivré de tes doutes par la nécessité [172].

L'agitation et le travail parlementaires deviennent certainement très ennuyants à la longue. Il en est comme de la prospection, de la réclame et des voyages d'affaires : le résultat n'arrive que lentement et pour certains jamais. Mais on ne peut s'en passer, et quiconque a mis le doigt dans l'engrenage doit aller jusqu'au bout, ou bien toute la peine qu'on s'est donnée auparavant est perdue. Or sous le régime de la loi anti-socialiste, c'est la seule voie qui soit demeurée ouverte, et il ne faut absolument pas s'en laisser dépouiller.

---

[172] Le 2 mai 1883, Bebel avait écrit à Engels : « j'ai de plus en plus fortement l'impression que toute l'activité agitatrice, notamment parlementaire, ne mérite pas, dans les conditions actuelles, la force et le temps qu'on y déploie. C'est avec ce sentiment que j'avais prié les camarades de Hambourg de ne pas présenter ma candidature, mais ma lettre était arrivée trop tard. » Bebel fut élu au Reichstag avec 11 711 voix, le 29 juin 1883.

Le compte rendu du congrès de Copenhague était, bien sûr, rédigé de sorte que je pouvais lire entre les lignes et corriger en conséquence les informations teintées comme toujours en rose par Liebknecht. En tout cas, j'ai pu lire que les Demis [173] y ont subi une rude défaite, et j'ai cru qu'ils allaient maintenant rentrer un peu leur corne. Or cela ne semble pas se vérifier à présent. Nous ne nous sommes jamais fait d'illusion à leur sujet. Hasenclever tout comme Hasselmann n'auraient jamais du être admis dans le parti, mais la précipitation de Liebknecht à réaliser l'unité avec les Lassalléens - contre laquelle nous avons

---

[173] Allusion aux éléments regroupés autour de W. Blos et B. Geiser, contre lesquels Bebel mena la polémique au congrès de Copenhague, où la social-démocratie allemande tint son second congrès illégal. du 29 mars au 2 avril 1883, afin d'y définir la ligne politique du parti dans la phase dite de « pratique douce ». Le 2 mai 1883, Bebel avait écrit à Engels : « Il ne fait absolument aucun doute que certains de nos parlementaires, sous prétexte que nous ne sommes pas dans une phase de développement révolutionnaire, sont enclins à parlementer et voient d'un mauvais œil toute action énergique. »

Les résolutions suivantes montrent qu'en théorie, le congrès de Copenhague prenait en gros la bonne voie : « Le congrès se prononce contre toute conciliation vis-à-vis des classes dominantes qui nous persécutent, ainsi que contre toutes les spéculations relatives à d'éventuels égards de la part des autorités, et exige une action sans ménagement du parti. » Les 60 délégués stigmatisèrent avec force les manœuvres sournoises de Bismarck dans le domaine des réformes sociales. Le congrès exigea ensuite de chaque parlementaire et candidat du parti aux élections à se soumettre à la discipline du parti et à participer énergiquement à toute action fixée par décision du congrès.

protesté à l'époque de toutes nos forces - nous a imposé, un âne et, pour un bon bout de temps, aussi un coquin. A l'époque, Blos était un garçon vif et courageux, mais à la suite de son mariage il s'est ramolli à cause des soucis matériels. Geiser a toujours été un bonnet de nuit prétentieux, et Kayser un commis-voyageur braillard. Rittinghausen ne valait rien en *1848 déjà*, et il n'est socialiste que pro forma en vue de réaliser avec notre aide son administration populaire directe, alors que nous avons bien mieux à faire.

Ce que tu dis de Liebknecht, c'est ce que tu penses sans doute depuis longtemps déjà. Nous le connaissons depuis de longues années. Pour vivre, il a absolument besoin d'être populaire. Il doit donc jouer au conciliateur et arrondir les angles, afin de repousser la crise. Avec cela, c'est un optimiste par nature, et il voit tout en rose. C'est ce qui explique qu'il reste aussi vert. C'est la raison principale de sa popularité, mais c'est en même temps son mauvais côté. Tant que je correspondais uniquement avec lui, il ne me communiquait que ce qui correspondait à sa vision en rose et nous taisait tout ce qui était désagréable; lorsque nous le poussions dans ses retranchements, il disait tout simplement ce qui lui passait par la tête, de sorte que nous ragions en nous disant qu'il nous croyait assez bêtes pour nous laisser prendre à de tels trucs! En outre, il est toujours affairé ce qui est certes très utile dans l'agitation courante, mais nous impose quantité de paperasseries inutiles. Enfin il adore faire tout le temps des projets qui ne font que surcharger les autres de travail. Bref, tu comprendras qu'il nous était absolument impossible d'entretenir une correspondance objective et véritablement utile, comme nous le faisons depuis des années avec toi et Bernstein aussi. Il s'ensuivait de perpétuelles chamailleries. En faisant mine de plaisanter, il m'honora même une fois du titre d'individu le plus grossier d'Europe. Certes mes lettres étaient parfois assez grossières, mais c'était conditionné par ce qu'il m'écrivait lui-même. Personne ne le savait mieux que Marx.

Avec toutes ces précieuses qualités, Liebknecht est un maître d'école né. S'il arrive qu'un ouvrier dise « Me » au lieu de « Moi » au Reichstag ou prononce une voyelle latine courte comme si elle était longue et que les bourgeois en rient, alors il est au désespoir. C'est pourquoi il veut avoir des gens « instruits » comme le mou Viereck qui nous a plus discrédité avec un seul de ses discours au Reichstag que 2 000 faux « moi » n'eussent pu le faire. En outre, il ne sait pas attendre. Il recherche avant tout le succès immédiat, même s'il doit sacrifier pour cela un avantage futur bien supérieur. C'est ce que vous apprendrez en Amérique, lorsque vous ferez le voyage après Fritzsche et

Viereck [174]. Y envoyer ces gaillards là était une faute aussi énorme que l'unité précipitée avec les Lassalléens, qui se serait produite toute seule six mois après, lorsque toute la bande eût été désagrégée et les misérables chefs écartés.

Tu vois, je parle avec toi en toute confiance, de manière parfaitement directe. Mais je crois aussi que tu ferais bien d'opposer une résistance ferme aux doux propos avec lesquels Liebknecht essaie de te gagner. C'est alors qu'il cédera. S'il se trouve vraiment placé devant la décision, il suit la bonne voie.

---

[174]   En août 1880. le premier congrès illégal du parti avait décidé l'organisation d'un voyage de propagande aux États-Unis afin de rassembler des fonds pour les élections de l'automne 1881. Les députés F. W. Fritzsche et L. Viereck furent du voyage. Ils connurent un grand succès et rapportèrent quelque 13 000 marks. Engels leur reprocha d'avoir « rabaissé le point de vue du parti au niveau de la démocratie vulgaire et du philistinisme prudhommesque » - ce que ne pouvait compenser et réparer « aucune somme d'argent américain » (à Bebel. ler-1-1884).

Dans sa lettre à Bebel du 23-1-1890, Engels donne cette précision : « Il vous sera certainement difficile de recevoir beaucoup d'argent de l'Amérique. Et c'est bien au fond. Un véritable parti américain serait bien plus utile pour vous et le monde entier qu'un peu d'argent que vous recevriez, précisément parce que le soi-disant parti qui y existe n'est pas un parti, mais une secte, et par-dessus le-marché encore une secte allemande, une sorte de succursale en terre étrangère du parti allemand et plus particulièrement de ses éléments surannés spécifiquement lassaléens. Or à present que la clique Rosenberg a, été renversée, le plus grand obstacle se trouve écarté à la naissance et à l'essor d'un véritable Parti américain. »

Mais fi préfère le faire demain plutôt qu'aujourd'hui, et dans un an plutôt que demain.

Si certains de nos députés votaient effectivement pour les lois de Bismarck [175] et répondaient donc à son coup de pied aux

---

[175] Pour compléter sa législation industrielle et la loi anti-socialiste. Bismarck avait préparé des projets de loi en matière sociale, qui étaient évidemment autant de pièges posés à la social-démocratie. Fin avril-début mai, les projets de loi sur l'assurance-maladie des travailleurs et les compléments à la législation professionnelle furent adoptés en seconde lecture par-le Reichstag. Ces deux lois faisaient partie du programme de réforme sociale annoncé à grands cris par Bismarck fin 1881. Le 2 mai, Bebel écrit à Engels que quelques députés sociaux-démocrates voulaient voter pour la loi d'assurance -maladie, et cita les noms de Max Kayser et de Moritz Rittinghausen, dont l'intention était d'engager le parti dans la voie de la politique de réforme. Par discipline de parti. les sociaux-démocrates votèrent contre le projet de Bismarck. mais Grillenberger. par exemple, prononça à cette occasion un discours ouvertement opportuniste.

Ce ne fut pas la bourgeoisie allemande qui, concéda le fameux système d'assurance sociale aux ouvriers allemands, mais Bismarck, le représentant des hobereaux, tout heureux de jouer un mauvais tour à la fois à la bourgeoisie et à la social-démocratie, selon la bonne recette bonapartiste.

Dès 1844, Marx avait dénoncé le caractère fallacieux des mesures sociales prises par des représentants de classe semi-féodales : « Étant un aristocrate et un monarque absolu, le roi de Prusse déteste la bourgeoisie. Il n'a donc pas lieu d'être effrayé si celle-ci va lui être encore, plus soumise et devient d'autant plus impuissante que ses rapports avec le prolétariat se tendent. On sait que le catholique déteste plus le protestant que l'athée, tout comme le légitimiste déteste davantage le libéral que le communiste. Ce n'est pas que l'athée et le communiste soient plus proches du catholique et du légitimiste, au

fesses en lui baisant le cul, et si ces gens n'étaient pas exclus de la fraction, je serai alors obligé de me désolidariser officiellement d'un parti qui tolérait des choses pareilles. Pour autant que je sache, c'est absolument exclu la minorité *devant voter* comme la majorité si elle se conforme aux règles de la discipline du parti. Mais cela, tu le sais mieux que moi. Tant que la loi antisocialiste est en vigueur, je considérerais toute scission comme un malheur, étant donné que nous sommes privés de tous moyens d'expliquer la chose aux masses. Mais elle peut nous être imposée, et alors il faut voir les choses en face. Si cela devait arriver - où que tu sois - je te prierais de m'en informer, et de suite, car les journaux allemands me parviennent toujours avec du retard.

Après son expulsion de Hambourg et son installation à Brème, Blos m'a envoyé une lettre dans laquelle il se lamentait

---

contraire, ils leur sont plus étrangers que le protestant et le libéral, parce qu'ils se situent en dehors de leur sphère. Ainsi, en politique, le roi de Prusse trouve une opposition directe chez les libéraux. Pour le roi, l'opposition du prolétariat n'existe pas davantage que le roi lui-même n'existe pour le prolétariat. Il faudrait que le prolétariat eût atteint déjà une puissance décisive pour supprimer ces antipathies et ces oppositions politiques, et s'attirer l'hostilité de tous en politique. » (Marx, Notes critiques relatives à l'article « Le roi de Prusse et la Réforme sociale. Par un Prussien , 7-8-1844, trad. fr. : Marx-Engels, Écrits militaires, Édit. L'Herne, pp. 157-158.)

passablement, et je lui ai répondu très énergiquement [176]. Or il règne depuis des années la plus grande confusion dans ma correspondance, et il faudrait des journées de travail pour la retrouver. Mais je dois y mettre de l'ordre et, s'il le faut, je t'enverrai l'original de cette lettre.

Engels à E. Bernstein, 12-13 juin 1883.

Et avec cela ce brave Bismarck travaille pour nous comme six chameaux. Sa théorie la plus récente, à savoir que la Constitution impériale n'est rien d'autre qu'un contrat entre les gouvernements qu'il pourrait remplacer du jour au lendemain par une autre, sans en référer au Reichstag, est pour nous une proie toute trouvée. Il n'a qu'à tenter son coup. La préparation manifeste d'un conflit, ses imbéciles et arrogants Bödiker et consorts au Reichstag - tout cela apporte de l'eau à notre moulin. Maintenant il faut cesser de déclamer la phrase commode de «

---

[176] Après la proclamation du petit état de siège à Berlin à la suite de la loi anti-socialiste le 28 octobre 1880, le député social-démocrate W. Blos fut expulsé avec d'autres ouvriers et sociaux-démocrates. La lettre de réponse d'Engels aux lamentations de Blos n'a pas été retrouvée.

la masse réactionnaire » (qui n'est juste qu'au moment *effectif* de
la révolution) [177].

---

[177] La théorie d' « une seule masse réactionnaire » provenait de Lassalle et fut reprise, hélas, par le programme de la social-démocratie allemande au congrès de l'unité de Gotha (1875), cf. la réfutation de Marx-Engels, in : Critique des programmes de Gotha et d'Erfurt, Éditions sociales, 1950, pp. 26-27.

On ne peut pas considérer toutes les autres classes de la société comme une « seule et même classe réactionnaire » tant que la bourgeoisie n'est pas encore directement au pouvoir, ce qui était le cas en Allemagne tant que Bismarck fut à la tête de l'État, et qu'il fallait donc appliquer une tactique sociale-démocrate, certaines revendications démocratiques étant alors encore historiquement progressives.

A la moindre perspective de changement de la Constitution, Engels espère donc à cette époque un dégel de la vie politique allemande, qui ne pouvait stagner qu'aussi longtemps que l'industrie n'avait pas encore bouleversé les rapports de classe traditionnels, faisant notamment de la classe des hobereaux au pouvoir une survivance insupportable du passé et ruinant le gros de la petite bourgeoisie d'origine féodale (paysans parcellaires, artisans, boutiquiers, etc.). Tant que subsistaient les conditions économiques et sociales du bonapartisme, le parti allemand devait suivre la politique sociale-démocrate (non encore communiste, avec la tactique directe de l'attaque frontale contre la bourgeoisie au pouvoir). Il n'en fut plus de même après 1891 (quoique les conditions matérielles immédiates de la crise politique et sociale pour la conquête du pouvoir par les ouvriers ne soient pas encore mûres, mais le seront bientôt), lorsque Bismarck, l'incarnation historiquement déterminée du bonapartisme, fut renversé et remplacé par le gouvernement bourgeois de Caprivi. Mais alors ce sera l'Empereur, avec ses menaces de coup d'État, qui mystifiera les sociaux-démocrates en agitant de nouveau le spectre du bonapartisme, et les dirigeants sociaux-démocrates commenceront à quitter la voie révolutionnaire - dans laquelle Marx-Engels les avaient maintenus, sous la loi anti-socialiste - pour maintenir l'état existant, avec leur défense inconditionnelle de la non-violence et

De fait, toute l'ironie de l'histoire qui travaille pour nous, veut que les *différents* éléments formant la masse des féodaux et bourgeois doivent s'user et se relayer au pouvoir, en se disputant et s'entredéchirant à *notre* profit, bref ils constituent tout le contraire d'une masse uniforme, dont les éléments sclérosés du parti imaginent pouvoir se débarrasser en les traitant tous de « réactionnaires ». Au contraire. Toute cette bande disparate de canailles doit d'abord lutter entre elle, puis se ruiner et se discréditer, et nous préparer ainsi le terrain, en démontrant leur incapacité, les uns après les autres - chacun à sa manière. Ce fut l'une des plus grandes erreurs de Lassalle d'oublier complètement dans l'agitation le peu de dialectique qu'il avait apprise chez Hegel. Il n'y voyait jamais qu'un seul côté - exactement comme Liebknecht. Mais ce dernier, pour toutes sortes de raisons, ne voit par chance que le côté juste, si bien qu'il dépasse tout de même en fin de compte le Grand Lassalle.

---

de la démocratie, préparant ainsi la voie au réformisme et au révisionnisme de Bernstein. Et ce sera la trahison de 1914.

Au demeurant, la bourgeoisie a toujours mystifié le prolétariat depuis lors, sauf durant l'intermède de la république de Weimar, en faisant semblant de laisser gouverner d'autres forces à sa place (Hitler hier, sociaux-démocrates et « communistes » aujourd'hui, installés au pouvoir par les Américains et les Russes).

Le vrai malheur de tout l'actuel mouvement bourgeois en Allemagne, c'est précisément que tous ces gens forment tout autre chose qu' « une masse réactionnaire », or cela doit avoir une fin. Nous ne pourrons pas progresser tant qu'une partie au moins de la bourgeoisie ne sera pas poussée dans le mouvement *réel* - que ce soit par des événements extérieurs ou intérieurs. C'est pourquoi nous en avons assez maintenant du régime de Bismarck que nous avons subi jusqu'ici, et ce en quoi seulement il peut encore nous servir c'est de susciter un conflit ou de démissionner. Il est donc temps maintenant aussi d'éliminer la loi anti-socialiste par des moyens semi-révolutionnaires ou révolutionnaires tout court. Tous les débats sur la question de savoir s'il faut se débarrasser uniquement du « petit » état de siège ou de la loi tout entière, ou encore si l'on aggravera la loi pénale ordinaire ne sont, à mes yeux, que des discussions sur la virginité de Marie avant et après la naissance. Ce qui est décisif, ce sont les grands événements à *l'intérieur* ou à *l'étranger*. Or ceux-ci changent et ne restent pas les mêmes qu'hier. En Allemagne, en revanche, on ne considère les choses qu'en supposant au préalable que les actuels événements allemands restent les mêmes, *éternellement*. Le corollaire de toute la conception reposant sur la « masse réactionnaire » est que si les conditions actuelles se trouvaient bouleversées, nous arriverions aussitôt au pouvoir. C'est une absurdité. Une révolution est un processus de longue haleine : cf. 1642-1646, et 1189-1793 - et pour que les conditions soient mûres pour 1 nous comme pour eux, il faut encore que tous les partis intermédiaires arrivent les uns après les autres au pouvoir, et s'y ruinent. Et c'est alors que ce sera notre tour - et même alors il se peut que nous soyons momentanément battus une fois de plus. Bien que je ne considère pas cette éventualité comme très probable, si les choses se déroulent normalement [178].

---

[178] Le relatif « pessimisme » d'Engels sur la longueur du délai historique, nécessaire au triomphe du socialisme est scientifiquement fondé - et l'évolution historique depuis lors l'a amplement confirmé. L'expérience a montré qu'au siècle dernier le prolétariat de France, d'Angleterre etc., s'est attaqué au pouvoir et pouvait parfaitement envisager de vaincre. Il est même certain que la victoire eût été plus facile à remporter qu'aujourd'hui, étant donné que la bourgeoisie était alors infiniment moins armée, organisée et expérimentée qu'elle ne l'est aujourd'hui.

Le pronostic d'Engels se fondait sur la possibilité politique de vaincre, tandis que le prolétariat avait contre lui l'immaturité économique générale des conditions historiques. A cette époque, le prolétariat aurait pu vaincre plus facilement dans la lutte ou phase politique, mais ses tâches eussent été infiniment plus ardues et complexes au plan économique (qui eût d'ailleurs risqué d'entraîner des erreurs politiques en cas de difficultés économiques majeures). De nos jours, la victoire politique est infiniment plus difficile à arracher, mais ensuite le passage au socialisme sera plus facile au plan économique, étant donné le développement gigantesque du capitalisme actuel. Cf. à ce propos Marx-Engels, La Chine, 10/18, pp. 174-184.

La tactique de la révolution double (cf, Marx-Engels, le, Mouvement ouvrier français, Éditions Maspéro, tome I) ou la politique sociale-démocrate (non encore communiste) correspond aux conditions de la lutte dépassées aujourd'hui dans les pays capitalistes d'Est et d'Ouest.

UN PARTI DANS LE PARTI

Engels à E. Bernstein, 5 juin 1884.

Depuis que messieurs les opportunistes pleurnicheurs se sont littéralement constitués en parti et disposent de la majorité dans la fraction parlementaire, depuis qu'ils se sont rendu compte de la position de force que leur procurait la loi anti-socialiste et qu'ils l'aient utilisée, je considère qu'il est doublement de notre devoir de défendre jusqu'à l'extrême toutes les positions de force que *nous* détenons - et surtout la position-clé du *Sozialdemokrat.*

Ces éléments vivent grâce à la loi anti-socialiste. S'il y avait demain des libres débats, je serais pour frapper aussitôt, et alors ils seraient vite écrasés. Mais tant qu'il n'y a pas de libres débats, qu'ils dominent toute la presse imprimée en Allemagne et que leur nombre (comme majorité des « chefs ») leur donne la possibilité d'exploiter à plein les ragots, les intrigues et la calomnie insidieuse, *nou*s devons, je crois, empêcher tout ce qui pourrait mettre à notre compte une rupture, c'est-à-dire la *responsabilité* d'une scission. C'est la règle générale dans la lutte au sein du parti même, et elle est aujourd'hui valable plus que jamais. La scission doit être organisée de telle sorte que nous continuons le vieux parti, et qu'ils le quittent ou qu'ils en soient chassés.

En outre, à l'époque où nous vivons actuellement tout leur est favorable [179] Nous ne pouvons pas les empêcher, après la scission, de nous dénigrer et de nous calomnier en Allemagne, de s'exhiber comme les représentants des masses (étant donné que les masses les ont *élus!).* Nous n'avons que le *Sozialdemokrat*

---

[179] Engels ne fait pas seulement allusion à]aloi anti-socialiste, serre chaude de l'opportunisme sous la protection indirecte du régime bismarckien, mais encore au faible développement des antagonismes de classes en Allemagne : « Les chamailleries dans le parti allemand ne m'ont pas surpris. Dans un pays encore aussi petit-bourgeois que l'Allemagne, le parti a nécessairement aussi une aile droite de petits bourgeois philistins et « cultivés », dont fi se débarrasse au moment voulu. Le socialisme petit-bourgeois date de 1844 en Allemagne, et nous l'avons déjà critiqué dans le Manifeste communiste. Il est aussi tenace que le petit bourgeois allemand lui-même. Tant que dure la loi anti-socialiste, je ne suis pas favorable à une scission que nous provoquerions, étant donné que les armes ne sont pas égales. Mais si ces messieurs provoquaient eux-mêmes la scission, en attaquant le caractère prolétarien du parti en lui substituant un philanthropisme abstrait, esthétique et sentimental sans vie ni saveur, alors il faudra bien que nous prenions les choses comme elles viennent » (à J.-Ph. Becker, 15-6-1885).

et la presse de l'étranger. Us ont toutes les facilités pour se faire entendre, et nous, les difficultés. Si nous provoquons la scission, toute la masse du parti dira non sans raison que nous avons suscité la discorde et désorganisé le parti à ut! moment où il était justement en train de se réorganiser à grand peine et au milieu des périls. Si nous pouvons l'éviter, alors la scission serait - à mon avis - simplement remise à plus tard, lorsqu'un quelconque changement en Allemagne nous aura procuré un peu plus de marge de manœuvre.

Si la scission devient néanmoins inévitable, il faudra lui enlever tout caractère personnel et éviter toute chamaillerie individuelle (ou ce qui pourrait en avoir l'air) entre toi et ceux de Stuttgart, par exemple. Elle devra s'effectuer sur un point de principe tout à fait déterminé, en d'autres termes, sur une violation du programme. Tout pourri que soit le programme [de Gotha], tu verras néanmoins, en l'étudiant de plus près, qu'on peut y trouver suffisamment de. points d'appui. Or, la fraction n'a aucun pouvoir de jugement sur le programme. En outre, la scission doit être assez préparée, pour que Bebel au moins soit d'accord, et marche dès le début avec nous. Et troisièmement, il faut que tu saches ce que tu veux et ce que tu *peux*, lorsque la scission sera faite. Laisser le *Sozialdemokrat* passer dans les mains de tels hommes serait discréditer le parti allemand dans le monde entier.

L'impatience est la pire des choses qui soit en l'occurrence : les décisions de la première minute dictées par la passion peuvent paraître en elles-mêmes comme très nobles et héroïques. mais conduisent régulièrement à des bêtises - comme je ne l'ai constaté que trop bien dans une praxis cent fois renouvelée.

En conséquence : 1° différer autant que possible la scission; 2° devient-elle inévitable, alors il faut la laisser venir d'eux; 3° dans l'intervalle tout préparer; 4° ne rien faire, sans qu'au moins Bebel, et si possible Liebknecht qui est de nouveau très bien (peut-être *trop* bien), dès qu'il voit que les choses sont irrémédiables, et 5° tenir envers et contre tous la place forte du *Sozialdemokrat,* jusqu'à la dernière cartouche. Tel est mon avis.

La « condescendance », dont ces messieurs font preuve à votre égard, vous pouvez en vérité la leur rendre mille fois. N'avez-vous pas la langue bien pendue ? Et vous. pouvez toujours faire preuve d'assez d'ironie et de morgue vis-à-vis de ces ânes, pour leur faire la vie dure. Il ne faut pas discuter sérieusement avec des gens aussi ignorants et, qui plus est, d'ignorants prétentieux; il faut plutôt les railler et les faire tourner dans leur propre mélasse, etc.

N'oublie pas non plus que si la bagarre commence, j'ai les mains très liées par d'énormes engagements en raison de mes travaux théoriques, et je ne disposerai pas de beaucoup de temps pour taper dans le tas comme je le voudrais bien sûr.

J'aimerais bien aussi que tu me donnes quelques détails sur ce que ces philistins nous reprochent et ce qu'ils réclament, au lieu de t'en tenir à des généralités. *Nota bene :* plus longtemps tu resteras en tractation avec eux, plus ils devront te fournir de matériel qui permettra de les condamner eux-mêmes!

Écris-moi pour me dire dans quelle mesure je peux aborder ce sujet dans ma correspondance avec Bebel; je vais devoir lui écrire ces jours-ci, mais je vais remettre ma réponse au lundi 9 c., date à laquelle je peux avoir ta réponse.

RÉFORMISME SOCIAL-DÉMOCRATE ET SOCIALISME D'ÉTAT BISMARCKIEN,

Engels à Bebel, 6 juin 1884.

J'ai reçu ta lettre du 4 courant, et je pourvoirai au nécessaire. Tu ne dis pas si tu as reçu ma lettre recommandée du 12 avril [180] dans laquelle je t'ai renvoyé *l'enveloppe ouverte par effraction* de ta lettre du 18 du même mois. Si elle a été interceptée, cela démontrerait une double violation policière à la Stieber de notre correspondance.

Si tout se passait suivant les désirs des conservateurs et des libéraux et aussi d'après les envies secrètes du philistin progressiste, la loi anti-socialiste serait depuis longtemps bien sûr une institution stable en Allemagne, et le resterait éternellement. Mais cela ne saurait se produire que s'il ne se

---

[180] Cette importante lettre d'Engels n'a pu être retrouvée.

passe rien d'autre dans le monde et que si tout reste en l'état actuel. Malgré tous Ces vœux de philistin, cette loi était bien près de craquer, si l'ami Bismarck n'y avait pas mis ses deux derniers ressorts : l'intervention directe de l'Empereur et la menace de dissolution [181]. Il n'est donc même pas nécessaire de secouer très fortement le *statu quo* qui semble en ce moment si assuré, pour mettre fin à toute la merde. Et cela se produira plus tôt à mon avis, avant que deux ans soient passés.

Cependant Bismarck vient de nous jouer pour la première fois un *véritable* mauvais tour [182], en procurant aux Russes 300

---

[181] Lors de la réception, d'une, délégation de la Diète d'Empire, du Reichstag et de la Diète prussienne à l'occasion de l'anniversaire de Guillaume 1er le 22 mars 1864, celui-ci déclara qu'il ne comprenait pas comment le Reichstag avait pu rejeter (en première lecture) le projet de toi sur la prolongation de la loi anti-socialiste laissa entendre qu'il considérait ce rejet comme étant un acte d'hostilité vis-à-vis de lui-même.
Lors des débats sur la prolongation de la loi anti-socialiste, le chancelier Bismarck menaça, le 9 mai 1884, le Reichstag de dissolution au cas où à repousserait son projet.

[182] Bismarck évitera scrupuleusement que surgisse même le moindre heurt à t'extérieur qui eût pu amorcer le processus de la lutte de classe directe entre prolétariat et bourgeoisie. Tout au long de cette décennie, Engels suivra anxieusement tout signe de dégel de la vie politique, permettant une action révolutionnaire de la social-démocratie allemande, soit le passage de la violence potentielle, indirecte, basée sur la menace et le gel de la vie politique en Allemagne, à la violence ouverte, directe, ou plus exactement de la phase révolutionnaire du passage de l'une à J'autre.

millions de marks. Cela fera tenir le tsarisme pendant quelques années face à la crise financière aiguë - ce qui. élimine par conséquent pour le proche avenir un danger urgent, à savoir que le tsar soit contraint de convoquer les états généraux pour se faire donner de l'argent, comme en France en 1789 et en Prusse en 1846. Si la révolution n'était pas différée de quelques années, il devrait y avoir ou bien des complications imprévisibles ou encore quelques coups de tonnerre nihilistes [183]. Dans les deux cas, il n'y a pas de prévision possible. Tout ce qui est sûr, c'est que la dernière opération de pompage ne pourra pas être répétée.

A l'intérieur, ce qui nous attend - comme tu le dis toi-même - c'est le changement de règne, et cela doit tout faire trembler. Voici de nouveau une situation analogue à celle de 1840, avant la mort du vieux Frédéric-Guillaume III. La stagnation politique

---

[183] L'attentat de Véra Zassoulitch contre le commandant de la ville de Pétersbourg, Trépoff, le 2 février 1878 et son acquittement par un tribunal de jurés firent sensation dans toute l'Europe. Le 16 août 1868, Kravchintsky tua d'un coup de poignard le commandant de gendarmerie Mézensoff. Est-il besoin de dire que Marx-Engels n'étaient pas opposés par principe aux attentats individuels (qui sont des actes sociaux de politique, et non privés), comme il ressort par exemple de la citation suivante - « En Russie le meurtre politique est le seul moyen dont disposent des hommes, intelligents, convenables et ayant du caractère pour se défendre contre les agents d'un despotisme inouï » (Engels, lettre à Bignami du 21 mars 1879, CC note n° 169).

qui s'étale depuis si longtemps a enchaîné à elle des intérêts si nombreux que tous les philistins n'aspirent à rien moins qu'à ce qu'elle se perpétue. Or avec le vieux monarque disparaît la clé de voûte, et tout l'artificiel édifice s'écroule; les Mêmes intérêts, placés devant une situation toute nouvelle, trouveront subitement que le monde a une allure toute différente de celle d'aujourd'hui, et ils devront se chercher des appuis nouveaux. Le nouveau monarque et son nouvel entourage ont des plans longtemps refoulés; tout le personnel régnant et apte à régner obtient du renfort et se modifie; les fonctionnaires perdent la tête dans les conditions nouvelles devant la précarité de l'avenir, l'incertitude à propos de celui qui viendra au pouvoir demain ou après-demain - tout cela fera ballotter l'action de tout l'appareil gouvernemental. Or c'est tout ce dont nous avons besoin. Mais nous aurons davantage encore. En effet, premièrement, il est certain que le nouveau gouvernement aura au début des velléités libérales, mais ensuite il prendra peur de lui-même, oscillera de-ci de-là et enfin tâtonnera en agissant au jour le jour et en prenant des décisions contradictoires d'un cas à l'autre. Abstraction faite des effets généraux de ces oscillations, que deviendra la loi anti-socialiste, si elle est appliquée dans les conditions que je viens de décrire ? La moindre tentative de la mettre en vigueur « honnêtement », suffira à la rendre inapplicable. Ou bien elle doit être appliquée comme elle l'est aujourd'hui, dans le plus pur arbitraire policier, ou bien elle ne sera plus qu'une peau de chagrin. C'est un premier point. Quant à l'autre, c'est qu'enfin la vie reviendra dans la boutique politique bourgeoise et que les partis officiels cesseront d'être la masse réactionnaire indistincte qu'ils forment aujourd'hui (ce qui n'est pas avantageux pour nous, mais tout à fait dommageable), et qu'ils recommenceront à se combattre mutuellement comme il convient, voire à lutter pour le pouvoir politique. Il y a pour nous une différence énorme entre le fait que non seulement les nationaux libéraux, mais encore les éléments éclairés autour du prince héritier parviennent au pouvoir, et le fait que, comme c'est le cas aujourd'hui, la capacité de régner n'appartient qu'aux libres conservateurs. Nous ne pourrons jamais détourner les masses des partis-libéraux tant que ceux-ci n'auront pas eu l'occasion de se discréditer par leurs pratiques en occupant le pouvoir et en montrant qu'ils sont des incapables. Nous sommes toujours, comme en 1848, l'opposition de l'avenir, et le plus extrême des actuels partis doit arriver au gouvernement pour que nous puissions devenir face à lui l'opposition effective. La stagnation politique, c'est-à-dire une lutte sans signification et sans but des partis officiels, comme elle se pratique aujourd'hui, ne peut nous servir à la longue. Ce qui nous servirait en revanche, ce serait une lutte progressive de ces partis avec un glissement graduel à gauche du centre de gravité.

C'est ce qui se déroule actuellement en France, où la lutte politique se déroule comme toujours sous la forme classique. Les gouvernements qui se succèdent s'orientent toujours plus à gauche – le ministère Clemenceau est déjà en vue, et ce ne sera pas le parti bourgeois le plus extrême. Avec chaque glissement à gauche, ce sont des concessions aux ouvriers (cf. la dernière grève de Denain, où pour la première fois la troupe, *n'est pas intervenue)*, et ce qui est encore plus important, c'est que le terrain sera de plus en plus déblayé pour le combat décisif, tandis que les prises de position politique seront toujours plus claires et plus pures. Je considère ce développement lent mais irrésistible de la République française vers son nécessaire résultat final : l'antagonisme entre bourgeois radicaux jouant les socialistes et ouvriers véritablement révolutionnaires comme l'un des événements les plus importants et je souhaite qu'il ne soit pas interrompu; je suis content que nos gens ne soient pas encore assez forts à Paris (pour cela il n'en sont que plus forts en province) pour se laisser aller par la force de la phraséologie révolutionnaire à des putschs.

Ce développement n'a évidemment pas un caractère aussi classiquement pur dans la confuse Allemagne qu'en France; pour cela nous avons pris bien trop de retard, et nous ne vivons les événements qu'après que les autres en aient fait l'expérience. Mais malgré toute l'indigence de nos partis officiels la vie politique de quelque espèce que ce soit nous est bien plus avantageuse que l'actuelle mort politique, où le seul jeu est celui des intrigues diplomatiques.

L'ami Bismarck abaissé les culottes plus vite que je ne l'escomptais et a montré le derrière de son droit au travail au peuple rassemblé [184] : la loi anglaise sur les pauvres de la quarante-troisième année du règne d'Elizabeth avec tout son arsenal d'embastillement de 1834 ! Quelle joie pour nos Blos, Geiser et Cie [sociaux-démocrates de droite], qui depuis un certain temps déjà ont enfourché le dada du droit au travail et semblaient se figurer qu'ils avaient déjà pris Bismark dans leurs rêts ! Or comme j'en suis à ce thème, je ne peux te cacher que les interventions de ces messieurs au Reichstag - pour autant que je puisse en juger d'après de piètres comptes rendus de journaux et dans leur propre presse - m'ont de plus en plus convaincu que moi au moins je ne me situe absolument pas sur le même terrain qu'eux et que je n'ai rien de commun avec eux.

---

[184] Le 9 mai 1864, Bismarck se déclara favorable au droit du «travail au cours des débats sur les assurances-accidents. Le 17 mai, dans l'organe officiel du Norddeutsche Allgemeine Zeitung, il précisa ce qu'il, entendait par là - exactement la même chose que les classes dominantes anglaises en leur temps : transport des sans-travail dans des « maisons de travail » ou des Prisons- En Allemagne, les chômeurs devaient être employés à réparer les routes, à couper du bois, à casser des cailloux, etc. contre « un salaire ou un approvisionnement approprié ».

Ces prétendus « éléments cultivés » sont en réalité de parfaits ignorants et des philanthropes qui se rebellent de toutes leurs forces contre l'étude. Contrairement aux vœux de Marx et en dépit des avertissements que je prodigue depuis de longues années, on ne les a pas seulement admis dans le parti, mais on leur a encore réservé les candidatures au Reichstag. Il me semble même que ces messieurs découvrent de plus en plus qu'ils ont la majorité dans la fraction parlementaire et que, précisément avec leur complaisance servile à l'égard de toute miette de socialisme d'État que Bismarck jette à leurs pieds, ils sont le plus intéressés au, maintien de la loi antisocialiste, à condition bien sûr qu'elle soit maniée avec la plus grande douceur contre des gens aussi dociles qu'eux. Dans ces conditions, ce ne sont jamais que des gens comme toi et moi qui empêchent le gouvernement de suivre cette voie. En effet, s'il était débarrassé de nous, ils pourraient démontrer très facilement que la loi anti-socialiste n'est même pas nécessaire contre eux. L'abstention et toute l'attitude vis-à-vis de la loi sur la dynamite étaient tout à fait caractéristique [185]. Or

---

[185] Le Reichstag discuta du projet de toi dirigé « contre l'utilisation criminelle des explosifs » en niai 1884. Ce projet prévoyait une autorisation de la police pour produire, transporter, posséder ou importer des explosifs. Les infractions étaient punissables de bagne, voire de la peine de mort, Lors du dépôt de ce projet de toi qui, au plan politique, était une simple manœuvre gouvernementale pour pousser la social-démocratie au pacifisme, les députés socialistes déclarèrent le 13

qu'adviendra-t-il lors des prochaines élections, lorsque les circonscriptions électorales les plus sûres reviendront à ces gens, comme il semble [186] ?

Il est très dommage que tu sois si éloigné pendant les prochains mois si critiques de préparation des élections, car nous aurions certainement toutes sortes de choses à nous communiquer. Ne peux-tu m'indiquer une adresse d'où l'on pourrait te faire parvenir les lettres que je t'écris; j'espère, en outre, que tu me feras part de temps en temps de ce que tu as appris d'intéressant durant ton voyage.

Abstraction faite de la progression continue et de l'organisation toujours plus solide des éléments bourgeois et cultivés dans le parti, je n'ai pas d'inquiétudes pour la suite. Je voudrais aussi que l'on évite une scission, si c'est possible - tant que nous n'avons pas le champ libre. Mais si elle doit être nécessaire - et c'est à vous d'en décider -, alors qu'il en soit ainsi.

---

mai qu'ils n'assisteraient ni aux débats ni au vote relatifs à cette question. La loi fut adoptée le 15 mai.

[186] Les élections au Reichstag du 28 octobre 1894 confirmèrent le pronostic d'Engels sur un accroissement des suffrages obtenus par la social-démocratie allemande, 550 000 voix, soit près de 10 % des votes exprimés, le nombre de sièges atteignit 24, dont 9 obtenus au premier tour.

Je vais faire paraître une étude sur l' « origine de la famille, de la propriété et de l'État »; je t'en enverrai un exemplaire dès qu'elle sera publiée, Ton vieux

F. Engels

Engels à A. Bebel, 11 octobre 1884.

L'agitation électorale ne cesse de nie préoccuper toute la journée. La grande démonstration [électorale] de trois ans est un fait de dimension européenne, face à laquelle les rencontres, dictées par la peur de tous les empereurs s'évanouissent. Je me souviens encore parfaitement du coup de tonnerre produit par nos succès électoraux de 1875 en Europe, et l'anarchisme bakouniniste en Italie, France, Suisse et Espagne s'en trouva balayé de la scène. Or c'est précisément à l'heure actuelle que nous aurions de nouveau besoin d'un tel choc. Les anarchistes caricaturaux à la Most qui, comme Rinaldo Rinaldi, sont déjà tombés au niveau - voire au-dessous - d'un Schinderhannes, recevraient, au moins pour ce qui concerne l'Europe, un coup de massue, et cela nous épargnerait beaucoup de peine et de travail...

Quel sera J'effet des prochaines élections sur la nouvelle fraction parlementaire ? Certains des candidats nouveaux qui ont le plus de chances d'être élus me sont totalement inconnus, la plupart des « cultivés » ne m'est pas connue très favorablement. Sous le régime de la loi antisocialiste, il n'est que trop facile aux socialistes bourgeois ou de tendance bourgeoise de satisfaire les électeurs en même temps que leur penchant à se mettre toujours en avant. Il est aussi, tout à fait normal que de tels gens soient présentés dans des circonscriptions électorales relativement retardataires et. y soient élus. Or voilà qu'ils assaillent aussi les vieilles circonscriptions, qui méritent d'être mieux représentées, et ils y trouvent l'appui de gens qui devraient pourtant être avertis. Dans ces conditions, je ne vois pas clairement de quoi sera faite la fraction, et moins encore ce qu'elle entreprendra. La division en un camp prolétarien et un camp bourgeois devient de plus en plus marquée, et si les bourgeois s'avisent alors de mettre les prolétariens en minorité, ils peuvent provoquer la scission. Je crois qu'il faut avoir cette éventualité en vue.

S'ils provoquent la scission - ce pour quoi ils doivent cependant se munir encore d'un peu de courage - ce ne sera pas trop grave. Je suis toujours d'avis que nous ne pouvons pas nous permettre de la provoquer tant la loi anti-socialiste reste en vigueur; mais si elle se fait alors il faut y aller et je suis à tes côtés dans la bagarre.

Je me réjouis que les gens ne mordent pas au méchant appât des colonies [187]. C'était la carte la plus habile que Bismarck ait jouée, car elle est exactement calculée pour séduire le philistin, étant débordante de promesses illusoires, mais ne devant se réaliser que très lentement et lourde d'énormes dépenses. Bismarck doté de colonies, voilà qui me rappelle le dernier duc de Bermbourg, ce fou (en vérité, ce crétin) qui disait au début des années quarante : je veux moi aussi avoir un chemin de fer, même s'il doit me coûter mille thalers. Telle est l'idée que se font Bismarck et ses collègues philistins du budget colonial par rapport aux coûts réels qui en découleront. De fait, je tiens

---

[187] Bismarck déploya une intense activité à partir de 1884 pour pourvoir l'Allemagne d'un Empire colonie. Le 5 janvier, ce furent les assises de la Société Coloniale à Francfort-sur-le-Mein; avril 1884, le consul général à Tunis - Nachtigall - fit un voyage en. Afrique Occidentale au nom de Bismarck, tandis que le gouvernement allemand envoyait des navires de guerre sur les côtes de l'Afrique Occidentale; le même mois, le marchand de Brême, F.A.E. Lüderitz, plaça ses « conquêtes » en Afrique du Sud-Ouest « sous la protection allemande »; en août, un navire de guerre allemand hissa le pavillon, allemand au Cameroun, après qu'en août, Nachtigall eut proclamé que le Togo et le Cameroun, où s'était fixée auparavant la compagnie commerciale hambourgeoise d'Adolf Woermann, étaient placés « sous protectorat allemand ». Le 21 septembre, ce furent les secondes assises de la Société coloniale à Eisenach. Woermann et Lüderitz y propagèrent l' « idée » de l'exploitation coloniale de l'Afrique. Cf. note no 152.

Bismarck pour assez bête en l'occurrence pour se figurer que Lüderitz et Woermann en supporteront les frais.

Engels à A. Bebel, 29 octobre 1884.

À mes yeux, il importe peu à présent que nous gagnions finalement tant et tant de sièges; les quinze qui nous sont indispensables [pour déposer des motions] nous sont assurés, et le principal c'est de démontrer que le mouvement continue sa progression à pas aussi rapides que sûrs, qu'une circonscription après l'autre est gagnée et que les autres partis perdent de plus en plus leur assurance. Ce qui est formidable, c'est que nos ouvriers dirigent les affaires, fassent preuve de décision, d'obstination et surtout d'humour, cependant qu'ils conquièrent un poste après l'autre et mettent en échec tous les mauvais coups, toutes les menaces et tous les abus du gouvernement et de la bourgeoisie. L'Allemagne aurait bigrement besoin de regagner le respect du monde; Bismarck et Moltke ont peut-être réussi à la faire craindre mais ce ne peuvent être que les prolétaires qui pourront gagner le respect et la véritable considération qui ne sont dus qu'à des hommes libres sachant se discipliner eux-mêmes.

L'effet en sera énorme sur l'Europe et l'Amérique. En France, je vois déjà un nouvel essor de notre parti. Les gens y sont toujours encore sous le coup de l'écrasement de la Commune, dont ils auront à souffrir longtemps. Si celui-ci a eu un effet énorme sur l'Europe, elle a rejeté le prolétariat français en arrière. « Avoir gardé pendant trois mois le pouvoir - et à Paris par-dessus le marché -et ne pas avoir fait sortir le monde de ses gongs, mais s'être ruiné par sa propre incapacité (et c'est de ce côté tout à fait unilatéral que l'on saisît les choses de nos jours.) - voilà qui démontre que le parti n'était pas viable. » C'est ainsi que parlent en général ceux qui ne comprennent pas que la

Commune fût à la fois le tombeau du *vieux* socialisme spécifiquement français et le berceau du nouveau communisme international pour la France. Et les victoires des ouvriers allemands aideront de nouveau ce dernier à se remettre en selle.

FRACTION PARLEMENTAIRE
ET QUESTION AGRAIRE

Engels à A. Bebel, 11 décembre 1884.

Voilà quel est le rapport avec ma lettre précédente du 18 novembre [188] :

Parmi les nouveaux élus, j'en connais certains qui renforceront l'aile *droite* bourgeoise de la fraction parlementaire,

---

[188] Nous avons placé cette lettre du 18 novembre 1884, à laquelle Engels fait allusion ici afin de préciser le rapport entre les deux, dans le dernier chapitre de notre recueil consacré à la violence et la question agraire. En effet, cette lettre devait fournir à Bebel l'argumentation qu'il devait développer au Reichstag sur la conception marxiste de la violence et de la légalité. Nous n'avons séparé ces deux lettres que pour des raisons d'ordre logique. Il y a également un lien étroit entre les questions agraires et la question parlementaire : dans la stratégie à développer dans la social-démocratie, la position vis-à-vis des masses paysannes d'Allemagne orientale assujetties aux hobereaux, qui constituent le pilier de la réaction dans l'État existant, déterminera tout le cours ultérieur, non seulement de la social-démocratie, mais encore de l'Allemagne. Selon que le parti s'engagera dans une pratique révolutionnaire pour agiter et gagner ces masses ou qu'il adoptera un programme petit bourgeois en faveur du système d'agriculture parcellaire de petite propriété privée des autres régions et abandonnera lés paysans d'Allemagne de l'Est à leurs exploiteurs, il sera un parti révolutionnaire ou deviendra un parti de conservation sociale, opportuniste et réformiste.

en raison de leur éducation et de leur état d'esprit. Étant donné les énormes flatteries que tous les autres partis nous adressent subitement après nos victoires, il ne me paraît pas impossible que ces messieurs se laissent attraper et soient disposés à faire une déclaration, par exemple, du genre de celle que la *Gazette de Cologne* [189] nous réclame comme condition de l'abolition de la loi anti-socialiste. Or cette déclaration est à peine d'un cheveu plus à droite, en ce qui concerne l'élimination du caractère révolutionnaire du parti, que, par exemple, le discours de Geiser lors des débats sur la loi anti-socialiste que Grillenberger et les siens ont fait imprimer [190]. Ces messieurs les libéraux sont

---

[189] Dans ses éditoriaux des 4, 6 et 8 novembre consacrés aux élections, la Kölnische Zeitung révéla que le parti national-libéral s'opposerait au renouvellement de la loi anti-socialiste, si la social-démocratie allemande renonçait à modifier par la force l'ordre constitutionnel établi.

[190] Lors des débats sur le renouvellement de la loi anti-socialiste, le 10 niai 1884, le député social-démocrate Bruno Geiser, se faisant le porte-parole de l'aile petite-bourgeoise, assurait le Reichstag de ce que le caractère révolutionnaire de l'agitation sociale-démocrate avait été provoqué par la loi d'exception : « Nous souhaiterions que vous abrogiez la loi anti-socialiste; vous ouvririez alors la voie d'un développement pacifique. » Geiser expliqua que, par « révolution », il entendait la même chose que ce que Bismarck avait proclamé dans son discours du 9 mai 1884 sur « le droit du travail », qui est une manifestation de la révolution en cours :[sic] Cf. note n° 138.

Le 24 mars 1884, Bebel fit cette mise au point : « Certes, ce que le gouvernement veut est clair et simple : il veut que nous formions le chœur inconditionnel de sa réforme sociale. Voici ce que je Es dans les considérants de votre projet de loi : si vous êtes contre les réformes

amorphes et se contentent de peu : une petite concession de notre part leur suffirait, et je crains qu'on leur cède. Or, à l'étranger, elle nous discréditerait irrémédiablement. Je sais naturellement que tu n'en feras rien, Mais toi - donc nous - nous aurions pu être débordés par leurs voix. Qui plus est, même un symptôme de scission - dans les discours - nous eût causé un dommage considérable. C'est pourquoi, et c'est pourquoi

---

sociales du gouvernement, la loi anti-socialiste. sera prorogée, et si vous êtes pour, elle sera abrogée. Messieurs, nous ne vendons pas nos principes, même si vous prolongez dix fois votre loi. » Dans le même discours, Bebel disait encore : « Je. constate expressément que nulle part en Allemagne le parti est mieux organisé que dans les districts où l'état de siège a été décrété, que dans toute l'Allemagne le parti fie trouve nulle part plus de moyens que dans les districts où l'état de siège a été décrété... A côté des agitateurs publics que vous vous plaisez à appeler des agitateurs professionnels, fi existe dans le vaste Empire allemand des centaines et des milliers de simples ouvriers que personne ne connaît et que nous-mêmes nous ne connaissons que par hasard si nous les connaissons jamais, qui se consacrent avec un zèle infatigable à l'activité de diffusion des écrits interdits, etc. »

Les discours de Geiser et de Bebel furent publiés sous le titre « Extraits des débats sur la prolongation de la toi socialiste » par l'éditeur C. Grillenberger à Nuremberg en 1884.

On voit de manière tangible par cette publication où apparaissent côte à côte le socialiste révolutionnaire et le socialiste d'État bismarckien que le parti social-démocrate, créé à Gotha par la conjonction de deux courants distincts, voire antagoniques, celui de Lassalle et de Schweitzer qui collaborait avec Bismarck et celui de Liebknecht et de Bebel qui se rattachait à la Première Internationale de Marx, gardait sa dualité, dangereuse surtout pour l'aile révolutionnaire, puisque celle-ci tolérait d'être dans le même parti que des traîtres à leur cause, c'est-à-dire étaient eux-mêmes finalement partisans du compromis, eux les radicaux!

seulement, j'ai pensé qu'il était de mon devoir de t'apporter mon appui dans une telle éventualité et te donner quelques arguments historiques qui pourraient te servir et rafraîchirait peut-être ta mémoire comme la mienne. Et pour que tu puisses montrer cette lettre, j'en ai éliminé toutes les allusions à ce qui était au fond mon intention.

Je me réjouis plus que quiconque que mes appréhensions soient tombées à l'eau, la force du mouvement ayant même entraîné les éléments bourgeois de notre parti et la fraction parlementaire se tenant à peu près à la hauteur de ses électeurs. Et de fait, j'ai trouvé Singer tout transformé; il est venu me rendre une brève visite dimanche et repassera dimanche prochain. Il commence vraiment à croire (littéralement) qu'il assistera à quelque chose qui ressemble à un bouleversement social. Je veux souhaiter que cela dure et que nos éléments « cultivés » sauront continuer de résister longtemps à la tentation qu'ils ont de montrer aux autres partis qu'ils ne sont pas des ogres.

Je ne me suis jamais trompé sur nos masses prolétariennes. Leur mouvement ferme, confiant dans la victoire, plein d'allant et d'esprit, est exemplaire et sans reproche. Nul prolétariat européen n'aurait subi aussi brillamment l'épreuve de la loi anti-socialiste et répondu à la répression qui dure six ans déjà par une telle démonstration de sa puissance croissante et de son renforcement organisatif; il n'est pas un prolétariat qui eût pu créer l'organisation qu'il a su mettre sur pieds, sans ce bluff propre aux conspirations. Et depuis que j'ai vu les manifestes électoraux de Darmstadt et de Hanovre [191], je ne crains plus du tout qu'il faille faire des concessions là où nos candidats se présentent pour la première fois. Si l'on a pu parler dans ces deux villes sur un ton aussi authentiquement révolutionnaire et prolétarien, alors c'est gagné.

Nous avons le grand avantage que la révolution industrielle batte toujours son plein, alors qu'elle est déjà terminée pour l'essentiel en France et en Angleterre : la division en ville et campagne, en région industrielle et en district agricole est déjà

---

[191] Lors des élections de ballottage de Darmstadt en novembre 1884, le candidat social-démocrate P.H. Müller répondit aux objections des nationaux-libéraux dans un tract (que reproduisit le Sozialdemokrat du 14-11-1884 dans sa rubrique « Bien répondu! »). Il y expliquait les raisons pour lesquelles des millions d'Allemands étaient en faveur de la République et étayait sa défense de la Commune de Paris et de la révolution par des faits de caractère historique. Jules Guesde cita la déclaration de Müller dans son éditorial « Nouvelle victoire » dans le Cri du peuple du 18-11-1884.
Un tract distribué à Hanovre à l'occasion de ces mêmes élections disait que la « réaction était devenue puissante à cause de la misérable lâcheté et du manque de caractère des nationaux-libéraux », qui ne se distinguaient des conservateurs que par le fait que les « conservateurs étaient à genoux devant Bismarck dont ils ciraient les bottes de cuirassier, alors que les nationaux-libéraux étaient à plat ventre ».

parvenue au point où les changements seront désormais minimes. Depuis leur enfance, les larges masses y vivent dans des rapports qui continueront d'être les leurs par la suite : ils s'y sont faits, même les fluctuations et les crises sont devenues pour elles quelque chose allant pour ainsi dire de soi. Il y a, en outre, le souvenir des tentatives de soulèvement du passé, et leur échec. Chez nous, en revanche, tout bouge encore. Les vestiges de la production paysanne traditionnelle satisfaisant ses propres besoins en produits industriels sont évincés dans certaines régions par l'industrie domestique capitaliste, alors que dans d'autres cette dernière est déjà supplantée par le machinisme en plein essor. Et c'est précisément la nature même de notre industrie, née bonne dernière qui se traîne encore loin derrière celle des autres, qui exige un bouleversement social aussi radical en Allemagne. Étant donné que le marché est déjà encombré d'articles fabriqués massivement, tant pour les besoins courants que pour le luxe, par l'Angleterre et la France, il ne reste le plus souvent pour notre industrie d'exportation que de menus objets pouvant être consommés en grandes quantités et fabriqués, d'abord par l'industrie domestique, puis plus tard, lorsque la production est devenue massive, par les machines aussi. C'est ce qui explique que l'industrie domestique (capitaliste) s'implante dans des secteurs aussi vastes et déblaie le terrain de manière aussi radicale. Abstraction faite des provinces prussiennes à l'est de l'Elbe, donc la Prusse orientale et occidentale, la Poméranie, la Posnanie et la plus grande partie du Brandebourg, et en outre la vieille Bavière, il y a peu de régions où le paysan ne soit pas intégré de plus en plus dans l'industrie domestique. La zone ainsi révolutionnée par l'industrie est donc *bien plus grande chez nous que partout ailleurs.*

De plus, comme le travailleur exerce d'abord son industrie à domicile, il s'adonne le plus souvent encore à quelques travaux des champs et il est possible de comprimer son salaire plus que partout ailleurs. Ce qui faisait jadis le bonheur du petit producteur - la combinaison de l'agriculture et de l'industrie - se transforme maintenant en moyen le plus puissant pour l'exploitation capitaliste. Le champ de pommes de terre, la vache, le jardin et le verger, tout cela lui permet de vendre au-dessous de son prix la force de travail. C'est inévitable, parce que l'ouvrier est lié à la glèbe, qui ne le nourrit qu'en partie. Dans ces conditions, l'industrie allemande est en mesure de travailler pour l'exportation, en faisant le plus souvent cadeau à l'acheteur de toute la plus-value, tandis que le profit du capitaliste consiste en une déduction du salaire normal. C'est ce qui se produit peu ou prou dans toute l'industrie domestique rurale, mais nulle part dans des proportions aussi grandes que chez nous.

À cela il faut ajouter que ce bouleversement industriel, amorcé par la révolution de 1848 avec les succès bourgeois, si faibles qu'ils aient été, a été considérablement accéléré : 1° par l'élimination de tous les obstacles intérieurs en 1866-1870, et 2° par les milliards français qui ont trouvé, en fin de compte, un placement capitaliste. Ainsi nous en sommes arrivés à un bouleversement industriel plus radical et profond, plus vaste dans l'espace, donc plus systématique que dans n'importe quel autre pays, et cela s'effectue avec un prolétariat absolument frais et ingénu, qu'aucun échec n'a encore troublé ni démoralisé et qui, grâce à Marx comprend les causes du développement économique et politique, et saisit mieux que tous ses ancêtres de classe les conditions de la révolution qui l'attend. C'est ce qui nous impose aussi le *devoir de* vaincre.

En ce qui concerne la *démocratie pure* et son rôle à l'avenir, je ne suis pas de ton avis. Il est dans l'ordre des choses qu'elle jouera un rôle bien inférieur en Allemagne que dans les pays de développement industriel plus ancien. Mais cela ne l'empêche pas qu'au moment de la révolution, elle prendra une importance momentanée sous la forme d'un parti *bourgeois* extrême, jouant le même rôle qu'à Francfort en 1848, lorsqu'elle fut la dernière planche de salut de toute l'économie bourgeoise et même féodale. Dans un tel moment, toute la masse réactionnaire se tiendra derrière elle et lui donnera une force accrue - tout ce qui est réactionnaire se donne alors des airs démocratiques. C'est ainsi que toute la masse féodale bureaucratique, dans la période de mars à septembre 1848, a soutenu les libéraux pour endiguer les masses révolutionnaires et, ce résultat obtenu, les libéraux furent naturellement chassés à coups de pied aux fesses. De même, de mai 1848 à l'élection de Bonaparte en décembre, le parti républicain pur du *National*, le plus faible de tous les partis, a régné en France, simplement parce que toute la réaction s'était rassemblée et organisée derrière lui. C'est ce qui s'est produit à chaque révolution : le parti le plus souple et le plus mou, celui qui est encore en état de prendre le pouvoir entre ses mains, prend les rênes de l'État, précisément parce que, les vaincus y voient leur dernier espoir de salut.

Or donc, on ne peut escompter qu'au moment de la révolution nous ayons derrière nous la majorité des électeurs, c'est-à-dire la nation. Toute la classe bourgeoise ainsi que les vestiges des classes possédantes de la féodalité, une grande partie de la petite bourgeoisie et de la population rurale se masseront alors derrière le parti bourgeois extrême qui sera en paroles le plus révolutionnaire, et j'estime qu'il est parfaitement possible qu'il soit représenté au gouvernement provisoire, et qu'il y constitue même momentanément la majorité. Ce que nous devons alors éviter c'est d'agir comme l'a fait la minorité sociale-démocrate qui a participé au gouvernement de février 1848 [192]. Mais pour l'heure, c'est encore pour nous une hypothèse théorique.

---

[192] La prophétie d'Engels s'est vérifiée exactement air cours de la révolution qui devait immanquablement, éclater en Allemagne - en 1918, lorsque l'Empereur fut renversé pour mettre fin au carnage impérialiste, qui n'eût eu de terme autrement. Ce fut le parti social-démocrate lui-même, qui joua le rôle de parti de la démocratie pure - auquel les partis soi-disant communiste et socialiste d'aujourd'hui aspirent avec tant de ferveur - et devint le bourreau de la révolution, en liquidant lâchement Karl Liebknecht et Rosa Luxemburg. Citant la prévision d'Engels, le parti communiste d'Allemagne publia à ce sujet une brochure en 1920 : Karl Marx und Fr. Engels, über die Diktatur des Proletariats, nebst Aus-führungen über die taktische Haltung der Kommunisten bei : 1. einer Revolution in der die « reine Demokratie » die Oberhand gewinnt; 2. die Proklamation der Diktatur des Proletariats, Bücherei « Der Rote Hahn », Berlin 1920, 39 p. Cf. également en français une collection de textes intitulée Le Testament politique de F. Engels, in : La Revue marxiste, 1929, pp. 385-397.

Dans une lettre à P. Lafargue de la mi-décembre 1884, Engels avait, à la même époque déjà, développé les principes « léninistes » qui triomphèrent de la guerre mondiale de 1914-18 et forment la base dé toute la tactique prolétarienne - défense puis offensive - en matière militaire : « En Allemagne, nous avons beaucoup trop peu de soldats et de sous-officiers appartenant au parti pour qu'on puisse, avec la moindre chance de succès, prêcher une émeute. Ils savent que c'est dans les rangs de l'armée elle-même que doit gagner la DÉMORALISATION (au point de vue bourgeois); les conditions militaires modernes (armes à tir rapide, etc.) exigent que la révolution commence dans l'armée. Chez nous, du moins, elle débutera ainsi. Personne mieux que le gouvernement ne sait combien le nombre de conscrits socialistes grandit d'année en année. Notre suffrage universel ne commence qu'à 25 ans; si la grande réserve de 21 à 25 ans ne figure pas au vote, elle se trouve dans l'armée », cf. Correspondance, tome III, 1868-1886, p. 258.

Cependant les événements peuvent prendre en Allemagne un tour un, peu différent pour des raisons d'ordre militaire. Dans l'état actuel des choses, l'impulsion extérieure ne saurait venir que de la Russie. Si ce n'était pas le cas, l'impulsion viendrait de l'Allemagne elle-même, et alors la révolution ne pourra éclater qu'à partir de l'armée. De nos jours, un peuple désarmé est une grandeur tout à fait négligeable du point de vue militaire en face d'une armée moderne. En l'occurrence, au cas où notre réserve âgée de vingt à vingt-cinq ans qui ne vote pas encore, mais qui est entraînée dans l'art militaire, entrait en action, il serait possible de sauter la phase de la démocratie pure. Mais cette question est également théorique pour *l'instant,* bien que je sois obligé, comme représentant du haut état-major du parti, d'envisager cette hypothèse, et ne pas l'écarter. Quoi qu'il en soit, le jour de la crise et le lendemain, notre seul adversaire, ce sera *la masse réactionnaire regroupée autour de la démocratie pure* - et c'est ce qu'il ne faut pas, à mon avis, perdre de vue.

Lorsque vous déposerez des propositions au Reichstag, il en est une que vous ne devrez pas oublier. En général, les domaines de l'État sont loués à de grands fermiers, plus rarement ils sont vendus aux paysans, mais leur parcelle est si petite que ces nouveaux propriétaires doivent se louer aux grandes fermés comme journaliers. Il faudrait demander que l'on afferme les *grandes terres encore indivises de l'État à des associations d'ouvriers agricoles en vue de leur exploitation collective et coopérative.* L'Empire allemand ne possédant pas de terres [193], cela servira de prétexte pour rejeter cette proposition. Mais je pense qu'il faut jeter ce brandon parmi les ouvriers agricoles - et

---

[193] L'agitation parmi les paysans de l'Est de l'Allemagne (cf. note n° 304) était, à côté du soutien des grèves des ouvriers, la seule manifestation active de la lutte de classes au niveau des masses que la social-démocratie allemande pouvait entreprendre durant la longue période de développement pacifique et idyllique du capitalisme. C'est donc là, en quelque sorte, la pierre de touche de l'action et de la pratique de la social-démocratie allemande. En ce qui concerne, par exemple, la grève des mineurs de la Ruhr (cf. note n° 269), la défaillance de la social-démocratie fut pratiquement complète, comme on le verra. En ce qui concerne l'agitation parmi la paysannerie des grands domaines de l'Allemagne orientale qui eût sapé l'ordre et la base des forces les plus réactionnaires de l'État allemand, on peut dire que la défaillance a été encore plus complète, puisque la direction du parti ne prit même pas sur le papier la direction révolutionnaire qu'exigeait la situation et le programme de classe, mais s'engagea d'emblée dans une politique agraire petite-bourgeoise.

La question agraire fut décisive : la révolution allemande devait vaincre ou être battue selon que la paysannerie des provinces orientales soutenait le prolétariat industriel ou restait l'instrument inconscient de la réaction prussienne. Les élections de 1890 qui devaient fournir le bilan de la pénétration socialiste en Prusse orientale, montrèrent que les masses paysannes étaient toutes disposées à passer au socialisme : cf. la lettre d'Engels à Sorge du 12-4-1890. Ce n'est pas le programme agraire adopté au congrès de Francfort par la social-démocratie qui devait inciter les paysans des provinces de l'Est à lui faire confiance. Il eût fallu prendre vis-à-vis des paysans (qui ne demandaient que cela) une position révolutionnaire, en théorie comme en pratique, contre la grande et là petite propriété rurale.

l'occasion s'en présentera certainement à plusieurs reprises lors des fréquents débats sur le socialisme d'État [194]. C'est ainsi, et ainsi seulement, que l'on pourra gagner les ouvriers de la terre. C'est la meilleure méthode pour leur faire comprendre qu'ils devront un jour gérer ensemble pour leur compte collectif les grands domaines de leurs gracieux maîtres et seigneurs actuels. Et de la sorte vous ferez passer à l'ami Bismarck l'envie de vous réclamer des propositions constructives. Meilleures salutations.

Engels à A. Bebel, 20-23 janvier 1885.

Ma proposition relative à la création de coopératives de production sur les domaines de l'État n'avait pour but que d'indiquer à la majorité de la fraction parlementaire de quelle manière elle pouvait se tirer décemment du mauvais pas où elle s'était mise elle-même, en se montrant favorable à l'octroi de subventions aux compagnies maritimes [195]. A mon avis, cepen-

---

[194] Cf. les textes de Marx-Engels à ce sujet dans Le Parti de classe, tome III, pp. 149-152, 161-164. En ce qui concerne l'effet des coopératives de production, cf. Marx-Engels, Le Syndicalisme, I, pp. 100-111.

[195] Au heu d'utiliser les indications d'Engels sur les coopératives de production pour l'agitation parmi la population rurale de l'Allemagne orientale en vue de saper la puissance prussienne dans l'État allemand, Liebknecht parla de ce projet uniquement pour tirer la fraction

dant, ma proposition est parfaitement correcte sur le plan des principes. Au demeurant, il est tout à fait exact que nous ne devons faire que des propositions *réalisables, si* nous formons des projets positifs. Je veux dire par là que ces propositions doivent être réalisables *en substance*, et peu importe alors que le gouvernement existant puisse les réaliser ou non. Je vais encore plus loin : si nous proposons des mesures - comme celle des coopératives - susceptibles de renverser la production capitaliste, alors ce ne doivent être que des mesures qui soient *effectivement réalisables,* bien que *le gouvernement existant soit, dans l'impossibilité de les réaliser*. En effet, ce gouvernement ne fait que gâcher toutes les mesures de ce genre, et s'il les réalisait ce ne serait, que pour les ruiner.. De fait, aucun gouvernement de hobereaux ou de bourgeois ne réalisera jamais notre projet : il ne lui viendra jamais à l'esprit d'indiquer ou d'ouvrir la voie au prolétariat agricole des provinces orientales, afin qu'il détruise l'exploitation des hobereaux et des fermiers, en entraînant

---

parlementaire du mauvais pas où elle s'était mise elle-même Ion de son vote sur les subventions à la navigation à vapeur et joua les conciliateurs dans le Sozialdemokrat (5-1-1885) : « Mentionnons ici que les députés qui ne s'étaient pas opposés d'emblée au projet [sur les subventions maritimes] ne pensaient pas du tout à l'approuver inconditionnellement, mais faisaient dépendre leur oui de garanties que le gouvernement devait apporter au plan tant économique que politique ». Et de citer la proposition d'Engels, qui n'était plus conçue que comme une opération destinée à sauver la réputation de quelques crétins parlementaires. Liebknecht jetait ainsi aux orties l'arme puissante forgée par Engels.

précisément dans le mouvement la population, dont l'exploitation et l'abrutissement fournit les régiments sur lesquels repose toute la domination de la Prusse, bref afin qu'il détruise la Prusse de l'intérieur, et ce, jusqu'à la racine !

En toute occurrence, c'est une mesure que nous devons absolument proposer tant que la grande propriété foncière y subsiste, bien qu'il s'agisse d'une mesure que nous devrons réaliser nous-mêmes *quand nous serons au pouvoir*, à savoir, transférer - d'abord en affermage - les grands domaines aux coopératives gérant la terre elle-même sous la direction de l'État, l'État demeurant propriétaire du sol [196]. Cette mesure a le grand avantage d'être réalisable dans la pratique, en substance, mais aucun parti, en dehors du nôtre, ne peut s'y attaquer, autrement dit, aucun autre parti ne peut la galvauder. Or cette simple mesure suffirait à ruiner la Prusse - et plus vite nous la populariseront, mieux cela vaudra !

Dans ces conditions,, cette mesure n'a rien à voir avec ce que proposaient Lassalle et Schulze-Delitzsch. En effet, tous deux prônaient la création de petites coopératives, l'un avec l'aide de l'État, l'autre sans elle, mais tous deux estimaient que les

---

[196] À propos des mesures de transition dans l'industrie et l'agriculture, cf. les textes de Marx-Engels rassemblés dans le recueil sur la Société communiste, Petite Collection Maspéro.

coopératives ne devaient pas entrer en possession de moyens de production déjà *existants,* mais devaient réaliser de nouvelles coopératives à *côté* de la production capitaliste déjà existante. Ma proposition réclame l'introduction de formes coopératives dans la production existante. Il faut donner aux coopératives une terre qui *autrement serait exploitée de manière capitaliste* - comme la Commune de Paris a exigé que les ouvriers fassent fonctionner en coopératives les usines arrêtées par les capitalistes. C'est la grande différence.

Marx et moi nous n'avons jamais douté que, pour passer à la pleine économie communiste, la gestion coopérative à grande échelle constituait une étape intermédiaire. Seulement il faudra en prévoir le fonctionnement de sorte que la société - donc tout d'abord l'État -conserve la propriété des moyens de production afin que les intérêts particuliers des coopératives ne puissent pas se cristalliser en face de la société dans son ensemble. Peu importe que l'Empire ne possède pas de domaines d'État. On peut trouver la forme, tout comme dans le débat sur la Pologne [197], où les expulsions ne concernaient pas non plus directement l'Empire.

---

[197] En novembre 1885, la fraction de la minorité polonaise déposa au Reichstag une interpellation contre l'expulsion de tous les non-allemands des provinces orientales de l'État prussien. Les sociaux-démocrates signèrent également l'interpellation. Dans la séance du 1er

C'est précisément parce que le gouvernement ne pourra jamais accepter de telles mesures qu'il n'y avait pour nous absolument aucun danger à demander cette dotation comme contre-partie à la subvention pour la navigation à vapeur. Tu aurais naturellement raison, si le gouvernement eût pu nous suivre sur ce terrain.

La décomposition des libéraux allemands au niveau économique correspond tout à fait à ce qui se passe ici chez les radicaux anglais. Les vieux partisans de l'école de Manchester à la John Bright meurent peu à peu, et la nouvelle génération - tout comme nos Berlinois - se lance dans les réformes sociales de pur rafistolage. La seule différence, c'est qu'en Angleterre les bourgeois n'entendent pas soutenir à la fois les ouvriers de l'industrie et ceux de l'agriculture, qui viennent tout juste de leur rendre un si brillant service aux élections et que, selon le mode anglais, il n'y a jamais intervention de l'État aussi bien que des communes. Leur programme, c'est de demander un jardinet et un petit champ de pommes de terre pour l'ouvrier agricole,

---

décembre, Bismarck lut un message de Guillaume 1er déniant au Reichstag toute compétence en la matière. Le débat eut lieu tout de même, et Bebel intervint dans un discours important. La social-démocratie déposa elle aussi une motion, demandant d'annuler les expulsions massives en cours. Les 15 et 16 janvier, le Reichstag discuta de cette question.

et des améliorations sanitaires, etc. pour l'ouvrier des villes. Cela démontre parfaitement que le bourgeois doit sacrifier déjà sa propre théorie économique classique, en partie pour des raisons politiques, mais en partie aussi parce que les conséquences pratiques de cette théorie les ont jetés dans une confusion totale. C'est ce que démontre aussi la progression du socialisme de la chaire qui, en Angleterre comme en France, évince de plus en plus sous une forme ou sous une autre l'économie politique classique des chaires d'enseignement. Les contradictions réelles qu'engendre le mode de production sont devenues si éclatantes qu'aucune théorie ne parvient plus à les masquer, à moins de tomber dans la salade du socialisme de la chaire, mais celui-ci n'est plus une théorie, mais un salmigondis.

Engels, à W. Liebknecht, 4 février 1885.

Le littérateur que tu m'as tout de même envoyé est, je l'espère, le dernier de cette espèce. Tu ne peux pas ne pas constater toi-même que ces gaillards éhontés abusent de toi. L'homme était tout aussi totalement indécrottable que son ami la grenouille Quarck - et si-tous deux vous rejoignent, il ne me restera qu'à m'éloigner davantage de vous.

Ne te rendras-tu donc jamais compte que cette racaille à demi-cultivée de littérateurs ne peut que falsifier nos positions et gâcher le parti ? Viereck n'aurait jamais dû entrer à ta suite au Reichstag! L'élément petit-bourgeois gagne une influence toujours plus prépondérante dans le parti. Le nom de Marx doit autant que possible être passé sous silence. Si cela devait continuer ainsi, il y aura une scission dans le parti, et tu peux y compter! Ta plus grande peur c'est que l'on choque ces messieurs les philistins. Or il y a des moments où c'est nécessaire, et si l'on ne s'exécute pas, ils deviennent effrontés. Le passage du *Manifeste* sur le socialisme vrai ou allemand doit-il, après 40 ans, trouver de nouveau une application ?

Au reste, je vais bien, mais je suis diablement occupé et ne, puis faire de longues lettres.

POLÉMIQUES AUTOUR DU VOTE
DE LA SUBVENTION
POUR LA NAVIGATION A VAPEUR

Déclaration de la fraction parlementaire social-démocrate. in *Sozialdemokrat*, 2 avril 1885.

« Ces derniers temps, notamment en janvier de cette année, on a pu lire à plusieurs reprises dans le *Sozialdemokrat* des attaques ouvertes et voilées contre la fraction sociale-démocrate du Reichstag allemand [198]. Ces attaques émanaient en partie de

---

[198] La polémique engagée par Bernstein dans le Sozialdemokrat avec l'appui d'Engels est en quelque sorte le rebondissement de l'affaire Kayser, député social-démocrate qui s'était déclaré favorable au projet de loi de Bismarck, tendant à taxer fortement les importations de fer, de bois, de céréales et de bétail. En 1879, Engels avait dénoncé Kayser qui voulait voter « de l'argent à Bismarck comme pour le remercier de la loi anti-socialiste ». L'affaire des subventions maritimes était plus grave encore. Premièrement, la fraction parlementaire social-démocrate commençait à s'engager dans une politique de collaboration avec l'État existant et effectuait ainsi ses premiers pas dans la voie d'une politique de réformes. Deuxièmement, avec les subventions à la navigation à vapeur pour des lignes transocéaniques, la bourgeoisie nationale se lançait dans la politique impérialiste et jetait les bases d'un immense Empire colonial. En effet, Bismarck projetait rien moins que la création de lignes de liaison maritimes avec les territoires d'outre-mer au moyen de subventions de l'État. La majorité opportuniste se préparait donc à

la rédaction, en partie de correspondants du journal. Elles visaient essentiellement l'attitude des membres sociaux-démocrates du Reichstag dans l'affaire de la subvention maritime. Il y a, en outre, une résolution des camarades de Zurich qui ont pris position contre l'attitude de la majorité de la fraction dans cette affaire. Cette résolution a été publiée non

---

soutenir par ce biais l'expansion coloniale de sa bourgeoisie, et la fraction parlementaire eut le front, à l'occasion de cette affaire, de vouloir contrôler la politique du parti tout entier. Les menaces de scission au sein de la social-démocratie avaient à présent un fondement politique de première importance.

Lors du premier débat, le député social-démocrate Blos avait déclaré que son groupe voterait pour le projet gouvernemental à condition qu'en soient exclues les lignes avec l'Afrique et Samoa et que pour toutes les autres (vers l'Asie orientale et l'Australie) les grands navires soient strictement construits par les chantiers allemands et des mains... allemandes. Bebel se trouva en minorité dans la fraction. Le reste du groupe parlementaire, conduit pas Dietz, Frohme, Grillenberger etc. avait l'intention de voter pour le projet de subvention parce qu'il développait les relations internationales (?! ?!). Sous leur pression, le groupe adopta une résolution selon laquelle la question des subventions n'était pas une question de principe, si bien que chaque membre de la fraction pouvait voter à sa guise.

Engels dut intervenir pour soutenir Bebel et la rédaction du Sozialdemokrat. Celui-ci publia pendant des semaines des lettres et résolutions émanant de militants de la base contre l'opportunisme des parlementaires sociaux-démocrates. et leur prétention de s'ériger en puissance dominante dans le parti. Finalement. toute la fraction vota unanimement contre le projet de subvention maritime, et les protestations de la base aboutirent à faire reconnaître par tous que le Sozialdemokrat était l' « organe de tout le parti ». Nous traduisons la déclaration des députés parlementaires fidèlement, dans le style qui leur est propre.

seulement dans l'organe du parti, mais a encore été diffusée comme texte à part en Allemagne dans l'intention manifeste de susciter une sorte de « Mouvement d'indignation » contre les décisions de la fraction. Bien que la fraction sociale-démocrate du Reichstag sache fort bien que sa position ne puisse être ébranlée par de telles attaques, elle considère néanmoins que de tels procédés sont absolument inconvenants. Elle ne dénie pas du tout à la rédaction et aux correspondants de l'organe du parti le droit d'une critique indépendante, mais considère que c'est léser gravement les intérêts du parti de discuter les décisions - des parlementaires de façon à diminuer la fraction aux yeux des militants plus éloignes du parti. Le sens du parti auquel nous appelons nos camarades doit leur dire qu'un tel procédé est propre à diminuer la capacité d'action du parti et, dans, les moments importants, de la paralyser même. Au lieu de rendre par là encore plus difficile la dure lutte [sic] des représentants élus de la cause ouvrière contre des ennemis disposant de forces supérieures, chaque militant du parti devrait s'efforcer d'étouffer les germes de discorde et nouer de plus en plus solidement les liens de la concorde. Il est du devoir particulier de la rédaction du *Sozialdemokrat* d'agir dans cet esprit et de ne jamais oublier que l'organe du parti ne doit en aucune circonstance entrer en opposition avec la fraction qui porte la responsabilité morale pour le contenu du journal.

Ce n'est pas au journal de déterminer la position de la fraction, mais c'est à la fraction de contrôler la position du journal.

En conséquence, la fraction attend que de telles attaques cessent à l'avenir et que la rédaction évite tout ce qui pourrait être contraire à l'esprit de la déclaration ci-dessus. Berlin, le 20 mars 1885.

La fraction sociale-démocrate du Reichstag. »

Engels à A. Bebel, 4 avril 1885.

Ces messieurs de la majorité de la fraction parlementaire veulent donc se constituer en « puissance », à en juger par leur déclaration dans *le Sozialdemokrat d'aujourd'hui*. Par elle-même, la tentative est molle et c'est au fond un brevet d'indigence : nous rageons contre l'attitude du journal qui est à l'opposé de la nôtre, nous voulons être responsables du contraire de ce que nous pensons... et nous ne savons pas comment remédier à cette situation - qu'on nous plaigne!

Mais c'est en même temps le premier pas vers la constitution de l'élément petit-bourgeois en cercle dirigeant et officiel dans le parti et vers l'évincement de l'élément prolétarien qui est tout juste toléré, il faut évidemment voir jusqu'où ils oseront se risquer dans cette voie. S'ils s'emparent du *Sozialdemokrat, il* me sera impossible de continuer à l'étranger de défendre le parti presque sans condition quoi qu'il arrive, comme je l'ai fait jusqu'ici. Et votre commission d'enquête semble manifester des velléités de s'emparer de l'organe. Au reste, le mécontentement semble provenir essentiellement de ce qu'on les a forcés tout de même à voter contre le projet de subventions à la navigation à vapeur, auquel ils tenaient au fond dé leur âme...

Kautsky vient tout juste d'arriver avec une longue lettre de Bernstein sur le conflit qui l'oppose à la fraction. Je lui ai dit qu'à mon avis Bernstein avait aussi le devoir de donner dans le journal la parole à la base du parti, et que la fraction parlementaire n'a aucun droit de l'en empêcher. S'il se place sur ce terrain, la fraction ne pourra rien contre lui. Deuxièmement, il ne doit pas se laisser pousser par la fraction à poser la question de son maintien au journal, car ces gens veulent précisément se débarrasser de lui et il ne faut pas leur faire ce grand plaisir. Troisièmement, il ne doit pas prendre à son compte la responsabilité pour les articles des autres, sans avoir le droit de les nommer. Tu sais à qui je fais allusion [199]: celui qui a écrit le plus d'articles dans l'histoire de la subvention maritime et a tant mis en émoi la majorité de la fraction. Il semble que Bernstein en ait endossé personnellement la responsabilité. Depuis longtemps déjà il a été amené à engager la lutte contre la section petite-bourgeoise : celle-ci vient simplement de revêtir une autre forme, mais l'objet en reste le même. Je pense comme toi que ces messieurs ne voudront pas pousser l'affaire jusqu'à l'extrême, quoiqu'ils veuillent exploiter au maximum la position que leur donne la loi antisocialiste, sous le régime de laquelle

---

[199] La plupart des articles provenaient de Liebknecht.

A propos de son attitude dans l'affaire de la subvention maritime, Engels écrit à Lafargue dans sa lettre du 19 mai 1885 (non reproduite dans la Correspondance publiée parles Éditions Sociales) : « S'il n'y avait pas de loi anti-socialiste, je semis pour une scission ouverte. Mais tant qu'elle est en vigueur, elle nous prive de toutes les armes et procure au groupe petit bourgeois du parti tous les avantages - et finalement ce n'est pas notre affaire de provoquer la scission. L'affaire était inévitable et devait arriver tôt ou tard, mais elle serait arrivée plus tard et dans des conditions plus favorables si Liebknecht n'avait pas fait des bêtises aussi incroyables. Non seulement il louvoya entre les deux groupes et ,favori sa sans cesse les petits bourgeois, niais il était plusieurs fois prêt à sacrifier le caractère prolétarien du parti pour une unité apparente à laquelle nul ne croit. Il semble que ses propres protégés - les représentants de la tendance petite. bourgeoise - en avaient maintenant assez de son double jeu. Liebknecht croit toujours à ce qu'il dit au moment où il le dit - mais à chaque fois qu'il parle à un autre il dit quelque chose de différent. Ici il est totalement pour la révolution, là totalement pour des ménagements. »

leurs électeurs ne peuvent se déclarer officiellement et authentiquement contre eux et au-dessus d'eux.

A mon avis, l'affaire se déroulerait encore mieux, si le *Sozialdemokrat* cessait de porter la marque *officielle* qu'on lui colle dessus. A l'époque c'était très bien, mais cela ne sert plus à rien maintenant. Tu sais mieux que moi-même, si c'est faisable et comment.

Déjà 25 placards (sur 38) du *Capital*, livre II sont imprimés. Le livre III est en chantier. Il est absolument brillant. Ce renversement total de la vieille économie politique est véritablement inouï. Ce n'est qu'à cela que notre théorie doit que sa base est inébranlable, et que nous son-unes en mesure de faire victorieusement front aux assauts d'où qu'ils viennent. Lorsque tout cela sera publié le philistinisme dans le parti recevra, lui aussi de nouveau un bon coup, et il s'en souviendra. En effet, grâce à ces textes, les questions générales d'économie apparaîtront de nouveau au premier plan [200].

Engels à Ed. Bernstein, 15 mai 1885.

---

[200] Cf. note de la Préface no 19.

Il faut tout de même que je t'envoie de nouveau quelques lignes, car sinon tu deviendrais par trop mélancolique. Kautsky et toi vous semblez trop pleurer misère et on pourrait en faire tout un concert en mode mineur - c'est tout à fait comme la trompette chez Wagner qui retentit aussitôt que survient une mauvaise nouvelle. Alors vous oubliez toujours le vieux dicton : on ne mange pas la soupe aussi chaude qu'on l'a cuite.

L'impression faite sur tout le monde par, la collision entre la fraction parlementaire et la rédaction du *Sozialdemokrat* est immanquablement que la fraction s'est discréditée et ridiculisée. Et si cette dernière tient à récidiver, il ne faut pas l'en empêcher. Si tu avais imprimé leur première brille [201] comme ils le réclamaient, ils se seraient encore ridiculisés davantage, et la « tempête d'indignation » aurait gagné tout le pays. Certes il était difficile de te demander cela tout au début, mais il n'est pas de notre intérêt d'empêcher que la fraction parlementaire *se manifeste telle qu'elle est.* Au point où en sont les choses maintenant, la fraction et la rédaction se font face - pour le public - comme des puissances ayant les mêmes droits. C'est le

---

[201] Engels fait allusion au texte primitif de la déclaration du 2 avril 1885 de la fraction parlementaire au Sozialdemokrat. La fraction parlementaire y affirmait péremptoirement qu'elle portait la « pleine responsabilité du contenu du journal ». Bernstein en ayant douté s'adressa à W. Liebknecht, qui introduisit quelques modifications dans la déclaration primitive.

résultat de là dernière longue proclamation de compromis, fi faut donc attendre la suite.

J'ai eu la visite de Singer dimanche dernier, et j'ai coupé court à tous ses discours : la première déclaration de la fraction, disait-il, n'aurait pas été dirigée tant contre l'article du journal que contre la (prétendue) tentative de susciter une vague d'indignation contre la fraction parlementaire. Cela, dis-je, le public ne peut le savoir. Si vous faites une déclaration publique, elle ne peut que se rapporter à des faits qui sont de notoriété publique. Mais s'ils commencent à s'en prendre au journal pour des choses qui n'y ont même pas été reproduites, le public dira avec raison : Que veulent donc ces messieurs, si ce n'est réprimer les manifestations de la libre opinion ? C'est ce qu'il dut reconnaître. Je dis alors qu'à en juger à un style que je connais bien, la plupart des articles qui avaient déplu, étaient de la plume de Liebknecht. Et Singer de répondre : Tout à fait juste, et nous l'avons aussi dit vertement à Liebknecht dans la fraction.. - Moi : il n'est pas bon d'adresser des reproches publics à un journal qui imprime des données provenant de la fraction elle-même. Vous auriez dû arranger cela entre vous. Au lieu de cela, vous attaquez la rédaction publiquement pour des affaires qui sont purement internes à la fraction parlementaire. Sur quoi la rédaction doit-elle s'appuyer dès lors ? Il ne put rien rétorquer. Bref, ils se sont couverts de ridicule dans cette démarche inconsidérée, et c'est la rédaction qui a remporté la victoire aux yeux du public. C'est ce qu'il dut aussi reconnaître indirectement. Comme je né m'en tins qu'aux points essentiels et écartai tous les racontards personnels dans lesquels il se complaisait, les choses furent réglées en dix minutes.

Cela ne met certes pas encore un point final à l'affaire. Mais nous connaissons maintenant le point faible de ces messieurs. Si j'étais à la tête du *Sozialdemokrat,* je ne mêlerais pas la rédaction aux affaires de la fraction qui pourrait faire comme il lui plait au Reichstag; je laisserais le soin de la critique aux camarades du parti, par le truchement de l' « expression de la libre opinion » que l'on aime tant, et je déclarerai une fois pour toutes à Liebknecht qu'il est lui-même responsable de ses articles vis-à-vis de la fraction, dont il fait partie, afin qu'au moins il cesse son double jeu. Tout ce qu'il nous faut par ailleurs, c'est que le journal continue d'être rédigé dans la même direction énergique. Étant donné toutes les salades que publie notre presse en Allemagne, il importe avant tout de préserver les principes dans le *Sozialdemokrat,* plutôt que de critiquer les façons de faire de la fraction. Les élus ne se chargent-ils pas eux-mêmes d'éclairer l'électeur sur ce que vaut leur élu ? Et pour le reste, on trouve assez d'occasions dans les faits quotidiens pour mettre en évidence la position du parti, même si on abandonne la fraction à elle-même et aux camarades du parti. En effet, ce qui les fait le plus enrager, ce sont précisément les principes, et ceux-là ils ne se permettent pas de les attaquer publiquement.

Le Reichstag va bientôt se séparer. Dans l'intervalle, ces messieurs - bien qu'ils soient presque tous des protectionnistes inavoués - ont pu voir comment fonctionnait le protectionnisme. C'est déjà une première déception, et ils en subiront encore quelques autres. Cela ne change rien à leur caractère philistin, mais doit leur faire perdre un peu de leur assurance dans leurs interventions et provoquer une scission parmi eux dans les questions qui touchent à la petite bourgeoisie, si bien qu'ils seront obligés de prendre position pour ou contre. Il suffit que des gens de cette espèce disposent d'une petite marge de liberté pour qu'ils se rendent mutuellement inoffensifs.

En somme et à mon avis, notre politique est de temporiser. Ils ont la loi anti-socialiste pour eux, et si pendant sa durée d'application ils trouvent simplement l'occasion de montrer ce qu'ils sont, nous avons tout ce qu'il faut pour la suite. Jusque-là nous devons, surtout dans la presse, affirmer jusqu'au bout toutes nos positions, ce qui suscite toujours une opposition directe. Contourner un obstacle est également un moyen utilisé par la défensive accompagnée de coups offensifs en retour. Pour le moment, nous en avons beaucoup contre nous. Bebel est malade et, à ce qu'il semble, découragé. Il ne m'est pas possible non plus d'apporter mon aide comme je le voudrais, tant que je n'en aurai pas fini avec les manuscrits de Marx. Dans ces conditions, le poids de la lutte retombe sur toi et Kautsky. Mais n'oublie pas la vieille règle : ne pas oublier l'avenir du mouvement dans le mouvement et le combat actuels - et l'avenir nous appartiendra [202]. D'un seul coup le troisième livre du *Capital* pulvérise tous ces gaillards.

Ton F. E.

VERS LA SCISSION ?

Engels à F. -A. Sorge, 3 juin 1885.

Tu as eu le même pressentiment justifié que moi à propos des gaillards qui siègent au Reichstag : ils ont laissé poindre

---

[202] Engels réfute à l'avance à l'intention de Bernstein lui-même la fameuse formule qui fonde tout son révisionnisme : « le mouvement est tout et celui-ci dicte les directives au parti ».

leurs énormes ambitions de philistins petits-bourgeois à l'occasion du vote des subventions maritimes. On en est presque arrivé à la scission, ce qui n'est pas souhaitable tant que la loi anti-socialiste est en vigueur. Mais dès que nous aurons de nouveau un peu les coudées franches, la scission se produira sans doute, et alors elle sera utile. Une fraction socialiste petite-bourgeoise est inévitable dans un pays comme l'Allemagne, où la petite-bourgeoisie, plus qu'un droit historique à l'existence, « n'a pas de date du tout ». Elle aura même son utilité dès qu'elle se sera constituée en parti séparé de celui du prolétariat [203].

Mais actuellement cette séparation n'entraînerait que des inconvénients si nous la provoquions. Or donc la meilleure solution serait qu'ils déclarent pratiquement eux-mêmes se séparer de notre programme - et nous pourrions alors leur taper dessus.

---

[203] Dans sa lettre au même F.-A. Sorge du 6-06-1885, Engels complétait ce jugement chargé d'expérience par la remarque suivante : « Dans un pays aussi petit bourgeois que l'Allemagne, le parti doit également avoir une aile droite petite bourgeoise et « cultivée », dont il se débarrassera au moment décisif. Le socialisme petit bourgeois date de 1844 en Allemagne et a été critiqué déjà dans le Manifeste communiste. Il est aussi immortel que le petit bourgeois allemand lui-même. Lorsque ce parti socialiste petit-bourgeois sera constitué, non seulement le prolétariat pourra affirmer plus nettement son caractère de classe, mais la petite bourgeoisie le pourra aussi, de sorte que l'alignement des forces sur le champ de bataille social sera plus clair - ce qui est un avantage pour tous ».

Engels à A. Bebel, 22 juin 1885.

Je réponds tout de suite à ta lettre du 19 que je viens de recevoir ce matin [204], afin que tu puisses l'avoir avant ton grand voyage (en Amérique).

J'ai été tenu au courant des derniers développements dans leurs lignes, du moins pour ce qui a trait aux manifestations

---

[204] Le 19 juin 1885, Bebel avait écrit à Engels « Il y a eu presque rupture entre Liebknecht et moi, et ce, surtout parce que Liebknecht, à mon avis, a voulu par trop favoriser la majorité de la fraction et a tout fait pour masquer les antagonismes existants. Nous nous sommes de nouveau accordés maintenant et différents incidents de ces tout derniers temps - l'intervention de Frohme, Geiser, etc., en public ou en privé - lui ont tout de même ouvert les yeux à la fin; son obstination à ne pas voir les oppositions et à tout vouloir ramener à de petites rancœurs et des malentendus est sérieusement ébranlée... Nous avons constaté une chose au cours de ces derniers mois: le parti tient par lui-même et ne se laisse pas mener par les chefs - quels qu'ils soient. Il est absolument certain qu'on ne veut pas de scission dans le parti, mais ce qui ne l'est pas moins, c'est que la grande majorité exige qu'on cesse de parlementer et de faire des compromis et que ses représentants fassent preuve de l'attitude la plus ferme. Au cours de ces dernières semaines, j'ai reçu tant de témoignages écrits et oraux à ce sujet que je crois qu'il n'y a pas une seule circonscription électorale où la grande majorité ne soit pas d'accord là-dessus. On peut même dire que la fraction parlementaire ne saurait s'illusionner sur ce point. »

publiques. Ainsi j'ai pu lire les diverses incongruités de Geiser et Frohme ainsi que tes brèves et cinglantes réponses [205].

Toute cette salade nous la devons surtout à Liebknecht et à sa manie de favoriser les écrivassiers de merde cultivés et les personnages occupant des positions bourgeoises, grâce à quoi on peut faire l'important vis-à-vis du philistin. Il est incapable de résister à un littérateur et à un marchand qui font les yeux doux au socialisme. Or ce sont là précisément en Allemagne les gens les plus dangereux, et depuis 1845 Marx et moi nous n'avons cessé de les combattre. A peine leur ouvre-t-on la porte du parti qu'ils s'y engouffrent et se mettent en avant - et l'on est obligé d'arrondir sans cesse les angles, parce que leur point de vue petit-bourgeois entre à tout moment en conflit avec le radicalisme des masses prolétariennes ou parce qu'ils veulent falsifier les positions de classe. Malgré tout, je reste persuadé que Liebknecht, lorsqu'il devra vraiment se décider, se rangera à nos côtés et il affirmera par-dessus le marché qu'il n'a jamais dit cela et que nous l'avons empêché de foncer plus tôt dans le tas. Cependant, c'est une bonne chose qu'il ait reçu une petite leçon.

---

[205] Le Sozialdemokrat du 23 avril 1885 avait reproduit un « appel » de militants de Francfort-sur-le-Mein qui critiquait l'opportunisme de la fraction parlementaire ainsi que les tentatives de celle-ci pour imposer sa politique au parti. Karl Frohme réagit par de vives attaques que publia le bourgeois Journal de Francfort. Dès le 8 mai, Bebel s'en prit à Frohme dans une réponse publiée par le Sozialdemokrat.

Il est certain que nous aurons une scission, mais je persiste à penser que nous ne devons pas la provoquer sous le régime de la loi anti-socialiste. Si elle nous tombe sur le poil, il faudra alors y faire face. Il faut donc s'y préparer, et il y a trois postes que nous devons conserver dans tous les cas, à mon avis : 1° l'imprimerie et la maison d'édition de Zurich; 2° la direction du *Sozialdemokrat,* et 3° celle de la *Neue Zeit.* Ce sont les seuls postes qui sont encore entre nos mains, et ils suffisent aussi sous le régime de la loi anti-socialiste pour que nous puissions communiquer avec le parti. Tous les autres postes dans la presse sont aux mains de messieurs les philistins, mais ils ne font pas le poids - et de loin - avec ces trois postes. Tu pourras empêcher maintes choses que l'on projette contre nous et tu devrais, à mon avis, faire en sorte que ces trois postes nous restent assurés d'une façon ou d'une autre. Tu sais sans doute mieux que moi comment il faut engager l'affaire. Bernstein et Kautsky se sentent naturellement très ébranlés dans leur fonction rédactionnelle comme cela se conçoit, et ils ont besoin de réconfort. Il saute aux yeux que l'on intrigue fortement contre eux. Or ce sont là de bons éléments tout à fait utilisables - Bernstein a un esprit théorique très ouvert, et avec cela il a de l'humour et sait répondre du tac au tac, mais il manque encore quelque peu de confiance en lui - ce qui est plutôt rare et est plutôt une chance aujourd'hui, où règne en général la folie des grandeurs même chez la dernière bourrique qui a fait des études. Kautsky a appris une masse considérable de bêtises dans les universités, mais il se donne le plus grand mal à les désapprendre. Or tous deux peuvent supporter une critique franche, fis ont bien saisi l'essentiel et on peut se fier à eux. Ces deux-là sont de véritables perles étant donné la nouvelle génération d'affreux littérateurs qui se pendent aux mamelles du parti.

Je suis en accord total avec ce que tu dis sur les représentants parlementaires en général et l'impossibilité de créer une représentation authentiquement prolétarienne - en temps de paix comme c'est le cas actuellement. Les parlementaires nécessairement plus ou moins bourgeois sont un mal tout aussi inévitable que les ouvriers, qui sont mis au ban par la bourgeoisie et perdent en conséquence leur emploi, et deviennent des agitateurs professionnels à la charge du parti. Ce dernier phénomène était déjà largement engagé en 1839-1848 chez les chartistes, et j'ai pu le constater alors déjà. Lorsque l'indemnité parlementaire sera introduite, ces derniers se rangeront aux côtés des parlementaires des milieux essentiellement bourgeois ou petits-bourgeois, voire « cultivés ». Mais tout cela sera surmonté. J'ai une confiance absolue en notre prolétariat, comme j'ai une méfiance infinie contre tout le philistinisme allemand en pleine décomposition. Et si les temps vont s'animer quelque peu, le combat prendra des formes si aiguës qu'on pourra le mener avec passion; le combat prenant alors de plus amples dimensions, tu verras disparaître l'irritation que suscitent la mesquinerie et le philistisme borné auxquels tu dois aujourd'hui t'opposer dans un harassant combat d'escarmouches, que je connais fort bien par ma vieille expérience de la lutte militante. C'est alors seulement que nous aurons les véritables gens au parlement. Mais bien sûr, il est très facile de parler de loin. Jusque-là tu auras à avaler tout cet infect brouet, et ce n'est vraiment pas agréable. En tout cas, je me réjouis que tu sois de nouveau en bonne forme physique. Épargne tes nerfs pour des temps meilleurs : nous en ayons encore besoin.

Engels à A. Bebel, 24 juillet 1885.

Les chamailleries prennent un tour relativement favorable dans le parti, pour autant que je puisse en juger d'ici. Frohme entraîne ses camarades autant qu'il le peut dans la mélasse - ce qui ne peut que nous être agréable - mais par bonheur Liebknecht est là avec son action salvatrice! Il a averti toute la bande qu'il irait à Francfort pour remettre tout en ordre. Si cela ne réussissait pas, il faudrait que Frohme soit fichu dehors. Dans toute cette affaire, Liebknecht joue le rôle joyeusement comique de la poule qui a couvé des canetons : il a voulu nourrir dans son sein des socialistes « cultivés » et voilà que des philistins et des petits-bourgeois sont sortis de l'œuf - et la brave poule veut nous faire accroître maintenant que ce sont tout de même des poussins qui, certes, nagent maintenant dans le courant bourgeois, mais en tout cas ne sont, pas des canetons. Là aussi il n'y a rien à faire, il faut tenir compte de ses illusions, mais il semble tout de même qu'il soit allé un peu trop loin, à en croire les comptes rendus de la presse [206]. En somme, toute cette affaire suscitera simplement la conscience dans le parti qu'il existe deux tendances dans son sein, dont l'une donne la direction aux masses, l'autre à la majorité des prétendus chefs, et que ces deux tendances doivent diverger de plus en plus fortement. Tout cela prépare la scission qui, viendra plus tard - et c'est très bien. Mais ces messieurs de l'aile droite y réfléchiront à deux fois-avant de lancer un nouvel oukase.

---

[206] Dans une réunion électorale, tenue le 14 juillet 1885 a Offenbach, Liebknecht s'en était pris à l' « Appel » des sociaux-démocrates francfortois. Cette critique ayant soulevé le mécontentement de la section sociale-démocrate de Francfort, Liebknecht publia le 6 août 1885 dans le Sozialdemokrat une déclaration où il prétendait que sa critique n'avait porté que sur le « ton » de l'Appel, mais qu'il appréciait hautement la lutte des sociaux-démocrates francfortois contre la loi d'exception.

Chez Kautsky, tu as touché en plein le point faible décisif. Sa tendance juvénile à se faire un jugement rapide a encore été renforcée par la misérable méthode de l'enseignement de l'histoire dans les universités -notamment en Autriche. - On y apprend systématiquement aux étudiants à faire des travaux historiques à partir d'un matériel dont on sait qu'il est insuffisant, mais qu'ils doivent néanmoins *traiter comme s'il était suffisant,* bref ils doivent écrire des choses qu'ils ne peuvent connaître que de manière erronée, mais qu'ils doivent tenir pour juste. C'est naturellement ce qui a rendu d'abord Kautsky si outrecuidant. Vient ensuite la vie de littérateur - écrire pour toucher des honoraires, et écrire beaucoup. C'est ainsi qu'il n'a absolument aucune idée de ce qu'est un travail véritablement scientifique. Sur ce plan, il s'est sérieusement brûlé les doigts à plusieurs reprises, avec son histoire démographique et ensuite avec ses articles sur le Mariage dans la préhistoire. C'est ce que je lui ai fait comprendre de bonne foi et en toute amitié, et je ne lui épargne rien sur ce plan, critiquant impitoyablement sous cet angle, tout ce qu'il écrit. Par bonheur, je peux le consoler en lui disant que, dans mon impétueuse jeunesse, j'ai fait exactement comme lui, et que je n'ai appris à travailler qu'au contact de Marx. C'est ce qui est aussi d'un grand secours.

Engels à A. Bebel, 28 octobre 1885.

A mon avis, tu ne juges pas les Français de manière tout à fait juste [207]. A Paris, la masse est « socialiste » au sens d'un vague socialisme assez neutre, distillé tout au long des années à partir des Proudhon, Louis Blanc, Pierre Leroux, etc. La seule expérience qu'ils aient faite avec le communisme est celle de l'utopie de Cabet : elle finit dans une colonie-modèle en Amérique, c'est-à-dire par la fuite à l'étranger, les chamailleries et une demie-banqueroute en Amérique [208]. Tout ce qu'il y a en

---

[207] Nous avons reproduit cette lettre, parce qu'Engels y compare avec une objectivité rare et tranchante les côtés forts et les côtés faibles du mouvement ouvrier français et allemand de l'époque. Engels y montre notamment comment en France le parlementarisme a des racines plus profondes et joue plus directement en faveur des partis politiques bourgeois, du fait de l'intense activité politique de toutes les classes. Du fait de l'activité parlementaire sans grands effets pratiques en Allemagne, la social-démocratie bénéficie plus directement des voix des ouvriers, ceux-ci n'étant pas tentés de tirer un profit pratique immédiat de leur vote - ce qui met davantage la tactique parlementaire à l'abri des tentations et dévoiements opportunistes en Allemagne. A propos de la discussion sur l'opportunité de participer ou non à l'activité parlementaire à l'époque moderne, cf. La question parlementaire dans l'Internationale communiste, Édit. Programme communiste, 1967, p. 59.

[208] Dès 1847, les communistes allemands de Londres avaient pris position contre cette entreprise, cf. l'article intitulé Le projet d'émigration du citoyen Cabet, publié dans la Kommunistische Zeitschrift de septembre 1847, en trad. fr. in : « Oeuvres complètes de

plus leur vient d'Allemagne, et il n'y a pas lieu de s'étonner que la France - le pays qui de 1789 à 1850 non seulement formula avec le plus de force et de rigueur les idées politiques, mais les traduisit encore en pratique -, se cabre un peu à l'idée de sanctionner elle-même la démission de la direction théorique de la révolution, surtout après la glorieuse Commune et en faveur, par-dessus le marché, d'une Allemagne que les ouvriers de Paris ont pratiquement vaincue en 1870, étant donné que l'armée allemande ne s'est pas risquée à occuper Paris, un cas qui, il faut bien le dire, ne s'est jamais produit auparavant dans l'histoire militaire [209]. Avec tout cela, comment les ouvriers français pourraient-ils avoir une vision plus claire ? Même l'édition française du *Capital* est, pour eux, un livre qui reste plein de mystères, et pas seulement pour eux, mais encore pour ceux qui sont cultivés. Tout ce qu'ils connaissent, c'est mon *Développement du socialisme [Socialisme utopique et socialisme scientifique]*, et celui-ci a eu un effet surprenant, en vérité. Aucun des chefs - je fais abstraction ici de Vaillant qui, en tant que blanquiste, a une tout autre tactique que nous - ne sait l'allemand. Madame Lafargue traduit en ce moment - enfin - le

---

Karl Marx, Le Manifeste communiste », Éditions Costes, 1953, pp. 177-181.

[209] Le lecteur trouvera une analyse détaillée des problèmes militaires de la Commune dans le n° 11 de Fil du Temps sur la Crise actuelle et la Stratégie révolutionnaire, pp. 168-178.

Manifeste en bon français. La compréhension de la théorie est encore assez fruste, même chez les chefs, et si tu connaissais Paris tu comprendrais combien la vie y est facile et l'agitation est simple, mais qu'il est en revanche difficile d'y travailler sérieusement. Dans ces conditions, d'où pourrait bien venir aux ouvriers français une plus claire conscience des choses ?

A cela s'ajoute, en ce qui concerne les élections, une autre chose. En Allemagne, on vote facilement pour un social-démocrate, parce que nous sommes le seul parti d'opposition véritable et que le Reichstag n'a tout de même pas voix au chapitre, si bien qu'il importe peu finalement que l'on vote pour l'un ou pour l'autre des « chiens que nous sommes de toute façon ». A la rigueur, on peut considérer le Centre comme un parti ayant une politique autonome. Sur ce plan, les choses se passent tout autrement en France. Étant donné que la Chambre est la puissance décisive dans le pays, il importe de ne pas laisser perdre son bulletin de vote. Et de plus, il faut savoir que les gambettistes représentent un progrès par rapport aux monarchistes, comme les radicaux par rapport aux gambettistes - et c'est ce que la pratique confirme aussi. La réaction des hobereaux s'étale en Allemagne depuis 1870, et tout régresse. En France, ils ont maintenant les meilleures écoles du monde, avec une sévère obligation scolaire, alors que Bismarck ne réussit pas à en finir avec les curés, ils ont été totalement évincés des écoles en France. Notre armée allemande - abstraction faite de la progression des éléments sociaux-démocrates - est plus que jamais l'instrument le plus infâme de la réaction. En France, le service militaire obligatoire pour tous a considérablement rapproché l'armée du peuple, et *c'est elle avant tout* qui rend impossible une restauration de la monarchie (cf. 1878). Et si maintenant les radicaux accèdent au pouvoir et sont obligés de réaliser leur programme, cela signifie : décentralisation de l'administration, auto-administration des départements et des communes, comme en Amérique et en France dans les années 1792-98, la séparation de l'Église et de l'État, chacun payant lui-même son curé. Pas plus en Allemagne qu'en France, nous ne sommes encore capables de diriger l'évolution historique. Mais cette évolution n'en est pas pour autant immobile. Il se trouve simplement qu'elle est momentanément en régression dans l'Empire allemand, tandis qu'en France elle progresse toujours. Mais notre tour viendra bientôt - et ce sera le cours lent, mais sûr de l'histoire - dès lors que les partis bourgeois et petits-bourgeois auront effectivement et tangiblement démontré leur incapacité de diriger le pays et qu'ils seront là comme ces bourriques. (En Allemagne, nous pourrions arriver au pouvoir un peu plus tôt à la suite d'une révolution en France, mais seulement au cas où l'ouragan européen nous entraînerait dans son tourbillon.) C'est pourquoi, en un. sens, les ouvriers parisiens s'en remettent à leur juste instinct en soutenant à chaque fois le parti le plus radical *possible*. Dès que les radicaux seront au pouvoir, ce même instinct les poussera dans les bras des communistes, car les radicaux ne jurent que par le *vieux* programme confus des socialistes *(non* communistes), et ils doivent faire faillite en même temps que lui. Et dès lors l'instinct coïncidera avec la raison, le parti le plus radical possible étant alors le parti du prolétariat lui-même - et alors cela ira vite.

Cependant les Anglais et les Français ont depuis longtemps déjà oublié leur virginité pré-révolutionnaire, alors que nous autres Allemands nous traînons toujours encore avec nous cet ornement parfois très gênant, puisque nous n'avons pas encore fait jusqu'ici de révolution *autonome*. L'un et l'autre ont leurs avantages et leurs inconvénients, mais il serait injuste de mesurer l'attitude des ouvriers des trois pays d'après un seul et même étalon.

PROBLÈMES DE LA VIOLENCE

Fr. Engels à A. Bebel, 17 novembre 1885.

J'ai répondu en détail à une longue lettre de Schumacher [210] justifiant sa position lors du vote sur la subvention maritime, et j'ai réaffirmé à cette occasion mon vieux point de vue. Si pour ménager les soi-disant préjugés de certains électeurs, on ne veut pas voter *systématiquement* contre une aide de l'État tirée de la poche des ouvriers et des paysans au profit de la bourgeoisie, il

---

[210] Cette réponse d'Engels n'a pu être retrouvée. Dans sa lettre du 14 août 1885 à Engels le parlementaire social-démocrate Georg Schumacher justifiait son opportunisme dans le débat sur les subventions maritimes par un argument éculé, mais plus vivace que jamais aujourd'hui, à savoir que les subventions aux propriétaires de lignes maritimes profiteraient « indirectement » aussi aux ouvriers des arsenaux. Il osait y écrire : « Nous avons appris par l'enseignement d'un F. Engels, Marx et Lassalle que nous ne pouvons pas atteindre notre but par des conjurations ou des putschs et que pour instaurer la législation socialiste (?! ?!) il faut une ténacité que l'on n'obtient que par la diffusion de la lumière socialiste. » Après cette envolée, les « nécessités économiques » : « Les dix mille hommes qui sont occupés dans les chantiers maritimes allemands et qui n'ont pas de travail (?!) nous avions la volonté d'intervenir en leur faveur sous certaines garanties pour la subvention maritime. » Enfin cette perle coloniale : « Notre parti a toujours voté pour tout ce qui contribue à rapprocher les peuples et à éliminer les haines raciales, et aucune autre autorité ne doit payer la subvention maritime pour la bourgeoisie allemande. »

faut voter seulement, a mon avis, lorsque l'État consent une aide d'un égal montant au profit direct des ouvriers, urbains et campagnards - notamment pour des coopératives d'ouvriers agricoles sur des domaines de l'État [211].

Afin d'éviter des malentendus, je l'ai prié de faire toujours état de la *lettre entière,* au cas où il l'utiliserait auprès d'autres camarades.

Voilà que Liebknecht passe très -hardiment au premier plan : la série écrite en prison, la lecture du *Capital* à moitié oublié et la prise de conscience toujours plus claire d'être assis entre deux

---

[211] Dans sa lettre à Bebel du 17 novembre 1885 (reproduite plus haut dans notre recueil), Engels avait proposé de ne voter une aide de l'État à la bourgeoisie qu'en échange d'une aide égale pour le prolétariat, notamment pour la création de coopératives d'ouvriers agricoles sur les domaines de l'État, mais il faisait en sorte que cette proposition ne soit pas réalisable tant que la bourgeoisie était au pouvoir. Il soulignait que ce projet aurait un effet explosif sur, le prolétariat agricole de l'Allemagne de l'Est qu'il fallait absolument conquérir pour saper le régime bonapartiste en Allemagne.

Au cours des débats sur les subventions maritimes, Liebknecht abusa de cette proposition d'Engels - déjà conciliant - de la manière la plus maladroite au moment où, en première lecture, le social-démocrate Blos se déclara prêt à faire voter le groupe en faveur des subventions, Bebel seul y étant opposé. Dans un article publié le 5 janvier 1885, Liebknecht avait cité quelques extraits seulement de la lettre d'Engels pour justifier ses compromis, cf. note no 149.

chaises, tout cela semble avoir eu un effet très utile [212]. J'en suis très content – pourvu que cela dure. Au moment décisif, il se trouvera certainement du bon côté, mais jusqu'à ce qu'on en vienne là, il nous occasionnera les pires tourments avec ses tendances à se dissimuler les difficultés - ce qu'il tient pour de la diplomatie, domaine dans lequel il nous dépasse tous de très loin.

La guerre européenne commence à nous menacer sérieusement. Ces misérables vestiges de petites nations surannées - Serbes, Bulgares, Grecs et autre racaille pour laquelle le philistin libéral éprouve des transports - ne peuvent souffrir que l'un quelconque d'entre eux vive tranquillement et ne peuvent s'empêcher de se prendre à la gorge pour se dépouiller. Que tout cela est merveilleux et conforme aux aspirations du philistin qui s'enthousiasme pour le principe des nationalités [213], selon lequel chacune de ces tribus naines dispose du droit de paix et de guerre pour toute l'Europe. Le premier

---

[212] Wilhelm Liebknecht purgeait alors une peine de prison de quatre semaines pour avoir « injurié » le député national-libéral Sparig. Durant son emprisonnement, il écrivit quatre articles sur « la journée de travail normale » pour le *Sozialdemokrat*.

[213] En ce qui concerne la critique du principe des nationalités (dont le monde actuel est affligé plus que jamais aujourd'hui par les revendications prétendument démocratiques et « communistes »), cf. Marx-Engels, La Russie, Édit. 10/18, pp. 205-210.

coup de feu est tiré à Dragoman - mais nul ne peut dire où et quand le dernier sera tiré.

Notre mouvement avance de manière admirable : partout, vraiment partout, les conditions sociales travaillent à le servir. Nous avons encore tant besoin de quelques années de développement tranquille pour nous renforcer, qu'il ne faut pas souhaiter jusque-là de grand chambardement. Celui-ci, en effet, ne ferait que nous repousser à l'arrière-plan pour des années, et il serait ensuite probable qu'il nous faudrait de nouveau tout recommencer par le début - comme après 1850.

Au reste, une guerre pourrait susciter à Paris une révolution, qui par ricochet pourrait de nouveau déclencher le mouvement dans le reste de l'Europe. Dans ce cas - dans des conditions certainement génératrices de chauvinisme aigu - les Français seraient les chefs - ce dont leur niveau théorique de développement les rend absolument incapables. C'est précisément pour les Français - qui depuis 1871 ne cessent de se développer excellemment sur le plan politique, avec la conséquence logique qui leur est propre quoiqu'elle leur soit inconsciente - à savoir que quelques années de règne tranquille des radicaux seraient le plus précieux. En effet, ces radicaux se sont appropriés tout le socialisme moyen, courant dans le pays, ce bric à brac d'idées de Louis Blanc, Proudhon, etc., et nous aurions un intérêt énorme à ce qu'ils aient l'occasion de tuer ces phrases dans la praxis.

Par contre, une grande guerre, si elle venait à éclater, mettrait aux prises six millions de soldats sur les champs de bataille et coûterait une quantité inouïe d'argent. Cela aboutirait à un bain de sang, à des destructions et enfin à un épuisement sans précédent dans l'histoire. C'est ce qui explique aussi que ces messieurs en aient eux-mêmes une telle peur. Et voici ce que l'ont peut prédire : si cette guerre arrive ce sera l'ultime, et ce sera l'effondrement total de l'État de classe, sur le plan politique, militaire, économique (même financier) et moral. Cela peut aller jusqu'au moment où la machine de guerre elle-même se rebelle et refuse que les populations s'entre-déchirent à cause de ces lamentables peuples balkaniques. C'est le mot cher à l'État de classe : après nous le déluge! (en Fr.). Or, après le déluge, c'est nous qui arriverons - et nous seuls.

Les choses restent en l'état : quoi qu'il puisse arriver, cela tourne en un moyen de porter notre parti au pouvoiret de mettre fin à toute la fripouillerie. Mais j'avoue que je souhaite que tout se passe sans cette tuerie, car elle n'est pas indispensable. Mais si elle doit avoir lieu, alors je veux espérer que ma vieille carcasse ne m'empêchera pas au moment voulu de remonter à cheval.

Engels à A. Bebel, 12 avril 1886.

Merci pour le compte rendu des débats sur la prolongation de la loi anti-socialiste - il nous a fait grand plaisir [214]. Voilà au

---

[214] Le Reichstag débattit les 30 et 31 mars 1886 sur le projet de loi de prolongation de la loi anti-socialiste, qui fut adopté par 169 voix contre 137. Bebel ironisa dans son discours : « Si vous êtes capables d'arrêter la prolétarisation des masses, si vous êtes capables de mettre en oeuvre des moyens tangibles pour cela, alors la loi anti-socialiste n'est plus du tout nécessaire, car alors vous fêtiez disparaître progressivement de ce monde la social-démocratie sans loi anti-socialiste. Mais si vous en êtes incapables alors toutes vos lois anti-socialistes ne pourront pas non plus vous sauver de la social-démocratie. » La droite entra en fureur lorsque Bebel déclara que la monarchie allemande, si elle suivait l'exemple du despote russe, devrait s'attendre à recevoir les mêmes coups que le tsarisme russe (allusion à l'assassinat d'Alexandre III). Bebel ne faisait que répéter ce qu'Engels avait écrit à Kaustky le 26 et 27-6-1894 : « Ainsi ils ont tué au couteau Sadi Carnot, cette pauvre bête stupide et ennuyeuse - le premier Français qui ait fait carrière en cultivant l'ennui - et cela en France! Bien, niais maintenant Alexandre III vase mettre à réfléchir sur l'alliance franco-russe, et dira : merci, tout cela je peux l'avoir aussi chez moi, et moins cher! »
Bismarck et Puttkamer accusèrent aussi Bebel de prêcher le terrorisme. Bebel reprit la parole et expliqua la position sociale-démocrate sur cette question, cf. note no 169.
Liebknecht déclara fièrement : « Messieurs, les dés sont jetés pour ce qui concerne la loi anti-socialiste, la majorité est assurée de sa prolongation... Nous n'en appelons pas à votre commisération. le résultat nous est indifférent : nous vaincrons de toute façon - si vous faites le

moins, de nouveau, quelque, chose qui est à la hauteur du mouvement, et c'est l'impression que l'on en a depuis le début jusqu'à la fin. Même Liebknecht est redevenu comme dans le temps : la concurrence française semble avoir un effet salutaire. Le spectacle de toute cette bande - on dirait presque meute - qui se presse autour de toi pour aboyer et t'attaquer et qui est repoussée à grands coups de fouet, ce spectacle est proprement réjouissant. Quelle chance qu'en dehors de vous deux, il n'y ait eu que Vollmar qui ait dit quelques mots et que Singer, bassement attaqué dans sa personne, air dû répondre avec violence, tandis que la masse des dociles de là fraction parlementaire avait le doigt dans la bouche. La peur de ces messieurs devant le régicide est ridicule. Eux-mêmes ou leurs pères ont tous chanté :

---

pire, cela tournera au meilleur pour nous! Plus vous serez enragés, plus vite ce sera votre fin : tant va la cruche à l'eau qu'à la fin elle se casse ! »

Singer dénonça au Reichstag l'activité des mouchards et provocateurs envoyés par la police politique dans le mouvement ouvrier. Le flic Ferdinand Ihring s'était infiltré fin 1885 dans une section berlinoise sous le nom de Mahlow et y incitait les ouvriers à des actions de terrorisme individuel et cherchait à recruter des mouchards pour la police. Singer assista à la réunion où les ouvriers démasquèrent Ihring. Au lieu de se défendre simplement, les dirigeants sociaux-démocrates passaient cette fois-ci à l'attaque.

Qui n'a jamais eu autant de déveine
Que notre bourgmestre Tschech [215] ?
De n'avoir pu réussir, à deux pas,
À abattre ce gros lard!

---

[215] Tschech, le maire de Storkow, avait tenté de tuer Frédéric-Guillaume IV. Certes, Marx-Engels furent amenés à condamner certains attentats individuels, parce qu'ils avaient été organisés parla police pour justifier, à l'heure de son choix, une répression et une action préventive contre le mouvement ouvrier. En outre, contrairement à certains anarchistes, le marxisme affirme qu'on ne peut « faire » la révolution par cette seule méthode. Ceci étant, Marx-Engels ont admis les attentats et actions individuelles pour diverses raisons : pour refreiner l'ardeur de certains agents trop zélés de la bourgeoisie ou de la réaction assurés que, quoi qu'ils fassent, ils jouiraient de l'impunité; pour faire respecter le mouvement révolutionnaire qui ne saurait se. laisser intimider par une répression à sens unique qui le démoraliserait; dans certaines conditions révolutionnaires déterminées. Ainsi Engels écrivait-il à propos des attentats individuels perpétrés en Russie dans les années 1880 : « Les agents du gouvernement commettent des atrocités. Contre de telles bêtes féroces, il faut se défendre comme on peut - avec de la poudre et du plomb. L'assassinat politique en Russie est le seul moyen, dont disposent les hommes intelligents, ayant une dignité et du caractère, pour se défendre contre les agents d'un despotisme inouï. » Et Engels souligne ici qu'interdire la liberté d'action du Parti révolutionnaire, en lui déniant le droit à la révolution -comme c'est toujours le cas en Allemagne, sous la pression des Alliés russes, américains, etc. -, c'est préparer précisément les conditions sociales et politiques d'actions semblables à celles qu'exigeait le despotisme tsariste. Pour ce qui est de la prise d'otages, Marx rappelle que c'est précisément l'Allemagne officielle qui l'a rétablie, cf. la fin de l'Adresse sur la Commune du Conseil général de l'A.I.T., in : la Guerre civile en France, 1953, Éditions Sociales, p. 61. Cf. notes n° 82 et 85. Sur la violence et la légalité, cf. le Fil du Temps en langue allemande, Faden der Zeit, n° 4.

A l'époque, la bourgeoisie avait, il est vrai, encore un peu de force vitale, et la différence apparaît précisément dans le fait que cette chanson a eu pour auteur la baronne von Droste-Vischering en 1844, alors que le Kulturkampf est mené aujourd'hui avec les armes les plus éculées, brandies par les bras les plus fatigués...

Il semble que Bismarck ait été très en colère, mais il parlait manifestement à l'adresse du kronprinz : Laura et Tussy répondront certainement à ses ridicules accusations contre Marx [216]. Parmi les autres discours, celui de Hänel est le meilleur du point de vue juridique : il met en lumière l'absurdité de la revendication selon laquelle les citoyens ne doivent pas seulement se plier devant l'État de manière extérieure, mais encore *intérieure,* puisqu'on réclame que *l'intention* et sa simple formulation soit déclarée coupable, bref quelque chose qui se situe en dehors du champ d'application de la loi. De telles exigences montrent combien toutes les conceptions juridiques de la bourgeoisie ont fait naufrage en Allemagne. Les

---

[216] Dans la séance du 31-3-1886 sur la prolongation de la loi antisocialiste, Bismarck avait accusé Marx d'avoir couvé dans son sein des assassins. Les faits sur lesquels il fondait ses dires étaient si vagues et si confus que son jargon ne -résistait à aucune logique ni règle grammaticale. Engels informa le§ filles de Marx, Laura et Eléanore, qui répondirent par la déclaration que nous reproduisons après la lettre 124-1886 d'Engels à Bebel.

conceptions juridiques n'ont jamais existé que chez la bourgeoisie d'opposition, alors que dans la réalité nous avons toujours eu l'absence de droit de l'État policier, soit ce qui, dans d'autres pays, ne se fait que de façon honteuse ou a été imposé par un coup d'État (exception faite toujours de l'Irlande).

Déclaration des filles de Marx

Sozialdemokrat no 16, 15 avril 1886.

Dans la séance du Reichstag du 31 mars, Monsieur de Bismarck a affirmé selon le compte rendu sténographique : « Il [Bebel] s'est référé à Marx. Eh bien, que Marx n'ait pas élevé des meurtriers, cela je ne le. sais pas; car pour autant que j'ai entendu dire, l'homme qui a tiré sur moi les coups de revolver dont je porte encore les cicatrices, est Blind, un disciple de Marx. » À cette peur étrange qu'éprouve Monsieur de Bismarck pour feu notre père, nous répondrons comme suit : 1. Ferdinand Blind n'avait plus vu ni parlé à Marx douze ou treize ans environ avant l'attentat; 2. Si Ferdinand Blind a tiré sur Monsieur de Bismarck et a marché courageusement à la mort pour cette action, il ne pouvait avoir que de courageux motifs de patriotisme allemand, car il cherchait à préserver l'Allemagne d'une guerre civile, et l'opinion publique allemande, libérale, progressive et démocratique, bref la bourgeoisie allemande, des actes de violence de Bismarck. Or ces deux choses étaient au plus haut point indifférentes à notre père; 3. Monsieur de Bismarck, dont Louis Bonaparte était le maître et le modèle à suivre, tout comme les autres « grands hommes » dont se pare le règne capitaliste en déclin fie sont que des figures qui amusaient au plus haut point Marx et qui ne sont à la rigueur que des auxiliaires indirects et involontaires de la révolution prolétarienne. Marx n'avait pas le moindre intérêt à ce que de telles personnes soient sauvées par une mort prématurée de leur inévitable Sedan, aussi bien intérieur qu'extérieur; 4. L'idée qui fait frissonner et trembler comme dans les mauvais romans, à savoir qu'un homme comme Marx pouvait s'adonner à « l'élevage de meurtriers » démontre une fois de plus combien Marx avait raison de ne voir en Bismarck qu'un junker prussien hautement borné malgré toute sa rouerie, un homme d'État tout à fait incapable de saisir un quelconque grand mouvement historique.

Paris et Londres, le 14 avril 1886. Laura Lafargue, Eléanore Marx-Aveling.

LA FUTURE GUERRE MONDIALE ET LA RÉVOLUTION

Engels à A. Bebel, 13 septembre 1886.

Ce qui m'étonne dans toute cette histoire bulgare et orientale [217], c'est que les Russes commencent maintenant seulement à s'apercevoir, comme Marx en informait l'Internationale dès 1870, qu'ils sont devenus l'arbitre de l'Europe grâce à l'annexion de l'Alsace, etc. [218]. La seule

---

[217] Le traité de San Stefano qui avait mis fin à la guerre russo-turque de 1877-78 avait donné de telles prérogatives à la Russie dans les Balkans que l'Angleterre et l'Autriche-Hongrie, appuyées secrètement par l'Allemagne, ne purent le supporter. Une pression diplomatique et des menaces militaires forcèrent la Russie à réviser à son détriment ce traité au Congrès de Berlin (13-6 au 13-7-1878). En septembre 1885, il y eut un soulèvement de patriotes bulgares en Rumélie orientale, dans le Sud de la Bulgade, qui en vertu des décisions du congrès de Berlin était restée sous domination turque. Le gouverneur turc fut renversé, les autorités nommées par la Porte chassées et la province rattachée à la Bulgarie.

[218] Cf. Marx, la Seconde Adresse du Conseil de l'A.I.T.

explication possible en est : depuis la guerre, le système militaire prussien de *landwehr* a été réintroduit partout - dès 1874 en Russie - et qu'il lui faut de dix à douze ans pour développer une forte armée correspondante. Or celle-ci existe maintenant en France aussi - et alors cela peut démarrer. C'est ce qui explique aussi que l'armée russe, noyau du panslavisme, exerce sur le gouvernement une pression telle que le tsar a dû surmonter sa répulsion pour la France républicaine et n'ait eu qu'une alternative pour la politique russe en Orient : ou bien la poursuivre en alliance avec la France ou avec l'accord de Bismarck. Pour Bismarck et l'Empereur, l'alternative était la suivante : d'une part, résister à la Russie et avoir alors la perspective d'une alliance franco-russe et d'une guerre mondiale, ou la certitude d'une révolution russe grâce à l'alliance des panslavistes et des nihilistes; d'autre part, céder à la Russie, autrement dit trahir l'Autriche. Que Bismarck et Guillaume n'aient pu agir autrement qu'ils l'ont fait - cela s'entend de *leur* point de vue - et le plus grand progrès réside précisément dans le fait que les intérêts des Hohenzollern deviennent, incompatibles aux yeux de tous avec ceux de l'Allemagne, voire que cette opposition apparaisse comme insurmontable.

Dans cette lettre et les suivantes, Engels montre à l'avance quels seront les effets de la future guerre mondiale sur la révolution, soit une perspective tout autre que pacifique et idyllique permettant une réformiste « transcroissance progressive et non violente au socialiste ».

L'Empire allemand sera mis en danger de mort par son fondement prussien.

Pour l'heure, on arrivera toujours à rafistoler les choses pour que cela tienne jusqu'au printemps; mais les panslavistes voient grandir leur appétit au fur et à mesure qu'ils mangent, et ils n'auront plus d'occasion aussi favorable avant longtemps. Si les Russes parviennent à occuper la Bulgarie, alors ils continueront en direction de Constantinople - s'ils ne se heurtent pas à des obstacles majeurs -par exemple, à une alliance de l'Angleterre de l'Autriche et de l'Allemagne. C'est ce qui explique les cris de détresse lancés par Bismarck à l'Angleterre afin qu'elle mène une politique active contre la Russie - et c'est ce qu'a repris maintenant le *Standard* qui le répète quotidiennement, afin que *l'Angleterre* évite la guerre mondiale [219].

---

[219] Bismarck défendait alors l'idée que les puissances russes, autrichiennes et allemandes devaient éviter la guerre parce qu'elles pouvaient redouter la révolution en cas de défaite. Bismarck ne voyait pas seulement ce danger pour la Russie, mais encore pour l'Allemagne : « Au temps où nous vivons, plus qu'à aucune autre époque de l'histoire, il est de l'intérêt des grandes monarchies d'éviter la guerre... même en Allemagne - si contre toute attente nous venions à être vaincus - les chances de la république démocratique ou sociale gagneraient considérablement par notre défaite » (document préparé en français par Bismarck pour servir d'aide-mémoire lors des discussions avec le tsar, lors de sa visite à Berlin en 1887, cf. Die Grosse Politik, V, p. 320).

En tout cas l'antagonisme entre l'Autriche et la Russie s'est aiguisé dans les Balkans, au point que la guerre semble plus vraisemblable que la paix. Et ici, il n'y a plus de localisation possible de la guerre. Mais ce qui résultera de tout cela - celui qui en sortira vainqueur - il n'est pas possible de le dire à l'avance. Il est incontestable que l'armée allemande est la meilleure et la mieux dirigée, mais ce n'est qu'une armée parmi de nombreuses autres. Les Autrichiens ont des réactions imprévisibles, même sur le plan militaire tant pour ce qui est des. effectifs que de la direction. De fait, ils ont toujours su faire battre les meilleurs soldats. Comme toujours, les Russes se mystifient eux-mêmes sur leurs forces, colossales sur le papier; fis sont extrêmement faibles dans l'offensive, mais forts dans la défense de leur propre pays. En dehors de leur commandement, leur point le plus faible est la pénurie d'officiers susceptibles de commander les masses énormes, et le pays ne produit pas une telle quantité de gens instruits. Les Turcs sont les meilleurs soldats, mais le commandement est misérable, s'il n'est pas vendu purement et simplement. Enfin les Français souffrent d'un manque d'officiers, étant donné qu'ils sont politiquement trop évolués pour pouvoir tolérer une institution comme le volontariat d'un an et que le bourgeois français est tout à fait opposé à la guerre (personnellement). Nulle part, sauf chez les Allemands, le nouveau système n'a encore subi l'épreuve du feu. Tant en ce qui concerne le nombre que la qualité, ces grandeurs sont donc difficiles à calculer. Ce qui est sûr des Italiens, c'est qu'à effectifs égaux ils sont battus par n'importe quelle armée. Il est absolument impossible de prévoir comment ces différentes grandeurs se grouperont les unes contre les autres dans une guerre mondiale. Le poids dé l'Angleterre - tant de sa flotte que de ses énormes ressources - croîtra à mesure que la guerre se prolongera, et si elle hésite, au début, à faire intervenir ses soldats, son corps expéditionnaire pourra tout de même emporter la décision finale.

Tout cela implique que rien ne se passe à l'intérieur de ces différents pays. Or pour ce qui, est de la France, fi est possible qu'une guerre porte au pouvoir lés éléments révolutionnaires, qu'en Allemagne une défaite ou la mort du Vieux (Guillaume) provoque un violent changement de système - cela peut à son tour donner lieu à d'autres regroupements des belligérants. Bref, il y aura un chaos et la seule certitude est : boucherie et massacre d'une ampleur sans précédent dans l'histoire; épuisement de toute l'Europe à un degré inouï jusqu'ici, enfin effondrement de tout le vieux système.

Il ne pourrait en découler un résultat direct pour nous qu'à la suite d'une révolution en France, mais celle-ci donnerait aux Français le rôle d'émancipateur du prolétariat européen. Pour ce dernier, ce ne serait pas la solution la meilleure, à mon avis, car elle accroîtrait à l'infini le chauvinisme dans les esprits français. Une crise violente en Allemagne à la suite de la défaite militaire ne serait utile que si elle aboutissait à la paix avec la France. La meilleure solution serait la révolution russe, que l'on ne peut cependant escompter qu'après de très lourdes défaites de l'armée russe.

Ce qui est certain, c'est que la guerre aurait pour premier effet de rejeter notre mouvement M'arrière-plan dans toute l'Europe, voire le disloquerait totalement dans de nombreux pays, attiserait le chauvinisme et la haine entre les peuples, et parmi les nombreuses possibilités négatives nous assurerait seulement d'avoir à recommencer après la guerre par le commencement, bien que le terrain lui-même serait alors bien plus favorable qu'aujourd'hui.

Qu'il y ait ou non la guerre, une chose est acquise : le philistin allemand s'est réveillé avec terreur de son sommeil tranquille et est de nouveau contraint d'intervenir activement dans la politique. Étant donné qu'entre l'actuel bonapartisme prussien sur une base semi-féodale et la république socialiste qui sera notre premier stade, il y a encore de nombreuses phases intermédiaires à parcourir, il ne peut que nous être utile que le bourgeois allemand soit de nouveau obligé à faire son devoir politique en faisant opposition à l'actuel système, afin que les choses se remettent enfin quelque peu en mouvement de nouveau. C'est la raison pour laquelle j'attends avec tant de curiosité -la nouvelle session du Reichstag. Comme je ne reçois aucun journal allemand en ce moment, tu me ferais grand plaisir en m'envoyant de temps à autre des feuilles allemandes avec des comptes rendus de séances importantes, notamment de politique extérieure.

Liebknecht m'a raconté longuement que l'Allemagne était indignée de ce que Bismarck ait plié le genou devant les Russes [220]. Il était avec moi à Eastbourne au bord de la mer : il est très en forme et tout va « merveilleusement » comme toujours; comme les sociaux-démocrates de l'aile droite ne font plus d'histoires tirant à conséquence et ont dû en rabattre quelque peu, Liebknecht peut de nouveau parler sur un ton révolutionnaire et se manifester partout où c'est possible comme l'élément le plus énergique. Je lui ai bien fait comprendre que j'en savais plus sur ces histoires qu'il ne le désirait peut-être, et comme il est en gros sur la bonne voie, il n'y avait absolument aucune raison de ne pas le recevoir très cordialement. Je n'ai aucune idée de ce qu'il a pu te rapporter

---

[220] Engels évoque le contexte historique de l'humiliation de Bismarck dans son article sur la Situation politique en Europe, cf. Marx-Engels : Le Parti de classe, IV, pp. 71-75.

sur les conversations que nous avons eues, et je n'en suis donc pas responsable.

14 sept. Nouvelle interruption, et je dois faire en sorte que j'en aie fini avant la levée du courrier, afin que tu reçoives cette lettre jeudi matin au plus tard. La Diète hongroise se réunit également ces jours-ci, et les débats sur les salades bulgares n'y manqueront pas. Ce qui serait le plus favorable pour nous, ce serait un refoulement pacifique ou belliqueux de la Russie, car ce serait alors la révolution dans ce pays. Les panslavistes y participeraient alors, mais seraient dupés le lendemain. C'est là un point sur lequel Marx s'exprimait toujours avec la plus grande assurance - et je ne connais personne qui connût si bien la Russie, tant pour ce qui est de ses affaires extérieures, Il disait qu'à partir du moment où le vieux système était brisé en Russie par n'importe qui - n'importe quelle Assemblée représentative -, ce serait la fin de la politique russe d'empiètements et de conquête, si bien que tout y serait alors dominé par les questions intérieures. Et dès lors que cet ultime rempart de la réaction y sera brisé, la répercussion sur l'Europe sera énorme, et nous le remarquerons en premier en Allemagne.

Engels à A. Bebel, 23-25 octobre 1886.

Je pense aussi que Bismarck s'est engagé bien davantage avec les Russes qu'il n'y était obligé pour garder l'équilibre avec la France. En dehors de ce que tu dis [221] et qui est bien l'essentiel -la raison principale en est que les Russes lui ont dit, et il sait que cela est vrai : « Nous avons besoin de grands succès du côté de Constantinople ou bien, alors, c'est la *révolution.* »

Alexandre III, et même la diplomatie russe, ne peuvent conjurer l'esprit panslaviste et chauvin qu'ils ont suscité, sans consentir de lourds sacrifices, car sinon les généraux tordront le cou à Alexandre III, et alors il y aura une assemblée nationale constituante - qu'ils le veuillent ou non. Or ce que Bismarck redoute le plus c'est une révolution russe, car la chute du tsarisme russe entraîne avec elle celle du règne prusso-bismarckien. Et c'est pour cela qu'il met tout en oeuvre pour

---

[221] La Neue Zeit (IV, 1886, n° 11) avait publié un article de Bebel sur l'Allemagne, la Russie et la question orientale. Dans sa lettre du 12-10-1886 à Engels, il avait écrit : « Je pense que Bismarck s'est engagé plus à fond avec la Russie que ce n'était nécessaire eu égard à la France... Il me semble que la Russie opère de sorte qu'elle puisse en découdre seule avec l'Autriche. Si elle force l'Autriche à ouvrir le feu, alors Bismarck ne serait pas obligé d'aider l'Autriche... Si c'était la guerre européenne, je suis certain qu'une révolution européenne s'ensuivrait... Je suis enfin d'avis que c'est précisément ce fait qui retient Bismarck, bien plus que la peur de né pas être en état d'affronter la Russie et la France.

empêcher l'effondrement de la Russie - malgré l'Autriche, malgré l'indignation des bourgeois allemands, malgré que Bismarck sache qu'il enterre lui aussi en fin de compte son système, qui repose par ailleurs sur l'hégémonie allemande en Europe, et qu'au jour de la mort du vieux Guillaume, la Russie ainsi que la France ne se contenteront plus de simples menaces.

Ce qu'il y a de pire, étant donné la canaillerie des individus qui nous gouvernent, c'est que nul ne peut prévoir quel sera le regroupement des combattants : avec qui l'un s'alliera et *contre* qui il s'alliera. Il est clair que l'issue finale en sera la révolution, MAIS AVEC QUELS SACRIFICES ! AVEC QUELLE DÉPERDITION DE FORCES - ET APRÈS COMBIEN DE TOURMENTS ET DE ZIGZAGS !

Cependant nous avons encore le temps jusqu'au printemps, et d'ici là il peut se passer beaucoup de choses. Cela peut démarrer en Russie, le vieux Guillaume peut mourir et l'Allemagne peut suivre une autre politique, les Turcs (qui maintenant que l'Autriche leur a enlevé la Bosnie, et l'Angleterre l'Égypte, ne voient plus que des traîtres en leurs anciens alliés) peuvent de nouveau sortir du sillage russe, etc.

Tu ne peux pas avoir de plus mauvaise opinion que moi de la bourgeoisie allemande. Mais on peut se demander, si elle ne sera pas obligée, contre sa volonté, par les circonstances historiques, à intervenir de nouveau activement - exactement comme la française. Celle-ci est également misérable en ce moment, et la nôtre la surpasserait certainement, mais elle devrait tout de même oeuvrer de nouveau à sa propre histoire. J'ai lu aussi avec satisfaction ce que Berger a dit au Reichstag [222], mais cela ne vaudra qu'aussi longtemps que Bismarck vivra. Je ne doute pas, un instant qu'ils *aient l'intention* de laisser tomber leurs propres phrases « libérales », mais on peut se demander s'ils le pourront, lorsque Bismarck ne sera plus là, lui qui règne a leur place, et qu'ils n'auront plus en face d'eux que des hobereaux simples d'esprit et des bureaucrates bornés, c'est-à-dire des hommes de leur propre calibre moral. Qu'il y ait la guerre ou la paix, l'hégémonie allemande est anéantie depuis quelques mois, et l'on redevient le laquais servile de la Russie. Or, ce n'était que cette satisfaction chauvine, a savoir être l'arbitre de l'Europe, qui cimentait tout le système politique allemand. La crainte du prolétariat fait certainement le reste. Et

---

[222] Le national-libéral Louis Konstanz Berger avait déclaré le 20-5-1886 à la Chambre prussienne qu'il n'attendait plus un gouvernement libéral à son goût et à celui de ses amis, et que dans les conditions existantes il fallait déjà se satisfaire, dans le meilleur des cas, d'un gouvernement conservateur modéré.

Bebel avait écrit dans sa lettre à Engels du 12-10-1886 « Le bourgeois allemand est le plus grand lâche et débile qui soit au monde : dans tous ses membres il y a la peur de nous. »

si ces messieurs les bourgeois sont admis au gouvernement, ils agiront certainement au début comme tu le décris, mais ils seront bientôt obligés de parler autrement. Je vais encore plus loin : même si, après que le charme soit rompu par la mort du vieil Empereur, les mêmes qu'aujourd'hui restaient au pouvoir, ils seraient, ou bien obligés de démissionner à la suite de collisions - pas seulement dues aux intrigues de la Cour -, ou bien ils devraient agir dans le sens bourgeois. Naturellement pas tout de suite, mais avant peu.

Une stagnation telle que celle qui règne actuellement dans le domaine politique en Allemagne et qui évoque véritablement le second Empire [223] ne peut être qu'un état d'exception passager. La grande industrie ne se laisse pas dicter ses lois par de lâches industriels : le développement économique suscite sans arrêt des bouleversements et les pousse jusqu'à l'extrême, bref, il ne souffre pas à la longue que les hobereaux semi-féodaux régentent le pays avec leurs velléités féodales.

---

[223] Engels avait défini comme suit la fonction du bonapartisme que Bismarck introduisit à son tour en Allemagne : « La caractéristique du bonapartisme vis-à-vis des ouvriers comme des capitalistes, c'est qu'il les empêche de se battre entre eux. Autrement dit, il défend la bourgeoisie contre les attaques violentés des ouvriers, favorise les petites escarmouches pacifiques entre les deux classes, tout en enlevant aux uns comme aux autres toute espèce de pouvoir politique. » (La question militaire prussienne et le Parti ouvrier allemand, 1865, in : Marx-Engels, Écrits militaires, L'Herne, p. 483.)

Au reste, il est possible aussi qu'à la vitesse à laquelle ils réarment depuis ce printemps ils soient bientôt armés de pied en cap, et qu'ils commencent à avoir peur de déclencher l'affaire, du moins tant qu'existe encore la possibilité d'un compromis réciproque, l'un d'eux propose un plan et des solutions, par exemple que les petits États existant en Europe soient avalés par les grands qui tous participeront à la curée. Il est tout à fait vraisemblable que Bismarck travaille déjà à un tel moyen de sauvetage.

VICTOIRES ÉLECTORALES ?

Engels à Fr.-A. Sorge, 3 mars 1887.

Nous, pouvons être très satisfaits des élections en Allemagne [224]. L'accroissement des voix est brillant, surtout si l'on considère la pression énorme, non seulement du gouvernement, mais encore des fabricants qui, partout où c'était possible, contraignirent leurs ouvriers à choisir entre le licenciement et le vote obligatoire pour les bismarckiens. Je crains que cela ne se répète encore dans les élections de ballottage, dont les résultats ne sont pas encore connus ici. Le pape interdit aux catholiques de voter pour nous, ces messieurs les progressistes préfèrent les bismarckiens, aux socialistes, et les fabricants exercent leur pression directe - et si dans de telles conditions nous arrachons encore quelques sièges, nous les aurons vraiment gagnés [225]. Cependant ce n'est pas le nombre des sièges qui importe, mais uniquement la démonstration statistique du progrès ininterrompu du parti.

---

[224] Le 14 janvier 1887, Bismarck avait dissous le Reichstag qui n'avait pas voté pour sept ans, mais trois ans seulement son projet de loi militaire. Les élections au Reichstag eurent lieu le 21 février 1887. Malgré une propagande effrénée contre la social-démocratie, celle-ci obtint 763 128 voix. Malgré un gain de voix, le nombre des mandats sociaux-démocrates tomba de 24 à 11, à la suite de la tactique électorale suivie par le cartel favorable à Bismarck et un découpage électoral adéquat. Le nouveau Reichstag vota le programme de Bismarck pour sept ans.

[225] Le scrutin de ballottage permit aux sociaux-démocrates de gagner encore 5 sièges, à Breslau, Elberfeld, Francfort-sur-le-Mein, Hanovre et Solingen.

Tu estimes que nos gens se discréditent en faisant élire des gens comme Geiser, Frohme, Viereck, etc. [226]. Mais ils ne peuvent faire autrement. Ils doivent prendre les candidats où ils les trouvent et tels qu'ils les trouvent. C'est le sort commun à tous les partis ouvriers lorsque les chambres ne versent pas d'indemnités parlementaires. Mais cela est sans importance. Nos gens ne se font pas d'illusions sur leurs représentants; la meilleure preuve en est la défaite complète de la fraction parlementaire dans sa lutte contre le *Sozialdemokrat*. Et ces messieurs les parlementaires le savent aussi fort bien, ceux de l'aile droite savent qu'ils ne sont tolérés qu'à cause de la loi anti-socialiste et s'envoleront dès que le parti aura de nouveau obtenu sa liberté d'action [227]. Et alors encore la représentation parlementaire sera assez minable; mais je pense qu'il est préférable que le parti soit meilleur que ses héros parlementaires - que l'inverse.

---

226   Dans la correspondance publiée par Sorge, celui-ci réduit cette liste au seul Viereck, cf. Briefe und Auszüge aus Briefen von Joh. Phil. Becker usw., Stuttgart 1906. Il en est de même dans sa traduction française des Éditions Costes.

227   Ce jugement pessimiste témoigne du peu d'estime qu'Engels pouvait avoir pour les parlementaires sociaux-démocrates. Est-il besoin de dire que sa prévision de l'exclusion des députés sociaux-démocrates opportunistes ne s'est pas vérifiée après l'abrogation de la loi anti-socialiste - au grand dam du mouvement ouvrier allemand. Dans ce cas, comme dans presque tous les autres, les jugements sévères d'Engels, contre les déviations opportunistes, n'ont pas eu d'effet pratique.

En ce qui concerne Liebknecht, tu peux aussi être tranquille. On le considère en Allemagne pour ce qu'il est. J'ai rarement connu un homme sur lequel les jugements des gens les plus divers concordent à ce point. Alors qu'il s'imagine qu'il les a tous dans sa poche, ils le jugent de manière très critique. Il est d'un optimisme incorrigible, notamment pour toutes les affaires dans lesquelles il a trempé. Il croit fermement qu'il est l'âme du mouvement, qu'il fait tout, dirige tout, et que ce ne sont que les autres « ânes » qui gâchent les choses; il est fortement enclin à ne vouloir que des affaires bien ordonnées et pour cela il masque toutes les oppositions sous un flot de paroles; enfin, il ne peut s'empêcher d'obtenir des succès extérieurs à tout moment - même au prix de pertes durables. Or tout le monde se rend parfaitement compte de toutes ces tendances de Liebknecht. Mais tout le monde sait aussi que tous ces défauts ne sont que le revers de ses précieuses qualités, et que, sans ces faiblesses, il ne pourrait réaliser ce qu'il réalise effectivement. Tant que Bebel demeurera à ses côtés, il occasionnera bien sûr beaucoup de contrariétés et d'ennuis, mais il ne fera pas de gaffes majeures. Et quand l'heure de la scission d'avec les petits bourgeois aura sonné, il les défendra certes jusqu'à la dernière minute, mais il sera au bon endroit. au moment décisif.

J'espère que ta santé s'améliorera avec le printemps.

Engels à Julie Bebel, 12 mars 1887.

Si je prends la liberté de vous écrire aujourd'hui, c'est dans l'espoir d'avoir grâce à vous quelques nouvelles de, mon ami Bebel qui séjourne pour l'heure dans l'institution close de Zwickau [228]. Depuis le séjour de Singer à Londres en décembre, je suis sans nouvelles de Bebel. De toute façon, je sais que son emprisonnement n'aura aucun effet sur son énergie morale, mais je serais néanmoins heureux d'apprendre que sa santé physique ne se trouve pas défavorablement affectée. Il a dû être très dur pour lui d'être derrière les barreaux durant la lutte électorale, mais il peut se réjouir d'autant plus des résultats, qui correspondent littéralement à la prédiction qu'il a faite avec moi il y a quelques mois déjà : fort accroissement du nombre de

---

[228] A. Bebel, I. Auer, J.H.W. Dietz, P.H. Müller, C. Ulrich, L. Viereck. G. von Vollmar, K.Fr. Frohme et St. Heinzel furent jugés devant le tribunal de Chemnitz pour avoir « fomenté une association secrète ». L'aecusationse fondait sur leur participation au congrès illégal de Copenhague. Mais les accusés durent être acquittés. Le ministère public fit alors opposition au jugement, et l'affaire fut finalement renvoyée pour de nouveaux débats devant le tribunal de Freiberg. Celui-ci condamna Auer, Bebel, Ulrich, Viereck, Vollmar et Frohme à neuf mois de prison et Dietz, Müller et Heinzel à six mois. Bebel fut emprisonne à Zwickau du 15 novembre 1886 au 14 août 1887.

voix, niais perte de mandats [229]. Il est facile de prendre son parti de cette dernière - car seule l'absence de Liebknecht représente une véritable perte -, et qui plus est c'est même un avantage à de nombreux points je vue. C'est ce que reconnaissent même des gens dont on attendrait difficilement cet aveu, à savoir des gens qui sont intérieurement satisfaits du parlementarisme, et déclarent maintenant à qui veut l'entendre que c'est une bonne chose que le parti et surtout sa fraction parlementaire ait échappé au danger de succomber aux tentations parlementaristes. C'est une excellente chose que les raisins deviennent parfois acides! En revanche les 225 000 voix nouvelles que nous avons conquises, malgré la pression la plus vive, représentent un nouveau pas en avant qui a eu son effet dans toute l'Europe et l'Amérique, et ils gâchent même le triomphe momentané de messieurs nos gouvernants.

C'est précisément cette absence de précipitation, ce progrès mesuré, mais sûr et irrésistible qui a quelque chose de formidablement imposant et qui doit susciter chez nos gouvernants le même sentiment d'angoisse qu'éprouvait le prisonnier

---

[229] Lors des élections du 21 février 1887, Liebknecht se présenta à Offenbach (7 957 voix), à Brème (7 742) et à Mitweida (7 655). Dans ces trois villes, il gagna à chaque fois des voix, sans obtenir cependant une majorité. Ce n'est qu'à l'occasion d'une élection partielle à Berlin, le 30 août 1888 qu'il retrouva son siège au Reichstag.

de l'Inquisition d'État à Venise à la vue des murs de sa cellule qui avançaient d'un pouce chaque jour, si bien qu'il pouvait calculer avec précision le jour où il devait être broyé entre les quatre murs.

Pendant tout l'automne et l'hiver, la diplomatie russe et prussienne a œuvré pour réussir à mener une guerre localisée et pour éviter une guerre européenne. Les Russes eussent bien aimé écraser la seule Autriche, et la Prusse la seule France, tandis que les autres eussent assisté au spectacle. Hélas ces gentils efforts se contrecarraient réciproquement, car celui qui eût frappé le premier eût provoqué une guerre mondiale. Tout enfant - sauf les tristes sires qui gouvernent l'Europe - sait fort bien que le temps des guerres localisées est passé, mais les grands hommes d'État sont bien obligés maintenant de s'en rendre compte eux aussi, et ils redoutent tout de même un peu un conflit incendiant le monde entier, car ses effets sont imprévisibles et leur contrôle échappe aux armées prussienne et russe elles-mêmes. Et c'est en quoi réside, à mon avis, la seule garantie de paix que nous ayons encore..

Engels à H. Schlüter, 19 mars 1887.

C'est une véritable chance que les nôtres ne forment plus de « fraction » au Reichstag [230], du moins pour quelques années. Il est réjouissant de voir combien le « parlementarisme » tombe en discrédit subit chez tant de gens dont on n'attendrait pas une telle attitude. Le principal, c'est la rapidité irrésistible et sans cesse croissante de l'augmentation des suffrages.

Nous menons une guerre de siège contre notre ennemi, et tant que nos tranchées ne cessent de progresser et de resserrer l'étau, tout va bien. Nous sommes maintenant tout près du second parallèle, où nous dresserons nos, batteries démontables et pourront déjà faire taire l'artillerie adverse. Or, si nous sommes déjà assez avancés pour que les assiégés ne puissent être dégagés momentanément de ce blocus par une guerre mondiale, alors nous pouvons calculer le moment où l'artillerie qui ouvrira des brèches dans le glacis adverse commencera son tir et où nous pourrons passer à l'attaque. Mais jusque-là, la lente et tranquille progression des travaux du siège sont la meilleure garantie contre un assaut prématuré et contre des sacrifices inutiles.

---

[230] La social-démocratie allemande ne disposait plus que de 11 sièges au Reichstag après les élections du 21 février 1887. Pour pouvoir déposer des motions ou des interpellations, il fallait réunir au moins 15 députés.

Le plus drôle dans tout cela, c'est que les assiégés proclament l'état de siège contre nous, les assaillants!

IV.

SUCCÈS DE LA SOCIAL-DÉMOCRATIE ALLEMANDE

« En Allemagne les choses se développent de manière régulière. C'est une armée bien organisée et bien disciplinée, qui devient chaque jour *plus* grande et avance d'un pas assuré, sans se laisser détourner de son but. En Allemagne, on peut pour ainsi dire calculer M'avance le jour où notre parti sera le seul en mesure de prendre en main le pouvoir » (Engels à Pablo Iglesias, 26-03-1894).

FONDATION
DE LA IIe INTERNATIONALE

Engels à August Bebel, 5 janvier 1889.

Il faut que je t'écrive aujourd'hui à la demande [de P. Lafargue] sur deux points délicats, si ma vue le permet. Dans les deux cas, on craint que Liebknecht, à l'occasion du voyage qu'il a prévu de faire ici et à Paris, ne veuille engager le parti dans une direction non souhaitable (surtout s'il vient *seul),* et je ne peux donner tort à ceux qui le craignent, étant donné qu'il est sujet à des sautes d'humeur, qui à leur tour reposent sur le fait qu'il s'illusionne sur lui-même [231].

---

[231] Les textes de ce chapitre montrent le rôle décisif joué par Engels dans la création de la IIe Internationale, et l'on est proprement étonné de voir l'inconséquence et le manque de sens politique dont ont fait preuve à cette occasion les dirigeants français et plus encore, si l'on peut dire, allemands du mouvement ouvrier. A propos de Bebel lui-même, Engels écrit : « Tu ne peux avoir idée de la naïveté des Allemands. J'ai eu une peine infinie à faire comprendre même à Bebel de quoi il s'agissait en réalité, bien que les possibilistes le savaient fort bien et le proclamaient tous les jours » (Engels à F.-A. Sorge, 8 juin 1889). D'après la lettre de P. Lafargue à Fr. Engels, il semble même que Bebel ait renoncé à combattre les possibilistes : « Dans sa lettre, Bebel dit qu'il

À Paris, il s'agit du congrès international [232] (ou des deux congrès, celui des possibilistes ou des nôtres) décidé au congrès

---

serait ridicule de tenir un autre congrès international si les possibilistes organisent leur congrès » (23-3-1889).

Le mouvement ouvrier français traversait à cette époque l'une des périodes les plus sombres de son histoire, et c'est pour lui venir en aide qu'Engels entreprit essentiellement de faire échec aux possibilistes en apportant aux « marxistes » français l'appui décisif de la nouvelle Internationale dans laquelle le social-démocrate devait jouer un rôle de premier plan.

C'est en se basant sur la force matérielle du parti allemand qu'Engels parvint au bout du compte à surmonter tant d'obstacles et put même mettre au pas, si l'on peut dire, les velléités des dirigeants des partis ouvriers des petits pays de jouer les trublions dans le mouvement international. Dans sa lettre du 27-9-1890 à F.-A. Sorge, Engels écrit finalement que les résultats essentiels du congrès de fondation de la IIe Internationale ont été : « Premièrement, nous avons montré en 1889 aux petits (Belges, Hollandais, ,etc.), grâce à notre propre congrès, que nous ne nous laissons pas mener par le bout du nez par eux, et Us feront attention la prochaine fois. Deuxièmement, les possibilistes semblent en pleine dissolution. »

On trouvera divers textes sur la création de la IIe Internationale dans les ouvrages suivants : Pr. Engels-P. et L. Lafargue, Correspondance, tome II, 1887-1890, Paris, Éditions sociales; Correspondance Fr. Engels, K. Marx et divers publiée par F.-A. Sorge, vol. II, Éditions Costes; Marx-Engels, Le Parti de classe, tome IV, pp. 33-36.

[232] Le congrès de Saint-Gallen de la social-démocratie allemande avait chargé le Comité central en 1887 « de convoquer de concert avec les organisations ouvrières d'autres pays un congrès ouvrier international pour l'automne 1888 ». Un peu auparavant le congrès des syndicats britanniques avait décidé, lui aussi, de convoquer une conférence ouvrière internationale en 1888. Le parti allemand entra en liaison avec les syndicats anglais et déclara qu'il était disposé à renoncer à son

des syndicats à Bordeaux en novembre [233] et récemment encore au congrès socialiste de Troyes [234]. Lafargue redoute que Liebknecht ne se soit laissé entraîner parles possibilistes et qu'il puisse admettre que vous participiez à *leur* congrès. J'ai écrit à. Lafargue qu'à mon avis cela était absolument exclu de votre part. Les possibilistes ont lutté à mort contre les nôtres, ceux qu'on appelle les marxistes, en se targuant d'être la seule église, celle « hors de laquelle il n'est point de salut », après avoir absolument interdit toute liaison et toute action commune avec les autres - les marxistes aussi bien que les blanquistes - et conclu une alliance avec l'église londonienne « hors de laquelle

---

propre congrès, s'il était invité au leur, mais sans résultat. En effet, les syndicats insistèrent sur les conditions d'admission au congrès prévu à Londres, conditions inacceptables aussi bien pour les syndicats que pour le parti allemand. Le congrès fut donc remis à plus tard, les négociations s'avérant interminables.

[233] Les syndicats français tinrent leur congrès national du 28 octobre au 4 novembre à Bordeaux. La plupart des 272 fédérations ou chambres syndicales étaient représentées par des délégués - « marxistes ». Après que la police ait déclaré que le congrès était dissous parce qu'un drapeau rouge était étalé sur la tribune, les séances se poursuivirent à Le Bouscat, dans la banlieue de Bordeaux. Le congrès décida de convoquer, à l'occasion du centième anniversaire de la révolution française, un congrès ouvrier international à Paris. Cette décision fut ratifiée au congrès de Troyes.

[234] Le congrès de Troyes se tint en décembre 1888 et ratifia la proposition du congrès des syndicats de Bordeaux. Il décida également de présenter la candidature du terrassier Boulé (contre Boulanger) à la suite des élections partielles qui devaient avoir lieu à la suite de la mort du député socialiste Hude.

il n'est point de salut » - la Social *Democratic Federation* - dont le but - et non le moindre - est de combattre partout le Parti allemand jusqu'à ce qu'il cède, se rallie à cette triste bande et abjure toute communauté de vue avec les autres français et anglais. Par-dessus le marché, il se trouve que les possibilistes sont vendus à l'actuel gouvernement, qui leur paie leurs frais de déplacement, de congrès et de presse à partir de fonds secrets - tout cela sous prétexte de combattre Boulanger et de défendre la République, donc aussi les exploiteurs opportunistes de la France - les Ferry, etc. -, leurs actuels alliés. Et ils défendent l'actuel gouvernement radical qui, pour rester en place, doit exécuter toutes les besognes les plus dégoûtantes pour le compte des opportunistes [républicains bourgeois modérés des années 1880]. Ceux-ci ont, par exemple, fait taper sur le peuple lors de l'enterrement d'Eudes, et à Bordeaux, à Troyes comme à Paris il s'en prend aux drapeaux rouges avec plus de rage que n'importe quel gouvernement précédent [235]. Marcher de concert avec cette bande serait renier toute la politique extérieure que vous avez menée jusqu'ici. Il y a deux ans, cette bande a fait cause commune à Paris avec les syndicats anglais

---

[235] Engels fait allusion à l'incident survenu au congrès des syndicats à Bordeaux, cf. note no 187. L'enterrement du général de la Commune Émile Eudes fut l'occasion le 8 août 1888 d'une gigantesque manifestation des ouvriers parisiens. Les manifestants portèrent d'innombrables drapeaux rouges et revendiquèrent l'instauration d'une nouvelle Commune. La police dispersa de force la manifestation.

vendus pour s'opposer aux revendications socialistes [236], et s'ils ont pris une autre position en novembre, c'était parce qu'ils ne pouvaient faire autrement. Avec cela, ils ne sont forts qu'à Paris, et ils n'existent pas en province. La preuve: ils ne peuvent pas tenir de congrès à Paris, parce que les provinciaux ou bien ne viendraient pas, ou bien leur seraient hostiles, et en province, ils ne peuvent pas non plus tenir de congrès. Il y a deux ans, ils se sont rencontrés dans un coin perdu des Ardennes, et cette année ils croyaient pouvoir trouver un refuge à Troyes, où certains conseillers municipaux avaient trahi leur classe après les élections et avaient rejoint les rangs des possibilistes. Mais ceux-ci ne furent pas réélus, et leur comité - leur propre comité

---

[236] Engels fait allusion à la conférence internationale réunie en 1886 à Paris parles possibilistes. Se limitant aux simples questions économiques, la conférence avait abordé les questions d'une législation internationale du travail, de la journée de travail « normale », ainsi que de la formation professionnelle. Cette conférence chargea, en outre, les possibilistes de la convocation d'une conférence internationale à Paris pour 1889. La conférence de 1886 révéla l'extrême faiblesse des opportunistes et de leurs alliés : outre eux-mêmes, quelques délégués des syndicats anglais et quelques Belges, l'assistance était composée d'un Allemand, d'un Australien, d'un Suédois, d'un Autrichien et d'un délégué d'une association allemande de Londres.

Le Congrès des syndicats anglais de Londres confirma en 1888 la décision de charger les possibilistes de la préparation d'un congrès international en 1889 à Paris,

- invita *tous* les socialistes français [237]. Là-dessus ce fut la plus grande indignation dans le camp parisien; on chercha à revenir sur tout cela, mais vainement. C'est ce qui explique qu'ils n'allèrent pas à leur propre congrès, dont nos marxistes s'emparèrent et tinrent avec éclat. Tu peux voir d'après le document ci-inclus du congrès syndical de Bordeaux de novembre, ce que les syndicats de province pensent d'eux. Ils ont neuf hommes au Conseil municipal de Paris, et leur tâche principale est de contrecarrer par tous les moyens l'activité socialiste de Vaillant, de trahir les ouvriers et de recevoir en échange, pour eux et leurs caudataires, de l'argent et le monopole sur les bourses du travail [238].

---

[237] En décembre 1888, les possibilistes avaient prévu de tenir un congrès ouvrier à Troyes. Or comme le comité d'organisation local eut l'idée d'inviter des délégués de toutes les formations ouvrières et socialistes de France, et donc aussi les marxistes, les possibilistes renoncèrent finalement à assister au congrès.

[238] Les bourses du travail étaient des institutions créées après 1885 auprès des municipalités des grandes villes et constituées par les représentants des divers syndicats de métier. Au début, elles étaient conçues comme organes de l'État et recevaient très fréquemment des subsides officiels, étant donné qu'on entendait les utiliser pour détourner les ouvriers de la lutte de classe. Les bourses du travail se chargeaient de procurer du travail aux chômeurs, de créer de nouveaux syndicats, de former des militants syndicaux et enfin des questions de grève.

Les marxistes, qui dominent en province, sont le *seul* parti anti-chauvin de France et se sont rendus impopulaires à Paris en raison de. leur prise de position en faveur du mouvement ouvrier allemand [239] : prendre part à un congrès qui leur serait hostile, ce serait une gifle que vous vous donneriez à vous-mêmes en plein visage.

Engels à Paul Lafargue, 27 mars 1889.

---

[239] Dans sa lettre à P. Lafargue du 3 octobre 1889, Engels cite un exemple concret de la collaboration entre le parti français et allemand : « J'ai écrit à Bebel pour qu'on envoie un peu d'argent pour l'élection de Guesde, dont j'apprécie parfaitement l'importance. J'espère que ce sera accepté, mais il faut considérer que les Allemands ont déjà donné 500 fis pour le congrès, 1 000 pour Saint-Étienne, 900 pour le rapport du congrès (dont la première livraison ne fait guère honneur à ceux qui l'ont rédigée, et, dirait-on, s'y sont donnés un mal terrible pour estropier les noms), 2 500 pour le journal pour lequel ils réservent, en outre, plus de 3 500 frs. Cela fait 8 400 frs votés pour des objets internationaux, et cela à la veille de leurs propres élections générales! »

Il faut dire à l'honneur du Parti ouvrier français qu'il ne demeura pas en reste, bien que son geste fût plutôt symbolique. « Les Français collectent pour vos élections; je doute fort qu'il en sorte quelque chose d'important, niais ce qui est l'essentiel, c'est la démonstration internationale » (à Bebel, 23-01-1890).

Vous connaissez la formule de Hegel : tout ce qui a été gâté l'a été pour de bonnes raisons. Et vos amis parisiens se sont donnés le plus grand mal pour en démontrer la justesse. Voici les faits : après la disparition du *Socialiste,* votre parti s'est effacé de la scène internationale. Vous aviez abdiqué, et vous étiez morts pour les autres partis socialistes à l'étranger. C'était entièrement la faute de vos ouvriers, qui, ne voulaient ni lire, ni soutenir l'un des meilleurs organes que le parti ait jamais eu. Mais après avoir ruiné votre organe de communication avec les autres socialistes, il vous faut inévitablement subir les conséquences naturelles de cette action.

Les possibilistes étant restés seuls possesseurs du champ de bataille, profitèrent de la situation que vous leur avez faite : ils ont trouvé des amis - Bruxellois et Londoniens - grâce auxquels ils apparaissent maintenant dans le monde comme les seuls représentants des socialistes français. Ils ont réussi à attirer à leur congrès les Danois, les Hollandais et les Flamands, et vous savez quelle peine nous avons eue à annihiler les succès remportés par eux. Or voici que les Allemands vous offrent l'occasion, non seulement de revenir en scène avec éclat, mais de vous voir reconnus par tous les partis organisés *d'Europe, comme* les seuls socialistes français avec lesquels ils veulent fraterniser. On vous offre l'occasion d'effacer d'un seul coup l'effet de toutes les erreurs commises, de vous rétablir dans la situation que vous méritez par votre intelligence théorique, mais que votre tactique erronée a compromise; on vous offre un congrès, où se présenteront tous les partis ouvriers véritables - même les Belges. On vous offre la possibilité inespérée d'isoler les *possibilistes qui* devront ainsi se borner à tenir un congrès fantôme. En somme, on vous offre bien plus que vous n'étiez en droit d'espérer, étant donné la situation que vous vous étiez faite vous-mêmes. Eh bien, la saisissez-vous des deux mains ? Pas du tout, vous jouez à l'enfant gâté, vous marchandez, vous demandez plus, et quand enfin on parvient à vous faire accepter ce qui est convenu par tous, vous vous lancez dans des considérations qui compromettent tout ce qu'on a obtenu pour vous.

Il n'est qu'une chose qui doive vous intéresser, c'est qu'il y ait un congrès à Paris, où vous soyez reconnus par tous comme le seul parti socialiste français au plan international et qu'à l'inverse le congrès des possibilistes soit un congrès fantôme, en dépit de tout l'éclat que peuvent lui procurer le 14 Juillet et les fonds secrets. Tout le reste est secondaire, et moins que secondaire. Pour vous remettre sur pieds, il faut que votre congrès se réunisse, et peu importe alors qu'il soit un four aux yeux du public bourgeois. Pour reconquérir votre position en France, il faut qu'au plan international on vous reconnaisse et condamne les possibilistes. On vous l'offre - et vous faites la moue!

Comme je vous l'ai déjà dit, je crois que la date que vous proposez est la meilleure pour ce qui concerne l'effet *en France*. *Or* il aurait fallu que vous en parliez à La Haye [240]. Ce n'est pas la faute aux autres, si au moment décisif vous êtes passés dans la pièce voisine de sorte que tout s'est passe sans vous. J'ai scrupuleusement exposé vos arguments à Bebel, en le priant de les considérer avec soin, mais j'ai dû ajouter qu'à mon avis il fallait assurer la tenue du congrès, quelle qu'en soit la date, et que toute démarche compromettant cette réunion serait un faux pas. N'oubliez pas qu'en rouvrant les débats sur la date, vous allez vous perdre dans des discussions et des chamailleries sans fin et que vous aurez probablement réuni toutes les voix vers la fin octobre pour vous réunir... le 14 juillet, si toutefois on

---

[240] Une conférence internationale des socialistes s'était tenue à la Haye le 28 février 1889 à l'instigation des sociaux-démocrates allemands en vue de définir les conditions pour la tenue d'un congrès ouvrier international à Paris. Y assistèrent des représentants de l'Allemagne, de la France, de la Belgique, de la Hollande et de la Suisse. Les possibilistes déclinèrent l'invitation qui leur avait été faite de participer à la conférence et n'acceptèrent donc pas ses résolutions. -La conférence de la Haye fixa aussi bien la date que les prérogatives et l'ordre du jour du congrès, et permit de préparer le congrès de fondation de la IIe Internationale; Engels joua un rôle déterminant dans la mise en oeuvre de cette conférence de la Haye.

s'accorde sur une nouvelle date quelconque sans une nouvelle conférence qui n'aura certainement jamais lieu.

Et alors vous m'écrivez avec une naïveté toute parisienne : « On attend avec impatience la fixation *de* la date du congrès international! » Or cette date était fixée fin septembre, et le même « on » (qui « attend ») - ce même « on » veut bouleverser cette date et ouvrir un nouveau débat! « On » devra attendre jusqu'à ce que les autres aient pris connaissance des nouvelles propositions de ce même « on », les aient discutées et se soient mis d'accord - si toutefois un tel accord est possible!

« On s'attend aussi à ce que les Belges protestent. » Or ce ne sont pas seulement les Belges qui protesteront, tous sont bien décidés à protester. Nous aurions certainement déjà à faire face à cette protestation, si vous n'aviez pas tout remis en question en demandant de changer la date. Or tant que l'on ne se sera pas mis d'accord là-dessus, rien ne sera fait.

Acceptez donc ce que l'on vous offre, car le point décisif c'est bien la victoire sur les *possibilistes*. *Ne* compromettez pas la tenue du congrès, ne donnez pas de prétexte aux Bruxellois de se tirer d'affaire, de tergiverser et d'intriguer. N'embrouillez pas de nouveau ce que l'on a conquis pour vous! Vous ne pouvez pas avoir tout ce que vous désirez, mais vous pouvez avoir la victoire.

Ne poussez pas les Allemands qui font tout pour vous, au point qu'ils devront désespérer d'agir de concert avec vous. Retirez votre demande de changement de date, agissez en hommes, et non en enfants gâtés who want to eat *their cake and to have it* (qui veulent manger leur gâteau et l'avoir encore) - sans cela, je le crains, il n'y aura pas de congrès, et les possibilistes se moqueront de vous, et avec raison.

Bien à vous,

F. E.

P.-S. - Naturellement j'ai écrit à Bebel que vous *acceptez toutes* les résolutions *de La Haye,* mais il rétorquera qu'à la fin vous remettez tout en question.

Je n'ai pas trouvé Bernstein, je ne pourrai donc vous expédier les adresses suisses que demain. Notre pamphlet commence à faire son effet ici [241].

---

[241] Engels fait allusion au pamphlet intitulé « Le congrès ouvrier international de 1889. Une réponse à la Justice », publié dans le

Engels à Wilhem Liebknecht, 5 avril 1889.

Notre pamphlet - diffusé à quelque 2 000 exemplaires à Londres et 1 000 en province et, grâce à Eléanore Marx, aux endroits justes - a fait l'effet d'une bombe et a ouvert une énorme brèche dans le réseau des intrigues de Hyndman-Brousse, et ce, à l'endroit décisif. Les gens d'ici ont subitement été éclairés sur le contenu réel de l'affaire et se sont aperçus que Hyndman leur a honteusement menti sur le congrès, les partis socialistes français, les Allemands et le congrès de La Haye, et leur a caché les faits les plus importants. Les éléments rebelles et progressifs des syndicats que Hyndman était en passe d'attraper s'adressent maintenant à Bernstein, et tout le monde réclame des éclaircissements supplémentaires. Dans son propre

---

Sozialdemokrat des 30 mars et 6 avril 1889. Bernstein avait rédigé un premier texte de ce pamphlet à l'initiative d'Engels en réponse à l'article de la Justice du 16 mars 1889 intitulé « Les sociaux-démocrates allemands « officiels » et le congrès international à Paris ». Engels reprit le texte de Bernstein commentant et reproduisant les résolutions de la Haye et en tira le pamphlet, publié en anglais, traduit ensuite en allemand, et publié dans le Sozialdemokrat sous la signature de Bernstein. Ce texte contribua à ruiner les intrigues des possibilistes français qui, avec l'aide des chefs opportunistes de la fédération sociale-démocrate anglaise, tentaient de prendre la direction du congrès ouvrier international de 1889.

camp - la Social Democratic Federation - Hyndman se heurte également à une opposition, de sorte que notre pamphlet a fait vaciller le seul allié sûr des possibilistes, la Social *Democratic Federation. La* conséquence en est qu'abandonnant son langage arrogant d'antan, Hyndman répond tout à fait *merdeusement* dans la *Justice,* en faisant un repli concentrique. Tu trouveras ci-joint cet article. Jamais encore Hyndman n'avait amorcé une retraite aussi honteuse, et l'article nous procurera de nouveaux succès. D'un seul coup, le *Sozialdemokrat* a conquis à Londres une position qui force le respect et réclamerait des années d'effort en d'autres circonstances. Au lieu de nous engueuler, on nous prie maintenant littéralement de ne pas mettre en oeuvre deux congrès.

Bon! Bernstein me répondra qu'il ne peut parler qu'en son nom, mais qu'il croit pouvoir dire que si les possibilistes voulaient accepter intégralement et sans délai les résolutions de la Haye, alors il ne serait pas encore trop tard peut-être pour s'unir, et qu'il agirait avec plaisir en ce sens.

Les possibilistes Ont reçu de mauvaises nouvelles d'Espagne, leur agent Gély ayant purement et simplement été renvoyé chez lui à Madrid, où nous avons tout en mains; il n'a pu obtenir quelques assurances que chez un syndicat de Barcelone. Enfin les Belges semblent être plus obstinés que les possibilistes ne le pensaient et il est très possible que ce dernier coup - qui fait vaciller leur principale réserve - les amollira - Et comme le fer est chaud en ce moment, il faut le battre maintenant : il serait bon que tu recopies autant que possible *littéralement la* lettre ci-après à Bernstein [242], que tu lui enverras par retour de courrier. J'envoie la même lettre à Bebel, avec la même prière. Mais reproduis-la *autant que possible littéralement,* car une seule expression impropre pour la situation que nous connaissons ici nous empêcherait d'en faire usage. Il est possible aussi que ces lettres soient ensuite publiées. Il importe d'amener Hyndman à agir sur les possibilistes dans *notre* sens; si cela se produit, ils se feront tout petits, et nous avons sauvé *un* congrès.

Tout cela a été convenu aujourd'hui entre Bernstein et moi. Et je te permets maintenant en réponse à ma lettre d'hier [243] de dire une, fois de plus que je suis l'homme le plus grossier d'Europe.

---

[242] Nous reproduisons cette lettre « arrangée » dans le texte à la fin de la lettre d'Engels à Liebknecht.

[243] Les éditeurs de l'Institut Marx-Engels, etc. de Moscou déclarent qu'on ne dispose pas de la correspondance, de Liebknecht de toute cette période, où il a joué précisément un rôle de tout premier plan (Marx-Engels Werke 37, note no 196, p. 569).

« Cher Bernstein,

« Je suis très heureux d'apprendre que la *Social Democratic Federation* se montre plus conciliante. Cependant, à la suite du refus que les possibilistes ont opposé aux résolutions de la Haye, nous sommes obligés, que nous le voulions ou non, d'agir indépendamment et nous devons convoquer un congrès, dont l'accès reste néanmoins ouvert à tous et décide souverainement de toutes ses propres affaires. Les préparatifs en sont en cours et ne peuvent être interrompus.

« Si la Social *Democratic Federation* veut sérieusement l'unification, alors elle peut indubitablement y contribuer à présent. Il n'est peut-être pas trop tard. Il est possible que l'unification se réalise encore, si les possibilistes acceptent *purement et simplement* les décisions de la Haye - mais très vite, car nous ne pouvons pas subir de nouveaux retards par un nouveau refus.

« Je ne peux parler ici au nom du Parti allemand, étant donné que la fraction n'est pas réunie, et moins encore au nom des autres groupes réunis à la Haye. Mais je veux bien promettre ceci : au cas où les possibilistes déposeraient par écrit avant le 20 avril cr. entre les mains des délégués belges Volders et Anseele qu'ils acceptent sans conditions les résolutions de la Haye, alors je ferai ce qui est en mon pouvoir pour permettre l'unification et la venue des possibilistes au congrès à convoquer dans les conditions proposées par les résolutions de la Haye.

Ton W. L. »

[P.S. d'Engels :] La date du 20 avril est importante, parce que la décision doit intervenir *avant le congrès national belge du 21.*

Ci-inclus le *Sozialist : les* Américains sont tout à fait du côté de Bernstein.

Ce qui a fait plus d'effet que n'importe quel autre texte, c'est la publication des résolutions de la Haye [244] sur lesquelles

---

[244] Une conférence internationale des socialistes s'était tenue à la Haye le 28 février 1889 à l'instigation des sociaux-démocrates allemands en vue de définir les conditions pour la tenue d'un congrès ouvrier international à Paris. Y assistèrent des représentants de l'Allemagne, de la France, de la Belgique, de la Hollande et de la Suisse. Les possibilistes déclinèrent l'invitation qui leur avait été faite de participer à la conférence et n'acceptèrent donc pas ses résolutions. -La conférence de la Haye fixa aussi bien la date que les prérogatives et l'ordre du jour du

Hyndman n'avait écrit que des mensonges et qui a fait un effet énorme étant donné qu'il se limitait effectivement à des exigences de choses qui vont de soi.

Engels à Karl Kautsky, 21 mai 1889.

Je dispose enfin de quelques minutes pour t'écrire. Le maudit congrès avec tout ce qu'il entraîne avec lui m'a enlevé tout mon temps depuis 3 mois: écrire ici et là, courir sans arrêt et se crever complètement et, avec cela, des contrariétés, des irritations et des chamailleries. Ces braves Allemands, surtout depuis St. Gallen, s'imaginaient qu'il leur suffisait de convoquer un congrès - et ça y est : *jehi ôr, vajehi ôr !* (Comprenne qui pourra!) Depuis qu'ils ont surmonté leurs querelles intestines, ils se figurent que, dans tout le monde socialiste, il règne l'amour et l'amitié, la paix et là concorde [245]. Ils n'ont pas la

---

congrès, et permit de préparer le congrès de fondation de la IIe Internationale; Engels joua un rôle déterminant dans la mise en oeuvre de cette conférence de la Haye.

[245] Engels lui-même applique l'admirable méthode dialectique marxiste, qui consiste à relier entre elles toutes les interventions du parti, afin d'en montrer la succession logique et leurs conséquences pratiques. Ici, Engels met en évidence que les erreurs faites lors de la fusion avec les Lassalléens, non seulement ne sont pas surmontées, mais continuent de fleurir dans la IIe Internationale.

moindre idée de ce que signifie la convocation du congrès - ou bien se plier à l'alliance Brousse-Hyndman, ou bien lutter contre eux. Cependant même après avoir acquis une expérience suffisante à présent, cela ne leur semble toujours encore pas tout à fait clair : ils se bercent de l'illusion d'unir les *deux* congrès, dès qu'ils se seront réunis et avec cela ont une sainte horreur du seul moyen de lutte qui pourrait amener ce résultat : montrer les dents aux Brousse-Hyndman [246]. Si l'on connaît bien ces gaillards, on sait clairement qu'ils ne reculent que devant la force et considèrent toute concession comme un signe de faiblesse. Au lieu de cela, Liebknecht demande qu'on les ménage : il faudrait non seulement qu'on ne les touche qu'avec des gants, mais encore qu'on les porte presque dans ses mains. Liebknecht a fourvoyé toute l'affaire et nous a mis dans la mélasse. La conférence de la Haye a été qualifiée ici par

---

[246] Alors que Liebknecht voulait écarter purement et simplement l'incommode Hyndman, Engels montre qu'il fallait, au contraire, prendre le taureau par les cornes : convoquer Hyndman pour le démasquer et lui faire perdre l'influence qu'il avait encore sur ses suivants. Grâce à l'initiative et une. lutte incessante, on peut ainsi agir de manière de plus en plus unitaire, tout en-écartant les éléments les moins décidés et les plus confus. Ce processus qu'Engels, après la mort de Marx, chercha à faire prévaloir dans le mouvement international fut interrompu parla suite, et le parti se gonfla de manière éléphantesque dans la confusion et l'absence de rigueur révolutionnaire.

Hyndman de *caucus* [247], parce qu'il n'y était pas invité (ce qui était déjà une bêtise). Elle cessa effectivement d'être un caucus, dès lors que les possibilistes n'y vinrent pas, et acquit son importance à partir du moment où l'on se procura l'adhésion d'autres forces, celle des Autrichiens, des Scandinaves, etc. Cela eût également fait pression sur les Belges. Mais rien de tout cela - il ne se produisit absolument rien, l'affaire de La Haye qui était un bon départ, devait aussi être la fin déjà. Après le refus des possibilistes, les. Belges traînent les choses en longueur, ne répondent pas et disent, enfin, qu'ils veulent laisser la décision à *leur* congrès le 21 avril [248]. Au lieu d'envoyer quelqu'un pour forcer les Belges à dire tout de suite oui ou non, et de lancer ensuite l'affaire, on laisse tout aller à la dérive sans agir. Liebknecht tient des discours aux fêtes commémoratives en Suisse, et lorsqu'ici nous agissons - à un moment décisif, alors il commence à vitupérer: nous aurions rompu le secret des résolutions de La Haye (ce secret *après* le refus des possibilistes a perdu tout sens, et de plus *nous ne savions pas* que ces

---

[247] La Justice du 18 mai 1889 avait qualifié la conférence de la Haye de caucus (terme américain désignant un comité interne de parti chargé dé préparer une élection ou une décision de caractère politique ou organisationnelle). En outre, la Justice reprochaient aux socialistes français et allemands d'avoir écarté les possibilistes de la conférence.
[248] Le congrès national du Parti ouvrier belge se tint le 21 et 22 avril 1889 à Jolimont (Suisse). Il décida l'envoi de délégués au congrès marxiste aussi bien que possibiliste.

résolutions étaient secrètes); nous aurions contrecarré son action, à savoir attirer à nous les possibilistes par dessus la tête (! ?!) de Brousse, etc. Et lorsque secoués *par nous,* les Anglais -les syndicalistes Mécontents - se tournent enfin vers la Belgique, la Hollande, l'Allemagne, le Danemark pour savoir ce qu'ils pensaient de *notre* congrès, ils ne reçoivent que des réponses vagues et creuses, et ils se décidèrent naturellement pour des gens qui savent ce qu'ils veulent - les possibilistes. On s'est agité ainsi et tourné en rond pendant des mois, tandis que les possibilistes submergeaient le monde de leurs circulaires - jusqu'à ce qu'en fin, dans le camp allemand lui-même, des gens ont perdu patience et de mandé d'aller au congrès des possibilistes [249]. Cela fit, son effet, et 24 heures après que nous ayions dit aux Français qu'ils étaient libres de leur choix à la suite des décisions du congrès belge et pouvaient également convoquer leur congrès le 14 juillet ne voilà-t-il pas que Liebknecht vint avec ce plan si chaudement combattu jusqu'ici, Avant d'être capable de prendre une décision audacieuse, il faut d'abord qu'il se soit empêtré complètement dans ses propres filets.

---

[249] Ignaz Auer et Max Schippel demandèrent, dans la presse, que les sociaux-démocrates allemands participent au congrès possibiliste, cf. dans le Berliner Volksblatt du 21 avril 1889 l'article intitulé « Le congrès international ouvrier » et dans la Berliner Volks-Tribüne du 27 avril 1889 l'article « A propos du congrès ouvrier de Paris ».

Mais pour beaucoup de choses, il est trop tard maintenant. En Angleterre, la bataille est perdue sur toute la ligne, parce qu'au moment décisif on nous a laissé en plan. Des gens qui sympathisaient avec nous, ont dû compter sur la chance d'être élus - pour *l'autre* congrès, possibiliste. En Belgique, les possibilistes, grâce aux intrigants bruxellois, ont pratiquement triomphé. Anseele, qui était bon par ailleurs, ne semble pas vouloir pousser les choses jusqu'à la rupture avec les Bruxellois. Même les Danois semblent vaciller, et avec eux les Suédois et Norvégiens, qui certes importent guère, mais représentent néanmoins deux nations. C'est à devenir fou, lorsqu'on voit comment Liebknecht a totalement compromis la magnifique position internationale des Allemands et l'a peut-être même ruinée en grande partie.

Nous avions une fameuse position : une solide alliance avec les Autrichiens; les Américains qui sont en grande partie une simple marcotte du parti allemand; les Danois, Suédois, Norvégiens, Suisses, pour ainsi dire des rejetons des Allemands; les Hollandais, un intermédiaire solide pour l'Ouest; en plus, il y a partout des colonies allemandes, et les Français qui ne sont pas possibilistes, sont directement voués à l'alliance allemande; les colonies slaves et les réfugiés à l'Ouest gravitent pratiquement autour des Allemands, depuis qu'ils se sont ridiculisés avec l'anarchisme. Et tout cela a été ébranlé par l'illusion de Liebknecht, croyant qu'il lui suffisait d'ouvrir la bouche pour que toute l'Europe danse à sa convenance, et que s'il ne commandait pas le mouvement, l'ennemi ne ferait rien non plus. Bebel n'étant pas familiarisé avec les affaires de l'étranger, Liebknecht avait les mains relativement libres. Si l'affaire tourne mal, c'est à cause de son manque d'initiative (sauf pour intriguer) et de sa répugnance à apparaître en public au moment du refus possibiliste de début mars jusqu'au congrès belge du 22 avril.

Cependant je pense que cela peut s'arranger encore, si tout le monde y met du sien et oeuvre dans le même sens. Si nous pouvons retourner les Danois, alors nous aurons gagné - mais cela ne peut être fait qu'à partir de l'Allemagne, c'est-à-dire par le truchement de Liebknecht. Mais cela me rend fou de penser que l'on en soit arrivé à cette situation trouble, alors qu'une action rapide en mars et début avril nous eût donné toute l'Europe. Les possibilistes ont agi, alors que Liebknecht non seulement n'a rien fait, mais a encore rendu impossible que quiconque agisse : les Français ne devaient absolument pas bouger, ni prendre aucune décision, ni lancer aucune circulaire, ni convoquer aucun congrès, jusqu'à ce que Liebknecht remarque que les Bruxellois l'avaient conduit par le bout du nez pendant six semaines et que l'influence de l'action possibiliste, contrairement à sa magistrale inactivité, avaient rendu ses propres Allemands récalcitrants.

Engels à Fr.-A. Sorge, 17 juillet 1889.

Notre congrès marche et est un brillant Succès [250]. 358 délégués jusqu'avant-hier et des nouveaux arrivent sans cesse. Plus de la moitié sont des étrangers, dont 81 allemands de tous les États, villes et provinces hors de Posnanie. Dès le premier jour, le premier local s'avéra trop petit. Malgré quelques

---

[250] Le congrès ouvrier socialiste international se tint à Paris du 14 au 20 juillet 1889, et fut le congrès de fondation de la III Internationale. Quatre cents délégués venus de 22 pays d'Europe et d'Amérique y assistèrent. Le congrès international des possibilistes se réunit en même temps à Paris, mais fut un véritable fiasco.

Des anarchistes et des réformistes participèrent au congrès des « marxistes »; ces délégués étaient à tout prix pour une fusion avec les possibilistes. Dès la première séance fi y eut donc sur cette question de vives altercations. A la quatrième séance, il y eut un vote sur une motion de W. Liebknecht réclamant l'unité. La majorité vota cette résolution qui eût permis aux possibilistes de rejoindre le congrès, les marxistes gardant en mains la direction des opérations. Le congrès possibiliste, dont les, quelques délégués étrangers ne représentaient le plus souvent 'que des organisations fictives, rejeta la proposition des marxistes. Il adopta une résolution, qui liait la fusion des deux congrès à la condition selon laquelle les mandats des délégués du congrès marxiste devaient être contrôlés, ce qui relevait de la manœuvre dilatoire.

objections françaises [251] (ils pensaient qu'à Paris les possibilistes auraient un plus grand public et pour cette raison il valait mieux siéger à huis-clos), les séances furent absolument publiques, à la demande unanime des Allemands, ce qui constitue la seule garantie contre les mouchards. Toute l'Europe était représentée. Avec le prochain courrier, le *Sozialdemokrat* apportera les chiffres en Amérique. Des mineurs écossais et allemands des districts charbonniers y ont pour la première fois eu l'occasion de délibérer ensemble [252].

Les possibilistes ont eu 80 étrangers (42 britanniques, dont 15 de la *Social-Democratic Federation*, 17 des syndicats), 7 d'Autriche-Hongrie (ce ne peut être qu'une escroquerie, tout le mouvement réel y étant avec nous), 7 d'Espagne, 7 italiens (3 représentants de sociétés italiennes à *l'étranger*), 7 Belges, 4 Américains (dont deux - Bowen et Georgei de. Washington DC

---

[251] Cf. à ce propos la lettre très importante qu'Engels envoya à P. Lafargue juste avant le congrès de Paris, le 5 juillet 1889 et la réponse de Lafargue du 8 juillet 1889, in: Correspondance, tome II (1887-1890), Éditions Sociales, pp. 299-302.

[252] Les 18 et 19 juillet 1889, les délégués des mineurs des deux congrès internationaux siégeant à Paris tinrent une conférence sur les questions de leur profession. Après divers rapports sur la situation dans les mines dans les différents pays et bassins, la conférence décida de promouvoir une liaison internationale entre les mineurs : un congrès devait se réunir à cet effet dans un avenir assez proche. Dans l'intervalle, les organisations existantes devaient être renforcées et de nouvelles associations créées.

- étaient chez moi), 2 du Portugal, 1 de Suisse (nommé par lui-même), 1 de Pologne. Presque tous des syndicalistes. En outre, 477 Français, mais qui ne représentaient que 136 chambres syndicales et 77 cercles d'études socialistes, chaque petite clique pouvant envoyer 3 délégués, alors que nos 180 Français représentent tous *une* société particulière.

L'escroquerie de la fusion est naturellement très forte dans les deux congrès; les étrangers veulent la fusion; dans les deux camps, les Français sont réticents. Dans des conditions rationnelles, la fusion est tout à fait bonne, mais la filouterie consiste à réclamer la fusion à cor et à cri, surtout chez - certains d'entre nous.

Je viens d'apprendre tout juste en lisant le *Sozialdemokrat* que le projet de fusion déposé par Liebknecht a été vraiment adopté à une grande majorité. Hélas je n'ai pu y lire en quoi il consiste : s'il signifie une véritable fusion sur la base de négociations privées, ou si ce n'est qu'un souhait abstrait qui doit y conduire. La commodité allemande est au-dessus de telles mesquineries : le seul fait que les Français l'aient accepté suffit à mes yeux pour nous préserver du ridicule vis-à-vis des possibilistes...

En tout cas, l'intrigue des possibilistes et de la *Social Democratic Federation* qui cherchaient à capter subrepticement la direction en France et en Angleterre a totalement échoué, et leur prétention à la direction internationale davantage encore. Si les deux congrès tenus côte à côte ne remplissaient que le but de passer en revue les forces dont ils disposent - ici des intrigants possibilistes et londoniens ici, là des socialistes européens (qui grâce aux premiers font figure de *marxistes)* - et de montrer au monde, où se trouve concentré le véritable mouvement et où il y a filouterie - cela serait suffisant. Bien sûr, si la véritable fusion se réalisait, elle n'empêcherait pas le moins du monde que les chamailleries continuent en Angleterre et en France - .au contraire. Elle ne signifiera qu'une manifestation impressionnante pour le grand public bourgeois - un congrès ouvrier de plus de 900 hommes, et des syndicalistes les plus dociles aux communistes les plus révolutionnaires. Et elle aura coupe court une fois pour toutes aux intrigants, car cette fois-ci ils ont vu où se trouve la véritable force, que nous sommes aussi forts qu'eux en France, que nous les dépassons sur tout le continent et que 'leur position en Angleterre est très vacillante.

Engels à Léo Frankel, 25 décembre 1890

Mais laissons là les compliments, et venons-en au point principal de ta lettre. Ton point de vue sur les chamailleries françaises est parfaitement compréhensible, étant donné que tu as été longtemps absent du mouvement français, et il m'était connu par tes articles dans la *Sächsische Arbeiter-Zeitung* que l'on m'envoie de Berlin. Ces conflits sont tout aussi regrettables, mais inévitables que ceux qui ont surgi autrefois entre les Lassalléens et les Eisenachiens, et ce, du simple fait que dans les deux cas des hommes d'affaires roués s'étaient hissés à la tête de l'un des deux partis et exploitaient l'organisation pour leurs propres intérêts affairistes, tant que le parti le supportait. C'est la raison pour laquelle on ne peut pas collaborer davantage avec Brousse et Cie qu'avec les Schweitzer, Hasselmann et consorts. Si tu avais été comme moi au milieu de la mêlée depuis le début du combat et jusque dans le détail, tu verrais aussi clairement que moi-même qu'ici la fusion signifierait avant tout la capitulation devant une bande composée d'intrigants et d'arrivistes, qui vend sans cesse à la bourgeoisie dominante les principes fondamentaux en sacrifiant les méthodes de lutte que le parti a éprouvées depuis longtemps... afin de se procurer à eux-mêmes des postes et aux ouvriers qui les suivent de petits avantages insignifiants. Dans ces conditions, la fusion équivaudrait à une capitulation pure et simple devant ces messieurs. Les tractations du congrès de Paris de 1889 l'ont encore confirmé.

La fusion viendra, tout comme en Allemagne, mais elle ne saurait être durable que si la bataille est menée jusqu'au bout, les oppositions nivelées et les canailles chassées par leurs propres suivants. Au moment où les Allemands approchaient de la fusion, Liebknecht défendit l'unité à tout prix. Nous y étions opposés : les Lassalléens étaient en pleine décomposition et il fallait attendre la fin de ce procès pour arriver tout seul à l'unification. Marx a rédige une longue critique de ce que l'on appelle le programme d'unification, et l'on en a fait circuler le manuscrit [253].

Mais on ne nous a pas écouté. Le résultat : Nous dûmes accepter Hasselmann dans nos rangs, le réhabilitant devant tout le monde pour le jeter dehors tout de même six mois après, parce que c'était une fripouille. Et nous dûmes reprendre dans le programme les insanités de Lassalle, gâtant ainsi définitivement notre programme. Nous nous sommes

---

[253] Les gloses marginales auxquelles Marx fait allusion forment ce que l'on appelle la critique du programme de Gotha (1875). Nous ne les reproduisons pas ici, mais le lecteur les trouvera dans l'une des éditions suivantes : MARX-ENGELS, Programmes socialistes, Critique des projets de Gotha et d'Erfurt, Programme du parti ouvrier français (1880), éd. Spartacus, pli. 15-39; Critique des programmes de Gotha et d'Erfurt, Éd. sociales, pp. 17-39; Karl MARX, Oeuvres. Économie 1, La Pléiade, pp. 1413-1434.

doublement discrédités, ce que nous eussions pu éviter en faisant preuve de moins d'impatience.

En France, les possibilistes sont sujet à un procès de dissolution analogue à celui des lassalléens en 1875. À mon avis, les chefs des *deux* tendances qui sont issues de la scission, ne valent rien [254]. A mon sens, ce serait *une* erreur de gêner ou de freiner - voire d'arrêter complètement - le processus par lequel les chefs se phagocytent respectivement tandis que la masse des bons éléments nous rejoignent que d'entreprendre de notre part des tentatives prématurées d'unification.

Néanmoins nous avons déjà fait le pas décisif qui accélérera en tout cas l'unification, et peut-être la réalisation aussitôt. Après en avoir délibéré avec Eléanore Marx, Aveling, Bernstein et Fischer (actuellement à la direction du parti), j'ai conseillé

---

[254]   Les possibilistes se scindèrent en deux fractions à leur congrès de Châtellerault (9-15 octobre 1850): les broussistes et les Allemanistes.
L'organisation des Allemanistes s'appela Parti ouvrier socialiste révolutionnaire. Tout en conservant pour l'essentiel des positions idéologiques et tactiques des possibilistes, les Allemanistes, contrairement aux broussistes, accentuèrent leur propagande dans les syndicats, qu'ils considéraient comme la forme principale de l'organisation des ouvriers, Ils prônèrent la grève générale comme moyeń de lutte essentiel., Tout comme les possibilistes traditionnels, ils étaient opposés à un parti unitaire et centralisé. Partisans de l'autonomie, ils attribuaient une grande importance à la conquête de sièges dans les conseils municipaux.

d'abord aux Français *(nos* marxistes) et ensuite aux Allemands à Halle [255] (qui prirent cette résolution à l'unanimité) et furent suivis aussitôt par les Suisses, les Danois, les Suédois et les Autrichiens) de ne pas tenir de congrès séparé en 1891, mais

---

[255] Le premier congrès de la social-démocratie allemande après la chute de la loi anti-socialiste se tint à Halle du 12 au 18 octobre 1890, et 413 délégués y prirent part. Le parti se donna à ce congrès le nom de Parti social-démocrate d'Allemagne. Les délibérations portèrent essentiellement sur le nouveau statut de l'organisation. Cf. note no 238. Sur proposition de W. Liebknecht, le parti décida d'élaborer un nouveau programme avant le prochain congrès dé 1891 et de le déposer trois mois avant la date de sa réunion, afin que les organisations locales du parti et la presse puissent le discuter. Le congrès aborda, en outre, des questions relatives à la presse du parti et la position à adopter face aux grèves et aux boycotts.

À l'occasion du congrès de Halle, divers chefs de la social-démocratie allemande, dont Bebel et Liebknecht, se réunirent avec des invités étrangers. Conformément aux recommandations d'Engels, cette conférence adopta une résolution sur la tenue d'un congrès unitaire socialiste en 1891 à Bruxelles. Le comité exécutif suisse mis en place par le congrès de fondation de la IIe Internationale en 1889 devait s'entendre avec le conseil général du Parti ouvrier belge pour convoquer ensemble le second congrès de l'Internationale ouvrière à Bruxelles le 16 août 1891. Toutes les organisations ouvrières du monde devaient être appelées à ce congrès. Les possibilistes eux-mêmes pouvaient donc y assister, pour autant qu'ils reconnaissaient la pleine souveraineté de ce congrès. Cf. à ce propos la lettre d'Engels à P. Lafargue -du 15-09-1890, in: Correspondance, tome II, pp. 410-412 (la lettre d'Engels du 19-09-1890 sur ce même congrès manque dans ce recueil, bien qu'elle figure dans les Oeuvres de Marx-Engels en russe et en allemand).

d'aller au congrès de Bruxelles [256] convoqué par les possibilistes, après que les Belges aient accepté les conditions posées par nous en 1889 et que les possibilistes avaient repoussées bien qu'elles allaient parfaitement de soi. Tu admettras que c'était là une importante concession de notre part, étant donné que l'écrasante majorité des partis européens nous suivait. Néanmoins nous avons procédé de la sorte, étant donné que nous savons que l'on doit faire face aux possibilistes avec les mêmes armes et dans les mêmes conditions de lutte, si l'on veut mettre rapidement fin au règne de Brousse ici, et à celui d'Allemane là. Dès que la masse des ouvriers possibilistes aura compris qu'elle est isolée en Europe, ne dispose plus d'aucun allié sûr en dehors de Messieurs Hyndman et Cie (qui se

---

[256] Le congrès de Bruxelles (16 au 22 août 1891) tint ces promesses. 370 délégués de 16 pays d'Europe et d'Amérique y assistèrent, et ce fut pour l'essentiel un congrès marxiste. Des représentants de syndicats anglais y assistèrent également, ce qu'Engels considéra comme très positif. Les chefs des possibilistes, qui n'aimaient pas réussi à contrôler la convocation du congrès, n'y assistèrent pas finalement. Lors des délibérations sur le résultat du contrôle des mandats, une majorité se dégagea pour refuser aux anarchistes l'accès aux travaux du congrès.

Dans sa lettre à F.-A. Sorge, Engels écrivit à propos de ce congrès : « Après tout le congrès est pour nous un brillant succès - les broussistes en ont été complètement absents, et les gens de Hyndman ont dû renoncer à manifester leur opposition. Le mieux, c'est qu'ils aient mis les anarchistes dehors, tout comme au congrès de la Haye de 1872. Là où la vieille Internationale s'est arrêtée, là exactement commence la nouvelle, qui est infiniment plus grande et ouvertement marxiste » (14-9-1891).

trouvent dans la même situation que Brousse par rapport à leurs adeptes) et que toutes les vantardises n'ont servi qu'à leurs chefs, alors le vacarme cessera. Et c'est ce que le congrès réalisera [257].

Prends simplement patience un an encore. Toute tentative que nous entreprendrions pour mettre sur pied un compromis serait aussitôt interprété comme la preuve de notre faiblesse par Brousse aussi bien qu'Allemane, et elle nous gênerait plus qu'elle nous profiterait. Cependant quand le temps sera venu, et à mon avis il vient rapidement, les ouvriers possibilistes se rallieront à nous comme les Lassalléens l'ont fait - et ce, sans que nous soyons obligés de nous charger en même temps qu'eux des intrigants, traîtres et vauriens qui occupent les postes dirigeants.

Nul ne peut souhaiter plus que moi un puissant parti socialiste en France. Cependant il me faut tenir un compte exact des réalités existantes et je ne le souhaite que sur une base qui promet la durabilité, et repose sur la réalité afin qu'il n'en sorte pas un simulacre de mouvement à la Brousse. Avec mes saluts cordiaux,

Ton vieil Engels.

---

[257] Voir la note précédente.

VERS L'ABOLITION
DE LA LOI ANTI-SOCIALISTE

Engels à A. Bebel, 17 février 1890.

Au demeurant, je ne peux que vous envoyer félicitations après félicitations. A toi d'abord qui a eu le nez creux pour deviner dans ta dernière correspondance viennoise les ordonnances du jeune Guillaume, avant même qu'elles ne soient promulguées [258]. A vous tous, à cause de la brillante situation

---

[258] Engels fait allusion à l'article du 7-2-1890 de la Arbeiter-Zeitung, où faisant allusion à deux décrets récents de l'Empereur, Bebel prévoyait que les classes dominantes ne pouvaient plus tenir les ouvriers en Allemagne par le régime brutal des interdictions, mais par des concessions et des réformes sociales. En effet, craignant un raz-de-marée électoral des sociaux-démocrates, l'Empereur avait promulgué deux décrets « sociaux » au Reichstag le 4 février 1890 en pleine campagne électorale. De manière éhontée, l'Empereur y singeait les mesures proposées au congrès de fondation de la IIe Internationale sur la protection ouvrière. Dans son premier décret, il demandait au chancelier de convoquer une conférence internationale avec les autres États, afin de délibérer d'une législation unitaire de protection ouvrière. Cette conférence eut lieu à Berlin en mars 1890. Elle décida de l'interdiction du travail des enfants âgés de moins de douze ans et d'une

que nos adversaires nous ont préparée - car jamais encore elle ne fut si favorable à la veille d'élections -, et de la nouvelle situation qui semble se préparer en Allemagne [259].

Plus encore que le « noble » Frédéric III (dont j'ai vu une photographie montrant qu'il avait tout à fait les yeux héréditairement faux des Hohenzollern, comme son demi-oncle Willich qui était un fils du prince Auguste, le frère de Fr. Guillaume III), il me semble que -tout balai neuf balayant bien - le jeune Guillaume II est le plus capable, par son besoin irrépressible d'action et par sa volonté de puissance d'entrer

---

limitation de la journée de travail, pour les femmes et les jeunes gens, mais ces résolutions n'avaient pas force de loi pour les pays participants.
    Dans son second décret, l'Empereur demandait à ses ministres des travaux publics, du commerce et de l'industrie de remanier la législation du travail, afin d'améliorer la situation des ouvriers dans les entreprises publiques et privées.

[259] En dépit de ces succès électoraux croissants, la perspective d'Engels, n'avait cependant rien de parlementariste, comme chez Kautsky et Bernstein : il y voyait essentiellement un déplacement progressif du rapport des forces en faveur de la social-démocratie dans la lutte pour le pouvoir politique. « Je crois que tu as raison dans la Arbeiter-Zeitung : ce que Bismarck n'obtient pas de ce Reichstag, il l'aura du prochain, car la marée montante des voix brise les reins de toute opposition bourgeoise quelle qu'elle soit. Sur ce point, je ne suis pas du tout de l'avis de Bernstein. Celui-ci et Kautsky - ils ont tous deux des dispositions pour la « haute politique » - croient que nous devons tendre la main à une majorité anti-gouvernementale dans les prochaines élections. Comme s'il pouvait y avoir quelque chose de ce genre en Allemagne avec les partis bourgeois! » (Engels à Bebel, 23-1-1890).

immanquablement en heurt avec Bismarck et d'ébranler le système apparemment stable en Allemagne, en brisant la foi du petit bourgeois en le gouvernement et la stabilité et en semant en général partout la confusion et l'incertitude. Or je ne m'attendais pas à ce que cela soit assuré aussi rapidement et brillamment, que dans le cas présent. Pour nous, cet homme vaut deux fois son pesant d'or; qu'il n'ait crainte des attentats, car le tuer serait, non seulement un crime, mais encore une bêtise énorme. Si nécessaire, il faudrait que nous lui procurions une garde contre les âneries anarchistes.

Il me semble que les choses se présentent comme suit : Les conservateurs chrétiens sociaux ont le vent en poupe grâce au petit Guillaume, et Bismarck, étant hors d'état de s'y opposer, laisse au petit la bride sur le cou, afin qu'il s'embourbe sérieusement et qu'il puisse surgir comme le sauveur à la dernière extrémité et en étant assuré par la suite que cela ne se reproduira plus. C'est pourquoi Bismarck souhaite un Reichstag *aussi mauvais que possible,* qu'il devra bientôt *dissoudre en* en appelant à la peur des petits bourgeois devant le mouvement ouvrier menaçant,

Dans tout cela, Bismarck n'oublie qu'une seule chose : a partir du moment où le philistin sent que le désaccord règne entre le vieux Bismarck et le jeune Guillaume, ce même philistin devient incertain et imprévisible. Le petit bourgeois aura toujours peur., aujourd'hui plus que jamais, précisément parce qu'il ne sait pas à qui s'accrocher. Ce lâche troupeau ne sera *plus poussé ensemble* par sa propre peur mais *dispersé*, par elle. *La confiance est morte*, et elle ne ressuscitera plus sous la forme qu'elle avait jusqu'ici.

Tous les expédients de Bismarck doivent dorénavant être de plus en plus inefficaces. Il veut se venger des nationaux-libéraux qui ont refusé de voter son projet relatif aux expulsions [260]. Il ruine ainsi lui-même le dernier fragile appui dont il profite encore. Il veut attirer à lui le Centre [261] qui se désagrégerait en s'alliant avec lui. Les hobereaux catholiques brûlent d'envie de s'allier avec ceux de la Prusse, mais le jour de cette alliance les paysans et ouvriers catholiques (en Rhénanie,

---

[260] Les nationaux -libéraux avaient voté contre les paragraphes sur les expulsions de militants sociaux-démocrates, lors du débat sur le projet de loi sur la prolongation et l'aggravation de la loi anti-socialiste.

[261] Le Centre était le parti politique des catholiques allemands, créé en été 1870. Il rassemblait la petite bourgeoisie catholique, ainsi que la plupart des paysans et travailleurs catholiques de l'Allemagne méridionale et occidentale ainsi que de Haute-Silésie. Il défendait en gros les intérêts de la grande propriété catholique et du capital industriel. Il s'opposa, d'une part, à Bismarck en raison de, ses tendances anti prussiennes et particularistes, mais, d'autre part, votait toujours pour les mesures anti-ouvrières. Bismarck trouvait donc un terrain d'entente avec le Centre malgré la base première, anti-prussienne, de celui-ci.

la bourgeoisie est surtout protestante) refuseront de marcher. Cette dislocation du Centre nous profitera le plus; pour l'Allemagne cela revient à ce que serait, à une plus grande échelle, l'égalisation des nationalités en Autriche : l'élimination de cette dernière formation politique ne reposant pas sur une base purement économique serait donc un moment essentiel de clarification, en même temps qu'une libération de masses ouvrières captées jusqu'ici par ce parti.

Le petit bourgeois ne peut plus avoir foi en le petit Guillaume, parce que celui-ci fait des choses que le philistin doit tenir pour de sottes fredaines; il ne peut plus avoir foi en Bismarck, parce qu'il voit que sa toute-puissance est fichue.

Ce qui résultera de cette confusion, on ne peut le dire à l'avance, étant donné la lâcheté de notre bourgeoisie. En tout cas, l'ancien état de choses est mort à jamais et ne peut plus être restauré - pas plus qu'une espèce animale éteinte. La vie reviendra dans la boutique, et c'est tout ce dont nous avons besoin. Pour commencer votre situation s'améliorera, mais on peut se demander si Puttkamer ne l'emportera pas à la fin avec son *grand* état de siège [262]. Cela aussi serait un progrès : ce serait

---

[262] Dans son discours électoral du 31 janvier 1890 à Stolpe, le ministre de l'Intérieur prussien Puttkammer souligna qu'au cas où la loi anti-

le dernier moyen de salut, le tout dernier - très dur pour vous aussi longtemps qu'il durerait, mais la veille décisive de notre victoire. Mais beaucoup d'eau coulera encore jusque-là dans le Rhin.

Étant donné les conditions électorales particulièrement favorables, je crains seulement que nous obtenions *trop de* sièges. Tout autre parti peut avoir au Reichstag autant d'ânes et peut les laisser faire autant de bêtises qu'il a d'argent, et personne ne s'en souciera. Nous ne devons avoir que des génies et des héros, sinon on nous tient pour discrédités. Mais nous sommes en train de devenir un grand parti, et nous devons en supporter les conséquences.

Frédéric Engels

---

socialiste serait abolie, il faisait confiance à l'armée et aux fonctionnaires « si soumis au gouvernement » pour maintenir l'ordre dans le pays. Il déclara ensuite que si le Reichstag ne votait pas les modifications prévues, destinées à- renforcer la loi anti-socialiste, il faudrait décréter le grand état de siège au Heu du petit et qu'à la place du § 28 ce serait les canons (d'après le § 28 de la loi anti-socialiste, le petit état de siège pouvait être décrété pour la durée d'un an dans certains districts et localités). Durant l'état de siège, les réunions étaient soumises à une autorisation préalable de la police; la distribution et la diffusion d'écrits socialistes étaient interdites dans les lieux publics; les personnes accusées de « mettre en danger la sécurité ou l'ordre public » pouvaient être interdites de séjour dans les districts et localités où régnait le petit état de siège; la possession, l'importation, le port ou la vente d'armes étaient interdits ou liés à des conditions très rigoureuses.

LES ÉLECTIONS ALLEMANDES DE 1890

Newcastle Daily Chronicle, 3 mars 1890.

Pour quiconque a suivi attentivement l'évolution politique de l'Allemagne au cours de ces dix dernières années, il ne fait aucun doute que le parti social-démocrate d'Allemagne obtiendra une victoire éclatante aux élections générales de 1890 [263]. En 1878, les socialistes allemands furent soumis à une loi d'exception sévère, en vertu de laquelle leurs journaux furent supprimés, leurs réunions interdites ou dissoutes et leurs organisations disloquées. Toute tentative de reconstitution fut sévèrement punie, parce que considérée comme « organisation

---

[263] Lors des élections générales du 20 février 1890, la social-démocratie obtint 1 427 323 voix et 20 sièges au Reichstag, et le 1er mars au second tour, elle obtint 15 sièges supplémentaires, avec 19,7 des voix. Les suffrages avaient pratiquement doublé par rapport aux élections de 1887, et la social-démocratie était devenue le parti le plus puissant d'Allemagne.

secrète », et plus de mille ans de prison ont été distribués parles tribunaux à des membres du parti. Néanmoins les socialistes allemands réussirent l'exploit d'imprimer chaque semaine à l'étranger quelque 10 000 exemplaires de leur journal, *Der Sozialdemokrat, puis* de le passer en contrebande dans le pays pour y assurer sa diffusion. Des milliers de tracts furent distribués dans les mêmes conditions. Ils parvinrent à entrer au Reichstag (avec neuf membres), ainsi que dans un grand nombre d'organismes représentatifs à l'échelon communal et, entre autres aussi, dans la municipalité berlinoise elle-même. Ce renforcement croissant du parti est également devenu manifeste aux yeux de ses adversaires les plus acharnés.

Et, malgré tout, le succès remporté par les socialistes le 20 février doit surprendre même les plus confiants d'entre eux. Vingt et un sièges furent conquis, ce qui signifie que, dans vingt et une circonscriptions, les socialistes furent plus forts que tous les autres partis réunis. Il y eut ballottage dans cinquante-huit circonscriptions, c'est dire que dans 58 circonscriptions ils sont ou bien les plus forts ou bien en voie d'être les plus forts, face à tous les partis qui ont présenté des candidats, et un second tour décidera enfin entre les deux candidats qui ont eu le plus de voix, Mais dont aucun n'avait eu la majorité absolue. En ce qui concerne le chiffre total des suffrages obtenus par les socialistes, nous pouvons les estimer en gros comme suit : En 1871, ils n'avaient que 102 000 voix; en 1877, ils en comptaient 493 000; en 1884, 550 000; en 1887, 763 000. En 1890, ils comptent au moins 1 250 000 voix, et plutôt davantage. La puissance du parti a donc augmenté en trois ans d'au moins 60 à 70 %.

En 1887, il n'y avait que trois partis comptant plus d'un million d'électeurs : les nationaux-libéraux avec 1 678 000, le Centre ou parti catholique avec 1 516 000, et les conservateurs avec 1 147 000. Cette fois-ci, le Centre maintiendra ses effectifs, les conservateurs ont subi de fortes pertes et celles des nationaux-libéraux sont énormes. Ainsi donc les socialistes seront encore dépassés, quant au nombre des voix, par le Centre, mais ils se rapprocheront nettement des nationaux libéraux ainsi que des conservateurs, et même les dépasseront.

Ces élections opèrent un bouleversement complet dans le rapport existant entre les partis allemands. On peut dire qu'elles inaugurent une époque nouvelle dans l'histoire de ce pays. Elles marquent le commencement de la fin de l'ère bismarckienne. Pour le moment, la situation est la suivante :

Avec le décret sur la législation de la protection du travail et la Conférence internationale pour la protection ouvrière, le jeune Guillaume se sépare de son mentor Bismarck [264]. Celui-ci a jugé clairvoyant de laisser la main libre à son jeune maître, et d'attendre tranquillement jusqu'à ce que Guillaume II se soit mis dans l'embarras avec sa marotte de jouer à l'ami des ouvriers [265]; alors le moment serait venu pour Bismarck de

---

[264] Engels fait allusion à l'article du 7-2-1890 de la Arbeiter-Zeitung, où faisant allusion à deux décrets récents de l'Empereur, Bebel prévoyait que les classes dominantes ne pouvaient plus tenir les ouvriers en Allemagne par le régime brutal des interdictions, mais par des concessions et des réformes sociales. En effet, craignant un raz-de-marée électoral des sociaux-démocrates, l'Empereur avait promulgué deux décrets « sociaux » au Reichstag le 4 février 1890 en pleine campagne électorale. De manière éhontée, l'Empereur y singeait les mesures proposées au congrès de fondation de la IIe Internationale sur la protection ouvrière. Dans son premier décret, il demandait au chancelier de convoquer une conférence internationale avec les autres États, afin de délibérer d'une législation unitaire de protection ouvrière. Cette conférence eut lieu à Berlin en mars 1890. Elle décida de l'interdiction du travail des enfants âgés de moins de douze ans et d'une limitation de la journée de travail, pour les femmes et les jeunes gens, mais ces résolutions n'avaient pas force de loi pour les pays participants.
Dans son second décret, l'Empereur demandait à ses ministres des travaux publics, du commerce et de l'industrie de remanier la législation du travail, afin d'améliorer la situation des ouvriers dans les entreprises publiques et privées.

[265] Pour compléter sa législation industrielle et la loi anti-socialiste. Bismarck avait préparé des projets de loi en matière sociale, qui étaient évidemment autant de pièges posés à la social-démocratie. Fin avril-début mai, les projets de loi sur l'assurance-maladie des travailleurs et les compléments à la législation professionnelle furent adoptés en seconde lecture par le Reichstag. Ces deux lois faisaient partie du programme de réforme sociale annoncé à grands cris par Bismarck fin 1881. Le 2 mai, Bebel écrit à Engels que quelques députés sociaux-

refaire surface, tel un *deus ex machina.* Cette fois-ci, Bismarck ne s'est pas montré particulièrement soucieux du déroulement des élections. Un Reichstag qui s'avèrerait ingouvernable et que l'on pourrait dissoudre dès que le jeune empereur aurait reconnu ses bévues, servirait même les intérêts de Bismarck, et un

---

démocrates voulaient voter pour la loi d'assurance -maladie, et cita les noms de Max Kayser et de Moritz Rittinghausen, dont l'intention était d'engager le parti dans la voie de la politique de réforme. Par discipline de parti. les sociaux-démocrates votèrent contre le projet de Bismarck. mais Grillenberger. par exemple, prononça à cette occasion un discours ouvertement opportuniste.

Ce ne fut pas la bourgeoisie allemande qui, concéda le fameux système d'assurance sociale aux ouvriers allemands, mais Bismarck, le représentant des hobereaux, tout heureux de jouer un mauvais tour à la fois à la bourgeoisie et à la social-démocratie, selon la bonne recette bonapartiste.

Dès 1844, Marx avait dénoncé le caractère fallacieux des mesures sociales prises par des représentants de classe semi-féodales : « Étant un aristocrate et un monarque absolu, le roi de Prusse déteste la bourgeoisie. Il n'a donc pas lieu d'être effrayé si celle-ci va lui être encore, plus soumise et devient d'autant plus impuissante que ses rapports avec le prolétariat se tendent. On sait que le catholique déteste plus le protestant que l'athée, tout comme le légitimiste déteste davantage le libéral que le communiste. Ce n'est pas que l'athée et le communiste soient plus proches du catholique et du légitimiste, au contraire, ils leur sont plus étrangers que le protestant et le libéral, parce qu'ils se situent en dehors de leur sphère. Ainsi, en politique, le roi de Prusse trouve une opposition directe chez les libéraux. Pour le roi, l'opposition du prolétariat n'existe pas davantage que le roi lui-même n'existe pour le prolétariat. Il faudrait que le prolétariat eût atteint déjà une puissance décisive pour supprimer ces antipathies et ces oppositions politiques, et s'attirer l'hostilité de tous en politique. » (Marx, Notes critiques relatives à l'article « Le roi de Prusse et la Réforme sociale. Par un Prussien , 7-8-1844, trad. fr. : Marx-Engels, Écrits militaires, Édit. L'Herne, pp. 157-158.)

succès considérable des socialistes pourrait l'aider à se présenter devant le pays avec un beau mot d'ordre électoral, dès que le moment de la dissolution serait venu. Or, l'astucieux chancelier a en ce moment précis un Reichstag avec lequel nul ne peut gouverner. Guillaume II se rendra très bientôt compte de l'impossibilité de mettre en pratique le moindre atome des projets annoncés dans ses décrets, étant donné sa position et face à l'actuel état d'esprit des grands propriétaires fonciers et de la bourgeoisie.

Les élections l'ont déjà convaincu que la classe ouvrière allemande acceptera tout Ce qu'on lui offre comme premier acompte, mais ne cédera pas un iota de ses principes et de ses revendications, et elle ne restera pas paralysée dans son opposition contre un gouvernement qui ne peut exister sans le musellement de la majorité de la classe travailleuse.

C'est pourquoi, on en viendra bientôt à un conflit entre l'Empereur et le parlement, et les socialistes se verront attribuer la responsabilité de toute l'affaire par tous les partis en rivalité. Un nouveau programme électoral y sera élaboré, et Bismarck s'avancera après avoir administré la leçon nécessaire à son maître et seigneur - et il décrétera la dissolution [266].

Mais il devra se rendre compte alors que les temps ont changé. Les ouvriers socialistes seront encore plus forts et plus résolus qu'auparavant. Jamais Bismarck n'a pu se fier à la noblesse, celle-ci l'ayant toujours considéré comme un traître à la cause du véritable conservatisme. Elle est donc prête à le jeter par-dessus bord dès que l'Empereur ne voudra plus de lui. La bourgeoisie était son appui principal, mais elle n'a plus désormais confiance en lui. La petite querelle domestique entre

---

[266] Dans son ouvrage intitulé les Plans de coups d'État de Bismarck et de Guillaume II, 1890 et 1894, Stuttgart-Berlin 1929, E. Zechlin cite la lettre suivante du kaiser à son compère François-Joseph de Vienne: « Le nouveau Reichstag vient d'être élu; Bismarck a été indigné par les résultats et il a voulu aussitôt que possible le faire sauter. Il voulait utiliser à cette fin la loi socialiste. Il me proposa de présenter une nouvelle loi socialiste encore aggravée que le Reichstag repousserait, si bien que ce serait la dissolution. Le peuple serait déjà excité, les socialistes en colère feraient des putschs: il y aurait des manifestations révolutionnaires, et alors je devrais faire tirer dans le tas et donner du canon et du fusil. »

Ce n'est pas par hasard si Engels était appelé le Général dans la social-démocratie allemande, car il ne connaissait pas seulement la force de ses troupes, mais encore parfaitement la tactique que voulait employer l'adversaire, tactique qu'il fallait contrecarrer, si l'on ne voulait pas succomber devant un ennemi implacable et rusé, supérieur en armement et même en nombre.

Le passage au régime bourgeois était - comme Engels l'avait prévu - en théorie - particulièrement délicat pour les classes dominantes d'Allemagne.

Bismarck et l'Empereur est également venue aux oreilles du public. Elle a prouvé que Bismarck n'était plus tout-puissant, et que l'Empereur n'est pas à l'abri de dangereux caprices. Auquel des deux le philistinisme des bourgeois allemands fera-t-il confiance ? L'homme rusé n'a plus le pouvoir, et l'homme qui a le pouvoir n'est pas bien malin. De fait, la croyance en la stabilité de l'ordre social nouveau, créé en 1871, était inébranlable aux yeux de la bourgeoisie allemande – tant que le vieux Guillaume régnait, que Bismarck tenait les rênes du pouvoir et que Moltke était à la tête de l'armée. Or cette croyance est à jamais détruite maintenant. La charge des impôts toujours plus écrasante, les coûts élevés des moyens de subsistance nécessaire en raison d'un absurde système douanier sur tous les articles, produits alimentaires aussi bien qu'industriels, le poids écrasant des obligations militaires, la peur permanente et toujours renouvelée d'une guerre d'une guerre qui entraînerait dans son tourbillon l'Europe entière et qui forcerait 4 à 5 millions d'hommes à prendre les armes - tout cela a contribué à aliéner au gouvernement le paysan, le petit artisan et l'ouvrier, bref toute la nation, à l'exception du petit nombre de ceux qui profitent des monopoles créés par l'État. Tout cela était supporté comme étant inévitable tant que le vieux Guillaume, Moltke et Bismarck formaient au gouvernement un triumvirat qui paraissait invincible [267]. Mais, aujourd'hui, le vieux Guillaume est mort, Moltke à la retraite, et Bismarck a affaire avec un jeune empereur, qui précisément est rempli d'une folle auto-complaisance; celui-ci se prend déjà pour un second Frédéric-le-Grand, alors qu'il n'est qu'un vaniteux insensé qui s'efforce de secouer la tutelle du chancelier et, par-dessus le marché, il n'est qu'un jouet aux

---

[267] Engels ne se trompe pas dans sa prévision Jusqu'à la fin de sa vie, le gouvernement tentera de rétablir les lois répressives contre le prolétariat allemand. Mais cette prévision ne contredit pas l'optimisme fondamental d'Engels, qui voit le rapport des FORCES glisser de plus en plus en faveur de la social-démocratie, dont la faillite finale n'en devient que plus haïssable. Dans sa lettre du 7-03-1890, à P. Lafargue, Engels écrit sur la situation qui se développe à partir de 1890 : « Le 20 février est la date du début de la révolution en Allemagne. C'est pourquoi, nous avons le devoir de ne pas nous laisser écraser avant que le moment de la bataille ne soit venu. Nous n'avons encore de notre côté qu'un soldat sur quatre ou cinq, et, sur pied de guerre, peut-être un sur trois. Nous pénétrons dans les campagnes, les élections dans le Schlesvig-Holstein, et surtout dans le Mecklembourg, ainsi que les provinces orientales de la Prusse l'ont démontré. Dans 3-4 ans, nous aurons les ouvriers et journaliers agricoles, c'est-à-dire les régiments d'élite de la conservation sociale, et alors il n'y aura plus de Prusse. C'est la raison pour laquelle, nous devons prôner à l'heure actuelle les actions légales et ne pas répondre aux provocations qu'on nous prodiguera. En effet, sans une saignée, et encore très forte, il n'est plus de salut pour Bismarck ou Guillaume.

« Ces deux terribles gaillards sont, dit-on, consternés-, ils n'ont pas de plan bien établi, et Bismarck a assez à faire pour contrecarrer les intrigues de cour que l'on tisse toujours plus contre lui. » Et de conclure : « Les partis bourgeois - par peur des socialistes - se rassembleront sur une plate-forme commune. »

mains des intrigants de la Cour. Dans ces conditions, le gigantesque joug qui pèse sur le peuple ne saurait plus être supporté avec patience bien longtemps; c'en est fait irrémédiablement de la croyance en la stabilité des conditions existantes; la résistance qui auparavant paraissait sans espoir, devient maintenant une nécessité; de la sorte, il peut advenir que tout ingouvernable que paraisse l'actuel Reichstag, le suivant le devienne encore bien davantage.

On peut penser, en somme, que Bismarck a fait une erreur de calcul dans ce jeu [268]. En cas de dissolution, même le spectre

---

[268] Bismarck avait pratiquement fini par lier son sort à la répression anti-socialiste. Le 14 janvier 1888, il dépose au Reichstag un projet de loi demandant la prolongation de la toi scélérate jusqu'au 30 septembre 1893, ainsi qu'une aggravation de la répression (peine plus forte pour la diffusion d'imprimés interdits et les personnes accusées d'appartenir à une « association secrète », d'assister à des réunions socialistes à l'étranger, etc., en leur retirant, par exemple, la citoyenneté allemande ou en les expulsant). Mais Bismarck subit une défaite au parlement, la loi n'étant prorogée que de deux ans, jusqu'au Il octobre 1890. A. Bebel et P. Singer dénoncèrent à la tribune le système de mouchards mis en place par Bismarck et démontrèrent que la ministère Puttkamer s'en prenait aux ouvriers avec des méthodes illégales.
Les 5 et 6 novembre 1889 ainsi que les 22 et 23 janvier 1890, Bismarck revint à l'attaque avec un projet de loi prévoyant une prolongation illimitée de la loi anti-socialiste et une répression aggravée. Le 25 janvier 1890, le Reichstag rejeta la demande de prolongation de la loi anti-socialiste. le compromis entre les nationaux-libéraux (qui voulaient atténuer les rigueurs de la loi) et les conservateurs (qui voulaient les aggraver, au contraire) ayant échoué, la loi expira le 30

rouge, le cri de guerre contre les socialistes, ne remplira pas ses espérances. Mais, d'autre part, il a une qualité incontestable : une énergie impitoyable. Si cela lui plaît, il peut provoquer des insurrections et expérimenter quel est l'effet d'une petite « saignée ». Cependant, il ferait bien de ne pas oublier que la moitié au moins des socialistes allemands est passée par l'école de l'armée. Ils y ont appris la discipline, qui les a fait résister jusqu'ici à toutes les provocations à l'insurrection. Mais ils y ont également appris autre chose.

Frédéric Engels

---

septembre 1890. La politique de cartel de Bismarck avait échoué du même coup, comme c'était inévitable dans le nouveau rapport de forces.

ET MAINTENANT ?

Der Sozialdemokrat, 8 mars 1890.

Le 20 février 1890 marque le commencement de la fin de l'ère bismarckienne [269]. L'alliance entre les hobereaux et les

---

[269] Aussitôt après la victoire électorale de la social-démocratie et le vote refusant la prorogation de la loi anti-socialiste et avant même la chute de Bismarck, Engels prépara, dans cet article du Sozialdemokrat, le parti au passage à la légalité, en prévenant les sociaux-démocrates contre les velléités gouvernementales de coup de force contre eux et les séductions du légalitarisme.

Cet article, écrit quelques années avant la mort d'Engels, est caractéristique de la tactique de prudence, conseillée à la social-démocratie allemande, dans son dernier grand texte de l'Introduction à la « lutte de classes en France » de 1895. Il faut vraiment être d'une mauvaise foi insigne pour tirer de cette fameuse Introduction la thèse de la possibilité du passage pacifique au socialisme, alors qu'en réalité Engels conseillait momentanément une tactique de repli, précisément parce que l'adversaire disposait d'un rapport de forces favorable du point de vue de l'armement et du nombre, et, de plus, cherchait délibérément le heurt violent tant qu'il était encore le plus fort.

A la suite des grandes grèves de la Ruhr, qui avaient démontré que les tensions créées par le système capitaliste étaient désormais fondamentales en Allemagne, les élections du 20 février avaient

parvenus de l'argent dans le but d'exploiter les masses populaires allemandes - car ce cartel [270] n'avait au fond pas d'autre

---

confirmé l'évolution inévitable de l'Allemagne vers des rapports non plus bonapartistes, mais bourgeois. Les ouvriers qui avaient voté pour le Centre et la Social-démocratie étaient irréductiblement hostiles au système instauré par Bismarck : 40 % de la population du pays avait nettement pris position contre le régime bismarckien, et l'Empire né en 1871 ne pouvait continuer de subsister sous sa forme bonapartiste - à moins que le mouvement politique des ouvriers ne soit écrasé, comme le voulait Bismarck. Mais celui-ci fut renversé le 20 mars.

L'Empereur et les classes réactionnaires au pouvoir furent assez habiles pour se débarrasser du chancelier et sauver tout de même leurs privilèges, sous d'autres noms. L'Empereur savait qu'une politique de répression féroce à la Bismarck eût pu retarder de quelques années la chute du système instauré en 1871, mais pas davantage; il eut l'habileté à la fin de conclure un compromis avec la bourgeoisie et se maintenir à son ombre au gouvernement.

La tentative de Bismarck de perpétuer la loi anti-socialiste sous une forme aggravée ou, par un coup d'État, de mettre hors la loi la social-démocratie en la poussant à des émeutes afin d'utiliser contre elle la mitraille et le canon se heurta même à l'intérieur des partis gouvernementaux à l'opposition des nationaux-libéraux. Contrairement à Bismarck, ceux-ci espéraient - avec Guillaume II - pouvoir affaiblir la social-démocratie par d'autres moyens, ceux de la corruption et de la dissolution interne, cf. note n° 143.

270   Après la dissolution du Reichstag par Bismarck en janvier 1887, le parti conservateur-allemand, le parti de l'Empire allemand et le parti national-libéral formèrent un cartel électoral. Celui-ci triompha aux élections de février 1887 et obtint une majorité écrasante au Reichstag (220 sièges). En s'appuyant sur ce bloc, Bismarck fit voter des lois réactionnaires (favorisant les grands propriétaires et industriels (lois de protection douanière en faveur des produits des uns et des autres, augmentation d'impôts). Au sein du cartel, les contradictions ne tardèrent pas à s'aggraver cependant : en 1890, il subit une défaite électorale et se désagrégea.

ambition - porte ses fruits. Les taxes sur l'eau de vie, les primes pour le sucre, les tarifs douaniers sur les céréales et la viande ont fait passer comme par un coup de baguette magique des milliards de la poche du peuple dans la leur. Les droits protecteurs pour les produits industriels avaient été introduits au moment précis où l'industrie allemande, par ses propres forces et moyens, sous le régime du libre échange, avait conquis une position sur le marché mondial, et Ce, uniquement pour que les fabricants puissent vendre à l'intérieur à des prix de monopole et à l'extérieur à des prix de rabais.

Tout le système des impôts indirects est conçu pour écraser les masses populaires les plus pauvres sans affecter pratiquement les riches. La charge des impôts a augmenté de manière exorbitante pour couvrir les coûts de l'armement en croissance à l'infini. Or à mesure qu'augmente le réarmement on voit se rapprocher toujours plus la menace d'une guerre mondiale qui risque de « mettre sur le tapis » quatre à cinq millions d'Allemands parce que le rapt de l'Alsace-Lorraine a jeté la France dans les bras de la Russie, faisant du même coup de celle-ci l'arbitre de l'Europe.

Une corruption inouïe de la presse a permis au gouvernement de submerger le peuple d'une vague de nouvelles mensongères, afin de l'effrayer à chaque renouvellement du Reichstag. A la corruption policière pour acheter ou forcer la dénonciation du mari par sa femme et du père par son enfant, vint s'ajouter la pratique, inconnue jusque-là en Allemagne, de l'agent provocateur, si bien que l'arbitraire policier dépasse *aujourd'hui de* loin celle qui régnait avant 1848. Chaque jour, on bafoue de la manière la plus éhontée toutes les lois existantes dans les tribunaux allemands, et en premier lieu la Cour de justice impériale, et l'on a privé de tous droits la classe ouvrière entière par le truchement de la loi anti-socialiste. Or cela a fait son temps. Si tout ceci a duré tant d'années, c'est grâce à la lâcheté du philistin allemand - mais c'en est fini maintenant. La majorité du cartel s'est désagrégée, irrémédiablement désagrégée, de sorte qu'il n'existe plus qu'un moyen pour la rafistoler ne serait-ce que provisoirement - un coup d'État.

Et que va-t-il se passer maintenant ? Bâcler une nouvelle majorité pour maintenir l'ancien système ? Il y a suffisamment de trouillards parmi les libéraux allemands [271] qui, plutôt que de laisser la voie libre aux méchants sociaux-démocrates,

---

[271] Le parti libéral allemand se forma en 1884 lors d'une fusion entre le parti du congrès et l'aile gauche des nationaux-libéraux. Ce parti défendit les intérêts de la bourgeoisie moyenne et de la petite bourgeoisie, en opposition au gouvernement de Bismarck.

préfèrent jouer eux-mêmes au cartel - et les rêves de capacité de gouverner qui avaient été portés en terre avec Frédéric II frappent de nouveau contre le couvercle du cercueil. Cependant le gouvernement ne sait que faire du Parti libéral qui n'est pas encore mûr pour une alliance avec les hobereaux de l'Est de l'Elbe, la classe qui règne en Allemagne!

Qu'en est-il du Centre ? Dans celui-ci aussi, on trouve en masse, les hobereaux de Westphalie, de Bavière, etc. qui brûlent du désir de sombrer dans les bras de leurs frères de l'Est de l'Elbe, qui ont voté avec chaleur les impôts favorables aux hobereaux; dans le Centre aussi, il y a suffisamment de réactionnaires bourgeois, qui veulent aller encore plus loin que le gouvernement ne peut se permettre d'aller et qui, s'ils le pouvaient, nous plongeraient de nouveau en plein moyen âge artisanal! Un parti spécifiquement catholique, comme tout parti spécifiquement chrétien, ne saurait être autre chose que réactionnaire. Dans ces conditions, pourquoi ne constituerait-on pas un nouveau cartel avec le Centre ?

Simplement parce que ce n'est pas le catholicisme qui consolide le Centre [272], mais la *haine de la Prusse*. Il se compose

---

[272] Le Centre était le 'parti politique des catholiques allemands, créé en été 1870. Il rassemblait la petite bourgeoisie catholique, ainsi que la

entièrement d'éléments prussophobes, qui sont les plus forts dans les provinces catholiques, comme c'est normal : paysans rhénans, petits bourgeois et ouvriers, Allemands du Sud, catholiques hanovriens et westphaliens. Il regroupe autour de lui les autres éléments bourgeois et paysans, hostiles à la Prusse : les guelfes et autres particularistes, les Polonais et les Alsaciens [273]. Le jour où le Centre deviendra parti de gouvernement, il se décomposera en sa partie réactionnaire - celle des hobereaux et des artisans corporativistes - et une fraction démocratique et paysanne. Or les messieurs de la première fraction savent qu'ils ne pourront plus se représenter devant leurs électeurs. Malgré cela, on fera la tentative, et la majorité du Centre l'acceptera. Et cela ne peut que nous convenir. Le

---

plupart des paysans et travailleurs catholiques de l'Allemagne méridionale et occidentale ainsi que de Haute-Silésie. Il défendait en gros les intérêts de la grande propriété catholique et du capital industriel. Il s'opposa, d'une part, à Bismarck en raison de, ses tendances anti-prussiennes et particularistes, mais, d'autre part, votait toujours pour les mesures anti-ouvrières. Bismarck trouvait donc un terrain d'entente avec le Centre malgré la base première, anti-prussienne, de celui-ci.

[273] On appelait guelfe le parti de droite du Hanovre allemand, qui s'était formé en 1866 lors de l'annexion du Hanovre par la Prusse. Ce parti se fixa pour but de restaurer la dynastie royale hanovrienne et d'obtenir l'autonomie au sein de l'Empire allemand. Ne disposant pas du nombre de sièges suffisant pour former une fraction parlementaire, il s'associa au Centre, comme les petites fractions nationales du Reichstag dont les Alsaciens-Lorrains, les Polonais, qui s'opposaient à Bismarck, et formaient un bloc avec le Centre.

parti catholique prussophobe n'était qu'un produit de l'ère bismarckienne de la domination du prussianisme spécifique. Avec la chute de celui-ci, il se doit que son représentant tombe aussi.

Nous pouvons donc compter sur une alliance momentanée du Centre et du gouvernement. Cependant le Centre ne se compose pas de nationaux-libéraux - au contraire, c'est le premier parti qui soit sorti victorieux de la lutte contre Bismarck : il l'a même conduit à son Canossa [274]. Un cartel ne peut donc tenir en aucun cas, et Bismarck a absolument besoin d'un nouveau cartel.

Qu'adviendra-t-il alors ? Dissolution, élections nouvelles, appel à la peur devant le raz-de-marée social-démocrate ? Il est

---

[274] Dans les années 1870, Bismarck engagea la lutte pour instaurer la laïcité, forme la plus classique, au plan idéologique de la domination bourgeoise, dans ce que l'on appelle le « Kulturkampf ». Il se heurta surtout au parti du Centre, qui était non seulement catholique, mais regroupait encore toutes les tendances anti-prussiennes et séparatistes (Polonais, Guelfes, Alsaciens-Lorrains). Bismarck avait déclaré en mai 1872 qu'il ne reculerait pas dans sa lutte et lança la formule « Nous n'irons jamais à Canossa » (allusion à l'humiliant pèlerinage entrepris en 1077 par l'Empereur allemand Henri IV à Canossa, où il implora à genoux que le pape Grégoire VII le relevât de son excommunication). Cependant avec la montée socialiste, Bismarck dut abolir progressivement toutes les lois anti-catholiques pour gagner le Centre au cours des années 1878 à 1887.

trop tard pour cela aussi. Si Bismarck le voulait, alors il n'aurait pas dû souffrir la moindre dissension avec son empereur, et surtout il n'aurait pas dû admettre un instant qu'on l'entoure d'une publicité aussi bruyante.

Tant que le vieux Guillaume vivait l'invincibilité du triumvirat Bismarck, Moltke et Guillaume était assurée et inébranlable. Or Guillaume s'en est allé maintenant, Moltke a été congédié et Bismarck chancelle, qu'il soit congédié ou qu'il s'en aille. Et le jeune Guillaume qui a pris la place du Vieux, a démontré, au cours de son bref gouvernement, notamment par ses fameux décrets [275], qu'un solide philistinisme bourgeois ne

---

[275] Engels fait allusion à l'article du 7-2-1890 de la Arbeiter-Zeitung, où faisant allusion à deux décrets récents de l'Empereur, Bebel prévoyait que les classes dominantes ne pouvaient plus tenir les ouvriers en Allemagne par le régime brutal des interdictions, mais par des concessions et des réformes sociales. En effet, craignant un raz-de-marée électoral des sociaux-démocrates, l'Empereur avait promulgué deux décrets « sociaux » au Reichstag le 4 février 1890 en pleine campagne électorale. De manière éhontée, l'Empereur y singeait les mesures proposées au congrès de fondation de la IIe Internationale sur la protection ouvrière. Dans son premier décret, il demandait au chancelier de convoquer une conférence internationale avec les autres États, afin de délibérer d'une législation unitaire de protection ouvrière. Cette conférence eut lieu à Berlin en mars 1890. Elle décida de l'interdiction du travail des enfants âgés de moins de douze ans et d'une limitation de la journée de travail, pour les femmes et les jeunes gens, mais ces résolutions n'avaient pas force de loi pour les pays participants.
Dans son second décret, l'Empereur demandait à ses ministres des travaux publics, du commerce et de l'industrie de remanier la

pourra jamais se fier à lui et ne voudra pas se laisser régenter par lui. L'homme en lequel le philistin a placé sa confiance ne détient plus le pouvoir, et l'homme qui a le pouvoir entre ses mains ne peut avoir sa confiance. C'en est fait de la vieille confiance en l'éternité de l'ordre impérial instauré en 1871, et nulle puissance au monde ne pourra jamais la rétablir. Le dernier pilier de la politique qui a été menée jusqu'ici, le philistin, est devenu branlant. Aucune dissolution ne peut y remédier.

Un coup d'État ? Mais il défierait non seulement le peuple, mais encore les princes impériaux de leur serment vis-à-vis de la Constitution impériale qui serait dès lors mise en pièces, ce qui signifierait la dissolution de l'Empire.

Une guerre ? Rien n'est plus facile que de la commencer. Mais ce qui suivrait défie tout calcul préalable. Si Guillaume passe le Rhin comme Cresus passa le Halys, un grand Empire sera détruit assurément - mais lequel ? Le sien ou celui de l'ennemi ? La paix ne dure d'ailleurs que grâce à la révolution sans fin dans la production et la technique des armes, qui fait que jamais personne ne peut se dire prêt à la guerre, et grâce à

---

législation du travail, afin d'améliorer la situation des ouvriers dans les entreprises publiques et privées.

la peur de tout le monde devant les chances absolument imprévisibles d'une guerre qui ne peut plus maintenant se faire qu'à l'échelle du monde entier.

Il ne peut y avoir qu'un seul expédient: un soulèvement provoqué par les brutalités gouvernementales et écrasé avec une violence double et triple, ainsi qu'un état de siège général et de nouvelles élections sous un régime de terreur. Mais cela même ne pourrait accorder qu'un bref délai de grâce. Mais c'est le seul recours - et nous savons que Bismarck fait-partie de ces gens à qui tous les moyens sont bons. Et Guillaume lui-même n'a-t-il pas dit: A la moindre résistance, je fais carrément tirer dans le tas ? Et c'est pourquoi on recourra certainement à ce moyen.

Les ouvriers sociaux-démocrates viennent de remporter une victoire qui est parfaitement méritée par leur résistance sans faille, leur discipline de fer, leur sens de l'humour dans la lutte, leur ardeur infatigable, bien qu'elle leur apparaisse à eux-mêmes tout à fait inattendue et ait plongé le monde dans la stupeur. La progression des voix sociales-démocrates se poursuit à chaque élection nouvelle avec le caractère irrésistible d'un procès naturel; les coups de force, l'arbitraire policier, l'abjection des juges - tout faisait simplement ricochet, et la colonne d'attaque, qui grossissait sans cesse, allait de l'avant, toujours de l'avant et de plus eh plus rapidement. Et à présent, c'est le second parti de l'Empire quant à la force. Dans ces conditions, les ouvriers allemands devraient se gâter eux-mêmes leurs chances, en se laissant entraîner dans un putsch qui n'a aucun espoir de succès - simplement pour sauver Bismarck des affres de la mort! A un moment où le courage des ouvriers, au-dessus de tout éloge, reçoit le soutien actif de toutes les conditions objectives extérieures, où toute la situation sociale et politique, voire où les ennemis de la social-démocratie eux-mêmes doivent oeuvrer pour elle comme s'ils étaient payés pour cela - à ce moment-là, la discipline et la maîtrise de soi peuvent-elles venir à manquer au point que nous nous précipitions nous-mêmes sur l'épée tendue vers nous ? Il ne saurait en être question. Nos ouvriers ont été à trop bonne école sous le régime de la loi anti-socialiste, et puis, nous avons trop de militants aguerris dans nos rangs et, parmi eux, il y a beaucoup de soldats qui savent résister, l'arme au pied sous un déluge de balles -jusqu'au moment où l'heure de l'attaque aura sonné.

Engels à W. Liebknecht, 9 mars 1890.

Je te félicite, pour tes 42 000 suffrages qui font de toi *le premier élu de l'Allemagne (en Fr.)*. Si un quelconque Kar-, Hell- ou autre Junkerdorf [276] cherche à interrompre maintenant, tu peux lui rétorquer : Retirez-vous sous votre prépuce - si vous en avez un -car je représente autant d'électeurs qu'une douzaine de votre espèce!

Nous revenons lentement à un état de dégrisement ici, mais sans gueule de bois, après la longue ivresse du triomphe. J'espérais 1 200 000 voix, et tout le monde me prenait pour un hypertendu. Les nôtres se sont magnifiquement comportés, mais ce n'est que le commencement : de durs combats les attendent encore. Nos 'succès dans le Schlesvig-Holstein, le Mecklembourg et en Poméranie nous assurent maintenant de gigantesques progrès parmi les travailleurs agricoles de l'Est. Maintenant que nous avons les villes et que le fracas de nos victoires retentit jusque dans le domaine campagnard le plus reculé nous pouvons allumer à la campagne un incendie autrement gigantesque que le feu de paille d'il y a 12 ans.

---

[276] Liebknecht, candidat des ouvriers concentrés dans les grandes villes, obtint le plus de voix de tous les Candidats qui s'étaient présentés aux élections, et Engels oppose ces suffrages obtenus dans les villes industrielles à ceux qui suffisent à faire élire un vulgaire hobereau dans les villages et coins perdus de Prusse (Kar-, Hell- ou autre Junkerdorf).

D'ici trois ans, nous pouvons avoir les ouvriers des campagnes, et alors nous aurons les régiments qui forment le noyau de l'armée prussienne. Or pour l'empêcher, il n'y a qu'un moyen, et le seul point sur lequel le petit Guillaume et Bismarck soient encore d'accord, c'est de l'appliquer sans ménagement : un solide mitraillage, dont le résultat sera une panique aiguë. Pour cela, tout prétexte sera bon, et lorsque les « canons » de Puttkamer [277] auront mitraillé les rues de quelques grandes villes, alors ce sera l'état de siège sur toute l'Allemagne; le petit bourgeois retrouvera de nouveau sa bonne confiance et votera aveuglément ce qu'on lui prescrira - et nous serons paralysés pour des années.

---

[277] Dans son discours électoral du 31 janvier 1890 à Stolpe, le ministre de l'Intérieur prussien Puttkammer souligna qu'au cas où la loi anti-socialiste serait abolie, il faisait confiance à l'armée et aux fonctionnaires « si soumis au gouvernement » pour maintenir l'ordre dans le pays. Il déclara ensuite que si le Reichstag ne votait pas les modifications prévues, destinées à- renforcer la loi anti-socialiste, il faudrait décréter le grand état de siège au lieu du petit et qu'à la place du § 28 ce serait les canons (d'après le § 28 de la loi anti-socialiste, le petit état de siège pouvait être décrété pour la durée d'un an dans certains districts et localités). Durant l'état de siège, les réunions étaient soumises à une autorisation préalable de la police; la distribution et la diffusion d'écrits socialistes étaient interdites dans les lieux publics; les personnes accusées de « mettre en danger la sécurité ou l'ordre public » pouvaient être interdites de séjour dans les districts et localités où régnait le petit état de siège; la possession, l'importation, le port ou la vente d'armes étaient interdits ou liés à des conditions très rigoureuses.

C'est ce que nous devons éviter. Nous ne devons pas nous laisser fourvoyer par la série de victoires, ne pas gâcher nos propres cartes, et ne pas empêcher nos ennemis de faire le travail pour nous. Je partage ici ton opinion : il nous faut nous montrer POUR L'INSTANT aussi pacifique et légalitaire que possible, et nous devons éviter tout prétexte de heurt. Cependant, je considère comme déplacées tes philippiques contre la violence, sous toutes ses formes et en toutes circonstances [278] : premièrement, parce qu'aucun adversaire ne te croira jamais - Us ne sont tout de même pas bêtes à ce point! - et deuxièmement parce que Marx et moi, nous serions des anarchistes d'après ta théorie, car l'idée ne nous est jamais venue de tendre aussi la joue gauche comme de bons quakers. Cette fois-ci tu as carrément passé les bornes.

---

[278] Au lendemain de la promulgation de la loi anti-socialiste, Liebknecht avait déjà réagi en philistin devant la violence arbitraire de Bismarck, en déclarant que la social-démocratie renonçait aux moyens violents et révolutionnaires, pour arriver à son but socialiste. Maintenant que s'ouvrait la perspective de la « légalité », il déclarait renoncer à la violence... pour éviter un nouveau coup de force anti-socialiste. Aussitôt Engels lui signale le piège insidieux que lui tendait Bismarck et qui sera fatal au parti social-démocrate allemand de la dernière période le danger révolutionnaire étant écarté, il n'y aura plus de violences anti-socialistes, mais la guerre, cf. Fil du Temps, no 12 sur la crise actuelle et la perspective de guerre ou de révolution.

Engels à Fr.-A. Sorge, 12 avril 1890.

En Allemagne, tout marche au-delà des espérances les plus optimistes. Lejeune Guillaume est littéralement fou, donc on ne peut mieux pour bouleverser complètement le vieil état de choses, ébranler le dernier reste de confiance chez tous les possédants - hobereaux aussi bien que bourgeois - et nous préparer le terrain d'une manière telle que le libéral Frédéric III lui-même ne l'aurait pu. Ses velléités d'amabilité avec les ouvriers - purement bonapartistes et démagogiques, mais liées à des rêves confus de mission princière par la grâce de Dieu [279]

---

[279] Pour compléter sa législation industrielle et la loi anti-socialiste. Bismarck avait préparé des projets de loi en matière sociale, qui étaient évidemment autant de pièges posés à la social-démocratie. Fin avril-début mai, les projets de loi sur l'assurance-maladie des travailleurs et les compléments à la législation professionnelle furent adoptés en seconde lecture par-le Reichstag. Ces deux lois faisaient partie du programme de réforme sociale annoncé à grands cris par Bismarck fin 1881. Le 2 mai, Bebel écrit à Engels que quelques députés sociaux-démocrates voulaient voter pour la loi d'assurance -maladie, et cita les noms de Max Kayser et de Moritz Rittinghausen, dont l'intention était d'engager le parti dans la voie de la politique de réforme. Par discipline de parti. les sociaux-démocrates votèrent contre le projet de Bismarck. mais Grillenberger. par exemple, prononça à cette occasion un discours ouvertement opportuniste.
Ce ne fut pas la bourgeoisie allemande qui, concéda le fameux système d'assurance sociale aux ouvriers allemands, mais Bismarck, le représentant des hobereaux, tout heureux de jouer un mauvais tour à la

– tombent irrémédiablement à plat devant les nôtres. La loi anti-socialiste leur a ouvert les yeux à ce sujet. En 1878 encore, ils auraient pu faire *quelque chose* avec cela et Semer le désordre dans nos rangs, mais c'est impossible aujourd'hui. Les nôtres ont trop eu à sentir la botte prussienne. Quelques poules mouillées comme Monsieur Blos, par exemple, et ensuite quelques-uns des 700 000 hommes qui sont venus à nous dans ces trois dernières années peuvent vaciller un peu mais ils se perdront rapidement dans la masse, et avant que l'année soit passée ils auront leur plus belle déception causée par Guillaume lui-même au sujet de son influence sur les ouvriers,

---

fois à la bourgeoisie et à la social-démocratie, selon la bonne recette bonapartiste.

Dès 1844, Marx avait dénoncé le caractère fallacieux des mesures sociales prises par des représentants de classe semi-féodales : « Étant un aristocrate et un monarque absolu, le roi de Prusse déteste la bourgeoisie. Il n'a donc pas lieu d'être effrayé si celle-ci va lui être encore, plus soumise et devient d'autant plus impuissante que ses rapports avec le prolétariat se tendent. On sait que le catholique déteste plus le protestant que l'athée, tout comme le légitimiste déteste davantage le libéral que le communiste. Ce n'est pas que l'athée et le communiste soient plus proches du catholique et du légitimiste, au contraire, ils leur sont plus étrangers que le protestant et le libéral, parce qu'ils se situent en dehors de leur sphère. Ainsi, en politique, le roi de Prusse trouve une opposition directe chez les libéraux. Pour le roi, l'opposition du prolétariat n'existe pas davantage que le roi lui-même n'existe pour le prolétariat. Il faudrait que le prolétariat eût atteint déjà une puissance décisive pour supprimer ces antipathies et ces oppositions politiques, et s'attirer l'hostilité de tous en politique. » (Marx, Notes critiques relatives à l'article « Le roi de Prusse et la Réforme sociale. Par un Prussien , 7-8-1844, trad. fr. : Marx-Engels, Écrits militaires, Édit. L'Herne, pp. 157-158.)

et alors son amour se changera en colère, et ses mamours en molestations.

C'est pourquoi notre politique doit maintenant éviter tout tapage, jusqu'à ce que la loi anti-socialiste soit arrivée à terme le 30 septembre. En effet, on ne peut guère prévoir qu'il y ait un nouvel état d'exception avec le Reichstag qui manquera alors tout à fait de toute espèce de cohésion; mais dès que nous aurons de nouveau une législation ordinaire, tu verras une expansion nouvelle qui éclipsera encore celle qui s'est manifestée le 20 février.

Comme les grâces que fait Guillaume aux ouvriers se complètent pas ses velléités de dictature militaire (tu vois comment toute la racaille princière devient de nos jours *nolens volens* bonapartiste) et qu'à la moindre résistance il voudra faire tirer dans le tas, nous devons nous préoccuper de lui enlever toute occasion de le faire [280].

---

[280] Dans son ouvrage intitulé les Plans de coups d'État de Bismarck et de Guillaume II, 1890 et 1894, Stuttgart-Berlin 1929, E. Zechlin cite la lettre suivante du kaiser à son compère François-Joseph de Vienne: « Le nouveau Reichstag vient d'être élu; Bismarck a été indigné par les résultats et il a voulu aussitôt que possible le faire sauter. Il voulait utiliser à cette fin la loi socialiste. Il me proposa de présenter une nouvelle loi socialiste encore aggravée que le Reichstag repousserait, si bien que ce serait la dissolution. Le peuple serait déjà excité, les

Nous avons vu lors des élections que nos progrès à la campagne, notamment là où la grande propriété foncière subsiste avec uniquement de *gros* paysans, c'est-à-dire dans l'Est, ont été tout à fait énormes. Au Mecklembourg, trois ballottages, en Poméranie vingt-et-un. Les 85 000 voix qui, dans les premiers chiffres officiels, sont encore passées de 1 324 000 au premier tour à 1 427 000 au second, proviennent toutes de circonscriptions rurales, où l'on ne nous attribuait absolument aucune voix. C'est donc la perspective d'une conquête rapide à présent du prolétariat agricole des provinces orientales [281] et

---

socialistes en colère feraient des putschs: il y aurait des manifestations révolutionnaires, et alors je devrais faire tirer dans le tas et donner du canon et du fusil. »

Ce n'est pas par hasard si Engels était appelé le Général dans la social-démocratie allemande, car il ne connaissait pas seulement la force de ses troupes, mais encore parfaitement la tactique que voulait employer l'adversaire, tactique qu'il fallait contrecarrer, si l'on ne voulait pas succomber devant un ennemi implacable et rusé, supérieur en armement et même en nombre.

Le passage au régime bourgeois était - comme Engels l'avait prévu - en théorie - particulièrement délicat pour les classes dominantes d'Allemagne.

[281] L'agitation parmi les paysans de l'Est de l'Allemagne (cf. note no 304) était, à côté du soutien des grèves des ouvriers, la seule manifestation active de la lutte de classes au niveau des masses que la social-démocratie allemande pouvait entreprendre durant la longue période de développement pacifique et idyllique du capitalisme. C'est donc là, en quelque sorte, la pierre de touche de l'action et de la pratique de la social-démocratie allemande. En ce qui concerne, par exemple, la grève

avec cela - des soldats des régiments d'élite prussiens. Alors tout l'ordre social ancien sera par terre, et nous serons au pouvoir. Mais les généraux prussiens devraient être des ânes plus grands que je ne le crois s'ils ne savaient pas cela aussi bien que nous; en conséquence, ils *doivent* brûler du désir de préparer un sérieux mitraillage contre nous afin de nous rendre inoffensifs pour quelque temps. Double raison donc de procéder tranquillement à l'extérieur.

---

des mineurs de la Ruhr (cf. note n° 269), la défaillance de la social-démocratie fut pratiquement complète, comme on le verra. En ce qui concerne l'agitation parmi la paysannerie des grands domaines de l'Allemagne orientale qui eût sapé l'ordre et la base des forces les plus réactionnaires de l'État allemand, on peut dire que la défaillance a été encore plus complète, puisque la direction du parti ne prit même pas sur le papier la direction révolutionnaire qu'exigeait la situation et le programme de classe, mais s'engagea d'emblée dans une politique agraire petite-bourgeoise.

La question agraire fut décisive : la révolution allemande devait vaincre ou être battue selon que la paysannerie des provinces orientales soutenait le prolétariat industriel ou restait l'instrument inconscient de la réaction prussienne. Les élections de 1890 qui devaient fournir le bilan de la pénétration socialiste en Prusse orientale, montrèrent que les masses paysannes étaient toutes disposées à passer au socialisme : cf. la lettre d'Engels à Sorge du 12-4-1890. Ce n'est pas le programme agraire adopté au congrès de Francfort par la social-démocratie qui devait inciter les paysans des provinces de l'Est à lui faire confiance. Il eût fallu prendre vis-à-vis des paysans (qui ne demandaient que cela) une position révolutionnaire, en théorie comme en pratique, contre la grande et là petite propriété rurale.

Une troisième raison, c'est que la victoire électorale est montée à la tête des masses - notamment celles que nous venons tout juste de gagner - et elles croient qu'elles peuvent maintenant *tout* exécuter de vive force. Si on ne tient pas les masses bien en mains, on fera des bêtises. Or les bourgeois font tout ce qui est en leur pouvoir - cf. les propriétaires de mines de charbon [contre les grévistes de la Ruhr] - pour favoriser ces bêtises, voire pour les provoquer. En plus des vieilles raisons, ils en ont encore de nouvelles pour souhaiter que l'on mette un frein aux « grâces » que le petit Guillaume fait aux ouvriers.

Je te prie de ne pas communiquer à Schlüter les passages mis ci-dessus entre crochets. Il a une tendance irrépressible à l'activisme; en outre., je connais les gens de la *Volkszeitung* qui utilisent sans ménagement tout ce qui leur semble utilisable pour leur journal.

Si notre parti semblera moins subversif en apparence en Allemagne dans le proche avenir, en ce qui concerne aussi le 1er Mai, en voilà les raisons. Nous savons que les généraux aimeraient bien profiter du 1er Mai pour leurs mitraillages. La même intention règne à Vienne et à Paris.

Dans *la Arbeiterzeitung de* Vienne, les correspondances de Bebel sont particulièrement importantes pour ce qui touche à l'Allemagne. En ce qui concerne la tactique du parti allemand, je ne prends jamais de décision sans avoir au préalable pris connaissance de l'opinion de Bebel, soit dans la *Arbeiterzeitung*, soit dans sa correspondance. Il a une clairvoyance d'une finesse merveilleuse. Il est dommage qu'il ne connaisse l'Allemagne qu'au travers de sa propre expérience. L'article de cette semaine « L'Allemagne sans Bismarck » est également de lui.

L'OPPOSITION DES « JEUNES », EXTRÉMISME DE LITTÉRATEURS

Engels à Fr.-A. Sorge, 9 août 1890.

En Allemagne, il se prépare une petite polémique pour le congrès [282]. Monsieur Schippel - que Liebknecht a couvé et

---

[282] Le succès des élections de 1890 amena au parti social-démocrate allemand toute une masse d'éléments plus ou moins incertains et opportunistes, qui devaient gagner encore en importance avec l'abolition de la loi anti-socialiste ouvrant une période où l'engagement socialiste était moins risqué. C'est en menant une politique ferme de classe que l'on eût pu assurer le mieux la sélection inévitable de cette masse, et non avec des méthodes toutes faites de facilité ou de

discipline mécanique à la Liebknecht, qui réprimera plus tard les éléments révolutionnaires.

La fraction parlementaire dont le crétinisme démocratique attribuait les récentes victoires à ses vertus propres, et non à la nature révolutionnaire du prolétariat et à la ferme politique suivie sous le régime de la loi anti-socialiste - passa la première à l'attaque. En août 1890, la fraction parlementaire sociale-démocrate élabora un projet de nouveau statut d'organisation du parti qu'il soumit à la discussion des militants avant la tenue du congrès de Halle (16-17 octobre 1890). Ce projet prévoyait que la fraction exercerait un droit de surveillance et de contrôle. sur le comité central du parti. Les parlementaires voulaient s'octroyer ce droit - véritable dictature personnelle contre la dictature des principes impersonnels qui sont la règle de vie du parti, et commandent les militants de la base au sommet - parce qu'ils tenaient leur mandat d'une masse plus grande d'ouvriers que les dirigeants véritables du parti, mis à leur poste par leurs luttes réelles dans le mouvement, luttes qui leur confèrent une expérience et donnent une « garantie » de leur volonté et de leur savoir-faire révolutionnaires. Ces parlementaires défendaient, à leur manière, le lieu commun crassement bourgeois qui oppose toujours le « bon sens » du grand nombre à l' « influence néfaste de la minorité des meneurs » : la droite du mouvement ouvrier - les sociaux-démocrates - opposent continuellement la masse au parti, voire la nation (les électeurs de toutes les classes dites « populaires ») à la classe. Lorsqu'elle parle de classe, elle s'efforce de la saisir dans les consultations les plus vastes possibles qui outrepassent toujours les limites restreintes du parti, puis elle cherche à faire admettre que les rouages et principes fondamentaux du parti ne doivent pas être déterminés par les seuls militants, mais par ceux qui occupent des sièges au parlementer sont désignés par un corps plus vaste. Dans ces conditions, les fractions parlementaires représentent toujours l'extrême-droite des partis qu'elles représentent.

Toute la dégénérescence de la social-démocratie et sa transformation en corps de moins en moins révolutionnaire - moins même que la masse inorganisée elle-même -, provient de ce qu'elle abandonna - outre la revendication de la violence – la notion marxiste du parti, en faisant de l' « ouvriérisme, ». d'une part, et de l'électoralisme, d'autre

d'autres littérateurs veulent attaquer la direction du parti et constituer une opposition [283]. C'est ce que l'on ne saurait

---

part, c'est-à-dire une prétendue politique des masses « sociale-démocrate » au sens péjoratif que lui donna plus tard Lénine. Bref, elle cessa de fonctionner comme avant-garde précédant la classe, et devint l'expression mécanique des masses à travers le système électoral et corporatif (syndical). qui donne le même poids et le même effet aux milieux les moins conscients (au détriment des plus conscients) et les plus dominés parles intérêts limités. suscités par la société de production capitaliste. La réaction la plus saine contre cette politique social-démocrate se développa sur la base d'une saine et stricte conception du parti - chez les bolchéviks, par exemple. Cf. Sur le Parti communiste. `thèses, discours et résolutions de la Gauche communiste d'Italie (Ir, partie : 1917-1925), in: Fil du Temps, no 8, pp. 89-91.

[283] Sous le régime de la loi anti-socialiste déjà, Engels avait dénoncé le danger que représentait, en plus de la fraction parlementaire opportuniste, la bande de littérateurs qui s'était insinuée dans le parti pour y débiter sa camelote. A présent que la presse sociale -démocrate allait devenir pléthorique, les éléments « cultivés », tout imprégnés de philistinisme allaient remplir les journaux et les revues d'une littérature qui prenait des égards pour tout le monde. Or, en concluait Engels, « cela signifie un envahissement progressif du parti par la philanthropie, l'humanisme, le sentimentalisme -, comme s'appellent tous les vices anti-révolutionnaires des Schippel, Freiwald, Quarck, Rosus etc. Ces gens qui, par principe, ne veulent rien apprendre et ne font que de la littérature pour la littérature et à propos de littérature (9 dixièmes de ce qui s'écrit aujourd'hui en Allemagne n'est écrit pour d'autres écrits!) Ils remplissent évidemment bien plus de pages par an que ceux qui bûchent et ne font des livres qu'après avoir travaillé, c'est-à-dire dominé la littérature ad hoc, et n'écrivent que des choses qui valent la peine d'être tues » (Engels à K. Kautsky. le 19-07-1884). Ce danger était d'autant plus grand pour la social-démocratie que l'Allemagne de cette époque était un pays essentiellement imprégné de la traditionnelle idéologie petite bourgeoise.

vraiment pas interdire après l'abolition de la loi anti-socialiste. Le parti est si grand qu'une liberté absolue de discussion dans son sein est une nécessité. Il n'est pas possible autrement d'assimiler et d'éduquer les nombreux éléments nouveaux qui ont afflué ces trois dernières années et qui parfois sont encore

---

L'opposition des littérateurs se cristallisa autour du groupe « des Jeunes » qui utilisa le mécontentement justifié des ouvriers contre les actions opportunistes de la fraction parlementaire sociale-démocrate avec des phrases creuses d'un pseudo-extrémisme révolutionnaire, tout aussi bavard et stérile que tes beaux discours au parlement. Un exemple en est l'appel publié fin mars 1890 par les, représentants berlinois de ce groupe, parmi lesquels Max Schippel, appelant les ouvriers à cesser le travail le 11 mai 1890.

A ce sujet, Engels écrivait à P. Lafargue le 10 février 1891 : « Quant à ce qui s'est passé au Congrès à propos du 1er mai, je l'ignore; mais quoi que vous disiez, les Allemands seraient simplement fous s'ils voulaient s'entêter en ce moment à fêter le 1er, et non le 3, dimanche. Le différend est d'ailleurs naturel : c'est l'opposition entre le Sud et le Nord. Vous autres méridionaux, vous sacrifiez tout à la forme, les septentrionaux la méprisent trop, s'en tenant uniquement au fond. Vous aimez les effets théâtraux, eux les négligent, trop peut-être. Cependant, pour eux, le fer mai signifie les lock-outs de Hambourg de l'année dernière (note n° 230), mais répétés cette fois dans tout le pays et dans des conditions encore beaucoup moins favorables; cela signifie une dépense de 2 à 300 000 marks, l'épuisement de tous les fonds relevant directement ou indirectement du parti, la désorganisation de tous nos syndicats et, en conséquence, le découragement général. Reconnaissez que ce serait payer un peu cher l'effet théâtral d'une manifestation simultanée. »

En octobre 1891, le congrès d'Erfurt expulsa l'opposition des « Jeunes » suscitée par ceux-là mêmes qui la couvèrent, les Liebknecht et Cie : la droite était débarrassée de ses critiques maladroits et verbeux de la « gauche ». Cf. note 232.

assez verts et bruts. On ne peut pas traiter comme des enfants de l'école le nouveau renfort de 700 000 hommes (en comptant simplement les électeurs) qui nous sont venus ces 3 dernières années; il faut pour cela des discussions et même aussi un peu de chamaillerie - c'est ce qui permet le mieux de surmonter cet état. Le danger de scission n'existe pas le moins du monde : douze années de pression ont amené ce résultat. Mais ces littérateurs super-intelligents qui veulent à toute force satisfaire leur colossale folie des grandeurs, intriguer et manœuvrer avec tous les moyens dont ils disposent, apportent à la direction du parti une peine et une irritation à laquelle elle n'est pas habituée, et celle-ci réagit avec une colère plus grande qu'ils ne le méritent. C'est pourquoi le Comité central du parti n'a pas mené très adroitement le combat : Liebknecht se démène comme un beau diable et n'a plus que dés « fiche dehors » à la bouche, et Bebel lui-même, par ailleurs si plein de tact, a publié une lettre assez peu avisée dans un mouvement de colère. Et voilà ces messieurs les littérateurs qui crient qu'on opprime la libre expression de l'opinion, etc. Les principaux organes de la nouvelle opposition sont la *Berliner Volkstribune* (Schippel), la *Sächsische Arbeiter-Zeitung* de Dresde et la *Volksstimme* de Magdebourg, notamment chez les nouveaux venus qui se laissent séduire par les grands mots. Je verrai certainement Bebel et Liebknecht avant le congrès ici et je ferai mon possible pour les convaincre que toute cette manie de «

fiche dehors » [284] est peu politique, dès lors qu'on ne se fonde pas sur des preuves frappantes d'actes nuisibles au parti, mais simplement sur les accusations de ceux qui ont la manie de faire opposition. Le plus grand parti d'Allemagne ne peut pas subsister sans que toutes les nuances puissent s'exprimer, et il faut éviter jusqu'à l'apparence d'une *dictature à* la Schweitzer. Je n'aurai pas de difficultés avec Bebel, mais Liebknecht est à ce point sous l'influence de chaque situation donnée du moment qu'il est capable de rompre tous ses engagements, et ce toujours avec les meilleures raisons du monde.

---

[284] Le centralisme démocratique implique le système de la divergence d'opinions entre les tendances au sein du parti, et il est normal qu'il en soit ainsi tant que le parti est social-démocrate, et non encore communiste, c'est-à-dire unitaire et lié par les principes admis par tous. Le centralisme démocratique va de pair avec la lutte des fractions et l'exclusion éventuelle de la fraction minoritaire. Pour un parti qui serait communiste, Marx et Engels ne concevaient pas d'autre centralisme qu'organique, excluant l'autocritique; le terrorisme disciplinaire et répressif, cf. par exemple : Marx-Engels, Le parti de classe, III, pp. 88-91. Un bon parti produit de bons militants et exclut, sans formalités coercitives, les éléments corrompus et arrivistes, ou du moins les mesures disciplinaires deviennent de plus en plus exceptionnels à mesure que le parti se développe et se renforce. Si c'est le contraire qui se produit et, pire encore, si les questions disciplinaires se multiplient - comme ce fut le cas en 1924, 1925, etc. - cela signifie simplement que la direction ne remplit pas correctement sa fonction, qu'elle a perdu toute influence réelle sur la base, si bien qu'elle peut d'autant moins obtenir la discipline qu'elle chante plus fort les louanges d'une rigueur disciplinaire parfaitement artificielle : l'organisation, comme la discipline, n'est pas un point de départ, niais un aboutissement.

Fr. Engels à W. Liebknecht, 10 août 1890.

En tout cas, je souhaite vous voir avant le congrès [285]. Votre projet a diverses faiblesses, le plus grave en est qu'il prête à mon avis trop facilement à alimenter d'inutiles et de perpé-

---

[285] Le premier congrès de la social-démocratie allemande après la chute de la loi anti-socialiste se tint à Halle du 12 au 18 octobre 1890, et 413 délégués y prirent part. Le parti se donna à ce congrès le nom de Parti social-démocrate d'Allemagne. Les délibérations portèrent essentiellement sur le nouveau statut de l'organisation. Cf. note no 238. Sur proposition de W. Liebknecht, le parti décida d'élaborer un nouveau programme avant le prochain congrès de 1891 et de le déposer trois mois avant la date de sa réunion, afin que les organisations locales du parti et la presse puissent le discuter. Le congrès aborda, en outre, des questions relatives à la presse du parti et la position à adopter face aux grèves et aux boycotts.

À l'occasion du congrès de Halle, divers chefs de la social-démocratie allemande, dont Bebel et Liebknecht, se réunirent avec des invités étrangers. Conformément aux recommandations d'Engels, cette conférence adopta une résolution sur la tenue d'un congrès unitaire socialiste en 1891 à Bruxelles. Le comité exécutif suisse mis en place par le congrès de fondation de la IIe Internationale en 1889 devait s'entendre avec le conseil général du Parti ouvrier belge pour convoquer ensemble le second congrès de l'Internationale ouvrière à Bruxelles le 16 août 1891. Toutes les organisations ouvrières du monde devaient être appelées à ce congrès. Les possibilistes eux-mêmes pouvaient donc y assister, pour autant qu'ils reconnaissaient la pleine souveraineté de ce congrès. Cf. à ce propos la lettre d'Engels à P. Lafargue -du 15-09-1890, in: Correspondance, tome II, pp. 410-412 (la lettre d'Engels du 19-09-1890 sur ce même congrès manque dans ce recueil, bien qu'elle figure dans les Oeuvres de Marx-Engels en russe et en allemand).

tuelles criailleries du fait que le comité central fixe *lui-même - même* si c'est en accord avec la fraction - ses émoluments. J'ai reçu aujourd'hui la *Sächsische Arbeiter-Zeitung* dans laquelle messieurs les littérateurs critiquent le projet. Bien des choses sont absolument puériles dans cette critique, mais ils ont eu l'instinct de renifler les quelques points faibles. Par exemple que *chaque* circonscription électorale peut envoyer jusqu'à 3 délégués. N'importe quel Bahlman ou Höchberg pourrait donc envoyer chacun trois délégués à partir de circonscriptions électorales où mille voix à peine se sont exprimées pour nous, à condition simplement d'y mettre son argent. Bien sûr, il est de règle que la question de l'argent apparaisse *indirectement comme* le régulateur des délégations. Mais il ne me semble pas sage de faire dépendre d'elle seule la proportionnalité du nombre des délégués avec le nombre des membres du parti représentés.

En outre, suivant le § 2 - *d'après les termes de celui-ci* -, une coopérative de trois hommes d'un quelconque village perdu peut t'exclure du parti, jusqu'à ce que le comité directeur te réhabilite. En revanche, le congrès du parti ne peut exclure personne, mais agir, simplement comme instance d'appel.

Dans tout parti actif, ayant des représentants parlementaires, la fraction forme une puissance très importante. Elle dispose de ce pouvoir, qu'il soit reconnu expressément ou non par les statuts. On peut donc se demander s'il était avisé de lui donner par dessus le marché dans les statuts une position grâce à laquelle elle domine absolument le comité central, comme il ressort des § 15-18. Surveillance du comité central, d'accord, mais plainte à déposer devant une commission indépendante, dont dépendrait la décision, voilà qui serait sans doute meilleur.

Vous avez reçu depuis trois ans une masse d'un million en renfort. Ces nouveaux *n'ont* pas *pu bénéficier d'assez de lecture et d'agitation durant la loi anti-socialiste* [286], afin d'arriver à la

---

[286] A la tentative du rapprochement entre anarchistes et social-démocrates, vient s'ajouter bientôt un autre mauvais coup porté au marxisme - le soutien apporté au socialisme petit-bourgeois de Dühring. Engels condamne tout d'abord le démocratisme de Liebknecht qui défend un individu particulièrement dangereux pour la social-démocratie allemande étant la survivance massive en Allemagne de l'idéologie de la petite bourgeoisie pour la seule raison que Bismarck en avait fait une victime de l'arbitraire policier. Le privatdozent Düring avait commencé en 1872 à critiquer certains professeurs réactionnaires en même temps que le statut suranné des universités allemandes - ce qui le mit au centre des attaques du corps professoral réactionnaire. Après avoir recommencé ses attaques en 1877, Dühring fut traduit devant le conseil de discipline universitaire, qui lui interdit en juillet 1877 d'enseigner.

Pour contrecarrer l'influence de Dühring dans le mouvement ouvrier allemand, Engels sera amené à écrire tout un volume pour réexposer le point de vue marxiste véritable tant ses élucubrations petites bourgeoises étaient pernicieuses.

On ne peut manquer d'être frappé parla concordance entre les erreurs des dirigeants sociaux-démocrates allemands (qui révèlent les faiblesses du mouvement) et les, points d'attaque de Bismarck. Celui-ci

hauteur des anciens militants. Nombre d'entre eux n'ont que la bonne volonté et les bonnes intentions, dont l'enfer est pavé, comme on sait. Ce serait miracle s'ils n'avaient pas le zèle intempestif de tous les néophytes. Ils constituent un matériau tout à fait propre à se laisser prendre et à se laisser fourvoyer par les littérateurs et les étudiants qui se pressent maintenant à l'avant-scène et vous font opposition. C'est le cas aussi à Magdebourg, par exemple. Cela recèle un danger qu'il ne faut pas sous-estimer. Il est clair que vous en viendrez à bout en un tour de main à ce congrès, mais préoccupez-vous de ce que des ferments ne soient pas posés pour de futures difficultés. Ne faites pas d'inutiles martyrs, montrez que la liberté de critique règne, et s'il faut ficher dehors, alors seulement dans les cas où vous êtes en présence de faits tout à fait éclatants et parfaitement démontrables - des faits patents de bassesse et de trahison! C'est ce que je pense. Je t'en dirai plus oralement.

Ton F.E.

---

non seulement saura exploiter habilement Dühring et les autres confusionnistes au sein du mouvement ouvrier en leur laissant pleine liberté d'agitation, tandis qu'il interdira, d'abord, l'Anti-Dühring d'Engels, puis toute l'œuvre subversive. de Marx-Engels tant que durera la loi antisocialiste. Bismarck prend même sein le cas échéant de s'appuyer sur une fraction au sein du parti ouvrier pour mieux toucher l'ennemi numéro un des classes dirigeantes allemandes, cf. note no 77.

Engels à P. Lafargue, 27 août 1890.

Il y a eu une révolte d'étudiants dans le parti allemand. Depuis deux-trois ans, une foule d'étudiants, de littérateurs et d'autres jeunes bourgeois déclassés a afflué au parti, arrivant juste à temps pour occuper la plupart des places de rédacteurs dans les nouveaux journaux qui pullulent, et, comme d'habitude, ils considèrent l'université bourgeoise comme une école de Saint-Cyr socialiste qui leur donne le droit d'entrer dans les rangs du parti ouvrier avec un brevet d'officier, sinon de général. Ces messieurs font tous du marxisme, mais de la sorte que vous avez connue en France il y a dix ans et dont Marx disait : « Tout ce que je sais c'est que je ne suis pas marxiste, moi ! » Et probablement il dirait de ces messieurs ce que Heine disait de ses imitateurs : j'ai semé des dragons et j'ai récolté des puces.

Ces braves gens dont l'impuissance n'est égalée que par leur arrogance, ont trouvé un soutien dans les nouvelles recrues du parti à Berlin - le berlinisme spécifique, fait de toupet, lâcheté, rodomontades, bagout, tout à la fois, paraît être pour un moment remonté à la surface ; c'était le chorus de MM. les étudiants.

Ils ont attaqué les députés sans motifs sérieux, et personne ne pouvait s'expliquer cette soudaine explosion : les députés, ou leur majorité, ne faisaient pas assez cas de ces petits gredins. Il est vrai que Liebknecht a mené la polémique, au nom des députés et du comité central, avec une rare maladresse, Mais voilà Bebel, qui était le principal point de mire et qui, dans deux réunions, à Dresde et Magdebourg met à la raison deux de leurs journaux; la réunion de Berlin fut interdite par la police qui en cachette poussait ou faisait pousser en avant l'opposition. Mais c'en est terminé à présent, et le congrès n'aura plus à s'occuper de tout cela. Ce petit incident a eu pour effet salutaire de mettre en évidence l'impossibilité de donner aux Berlinois le rôle de leaders. Encore s'ils étaient Parisiens - mais nous en avons assez et trop, déjà avec vos Parisiens.

Engels, Projet de lettre à la rédaction du « Sächsische Arbeiter-Zeitung », manuscrit rédigé début septembre 1890.

Lorsque ces messieurs [287] commencèrent à faire du vacarme contre la direction du parti et la fraction parlementaire, je je

---

[287] La rédaction de la Sächsische Arbeiter-Zeitung fut dominée pendant une courte période par l'opposition dite des « Jeunes », cf. note n° 227. Ils

me demandai avec étonnement: que veulent-ils au juste ? Quel peut bien être leur but ? Pour autant que je pouvais le constater, il n'y avait aucune raison pour toute cette gigantesque exhibition. Le comité directeur du parti avait peut-être trop attendu pour se manifester à propos de la fête du 1er mai. Mais il ne faut pas oublier qu'il se composait de cinq hommes, dont quatre habitaient des lieux éloignés les uns des autres, et il fallait du temps pour se mettre d'accord. Mais, lorsqu'il s'est prononcé, il a dit ce qui était juste et la seule chose qui correspondait à la situation. Les événements de Hambourg [288] lui ont donné amplement raison.

---

furent écartés de ce poste par la direction du Parti social-démocrate fin août 1890.

[288] De mai à juillet 1890, les ouvriers du bâtiment avaient fait grève à Hambourg pour réclamer]ajournée de neuf heures et une augmentation de salaire. Les grévistes ne purent obtenir gain de cause sur leurs revendications. Les patrons furent simplement contraints de renoncer à interdire aux ouvriers de s'inscrire à un syndicat.

A propos des lock-outs de Hambourg, Engels écrit le 2 février 1891 à Paul Lafargue le passage suivant d'après les indications fournies par R. Fischer : « L'affaire des cigariers hambourgeois montre M'évidence qui tient les atouts en main en ce moment. Les cigariers hambourgeois sont nos troupes d'élite : il n'y avait pas de jaunes et la lutte durait depuis des semaines, parce que les patrons lockoutaient leurs ouvriers pour les obliger à sortir de leur syndicat. Au bout du compte, ce seront les petits fabricants qui paieront les pots cassés. Mais cela coûte aux ouvriers une centaine de mille marks de leurs propres fonds - sans compter les cotisations des autres villes qui envoient de l'argent pour soutenir la grève. » Les patrons avaient tenté de briser les organisations syndicales des cigariers par un lock-out déclenché le 24 novembre 1890. La

Divers membres de la fraction ou du comité central ont certainement commis des incongruités lors du débat. C'est ce qui arrive toujours et partout, et la faute en incombe aux individus, non à l'ensemble. La fraction s'est rendue responsable dans son projet relatif à l'organisation de quelques infractions au code de l'étiquette démocratique. Mais il faut tenir compte de ce qu'il n'était aussi bien qu'un simple projet que le congrès du parti était libre d'accepter, de rejeter ou d'améliorer. La conférence londonienne de l'Internationale de 1871 a également commis de semblables péchés de forme, et messieurs les bakouninistes se sont aussitôt mis en devoir de les attaquer pour avoir une, base formelle à leurs attaques contre le Conseil général. Malgré cela, chacun sait aujourd'hui que la véritable démocratie se trouvait dans le Conseil général et non chez les bakouninistes qui avaient construit tout un appareil secret de conjuration pour mettre l'Internationale à leur service.

---

somme énorme de 170 000 marks fut collectée par la commission générale des syndicats allemands pour soutenir les grévistes. La grève s'acheva le 13 mars 1891 sans que les ouvriers aient obtenu le moindre avantage matériel, mais les patrons ne réussirent pas à détruire le syndicat de leurs ouvriers.

Remarquons que le 1er mai 1890, la loi anti-socialiste était encore en vigueur et le gouvernement ne cherchait qu'un prétexte pour intervenir avec la force, surtout après la victoire électorale des sociaux-démocrates allemands. Il s'agissait d'éviter toute provocation permettant au gouvernement de reprendre l'initiative.

Lorsque au moment des subventions à la navigation. à vapeur [289] la fraction parlementaire de cette époque ne savait

---

[289] La polémique engagée par Bernstein dans le Sozialdemokrat avec l'appui d'Engels est en quelque sorte le rebondissement de l'affaire Kayser, député social-démocrate qui s'était déclaré favorable au projet de loi de Bismarck, tendant à taxer fortement les importations de fer, de bois, de céréales et de bétail. En 1879, Engels avait dénoncé Kayser qui voulait voter « de l'argent à Bismarck comme pour le remercier de la loi anti-socialiste ». L'affaire des subventions maritimes était plus grave encore. Premièrement, la fraction parlementaire social-démocrate commençait à s'engager dans une politique de collaboration avec l'État existant et effectuait ainsi ses premiers pas dans la voie d'une politique de réformes. Deuxièmement, avec les subventions à la navigation à vapeur pour des lignes transocéaniques, la bourgeoisie nationale -se lançait dans la politique impérialiste et jetait les bases d'un immense Empire colonial. En effet, Bismarck projetait rien moins que la création de lignes de liaison maritimes avec les territoires d'outre-mer au moyen de subventions de l'État. La majorité opportuniste se préparait donc à soutenir par ce biais l'expansion coloniale de sa bourgeoisie, et la fraction parlementaire eut le front, à l'occasion de cette affaire, de vouloir contrôler la politique du parti tout entier. Les menaces de scission au sein de la social-démocratie avaient à présent un fondement politique de première importance.

Lors du premier débat, le député social-démocrate Blos avait déclaré que son groupe voterait pour le projet gouvernemental à condition qu'en soient exclues les lignes avec l'Afrique et Samoa et que pour toutes les autres (vers l'Asie orientale et l'Australie) les grands navires soient strictement construits par les chantiers allemands et des mains... allemandes. Bebel se trouva en minorité dans la fraction. Le reste du groupe parlementaire, conduit pas Dietz, Frohme, Grillenberger etc. avait l'intention de voter pour le projet de subvention parce qu'il développait les relations internationales (?! ?!). Sous leur pression, le groupe adopta une résolution selon laquelle la question des subventions

pas ce qu'elle voulait et avait essayé de faire de la rédaction du *Sozialdemokrat* le bouc émissaire de ses propres indécisions, j'ai pris position avec toute l'énergie nécessaire pour la rédaction contre la fraction parlementaire. Je ferais encore la même chose, si la fraction parlementaire ou le comité central du parti faisait de nouveau quelque chose qui mît véritablement en danger le parti. Mais il ne saurait être question de cela aujourd'hui, les [Le manuscrit s'interrompt ici].

Engels, Réponse à la rédaction du « Sächsische Arbeiter Zeitung », in : *Sozialdemokrat*, 13 septembre 1890.

À la rédaction du « Sozialdemokrat »

n'était pas une question de principe, si bien que chaque membre de la fraction pouvait voter à sa guise.

Engels dut intervenir pour soutenir Bebel et la rédaction du Sozialdemokrat. Celui-ci publia pendant des semaines des lettres et résolutions émanant de militants de la base contre l'opportunisme des parlementaires sociaux-démocrates. et leur prétention de s'ériger en puissance dominante dans le parti. Finalement. toute la fraction vota unanimement contre le projet de subvention maritime, et les protestations de la base aboutirent à faire reconnaître par tous que le Sozialdemokrat était l' « organe de tout le parti ». Nous traduisons la déclaration des députés parlementaires fidèlement, dans le style qui leur est propre.

Le soussigné demande instamment que l'on publie la lettre suivante qui a été envoyée hier à l'actuelle rédaction du « Sächsische Arbeiter-Zeitung ».

Dans son article d'adieu (no 105 du 31 août 1890), la rédaction sortante du « Sächsische Arbeiter-Zeitung » prétend que le socialisme petit bourgeois parlementaire est majoritaire en Allemagne, mais que des majorités deviennent souvent très vite des minorités :

« ... et c'est ainsi que la rédaction sortante du « Sächs. Arb.-Ztg » souhaite, *avec Frédéric Engels,* qu'après avoir surmonté autrefois le naïf socialisme d'État de Lassalle, la tendance parlementaire si avide de succès au sein de l'actuelle social-démocratie soit bientôt surmontée elle aussi par le bon sens du prolétariat allemand ».

La rédaction sortante m'a réservé dans ce texte une grande surprise. Mais aussi à elle-même peut-être! J'ignorerai tout jusqu'ici de l'existence d'une majorité de socialistes parlementaires petit bourgeois au sein du parti allemand. Quoi qu'il en soit, que la rédaction sortante « souhaite » tout ce qu'il lui plait, mais sans moi!

Si j'avais encore eu le moindre doute sur la nature de l'actuelle révolte des littérateurs et des étudiants dans notre parti allemand, il devrait disparaître devant l'impudence pyramidale de cette tentative de me rendre solidaire des jongleries de ces messieurs.

Tous mes rapports avec la rédaction sortante se limitent à ceci : il y a quelques semaines, la rédaction sortante, sans que je lui demande rien m'a envoyé son journal, mais je n'ai pas cru utile de lui dire ce que j'y ai trouvé. Maintenant je suis bien obligé de le lui dire, et ce publiquement.

Sur le plan théorique, j'y trouvai - et, en gros, cela s'applique aussi à tout le reste de la presse de l' « opposition » - un « marxisme » atrocement défiguré, qui se caractérise, premièrement, par une incompréhension quasi totale de la conception que l'on prétend précisément défendre; deuxièmement par une grossière méconnaissance de tous les faits historiques décisifs; troisièmement, par la conscience de sa propre supériorité incommensurable qui caractérise si avantageusement les littérateurs allemands. Marx lui-même a prévu cette sorte de disciples, lorsqu'il a dit à la fin des années 1870 d'un certain « marxisme » qui s'étalait chez maints Français : « Tout ce que je sais, c'est que moi je ne suis pas marxiste » (en fr.).

Sur le plan pratique, j'y trouvai que l'on se haussait carrément au dessus de toutes les difficultés réelles des luttes du parti et que, dans son imagination, on « sautait les difficultés » avec un total mépris de la mort, qui fait certes honneur au courage indompté de nos jeunes auteurs, mais qui, si on le transférait de l'imagination dans la réalité, serait capable d'enterrer le parti le plus fort où l'on se compte par millions, sous les tires bien mérités de tous nos adversaires. Enfin, qu'une petite secte ne doit pas impunément se livrer à une telle politique de lycéens, c'est ce que ces messieurs ont aussi, appris par des épreuves non négligeables.

Tous les griefs qu'ils ont accumulés depuis des mois contre la fraction ou la direction du parti se ramènent dans le meilleur des cas à de simples bagatelles. Mais s'il plaît à ces messieurs de faire des chiures de mouches, ce n'est absolument pas une raison pour que les ouvriers allemands avalent des couleuvres pour les en remercier.

En somme, ils ont récolté ce qu'ils avaient semé. Abstraction faite de l'ensemble du contenu, toute la campagne avait été engagée avec de tels enfantillages, avec une telle mystification naïve de soi-même sur son importance propre, ainsi que sur l'état de choses et les idées ayant cours dans le parti, que l'issue en était Claire dès le début. Que ces messieurs en retiennent la leçon! Certains ont écrit des choses qui justifiaient toute sorte d'espoirs. La plupart d'entre eux pourraient faire quelque chose, s'ils étaient moins imbus de la perfection du niveau de développement qu'ils ont atteint pour l'heure.

Qu'ils sachent et admettent que leur « formation académique » - qui nécessite de toute façon une sérieuse révision critique - ne leur confère aucun diplôme d'officier qui leur permettrait d'être élevés au grade correspondant au sein de notre parti; que, dans notre parti, chacun doit faire son service à la base; que des postes de confiance dans le parti ne se conquièrent pas par le simple talent littéraire et les connaissances théoriques, même si les deux conditions sont incontestablement réunies, car il faut encore être familiarisé avec les exigences de la lutte militante, savoir manier les armes les plus diverses dans la pratique politique, inspirer une confiance personnelle, faire preuve d'un zèle et d'une force de caractère à toute épreuve, et enfin, s'incorporer docilement dans les rangs de ceux qui combattent. En somme, il faut que ceux qui « ont été formés dans les universités sachent apprendre davantage des ouvriers que ceux-ci n'ont à apprendre d'eux.

Londres, le 7 septembre 1890.
Frédéric Engels.

Frédéric Engels

CONTRE LE CULTE
DE LA PERSONNALITÉ

D'après le manuscrit, 28 novembre 1891.

Chers camarades,

Madame Kautsky vient de m'informer que l'ami Lessner lui avait signalé votre intention de donner une petite fête musicale à l'occasion de mon soixante-et-onzième anniversaire [290]. Or auparavant j'avais déjà convenu avec un ami que je passerai la soirée chez lui et, comme d'autres viendront également nous y rejoindre, il m'est absolument impossible d'annuler maintenant

---

[290] L'Association ouvrière de formation communiste, qui avait organisé une petite fête en l'honneur des soixante et un ans de Fr. Engels, avait été fondée en 1840 à Londres par les principaux membres de la Ligue des Justes pour former et organiser les ouvriers allemands en exil. Cette association fut dissoute en 1918 par le gouvernement anglais.

ce rendez-vous; et quoi que je le regrette, je ne pourrais passer la soirée d'aujourd'hui chez moi.

Je suis donc obligé de vous faire savoir ici par écrit, chers camarades, que je vous remercie beaucoup de votre projet si amical qui m'honore tant, et que je vous exprime en même temps le regret de ne pas avoir été informé plus tôt de ce projet. Aussi bien Marx que moi-même, nous avons toujours été opposés à toutes les manifestations publiques à l'égard de personnes privées, à moins que ce soit le moyen d'atteindre un grand but; mais, plus que tout, nous sommes contre ce genre de démonstration qui se déroule du vivant des intéressés et ont nos personnes pour objet. Si j'avais pu savoir que l'on voulait me faire un tel honneur, je me serais empressé d'exprimer en temps voulu la demande la plus polie, mais la plus impérative, pour que les camarades du Club de chant veuillent renoncer à leur projet. Je regrette que je ne l'aie appris qu'aujourd'hui, et si je dois ainsi, contre ma volonté, faire échouer votre projet si bienveillant à mon égard, je ne peux compenser cela, si possible, que par l'assurance que les quelques années sur lesquelles je peux encore compter en toute occurrence et que toutes les forces dont je dispose encore, je continuerai à les consacrer, sans restriction, comme auparavant, à la grande cause à laquelle je les ai consacrées depuis cinquante ans maintenant - la cause du prolétariat international.

Votre dévoué
Frédéric Engels.

Frédéric Engels

LETTRE D'ADIEU AUX LECTEURS
DU JOURNAL « DER SOZIALDEMOKRAT »

Der Sozialdemokrat (Londres), 27-09-1890.

Que l'on me permette aussi de prendre congé du lecteur [291].

---

[291] Engels considérait qu'il fallait aussi régler leur compte aux éléments petits bourgeois de la fraction du Reichstag qui avaient suscité l'opposition des « Jeunes », comme il ressort de l'extrait suivant de sa lettre du 18-09-1890 à Kautsky, où il explique qu'il devait cependant tempérer ses attaques dans le numéro « triomphal » du Sozialdemokrat - « Dans le dernier numéro du Sozialdemokrat, je publierai un article qui fera grincer les dents à bien des gens en Allemagne. Mais je ne peux pas taper sur la bande de littérateurs (c'est-à-dire les « Jeunes ») sans placer quelques coups aux éléments philistins du parti qui leur ont fourni le prétexte de la chamaillerie. Je ne le ferai qu'indirectement - car le numéro triomphal n'est pas fait pour la polémique. C'est la raison

Le *Sozialdemokrat* doit quitter la scène - non seulement parce. qu'on l'a si souvent répété face aux autres partis, mais surtout parce que le *Sozialdemokrat,* les conditions ayant changées, devrait nécessairement devenir différent, accomplir une mission nouvelle avec d'autres collaborateurs et un cercle élargi de lecteurs. Or, un journal qui a joué un rôle historique aussi spécifiquement déterminé, un journal dont la caractéristique était que, dans ses colonnes et là seulement se sont reflétées les douze années les plus décisives de la vie du parti ouvrier allemand - un tel journal ne peut ni ne doit se modifier. Il devait rester ce qu'il a été, ou bien cesser de paraître. Nous sommes tous d'accord sur ce point.

Nous sommes tout aussi unanimes à penser que ce journal ne peut disparaître sans laisser un vide. Aucun organe paraissant en Allemagne, officiellement ou non, ne saurait le remplacer. Pour le parti, ce n'est qu'un inconvénient relatif : il va connaître d'autres conditions de lutte et il a donc besoin d'autres armes ainsi que d'une stratégie et tactique différentes.

---

pour laquelle, je suis content que les littérateurs m'aient obligé de leur régler leurs comptes auparavant. » Cf. à ce propos Heinrich Gemkow, Friedrich Engels' Hilfe beim Sieg der deutsche Sozialdemokratie über das Soziakstengesetz, Dietz Verlag Berlin 1957, S. 172-174.

Mais c'est une perte absolue pour ses collaborateurs, et notamment pour moi.

Par deux fois dans ma vie, j'ai eu l'honneur et la joie de collaborer à un journal auprès duquel j'ai pleinement joui des deux conditions les plus favorables auxquelles il est possible d'agir efficacement dans la presse : premièrement, une liberté de presse absolue, et deuxièmement l'assurance d'être entendu du public dont précisément on veut être entendu.

La première fois, c'était en 1848-1849 auprès de la *Nouvelle Gazette rhénane*. C'était l'époque de la révolution, et alors c'est de toute façon une joie que de travailler à la presse quotidienne. On voit sous les yeux l'effet de chaque mot; on voit littéralement les articles éclater comme si c'étaient des grenades, éclater comme des charges d'explosif.

La seconde fois au *Sozialdemokrat*. Et c'était un peu aussi comme si c'avait été la révolution, depuis que le parti s'était retrouvé au congrès de Wyden [292] et avait repris la lutte à partir

---

[292] Le Parti ouvrier socialiste d'Allemagne avait tenu son premier congrès à Wyden (Suisse) sous le régime de la loi anti-socialiste. La simple convocation de ce premier congrès illégal auquel participèrent 56 délégués, témoigne de ce que les chefs du parti avaient quelque peu surmonté la confusion et les hésitations dont ils avaient fait preuve au

de ce moment-là avec « tous les moyens », légaux ou non [293]. Le *Sozialdemokrat* incarnait donc cette illégalité. Il n'existait pas pour lui de contraintes dues à la constitution impériale, pas de code pénal d'Empire, pas de juridiction nationale de Prusse. Illégalement, en défiant tous les règlements locaux et nationaux

---

moment de la promulgation de la loi anti-socialiste (cf. note no 122). Les partisans de la ligne révolutionnaire au sein du parti commencèrent à prendre le dessus sur les éléments opportunistes.

Les questions suivantes y furent débattues : la situation à l'intérieur du parti; les positions adoptées par les parlementaires, le programme, l'organisation et la presse du parti; la participation aux élections; les rapports avec les partis ouvriers des autres pays, etc. Le congrès condamna, les positions adoptées par Hasselman et Most, qui niaient que l'on doive utiliser les possibilités légales encore existantes, et tous deux furent exclus. Le congrès décida de modifier le § II du programme adopté à Gotha; dans la formule selon laquelle: le parti atteindrait ses buts « par tous les moyens légaux », il barra l'adjectif «légaux », reconnaissant par là la nécessité de lutter aussi bien, par des moyens légaux qu'illégaux. Enfin, le Sozialdemokrat fut reconnu comme l'organe officiel du parti.

En ce qui concerne l'action de Marx et d'Engels en faveur du Sozialdemokrat, cf, Horst Bartel Marx und Engels im Kampf um ein revolutionäres deutsches Parteiorgan. 1879-1890. Zu einigen Problemen der Hilfe von Karl Marx und Friedrich Engels für den Kampf des « Sozialdemokrat » gegen das Sozialistengesetz, Dietz Verlag Berlin 1961, 278 p.

293 Au congrès de Wyden (1880), Schlüter avait, préposé, de rayer le mot légal du § 2 du programme de Gotha qui disait : « Partant de ces principes, le Parti ouvrier socialiste d'Allemagne s'efforce, par tous les moyens légaux, de fonder l'État libre et la société socialiste, de briser la loi d'airain des salaires en éliminant le système du salariat, d'abolir l'exploitation sous toutes ses formes, de supprimer toute inégalité sociale et politique ».

et s'en moquant, il passait chaque semaine à travers les frontières du Saint Empire germanique; sbires, espions, agents provocateurs, douaniers, surveillance frontalière doublée et triplée étaient impuissants; presque avec la régularité d'une traite bancaire, il était présenté aux abonnés le jour fixé pour sa parution; aucun valet de police ne pouvait empêcher que la poste allemande ne l'expédiât et ne le distribuât. Et ce avec un total de dix mille abonnés en Allemagne; et tandis que les écrits interdits d'avant 1848 étaient rarement payés par leurs acheteurs bourgeois, les ouvriers payèrent douze ans durant avec la plus grande régularité pour leur *Sozialdemokrat*. Que de fois mon cœur de vieux révolutionnaire s'est-il réjoui en constatant que le mécanisme complexe de transmission entre la rédaction, l'expédition et les abonnés fonctionnait parfaitement, sans bruit, bien graissé, ce travail révolutionnaire étant organisé bon an mal an avec la plus grande régularité, comme s'il s'agissait d'une entreprise ou d'une affaire bien montée.

Et le journal méritait bien toutes ces peines et ces périls que l'on courait pour le diffuser! C'est absolument le meilleur journal que le parti ait jamais connu. Et pas seulement parce que c'était le seul parmi tous les autres à jouir de la pleine liberté de la presse! Les principes du parti y furent retenus et exposés avec une clarté et une détermination rares, la tactique de la direction du journal étant presque sans exception juste.

Mais il faut ajouter encore quelque chose à tout cela. Alors que notre presse bourgeoise exerce ses activités dans l'ennui le plus mortel, l'humour le plus drôle s'exprimait dans le *Sozialdemokrat*, cet humour même avec lequel nos ouvriers sont habitués à mener la lutte contre les chicanes policières.

Le *Sozialdemokrat* était tout, sauf le simple porte-parole de la fraction [294]. Lorsque la majorité de la fraction voulut voter en 1885 la subvention à la navigation à vapeur [295], le journal

---

[294] A ce sujet, Lénine écrivait : « Que l'on se souvienne des Allemands. Sous le régime de la loi anti-socialiste, les choses en vinrent au point que la fraction (parlementaire) entreprit une série de démarches opportunistes en opposition criante avec la ligne du parti (vote en faveur de la subvention de la navigation à vapeur, etc.). Le parti créa à l'étranger un organe central paraissant chaque semaine, qui fut régulièrement introduit en contrebande en Allemagne. Malgré de furieuses persécutions policières malgré une situation qui - en vertu des conditions objectives - était bien moins révolutionnaire que l'actuelle en Russie, l'organisation sociale-démocrate allemande était incomparablement plus large et plus puissante que l'actuelle organisation de notre parti. La social-démocratie allemande amorça une lutte longue et complexe contre sa fraction parlementaire, et la conduisit jusqu'à la victoire. Les niais partisans des « Jeunes » qui, au lieu d'œuvrer à améliorer la fraction parlementaire, se laissèrent aller à des débordements hystériques, eurent une fin très désagréable. La victoire du parti se manifesta cependant par le fait que la fraction parlementaire fut matée » (A l'occasion de deux lettres, in : Prolétaire, no 39 du 13 (26) novembre 1908.)

[295] La polémique engagée par Bernstein dans le Sozialdemokrat avec l'appui d'Engels est en quelque sorte le rebondissement de l'affaire Kayser, député social-démocrate qui s'était déclaré favorable au projet

de loi de Bismarck, tendant à taxer fortement les importations de fer, de bois, de céréales et de bétail. En 1879, Engels avait dénoncé Kayser qui voulait voter « de l'argent à Bismarck comme pour le remercier de la loi anti-socialiste ». L'affaire des subventions maritimes était plus grave encore. Premièrement, la fraction parlementaire social-démocrate commençait à s'engager dans une politique de collaboration avec l'État existant et effectuait ainsi ses premiers pas dans la voie d'une politique de réformes. Deuxièmement, avec les subventions à la navigation à vapeur pour des lignes transocéaniques, la bourgeoisie nationale -se lançait dans la politique impérialiste et jetait les bases d'un immense Empire colonial. En effet, Bismarck projetait rien moins que la création de lignes de liaison maritimes avec les territoires d'outre-mer au moyen de subventions de l'État. La majorité opportuniste se préparait donc à soutenir par ce biais l'expansion coloniale de sa bourgeoisie, et la fraction parlementaire eut le front, à l'occasion de cette affaire, de vouloir contrôler la politique du parti tout entier. Les menaces de scission au sein de la social-démocratie avaient à présent un fondement politique de première importance.

Lors du premier débat, le député social-démocrate Blos avait déclaré que son groupe voterait pour le projet gouvernemental à condition qu'en soient exclues les lignes avec l'Afrique et Samoa et que pour toutes les autres (vers l'Asie orientale et l'Australie) les grands navires soient strictement construits par les chantiers allemands et des mains... allemandes. Bebel se trouva en minorité dans la fraction. Le reste du groupe parlementaire, conduit pas Dietz, Frohme, Grillenberger etc. avait l'intention de voter pour le projet de subvention parce qu'il développait les relations internationales (?! ?!). Sous leur pression, le groupe adopta une résolution selon laquelle la question des subventions n'était pas une question de principe, si bien que chaque membre de la fraction pouvait voter à sa guise.

Engels dut intervenir pour soutenir Bebel et la rédaction du Sozialdemokrat. Celui-ci publia pendant des semaines des lettres et résolutions émanant de militants de la base contre l'opportunisme des parlementaires sociaux-démocrates. et leur prétention de s'ériger en puissance dominante dans le parti. Finalement. toute la fraction vota unanimement contre le projet de subvention maritime, et les

défendit âprement la conception opposée et prétendit en avoir le droit, alors que la majorité, dans un ordre du jour qui lui serait aujourd'hui incompréhensible, le lui interdit. La lutte dura quatre semaines entières au cours desquelles la rédaction fut puissamment appuyée par les militants du parti en Allemagne et à l'étranger. L'interdiction fut publiée le 2 avril, le 30, le *Sozialdemokrat* publia une déclaration commune de la fraction et de la rédaction, déclaration dont il ressortait que la fraction avait retiré son ordre.

Par la suite, il fut donné au *Sozialdemokrat* de mettre à l'épreuve le droit d'asile suisse que l'on vante tant. Il s'avéra alors comme dans tous les cas analogues depuis 1830 - que ce droit d'asile connut une défaillance au moment précis où il devait s'appliquer. Depuis la démocratisation obtenue en 1830, les grandes puissances voisines de la petite République permettaient à la Suisse de faire des expériences démocratiques à l'intérieur, à la seule condition cependant que le droit d'asile aux réfugiés ne soit exercé que sous le contrôle de la grande puissance concernée en l'espèce. La Suisse est trop faible pour ne pas céder. Marx avait coutume de dire, à propos notamment

---

protestations de la base aboutirent à faire reconnaître par tous que le Sozialdemokrat était l' « organe de tout le parti ». Nous traduisons la déclaration des députés parlementaires fidèlement, dans le style qui leur est propre.

de la Hollande, de la Suisse et du Danemark, que la pire situation possible était celle d'un petit pays qui avait eu une grande histoire. Que l'on cesse donc enfin de fanfaronner avec l'immaculé droit d'asile dans la « fryen Schwyz » (libre Suisse)!

Le *Sozialdemokrat* était l'étendard du parti allemand; après une lutte longue de douze ans, le parti a triomphé. La toi anti-socialiste est abrogée et Bismarck renversé. Le puissant Empire allemand avait mis en oeuvre tous ses moyens de puissance : le parti s'est joué de lui, jusqu'à ce qu'enfin l'Empire allemand dût baisser pavillon devant nous. Le gouvernement impérial veut, pour l'heure instaurer de nouveau dans ses rapports avec nous le droit légal s'appliquant à tous et, pour l'heure, nous voulons bien, nous aussi, tâter des moyens légaux, que nous avons reconquis grâce à un vigoureux recours aux moyens extralégaux. Il est relativement indifférent en l'occurrence que les moyens « légaux » soient de nouveau accueillis dans le programme. Il faut essayer, pour commencer, de faire notre travail avec des moyens de lutte légaux. C'est ce que nous ne sommes pas les seuls à faire, puisque tous les partis ouvriers de tous les pays dans lesquels les travailleurs disposent dans une certaine mesure d'une liberté légale de mouvement, le font égale ment, et ce, pour la simple raison que les plus grands résultats s'ensuivent pour eux. Mais cela a pour prémisse que le parti adverse agisse aussi légalement. S'il tente, soit par de nouvelles lois d'exception, par des jugements contraires à la loi et par la praxis des juridictions impériales et par l'arbitraire policier, soit par d'autres empiètements illégaux de l'exécutif, de placer une nouvelle fois notre parti hors du droit commun - alors la social-démocratie allemande sera poussée une nouvelle fois dans la voie de l'illégalité, la seule qui lui demeure ouverte. Même dans la nation qui est la plus légalitaire du monde, chez les Anglais, la première condition de la légalité de la part du peuple est que les autres forces au pouvoir demeurent également dans le cadre de la loi ; si cela ne se produit pas, alors le premier devoir civique devient la rébellion, d'après les conceptions juridiques anglaises.

Si ce cas doit survenir encore une fois, que se passera-t-il alors ? Le parti se mettra-t-il à édifier des barricades et à en appeler à la force des armes ? Nous ne ferons certainement pas ce plaisir à nos adversaires. Et nous sommes déjà prévenus par la conscience que nous avons du *rapport de forces dans lequel nous nous trouvons* et que nous révèle chaque élection générale au Reichstag. 20 % des suffrages exprimés est un chiffre très respectable, mais cela signifie aussi que l'union de nos adversaires dispose encore de 80 %. Et si, en plus, notre parti considère que le nombre de ses suffrages a doublé au cours de ces trois dernières années et que l'on peut escompter qu'ils augmenteront dans une proportion encore plus forte lors des prochaines élections, alors il faudrait que nous soyions insensés pour tenter aujourd'hui un putsch dans un rapport de 2 contre 8, plus l'armée, bien sûr, putsch dont l'issue certaine serait la perte de toutes les positions fortes que nous avons conquises depuis vingt-cinq ans.

Le parti a un moyen bien meilleur, et de plus parfaitement éprouvé. Le jour où on nous contestera le droit commun, le *Sozialdemokrat* paraîtra de nouveau. La vieille machinerie - tenue en réserve pour cette éventualité - se remettra en activité, améliorée, agrandie et déjà bien rodée. Et une chose est certaine : la seconde fois, l'Empire allemand ne tiendra pas douze ans [296] !

---

[296] L'une des tâches principales d'Engels pour assurer le passage de la social-démocratie à la légalité fut de pourvoir le parti d'un programme plus nettement marxiste que le malheureux programme de fusion adopté à Gotha en 1875. Non seulement il provoqua la discussion sur la nécessité d'un nouveau programme, mais soutint encore par tous les moyens ceux qui le rédigèrent - Kautsky, pour la partie théorique, Bernstein, pour la partie politique.

Les éléments petits bourgeois du parti commencèrent, aussitôt après l'abolition de la loi scélérate, à prôner pour l'Allemagne demi-absolutiste la voie pacifique au socialisme. Dans un discours prononcé le 1er juin 1891 à Munich, le parlementaire social-démocrate Vollmar, l'un des dirigeants bavarois le plus en vue, se déclara carrément en faveur d'une politique d'entente avec le gouvernement et lança la formule de la main tendue à la bonne volonté (sic). L'effort principal d'Engels dans ces conditions fut de faire prendre conscience au parti social-démocrate de la nécessité de la violence - de la dictature du prolétariat - pour instaurer la société socialiste. Engels défendit ce point central non seulement dans le programme d'Erfurt, mais encore dans les textes de vulgarisation destinés à la grande masse des ouvriers (cf. note no 77). Les dirigeants sociaux-démocrates éprouvèrent le besoin de « corriger » Engels pour faire croire que sa critique ne les concernait pas : ainsi remplacèrent-ils, au début de la citation suivante, le « philistin social-démocrate » par « philistin allemand » : « Le philistin social-démocrate a été récemment saisi d'une terreur salutaire en entendant prononcer le mot de dictature du prolétariat. - Eh bien, messieurs, voulez-vous savoir de quoi cette dictature a l'air ? Regardez la Commune de Paris. C'était la dictature du prolétariat! » (Introduction à l'édition allemande de 1891 de la Guerre civile en France.) Balayant toutes les illusions d'un passage pacifique au socialisme au moyen de la conquête de l'État, Engels expliquait aux ouvriers que « l'État n'est rien d'autre qu'une machine pour l'oppression d'une classe par une autre, et cela, TOUT AUTANT DANS LA RÉPUBLIQUE DÉMOCRATIQUE QUE DANS LA MONARCHIE. » (Souligné par nous).

On ne peut qu'admirer la patience et la ténacité inouïes d'Engels, imposant littéralement, à travers mille difficultés et incompréhensions, le programme d'Erfurt, qui, malgré ses lacunes, fut un bon programme, repris par tous les partis ouvriers de la IIe Internationale.

V.

CRITIQUE DU PROGRAMME SOCIAL-DÉMOCRATE D'ERFURT DE 1891

« L'oubli des grands points théoriques fondamentaux pour les intérêts immédiats et passagers, la lutte et la course aux succès momentanés sans se soucier des conséquences ultérieures, le sacrifice de l'avenir du mouvement au présent du mouvement - tout cela a peut-être des mobiles « honnêtes » niais cela est et reste de *l'opportunisme*. Or l'opportunisme « honnête » est peut-être le plus dangereux de tous. » (Engels, *Critique du projet de programme social-démocrate d'Erfurt de 1891.*)

Engels, Il. Revendications politiques du projet de programme d'Erfurt, 1891.

Les revendications politiques ont un grand défaut : on *n'y* trouve pas ce que précisément il eût fallu dire [297]. Si toutes les dix revendications posées étaient satisfaites, nous eussions certes quelques moyens de plus pour faire aboutir ce qui est l'essentiel au plan politique, mais nous n'aurions encore pas du tout l'essentiel.

La Constitution de l'Empire allemand est - en ce qui concerne les limitations apportées aux droits dont disposent le peuple et ses représentants une copie pure et simple de la Constitution prussienne de 1850. Or dans cette Constitution la réaction la plus extrême se lit dans les paragraphes octroyant tout le pouvoir effectif au gouvernement, les Chambres n'ayant même pas le droit de refuser l'impôt. Durant les périodes de

---

[297] Les dirigeants sociaux-démocrates opposèrent une résistance active ou passive au projet d'Engels. Par exemple à la place de la formule claire et précise de « la concentration de tout pouvoir politique entre les mains des représentants du peuple », le programme revendiquait la vague formule de « la législation par le peuple au moyen du droit de proposer et de rejeter les lois »! Par ailleurs, la formule d'Engels « auto-administration complète en province, dans les cantons et les communes » fut complétée comme suit dans le programme définitif : « Auto-détermination et auto-administration du peuple dans l'Empire, l'État, la province et les communes » - ce qui laisse subsister l'ordre établi. A ce propos, Engels dira dans sa critique que tant que subsistera la division de l'Allemagne en petits États, il est absurde d'envisager « la transformation des moyens de travail en propriété commune ».

conflit constitutionnel, le gouvernement a montré qu'il pouvait utiliser à sa guise la Constitution. Le Reichstag ales mêmes droits que la Diète prussienne, et c'est à juste titre que Liebknecht a appelé ce Reichstag la feuille de vigne de l'absolutisme. Vouloir, sur la base de cette Constitution qui sanctionne le système des petit États en Allemagne ainsi que l'alliance de la Prusse et de minuscules États à la Reuss-Greiz-Schliez-Lobenstein, dont l'un couvre autant de lieues carrées que l'autre de pouces carrés, vouloir sur une telle base entreprendre « la transformation des moyens de travail en propriété commune » est manifestement absurde. Toucher à l'ordre en vigueur est certes dangereux. Mais il faut tout de même s'y attaquer, qu'on le veuille ou non. Combien c'est nécessaire, c'est ce que démontre précisément à l'heure actuelle l'opportunisme qui s'étale dans une grande partie de la presse sociale-démocrate. Soit que l'on craigne le renouvellement de la loi anti-socialiste, soit que l'on se souvienne de certaines opinions exprimées prématurément sous le régime de la loi anti-socialiste, on veut maintenant faire accroire au Parti que l'ordre légal actuellement en vigueur en Allemagne peut suffire à faire réaliser par la voie pacifique toutes ses revendications. On fait accroire à soi-même et au parti que « l'actuelle société transcroît directement dans le socialisme », sans même se poser la question : n'est-elle pas, pour cela, obligée de se dépouiller de toute sa forme constitutionnelle et sociale, de faire sauter sa vieille enveloppe avec autant de violence que l'écrevisse crevant la sienne. On ne se demande même pas si en Allemagne il ne faut pas briser par-dessus le marché les entraves d'un ordre politique encore à demi absolutiste et indiciblement confus. On peut concevoir que la vieille société puisse évoluer pacifiquement vers la nouvelle, dans des pays où la représentation populaire concentre entre ses mains tout le pouvoir, où du point de vue constitutionnel on peut faire ce que l'on veut du moment que l'on dispose de la majorité de la nation, c'est-à-dire dans des Républiques démocratiques telles que celles de la France et l'Amérique, dans des monarchies telles que celle de l'Angleterre où le rachat imminent de la dynastie est débattu tous les jours dans la presse et où cette dynastie est impuissante contre la volonté populaire [298]. Mais en

---

[298] Dans son interview publiée dans la Chicago Tribune et reproduite dans le présent recueil, Marx avait admis qu' « aux États-Unis et en Grande-Bretagne, et peut-être aussi en France, il est possible qu'une réforme ouvrière puisse être réalisée sans révolution sanglante, mais que le. sang devait être répandu en Allemagne, en Russie ainsi qu'en Italie et en Autriche ». D'emblée donc,. Marx condamne toute voie pacifique au socialisme pour l'Allemagne, et les sociaux-démocrates le savaient fort bien, car Marx l'a répété. souvent. Au cours de la phase idyllique du capitalisme, il était possible, aux yeux de Marx-Engels, POUR CERTAINS PAYS DÉTERMINÉS, de conquérir pacifiquement le pouvoir, puis d'instaurer la DICTATURE DU PROLÉTARIAT, c'est-à-dire d'utiliser tout de même finalement la force. Cependant après le stade du capitalisme idyllique ou pacifique, il n'est plus possible d'envisager cette hypothèse : les raisons mêmes qui faisaient qu'elle était possible alors n'existant plus de nos jours. C'est ce que Lénine

Allemagne, où le gouvernement est pratiquement tout-puissant, où le Reichstag et tous les autres corps représentatifs ne disposent d'aucun pouvoir effectif, proclamer une telle perspective en Allemagne - et encore sans nécessité -, c'est enlever sa feuille de vigne à l'absolutisme et en couvrir la nudité par son propre corps.

Une telle politique ne peut, à la longue, que dévoyer le Parti lui-même. On avance au premier plan les questions politiques de caractère général et abstrait, et l'on dissimule derrière elles les questions concrètes les plus urgentes, qui, aux premiers événements importants, à la première crise politique grave, apparaissent d'elles-mêmes à l'ordre du jour. Que peut-il en résulter d'autre sinon que, subitement au moment décisif, le Parti sera pris au dépourvu et que. sur les points décisifs, la confusion et l'absence d'unité domineront, parce que ces questions n'auront jamais été discutées ?

---

explique : « La dictature révolutionnaire du prolétariat, c'est la violence exercée contre la bourgeoisie; et cette violence est nécessitée surtout, comme Marx et Engels l'ont expliqué maintes fois et de la façon la plus explicite (notamment dans la Guerre civile en France et dans la préface de cet ouvrage), par l'existence du militarisme et de la bureaucratie. Or ce sont justement ces institutions, justement en Angleterre et en Amérique, qui, justement dans les années 70, époque à laquelle Marx fit sa remarque, n'existaient pas. Maintenant, elles existent et en Angleterre et en Amérique. Cf. la Révolution prolétarienne et le renégat Kautsky, in V. Lénine, la Commune de Paris, p. 100.

PRÉLUDE AU PROGRAMME D'ERFURT : LA PUBLICATION DE LA CRITIQUE DU PROGRAMME DE GOTHA

par Marx

Engels à Karl Kautsky, 7 janvier 1891.

Hier je t'ai envoyé *en recommandé* le manuscrit de Marx [299] que tu auras certainement lu avec plaisir. Je doute qu'il puisse

---

[299] Au congrès du parti social-démocrate de Halle (12 au 18 octobre 1890), lors de la discussion des questions d'organisation et de statut, Liebknecht fit un rapport sur les lignes essentielles d'un nouveau programme du parti. En traitant du programme d'avant la foi antisocialiste, il utilisa, sans les citer expressément, les critiques de Marx - Engels du programme de Gotha et demanda que le nouveau programme soit à la hauteur d'un « parti qui se réclame à juste titre du socialisme scientifique ». Liebknecht proposa que le congrès charge le comité central du parti d'élaborer un nouveau programme, qui devait être soumis à la discussion des militants trois mois avant le congrès suivant (d'Erfurt, 14-20 octobre 1891).
Engels fut amené - sans doute par le comportement de Liebknecht lui-même qui utilisait à sa façon la critique de Marx du programme de Gotha - à faire publier le texte de 1875 (qui alors avait été mis sous le

paraître *tel quel* dans le Saint Empire germanique. Considère le texte sous cet angle, et où cela peut aller laisse de côté les passages délicats et remplace-les par des points. Là où la liaison en souffre, veux-tu être assez aimable pour me signaler les passages dans les épreuves et, si tu le veux bien, m'indiquer les

---

boisseau par le même Liebknecht) pour servir de base de discussion au nouveau programme du congrès d'Erfurt. Comme Engels avait réussi finalement à s'appuyer sur Bernstein pour donner un cours révolutionnaire au Sozialdemokrat, il poussa maintenant Kautsky en avant pour donner un programme marxiste à la social-démocratie. Est-il besoin de dire que ces périodes furent les plus « marxistes » de Bernstein et de Kautsky!

Sur le programme d'Erfurt, voir les différents articles d'explication historique de Kautsky rassemblés dans son recueil Zu den Programmen der Sozialdemokratie, Verlag Jacob Hegner, Köln, 1968, pp. 29-34, 63-117.

Il semble que les dirigeants sociaux-démocrates réussirent à tuer également par le silence la critique d'Engels du programme d'Erfurt, qui resta pratiquement ignorée de la masse des militants allemands et étrangers qui, ne lisaient pas la Neue Zeit, comme il ressort de l'extrait suivant du recueil établi par le Parti communiste allemand en 1928 (Marx-Engels, Kritiken der sozialdemokratischen Programm-Entwürfe von 1875 und 1891. Anhang 1. Marx und Engels gegen den sozialdemokratischen Opportunisme 2. Die sozialdemokratischen Parteiprogramme 1863/1925, Internationaler Arbeiter-Verlag Berlin 1928) : « Lorsqu'il fut question d'établir le nouveau programme - celui d'Erfurt de 1891 - Engels tenta une fois de plus de s'opposer par une critique approfondie au cours de droite. Kautsky n'a publié cette critique que dix ans plus tard (1901). Comme les critiques de Marx du programme de Gotha, la critique d'Engels a été enterrée dans les pages de la Neue Zeit. Il fallut attendre 1920 pour que les camarades Kreibich et Alpary, et en 1922 le parti communiste allemand la publient en brochures populaires ».

raisons pour lesquelles tu estimes qu'ils pourraient soulever des difficultés. Je ferai alors mon possible. Je placerai les passages modifiés entre crochets et je dirais dans ma note introductive que ce sont là des passages modifiés. Je te prie donc de m'envoyer les épreuves en placard.

Il se peut fort bien, d'ailleurs qu'outre les hautes sphères de la police, d'autres gens aussi s'offusquent de cette publication. Si tu jugeais nécessaire de prendre des gants ici aussi, je te prierais d'envoyer le manuscrit *en recommandé* à Adler. Là-bas à Vienne, il peut certainement être imprimé dans sa totalité (sauf, hélas, le magnifique passage sur les besoins religieux) mais *de toute façon il sera imprimé.* Je veux admettre que la ferme détermination dont je viens de te faire part te donne pleine couverture contre toutes les récriminations possibles. En effet, comme vous ne pouvez tout de même pas empêcher la publication de ce texte, il vaut mieux qu'il paraisse en Allemagne même, dans l'organe du parti spécialement créé pour ce genre de choses - la *Neue Zeit*.

Engels à Karl Kautsky, 15 janvier 1891.

Tu constateras d'après les épreuves ci-jointes que je ne suis tout de même pas un monstre, puisque j'ai même glissé, dans mon Introduction un petit peu de morphine et de bromure de potassium pour calmer les douleurs. Cela suffira peut-être à produire un effet sédatif sur l'humeur élégiaque de notre ami Dietz. J'écrirai aujourd'hui encore à Bebel [300]. Je ne lui ai rien dit de l'affaire jusqu'ici, parce que je n'ai pas voulu le mettre dans J'embarras vis-à-vis de Liebknecht: il eût été *obligé* de lui en parler, et Liebknecht qui, au congrès de Halle, avait cité des passages du manuscrit dans son discours sur le programme du parti, aurait remué ciel et terre pour en empêcher la publication [301].

---

[300] Comme de nombreuses lettres écrites à un. moment ou sur un point décisif, la lettre d'Engels à Bebel dont il est question ici n'a jamais été retrouvée.

[301] Dans sa lettre à Engels du 18-2-1891 Kautsky brossait le tableau suivant de Liebknecht: « Monsieur Liebknecht peut toujours jouer les indignés : si Marx ne l'avait pas constamment soutenu avec ses lettres, il serait resté la grande nullité qu'il s'est de plus en plus révélé être depuis la mort de Marx. Liebknecht est un adroit feuilletoniste, mais n'est pas doué pour un sou-sur le plan tactique ou théorique : ce qu'il a fait comme tacticien et théoricien, il le doit aux lettres de Marx qu'il a exploité. Ensuite, comme pour l'en remercier et assurément aussi pour cacher cette collaboration secrète - il cria à qui voulait l'entendre : J'ai toujours dit à Marx qu'il ne comprenait rien aux affaires allemandes et que nous ne nous laissons pas commander à partir de l'étranger. C'est ce qu'il disait déjà dans les cercles du Parti avant la loi anti-socialiste.

Si le passage « pour satisfaire leurs besoins religieux *aussi bien que corporels* » ne peut vraiment être maintenu, raye les mots en italique et remplace-les par des points [302]. L'allusion n'en sera que plus transparente tout en restant suffisamment compréhensible. Il faut espérer qu'après cela il n'y aura plus d'objections.

Par ailleurs, j'ai fait tout ce que vous m'avez demandé, Dietz et toi, pour vous satisfaire, et comme tu le vois *davantage* même.

« Je suis persuadé, à en juger par la manière dont Liebknecht a dépecé la lettre de Marx dans son discours du congrès de Halle, et a déclaré ensuite avec indignation qu'il était fier de ce qu'il ne s'était jamais laissé influencer par Marx, que les choses se sont vraiment passées comme je viens de le décrire entre Marx et Liebknecht » (F. Engels' Briefwechsel mit K. Kautsky, hrsg-von Benedikt Kautsky, Wien 1955, pp. 279-281).

[302] Si l'on confronte ce passage qui témoigne de ce que la censure gouvernementale obligeait Engels a édulcorer ses critiques avec le passage antérieur de cette même lettre où l'épistolier constate que Liebknecht etc. remuent ciel et terre pour en empêcher toute la publication, on ne peut manquer de penser à ce que disaient souvent Marx-Engels, à savoir que les éléments petits-bourgeois dans, le parti social-démocrate ont eu une action convergente ou complémentaire à celle de, l'ennemi de classe. La combinaison de tous ces efforts a fait qu'Engels devait constater au début de la lettre suivante l'absence totale de réaction des militants à la publication de la critique de Marx-Engels du programme de Gotha: « personne ne bouge ni ne souffle mot ».

Engels à Karl Kautsky, 3 février 1891.

Crois-tu qu'on nous bombarde de lettres à cause de l'article de Marx [303]. C'est tout le contraire : personne ne bouge ni ne souffle mot.

La *Neue-Zeit* n'étant pas arrivée samedi, j'ai tout de suite pensé qu'il s'était encore produit un incident. Dimanche j'ai eu la visite de Bernstein, qui m'a transmis ta lettre. J'ai pensé alors que le coup de la suppression avait out de même réussi. Enfin le numéro est arrivé lundi et peu après j'en découvrais également la reproduction dans le *Vorwärts* [304].

Après que les tentatives d'agir à la manière de la loi antisocialiste eussent échoué, ce bond audacieux était ce que ces gens pouvaient faire de mieux. Au reste, il a l'avantage de combler une bonne partie de l'abîme difficile à franchir dont Bebel parlait dans sa première frayeur. En tout cas, cette frayeur reposait essentiellement sur la préoccupation de savoir

---

[303] Le Vorwärts publia la critique de Marx du Programme de Gotha dans son supplément des 1er et 3 février 1891 en omettant l'Introduction d'Engels.

[304] Allusion d'Engels aux tentatives de Liebknecht et d'autres chefs de la social-démocratie allemande d'empêcher la publication de la critique du programme de Gotha par Marx-Engels.

quel parti nos adversaires pouvaient en tirer. En publiant le texte dans l'organe officiel, on coupe court à son exploitation par l'adversaire, et l'on se met même en position de dire: voyez, comme nous nous. critiquons nous-mêmes - essayez donc d'en faire autant! Et c'est au fond la juste position que les, nôtres auraient dû adopter d'emblée.

Dans ces conditions, il sera également difficile de mettre en scène des mesures contre toi. Je t'avais demandé d'envoyer éventuellement le texte à Adler pour faire pression sur Dietz et couvrir aussi ta responsabilité, en te forçant la main en quelque sorte. J'ai également écrit à Bebel [305] que je prenais toute la responsabilité sur moi.

S'il devait y avoir encore quelque autre responsable, ce serait Dietz. Or celui-ci sait qu'en l'occurrence je me suis toujours montré très coulant. Non seulement j'ai satisfait tous ses désirs d'atténuation, mais encore j'ai émoussé le texte au-delà de ce qu'il réclamait. S'il avait signalé plus de passages, je les aurais également pris en considération. Mais pourquoi eus-je dû ne pas laisser passer ce qui n'a pas choqué notre Dietz ?

---

[305] Cette lettre a également disparu.

Au demeurant, à part Liebknecht, la plupart d'entre vous devraient, une fois la première frayeur passée, m'être reconnaissants d'avoir publié ce texte. Il rend impossible toute insuffisance et toute phraséologie dans le prochain programme et fournit des arguments irrésistibles que la plupart d'entre vous n'auraient sans doute pas eu le courage de présenter de leur propre chef. Qu'ils n'aient pas changé leur mauvais programme sous le régime de la loi anti-socialiste, parce qu'ils ne le pouvaient pas, on ne saurait le leur reprocher. Mais à présent qu'ils l'ont abandonné eux-mêmes, ils peuvent vraiment avouer sans se gêner qu'ils se sont comportés comme des empotés il y a quinze ans et se sont faits rouler par les Hasselmann et Cie. En tout cas, les trois points suivants de l'ancien programme - 1. le lassalléanisme spécifique; 2. la démocratie vulgaire de Parti Populaire, et 3. les insanités qui n'ont pas été améliorées, parce qu'elles ont été conservées dans le vinaigre pendant quinze ans comme programme officiel du parti - si l'on ne peut pas s'en défaire ouvertement aujourd'hui, quand le pourra-t-on ?

Si tu apprends du nouveau, fais-le moi savoir, s'il te plait. Bien des choses.

Ton F.E.

Engels à Ar. - Sorge, 17 janvier et 11 février 1891.

Dans le numéro 17 de la *Neue-Zeit* éclate une bombe: la critique du projet de programme de 1875 par Marx. Tu te réjouiras, mais plus d'un en sera indigné et enragera en Allemagne.

Tu auras lu l'article de Marx dans la Neue-Zeit. Il a commencé par susciter chez les socialistes qui ont la direction en Allemagne, un grand courroux qui semble cependant s'être apaisé déjà quelque peu; en revanche, il a été accueilli avec beaucoup de joie par le parti lui-même - exception faite des vieux Lassalléens. Le correspondant berlinois de *l'Arbeiter-Zeitung de* Vienne, que tu recevras par le prochain courrier, me remercie littéralement pour le service que j'ai rendu au parti (je pense que c'est Adolf Braun [306] le gendre de Victor Adler et le

---

[306] Engels ne se trompait pas en l'attribuant à un proche de Victor Adler, à qui il avait projeté de confier la publication de la critique de Marx au cas où les sociaux-démocrates allemands auraient refusé le texte, cf. la lettre d'Engels à Kautsky du 7-01-1891.

Dans l'édition horriblement mutilée des sociaux-démocrates de 1906 (Briefe und Auszüge aus Briefen von Joh. Phil. Becker, Jos. Dietzgen, Friedrich Engels, Karl Marx u.A. an F.A. Sorge und Andere, Dietz Stuttgard) on lit à la place de Adolf Braun... August Bebel, et dans l'édition Costes et même l'édition Spartacus (Programmes socialistes, p.

rédacteur-adjoint du Vorwärts de Liebknecht). Naturellement Liebknecht est furieux, étant donné que toute la critique lui est directement adressée puisqu'il est le père qui a engendré - avec l'enculé de Hasselmann - ce programme pourri [307]. Je comprends que ces gens aient commencé à prendre peur, eux qui tenaient jusqu'ici à ce que l'on ne s'adresse aux « camarades » qu'avec les ménagements les plus extrêmes. Voici qu'ils sont maintenant traités à ce point sans façon et qu'on révèle que leur programme est une pure absurdité. K. Kautsky, qui a fait montre dans toute cette affaire d'un très grand courage, vient de m'écrire [308] que la fraction parlementaire social-démocrate

---

62), on retrouve ce pieux mensonge. Le fils de Kautsky, qui édita et annota la correspondance de son père avec Engels (Friedrich Engels' Briefwechsel mit Karl Kautsky, Danubia-Verlag, Vienne, 1955) ne manque pas de culot : A la phrase suivante de la lettre du 11-2-1891 d'Engels à Kautsky: « En revanche, le correspondant berlinois d'Adler (A. Braun ?) me remercie littéralement pour cette publication », il ajoute la note suivante : « En fait c'était Adolf Braun. Dans sa lettre du même jour à Sorge, Engels parlait d'un autre A.B. à savoir August Bebel », qui était sans doute, « le gendre de Victor Adler et le rédacteur-adjoint du Vorwärts de Liebknecht », comme le précisait Engels dans sa lettre à Sorge!

[307] Engels fait allusion au programme de fusion de Gotha (1875), qui fut un compromis entre Liebknecht et le dirigeant lassalléen Hasselmann.

[308] Dans la correspondance de son père et d'Engels (cf. note no 240), Benedikt Kautsky ne publie qu'un fragment de cette lettre de Kautsky à Engels. Le voici : « Notre attente que la reproduction dans le Vorwärts inaugure une politique raisonnable vis-à-vis de l'article de Marx semble avoir été prématurée, la déclaration de la fraction [parlementaire sociale-démocrate] dont Schippel parle dans sa lettre - que je te prie dé

avait l'intention de lancer une déclaration annonçant que le texte a été publié à son insu et qu'il la désapprouve. Ce plaisir ils peuvent se l'offrir. Cependant il n'en sera peut-être rien non plus, si les approbations émanant du parti continuent à. se multiplier et qu'ils s'aperçoivent que les criailleries faites autour de « cette arme contre nous-mêmes mise ainsi entre les mains de nos adversaires » n'a aucune portée.

En attendant, ces messieurs me boycottent - ce qui me convient parfaitement, car cela m'épargne de perdre mon temps avec eux. Mais cela ne durera sans doute pas bien longtemps.

---

me retourner - devait effectivement aboutir. Quoi qu'il en soit, on ne peut empêcher personne de se ridiculiser, si elle y tient, mais l'effet de l'article serait certainement terni, du moins momentanément. Pour cette raison et d'autres encore, je pense qu'il serait bon que tu te mettes en relation avec Bebel : 1. pour apprendre ce qui est effectivement arrivé, et 2. pour empêcher que, lui au moins, ne fasse une bêtise, Si la déclaration devait voir vraiment le jour, il faudrait peut-être lancer une contre-déclaration ».

La fraction sociale-démocrate prit en effet position vis-à-vis de la critique du programme de Gotha de Marx dans un éditorial rédigé par Liebknecht dans le Vorwärts du 13 février 1891. Les crétins parlementaires s'en prirent à la critique que Marx avait adressée au programme de Gotha et se permirent de justifier, quinze ans après encore, le misérable programme de compromis, tout en affirmant que sa critique avait « une haute valeur actuelle » pour là social-démocratie allemande.

Article de la rédaction du « Vorwörts » de Liebknecht

In : Vorwärts, 26 février 1891, p. 3, col. I, dans la rubrique : « Panorama politique ».

Le *Berliner Tageblatt* et le *Volks-Zeitung* publient aujourd'hui la note suivante: « On s'est demandé à plusieurs reprises comment il était possible que l'écrit de Fr. Engels avec la critique du programme socialiste par Marx aient pu être publiés dans la *Neue-Zeit*. Pour expliquer ce fait, on a même affirmé qu'au fond la fraction avait souhaité la chose. Et cette hypothèse a reçu une sorte de confirmation par le correspondant milanais du *Vorwärts*. L'histoire est infiniment plus simple. Monsieur Engels a envoyé la lettre à la rédaction de la *Neue-Zeit*. Monsieur Kautsky, le rédacteur de la NZ est, en effet, de la plus stricte observance marxiste. La voie était libre pour qu'elle soit publiée. Mais il n'en était pas de même de Monsieur Dietz, l'éditeur. On envoya donc la lettre à Monsieur Bebel pour y voir clair. Mais Monsieur Bebel qui avait juste à faire avec le mariage de sa fille, laissa l'affaire en suspens. On admit en conséquence à Stuttgart, qu'il n'avait rien à y objecter, et c'est ainsi que l'écrit de Marx et d'Engels parut dans la *Neue-Zeit* ».

Cette présentation est erronée sur un point essentiel. Lorsque Bebel eut l'occasion de lire l'article de Marx - et il faut remarquer une fois de plus ici que Bebel ne connaissait absolument pas jusqu'à ce jour le contenu de la lettre de Marx et de la critique qui y était jointe, car il n'avait encore jamais vu ces deux textes, puisqu'à l'époque de la communication de ces documents il était en prison [309] - le numéro de la Neue-Zeit

---

[309] C'est pur mensonge, Puisque Bebel était sorti de prison de le avril 1875, et que la critique du programme de Gotha était datée du 5 mai 1875. En fait, Liebknecht, connaissant les réticences de Bebel à l'égard de son programme de fusion, avait craint qu'en lisant les critiques de Marx-Engels, il ne s'oppose encore davantage à son Programme, voire y mette son veto.

Dans sa lettre à Engels du 6-02-1891, Kautsky rapporte les faits comme suit: « À l'occasion (de la publication de la critique du programme de Gotha en 1891), j'ai dû parler de cet article. August (Bebel) aurait pu me reprocher d'avoir agi sournoisement, si je ne l'avais pas fait. Je lui écrivis que tu lui avais sans doute appris qu'une lettre de Marx portant sur le programme de 1875 et qu'il connaissait certainement apparaîtrait dans la Neue-Zeit. Il me répondit flegmatiquement quelques jours plus tard qu'il ne connaissait pas la lettre et attendait avec intérêt sa publication, la lettre étant arrivée alors qu'il était en prison (qu'il avait quitté le 1er avril).

« Lorsque je lus cette lettre, je n'en crus pas mes yeux: en effet, la lettre était datée du 5 mai et Liebknecht la connaissait - comme le démontrent ses discours des congrès de Gotha et de Halle. Si Bebel ne la connaissait pas, ce n'était pas parce qu'il avait été en prison, mais parce qu'on lui avait soustrait la lettre, car on craignait qu'après sa lecture il refusât son accord au programme.

« J'estimais que, dans ces conditions, il fallait dire toute la vérité à August (Bebel). Je lui en envoyai un extrait et je soulignai qu'il fallait tirer au clair qui avait escamoté la lettre. Mais notre Bebel n'a en tête

était déjà terminé ; un télégramme envoyé le lendemain à Dietz après avoir pris langue avec celui-ci, donnait l'ordre dé suspendre l'édition, mais il arriva trop tard., Nous pouvons déclarer expressément au nom de Bebel que si ces documents lui avaient été envoyés à temps, ils n'auraient très probablement pas été acceptés dans la forme où ils furent publiés.

Engels à Karl Kautsky, 11 février 1891.

Meilleurs remerciements pour tes deux lettres [310]. Je te retourne ci-joint celles de Bebel et de Schippel.

Les Berlinois continuent de me boycotter. Je ne reçois pas la moindre lettre : ils n'ont probablement pas encore pris parti [311].

---

que, le mariage de sa fille Frida, et ne lit même pas l'extrait. Mardi soir seulement, il le lit ; consterné, il court chez Liebknecht et, au lieu de le mettre au pied du mur à cause de la perfidie avec laquelle il lui avait caché une telle lettre, il laisse Liebknecht lui monter la tête contre nous. Le lendemain tous deux arrivent en trombe chez Dietz et l'intimidèrent si bien qu'il télégraphia de suspendre la diffusion de la 4 Neue-Zeit. Par chance c'était trop tard. » (Fr. Engels' Briefwechsel mit K. Kaustsky, pp. 273-274).

[310] Il s'agit sans doute des lettres de Bebel et de Schippel envoyées par Kautsky à Engels, cf. note no 248.

[311] Dans sa lettre du 6-02-1891, Kautsky écrivait à ce propos à Engels : « Pour autant que j'ai pu le constater, l'article a, dans le parti ou bien

En revanche, le Hamburger Echo a publié un éditorial qui était très convenable, si l'on considère que ces gens-là ont encore une forte imprégnation lassalléenne et jurent même par le Système des Droits Acquis. J'ai lu aussi dans ce journal, ainsi que dans la Frankfurter Zeitung, que l'assaut de la presse adverse bat son plein, s'il n'est pas déjà épuisé. Dès qu'il sera surmonté - et pour autant que j'ai pu en juger il a été très modéré jusqu'ici - nos gens se remettront de leur première frayeur. En revanche, le correspondant berlinois d'Adler (A. Braun ?) [312] me remercie littéralement pour cette publication. Encore quelques voix de ce genre, et la résistance cessera.

---

suscité une vive joie ou du moins à fait une impression profonde, de sorte que ceux pour lesquels il est désagréable n'osent pas prendre position contre lui et font contre mauvaise fortune bon cœur. Jusqu'ici la presse du parti n'a soufflé mot. En dehors de Eichhoff [qui avait collaboré avec Marx pour son histoire de la 1re Internationale] dans la Schwäbische Tagwacht qui a parlé de l'article et l'a présenté comme un document important que nul ne devait manquer de lire, et du Vorwärts, aucun journal du parti n'a signalé l'article, ni à plus forte raison n'en a parlé. Mon jugement sur l'esprit qui règne dans le parti s'appuie sur le fait qu'en dehors de Bebel et de Liebknecht, je n'ai entendu jusqu'ici aucune voix de désapprobation, mais plutôt une série d'approbations. » (l.c., p. 273).

[312] Engels ne se trompait pas en l'attribuant à un proche de Victor Adler, à qui il avait projeté de confier la publication de la critique de Marx au cas où les sociaux-démocrates allemands auraient refusé le texte, cf. la lettre d'Engels à Kautsky du 7-01-1891.

Dans l'édition horriblement mutilée des sociaux-démocrates de 1906 (Briefe und Auszüge aus Briefen von Joli. Phil. Lecker, Jos. Dietzgen, Friedrich Engels, Karl Marx u.A. an F.A. Sorge und Andere, Dietz

Que ce document ait été intentionnellement escamoté et caché à Bebel en mai-juin 1875, c'est ce qui m'était devenu clair, lorsqu'il m'indiqua la date de sa libération de prison - le 1er avril. Je lui ai écrit [313] aussi qu'il devait l'avoir vu, s'il ne « s'était rien passé d'irrégulier ». S'il le faut, je lui demanderai en temps utile de me répondre sur ce point. Le document a été longtemps entre les mains de Liebknecht, et ce n'est qu'à grand-peine que Bracke a pu le récupérer : Liebknecht voulait le garder purement et simplement pour lui tout seul, afin de l'utiliser lors de la rédaction définitive du programme. De quelle façon, on le voit!

Stuttgard) on lit à la place de Adolf Braun... August Bebel, et dans l'édition Costes et même l'édition Spartacus (Programmes socialistes, p. 62), on retrouve ce pieux mensonge. Le fils de Kautsky, qui édita et annota la correspondance de son père avec Engels (Friedrich Engels' Briefwechsel mit Karl Kautsky, Danubia-Verlag, Vienne, 1955) ne manque pas de culot : A la phrase suivante de la lettre du 11-2-1891 d'Engels à Kautsky: « En revanche, le correspondant berlinois d'Adler (A. Braun ?) me remercie littéralement pour cette publication », il ajoute la note suivante : « En fait c'était Adolf Braun. Dans sa lettre du même jour à Sorge, Engels parlait d'un autre A.B. à savoir August Bebel », qui était sans doute, « le gendre de Victor Adler et le rédacteur-adjoint du Vorwärts de Liebknecht », comme le précisait Engels dans sa lettre à Sorge!

[313] Cette lettre n'a pas été retrouvée, et pour cause.

Envoie-moi en recommandé et sous bande, comme manuscrit, l'article de Lafargue : je me charge de régler cette affaire [314]. Au reste, son article sur Padlewski était tout à fait bien et très utile, face aux déformations que subissent dans le Vorwärts les comptes rendus sur la politique française. En somme, Liebknecht joue de malchance : il met partout en valeur la République française, et le correspondant qu'il a engagé spécialement pour cela - Guesde -la démolit partout et toujours.

La déclaration de la fraction parlementaire annoncée par Schippel me laisse complètement froid. S'ils le désirent, je leur confirmerai que je n'ai pas l'habitude de leur demander des autorisations. Que cette publication leur plaise ou non, c'est ce qui me laisse complètement indifférent. Je veux bien qu'ils prennent un air protecteur pour parler de tel ou tel sujet. Il ne me vient même pas à l'idée de leur répondre - à moins que

---

[314] P. Lafargue avait envoyé à K. Kautsky un article intitulé La théorie de la valeur et de la plus-value de Marx et les économistes bourgeois (paru dans Le Socialiste n093 en 1892) pour qu'il soit publié dans la Neue-Zeit Kautsky avait trouvé que l'article, au titre prometteur, était superficiel voire bâclé et demandait à Engels de tirer un peu l'oreille à Lafargue qui, en général, était un précieux collaborateur de la Neue-Zeit. Cf. la lettre d'Engels à Lafargue du 6-03-1891, in : Correspondance, tome III. 1891-1895, Éditions Sociales, p. 24.

l'affaire ne prenne une tournure telle que je sois absolument obligé d'intervenir. Attendons donc!

Je n'écrirai pas non plus à Bebel à ce sujet. En effet, 1. il faudra d'abord qu'il me dise lui-même quelle est son opinion en définitive; 2. chaque résolution du groupe parlementaire n'est-elle pas signée par tous, qu'ils l'aient voté ou non ? Au reste Bebel se trompe, s'il croit que je me laisserai entraîner dans une polémique ayant un goût d'amertume. Pour cela il faudrait tout d'abord qu'ils avancent quelques contre-vérités etc., que je ne pourrais pas laisser passer. À l'inverse, je suis littéralement imbibé d'esprit de conciliation; je n'ai aucune raison d'avoir de l'animosité et je brûle du désir de jeter par-dessus l'abîme ou le gouffre hypothétique de Bebel tous les ponts que l'on voudra - ponton, pont en bois, en pierre, en fer, voire en or!

C'est étrange. Voici que Schippel parle dans sa lettre des nombreux vieux Lassalléens qui sont fiers de leurs lassalleries. Or, quand ils m'ont rendu visite, ils affirmèrent unanimement qu'il n'y avait plus de Lassalléens en Allemagne! C'était là une des raisons principales qui a balayé chez moi certaines réserves. Et voici qu'arrive aussi Bebel, qui trouve qu'un grand nombre de camarades, et des meilleurs, sont gravement blessés. Dans ces conditions, il eût fallu me présenter les choses telles qu'elles étaient.

Au reste, si aujourd'hui, quinze ans après, on n'a pas le droit de parler ouvertement des insanités théoriques de Lassalle et de son prophétisme, quand pourra-t-on jamais le faire [315] ?

Le parti lui-même, le Comité central, la fraction parlementaire et *tutti quanti* ne sont-ils pas, du fait de la loi anti-socialiste, à l'abri de tout reproche, exception faite de celui d'avoir adopté un tel programme (et celui-là, ils ne peuvent l'éluder) ? Tant que régnait cette loi, toute révision était en effet exclue. Or dès qu'elle est abrogée, ils mettent sa révision à l'ordre du jour. Que veut-on de plus ?

---

[315] La publication de la critique du programme de fusion avec les Lassalléens devait immanquablement remettre à l'ordre du jour la question des rapports du marxisme et du lassallisme dans la social-démocratie allemande. Ce n'est pas par hasard si Marx et Engels exprimèrent leur opposition à Lassalle de manière sans cesse plus tranchante au fur et à mesure que les années passaient. En effet, si les confusions et les insanités lassalléennes pouvaient passer tant que la grande industrie n'avait pas encore créé un véritable prolétariat moderne en Allemagne, où subsistaient alors une ambiance essentiellement petite bourgeoise, il ne pouvait en être de même dans les années 1880, où non seulement ce prolétariat existait, mais avait encore acquis une grande expérience de la lutte. Il s'agissait donc d'empêcher que le Parti lui-même injecte aux masses le poison lassalléen, au lieu de forger sa conscience révolutionnaire.

Et qu'enfin les gens cessent une fois pour toutes de mettre des gants devant les fonctionnaires du parti - leurs propres serviteurs! Il n'y a pas de raison de se mettre au garde-à-vous devant des bureaucrates infaillibles, alors qu'il s'agit de faire leur critique.

Engels à Karl Kautsky, 23 février 1891.

Entre nous

Cher Kautsky,

Comme tu m'as envoyé la lettre de Bebel et qu'une amabilité en appelle une autre, j'ai arrangé la lettre ci-jointe de telle sorte que tu puisses l'envoyer aussi à Bebel, *au cas où tu le jugerais souhaitable dans l'intérêt de la paix*. Je m'en rapporte entièrement à toi [316].

Tes notes à l'article du *Vorwärts* sont excellentes. De même ton dessein de rappeler à Bebel l'indifférence avec laquelle on a laissé passer les attaques de Schramm contre Marx.

---

316   Kautsky envoya aussitôt la, seconde lettré du 23 février adressée à Kautsky mais destinée à Bebel; le 21-03-891 (un mois après!), il écrivit à ce sujet à Engels,. « Toujours rien de neuf d'Afrique, c'est-à-dire de Berlin, August (Bebel) ne m'a pas répondu non plus, bien que ma lettre posait plusieurs questions concernant la rédaction et qu'en général il réponde aussitôt aux lettres. Or il a bien reçu la lettre puisqu'il a réglé avec Dietz certains points concrets qui y étaient soulevés. Je ne le comprends pas ». Dans sa lettre à Kautsky, Engels écrivait le 2 avril 1891 :
- Enfin reçu une lettre de Bebel, tout à fait amicale avec diverses réserves, mais tout à fait le vieux ton cordial, et le désir de voir clore l'affaire ».

En toute hâte - cinq minutes avant la levée postale.

Engels à Karl Kautsky, 23 février 1891.

Cher Kautsky,

Les vives félicitations que je t'ai envoyées avant-hier te seront sans doute déjà parvenues. Aussi revenons à nos moutons, la lettre de Marx.

La crainte qu'elle puisse fournir une arme à l'adversaire était dénuée de fondement. Ne fait-on pas à tout propos de méchantes insinuations ? En somme, l'effet produit sur l'adversaire a été celui de la stupéfaction la plus complète devant cette impitoyable autocritique, et ce sentiment : quelle force intérieure ce parti doit-il avoir pour se permettre cela! C'est ce qui ressort de la lecture des journaux adverses que tu m'as envoyés (merci!) ou que je reçois d'habitude. Et, à vrai dire, c'était aussi dans cette intention que j'ai publié le document. Qu'il ait pu toucher certains très désagréablement tout à fait au début, c'est ce que je savais, mais c'était inévitable, et le contenu réel du document le compensait amplement à mes yeux. Au reste, je savais que le parti était vraiment assez fort pour supporter cela, et je l'estime aujourd'hui capable de digérer le franc-parler tenu quinze ans auparavant. Ne doit-on pas considérer cette épreuve de force avec une légitime fierté, et dire : quel autre parti pourrait se permettre semblable audace ? Cependant on a laissé ce soin aux *Arbeiter-Zeitung* de Vienne et de Saxe ainsi qu'à la *Züricher Post* !

C'est très aimable à toi d'assumer dans le numéro 21 de la *Neue-Zeit* la responsabilité de la publication, mais n'oublie pas que je suis à l'origine de cette initiative et qu'au surplus je t'ai tout de même quelque peu forcé la main. Aussi j'en revendique la responsabilité principale pour moi-même. Il peut, naturellement, y avoir des divergences d'opinion sur les points de détail. J'ai biffé et modifié tout ce qui aux yeux de Dietz et de toi-même, pouvait soulever une objection, et si Dietz avait signalé encore plus de choses, je me serai montré là encore aussi coulant que possible. Je n'ai jamais manqué de vous donner des preuves de ma bonne volonté. Mais voici l'essentiel : *j'avais le devoir* de publier ce texte dès que le programme était mis en discussion. Or dès lors que Liebknecht s'appropriait, dans son exposé de Halle, comme sa chose propre, des extraits entiers de ce document et critiquait le reste sans mentionner ses sources, Marx n'aurait pas manqué d'opposer l'original à cette version - et c'était mon devoir de faire la même chose à sa place. Malheureusement je n'étais pas alors en possession de ce document, que je n'ai trouvé que beaucoup plus tard après de longues recherches.

Tu dis que Bebel t'a écrit que la façon dont Marx a traité Lassalle avait excité la colère des vieux Lassalléens. C'est bien possible. Or ces gens ne connaissent pas la véritable histoire, et il semble que l'on ait rien fait pour les éclairer sur ce point [317]. Ce n'est pas de ma faute si ces gens ignorent que toute la grandeur de Lassalle provient de ce que Marx lui a permis de se parer des années durant des résultats de recherches effectuées

---

[317] Jamais la social-démocratie allemande. n'aura vraiment éclairé les ouvriers allemands sur le véritable Lassalle, et elle continuera jusqu'à bout de s'appeler le parti de Marx et de Lassalle. Elle mettait ainsi en évidence sa dualité sociale-démocrate, non encore communiste. Le reproche d'Engels s'appliquait à Kautsky lui-même, celui-ci étant responsable de la revue théorique du parti, la Neue-Zeit. Par exemple, dans son article Nos programmes paru dans la Neue-Zeit n° 21, Kautsky fit tout pour diminuer l'effet des critiques de Marx et vanter les « grands services » rendus par Lassalle au mouvement, en écrivant par exemple : « L'attitude vis-à-vis de Lassalle est autre pour Marx que pour la social-démocratie, dont l'appréciation n'est pas celle de Marx... Pourrions-nous jamais oublier un homme, dont les oeuvres — pour nous, les anciens du parti et aussi pour l'immense majorité des jeunes - guidèrent nos débuts dans notre étude du socialisme et allumèrent nos premiers enthousiasmes pour le socialisme ? Nous lisons attentivement et méditons tout ce que Marx a dit de son élève Lassalle, mais nous ne devons pas oublier que Lassalle fut également un de nos maîtres et un de nos meilleurs combattants » (un modèle pour Kautsky, qui devait lui aussi finir dans la trahison!).

par ce dernier, comme s'il s'agissait des siennes propres et avec cela de les dénaturer étant donné le manque de préparation de Lassalle dans le domaine économique. Or je suis l'exécuteur testamentaire des écrits de Marx et, comme tel, j'ai des responsabilités.

Lassalle appartient à l'histoire depuis vingt-six ans. Si l'on a évité sous la loi d'exception de lui faire subir une critique historique, il est enfin temps que celle-ci reprenne ses droits - et que la lumière soit faite sur la position de Lassalle vis-à-vis de Marx. La légende qui contrefait et porte aux nues la véritable figure de Lassalle ne peut tout de même pas servir d'article de foi au parti. Quelque haute opinion on puisse avoir des mérites de Lassalle vis-à-vis du mouvement, son rôle historique est équivoque. Le démagogue Lassalle suit le socialiste Lassalle comme son ombre. Partout et toujours l'animateur du procès de Hafzfeldt transparaît chez l'agitateur et l'organisateur Lassalle, facilement reconnaissable au même cynisme dans le choix de ses moyens, au même goût de s'entourer de personnages corrompus et douteux que l'on peut employer ou laisser tomber comme de simples instruments. Jusqu'en 1862, c'était dans la pratique un démocrate vulgaire, marqué par ses origines prussiennes et de fortes tendances bonapartistes [318] (je viens de parcourir ses lettres à Marx); il changea brusquement pour des motifs purement personnels, et

---

[318] Nous extrayons les données suivantes de l'ouvrage d'un Lassalléen « fervent » - n'écrit-il pas à l'intention des fonctionnaires et élèves du parti ? (Richard Lipinski, Die Sozialdemokratie von ihren Anfängen bis zur Gegenwart. Eine gedrängte Darstellung für Funktionäre und Lernende. Verlag J.H.W. Dietz Nachf. Berlin 1927) sur la manière dont Lassalle combina la création de « son », Association Générale des Ouvriers allemands. Trois de ses « admirateurs » lui écrivirent une lettre, afin qu'il daignât prendre la direction... du mouvement ouvrier allemand. Voici des passages de la supplique : « Le mouvement ouvrier qui s'est mis en avant avec une force irrésistible, qui subit des préjudices par l'erreur, mais ne petit être opprimé par aucune puissance, a besoin - s'il doit conduire à des résultats considérables et satisfaisants - de la direction la plus clairvoyante et la plus forte. Il a besoin de l'intelligence la plus élevée et d'un esprit absolument puissant dans lequel tout se concentre et duquel tout part.

« Tous trois qui sommes vos amis, nous nous sommes constitués spontanément en Comité-et nous nous sommes préoccupés de cette affaire; nous ne trouvons en Allemagne qu'un homme que nous désirerions voir à la tête d'un mouvement aussi important, nous ne trouvons qu'un seul homme qui soit à la hauteur d'une tâche aussi difficile, qu'un seul homme à qui nous puissions avoir une confiance parfaite au point que nous désirions lui soumettre tout le mouvement afin qu'il en soit le Guide (Führer) et cet homme c'est vous...

« Naturellement ces lignes sont de nature absolument privée et uniquement l'expression de notre attachement à vous. Nous ne pouvons rien d'autre que vous prier de vous mettre à la tête du mouvement et d'en prendre la direction en main. Mais nous pouvons et devons ajouter que la plus grande partie de ceux qui ont lu votre brochure pensent comme nous. Mais comme sa lecture a entraîné l'enthousiasme le plus tempétueux, elle (sic!) gagnera aussi les ouvriers dans toute l'Allemagne, et tous reconnaîtrons en vous leur Guide avec joie et confiance. » Et Lipinski de poursuivre : « Ils invitèrent Lassalle à parler à Leipzig. Lassalle répondit le 13 décembre qu'en général il était disposé à

il commença son agitation : deux ans ne s'étaient pas écoulés qu'il demandait aux ouvriers de s'unir au parti royaliste contre la bourgeoisie et intriguait avec Bismarck auquel son caractère l'apparentait, d'une façon qui l'eût conduit à une véritable trahison du parti. s'il n'avait pas - heureusement pour lui - été tué à temps. Dans ses écrits destinés à l'agitation, Lassalle mêle les vérités qu'il emprunte à Marx de façon si étroite et systématique à ses propres élucubrations qu'il devient pratiquement impossible de séparer ce qui est juste de ce qui est faux. Ceux des travailleurs qui se sentent blessés par le jugement de Marx ne connaissent de Lassalle que ses deux années d'agitation, et encore ne les voient-ils qu'à travers des lunettes roses. Or le critique historique ne peut s'arrêter, le chapeau à la main, jusqu'à la fin des jours, devant de tels préjugés. C'était mon devoir de faire place nette entre Marx et Lassalle. C'est ce que j'ai fait. Pour l'heure je peux m'en tenir là. J'ai d'ailleurs d'autres chats à fouetter en ce moment. La publication du. sévère jugement de Marx sur Lassalle produira à lui tout seul son effet, et donnera à d'autres du courage.

---

satisfaire leurs demandes et à prendre dans ses mains la direction du mouvement ouvrier. » (pp. 140-141).
    Tout cela n'a évidemment rien à voir avec le principe marxiste, selon lequel « l'émancipation de la classe ouvrière doit être l'œuvre des travailleurs eux-mêmes » (Statuts de la lre Internationale).

Cependant si l'on m'y obligeait, je n'hésiterai pas : je ruinerai une fois pour toutes la légende-de Lassalle.

Que des voix se soient élevées dans la fraction parlementaire pour placer la *Neue-Zeit* sous censure, voilà qui est joli. Est-ce le fantôme de la dictature de la fraction parlementaire du temps de la loi anti-socialiste (qui alors était certes nécessaire et fonctionnait remarquablement) ou sont-ce des réminiscences de la stricte organisation d'antan de von Schweitzer) ? En fait, c'est une idée brillante que de placer le socialisme scientifique, libéré de la loi anti-socialiste de Bismarck, sous une nouvelle loi anti-socialiste fabriquée et exécutée par les fonctionnaires mêmes du parti social-démocrate [319]. Au reste, nous veillerons à ce que ces velléités ne se transforment pas en réalité.

L'article du *Vorwärts* ne m'émeut pas. J'attendrai que Liebknecht ait raconté l'histoire de cette affaire, et je répondrai

---

[319] Pour utiliser la période de diffusion légale de la presse socialiste après l'interdiction des écrits de Marx-Engels en Allemagne, et pour contrecarrer les effets nocifs de la presse socialiste, vulgaire, duhringienne ou lassalléenne, voir les écrits petits bourgeois de la presse sociale-démocrate elle-même, Engels dut interrompre la publication des livres II et III du Capital pour publier des textes marxistes à l'intention des masses ouvrières. De mars à avril 1891 seulement, Engels réédita en Allemagne des travaux aussi fondamentaux que la Guerre civile en France, Travail salarié et Capital, le Socialisme scientifique et le socialisme utopique.

alors à l'un et à l'autre de la manière la plus amicale possible. Dans l'article du *Vorwärts, il* n'y a guère que quelques erreurs à rectifier (par exemple que nous n'aurions pas voulu l'unité, que les événements auraient donné tort à Marx) et quelques points évidents à confirmer. Avec cette réponse, j'espère avoir clos le débat pour ma part, à moins que je sois forcé d'aller plus loin si on lance de nouvelles attaques et des affirmations inexactes.

Dis à Dietz que je suis en train de remanier *l'Origine*. Mais voilà que Fischer m'écrit aujourd'hui pour me réclamer trois nouvelles préfaces [320].

---

[320] À l'étranger, en Italie. par exemple, la publication de la cri tique du programme de Gotha prépara l'adoption ultérieure par, les partis européens du programme d'Erfurt, et Engels écrivait le 7 mars 1891 à F. Turati : « Je vous remercie non moins des sentiments bienveillants que vous avez bien voulu exprimer à l'occasion de la publication de l'article de Marx dans la Neue Zeit. Par cette publication j'ai rempli un simple devoir vis-à-vis de la mémoire de Marx, d'une part, et du-parti allemand, de l'autre. » (Cf. Le ripercussioni in Italia della critica del programma di Gotha, in: Karl Marx, Friedrich Engels: Scritti italiani a cura di Gianni Bosio, Edizioni Avanti, 1955.)

Engels à Karl Kautsky, 17 mars 1891.

Pas une ligne de Bebel - mais je ne suis pas pressé non plus. Sorge pense que je ne dois pas réagir à l'article confus du *Vorwärts*. Qu'en Penses-tu ? Je commence à incliner 'aussi à une telle attitude.

Le passage de ma précédente lettre sur la responsabilité était *entièrement écrit à l'intention de Bebel*. Si j'avais pu penser qu'il te blesserait en quoi que ce soit, je l'aurais supprimé - pareille chose ne me viendrait pas M'esprit. Je *n'ai absolument pas pensé* à ta note sur l'oukase de la fraction parlementaire. Je considérais simplement qu'il était de mon devoir vis-à-vis des Berlinois de te décharger autant que possible de la responsabilité de ce que j'avais fait, pour le cas où tu leur expédierais la lettre. Voilà tout...

Je trouve aussi de plus en plus que cette affaire n'a absolument pas suscité d'indignation dans le parti lui-même, et qu'il n'y a que ces messieurs de Berlin qui se sentent blessés pour telle ou telle raison, Et ceux-là aussi semblent se rendre compte que les flèches du *Vorwärts* sont restées au point de chute sans produire le moindre effet - tombées à plat, comme disent les Français. Autrement ils n'auraient pas manqué de venir sonner chez moi.

Tes plaintes au sujet du *Vorwärts* (depuis quand cette chose-là est-elle du sexe masculin ?) recueillent ici toute notre sympathie. On n'a jamais vu de journal pareil. Je m'étonne de ce qu'il soit supporté aussi longtemps.

Engels à Fr.-A. Sorge, 4 et 21 mars et 8 avril 1891.

J'ai bien reçu ta lettre du 19 février. Dans l'intervalle, tu auras sans doute appris davantage sur la grande indignation de la fraction parlementaire sociale-démocrate à la suite de la publication de la lettre-programme de Marx dans la *Neue-Zeit*. L'affaire se poursuit. Pour l'heure, je laisse les gens se ridiculiser, et à ce niveau Liebknecht a réalisé des prouesses dans le *Vorwärts*. Lorsque le moment sera venu je répondrai naturellement, cependant sans chamaillerie inutile, mais sans doute faudra-t-il une touche d'ironie. Naturellement tous ceux qui ont l'esprit quelque peu théorique sont de mon côté -je ne dois excepter que Bebel, qui n'a pas tort de se sentir blessé par moi, mais c'était inévitable. Je n'ai pu lire la *Volkszeitung* depuis un mois, parce que je suis surchargé de travail; je ne sais donc pas s'il y a eu des répercussions en Amérique - en Europe les restes de Lassalléens écument, et vous n'en manquez pas là-bas.

Je ne sais pas encore si je répondrai ou non à l'article du *Vorwärts*, mais je commence à pencher de ton côté [321]. A vrai dire, je *devrais* aborder certains sujets, mais peut-être puis-je faire la chose autrement.

Je dois assurer la réédition ou écrire de nouvelles préfaces aux trois textes suivants, que le parti allemand veut publier avec un tirage de 10 000 : 1. la *Guerre civile en France*, 2. *Travail salarié et Capital* de Marx; 3. *Socialisme utopique et socialisme scientifique.*

Ma réponse à Brentano sortira d'ici 8-10 jours chez Meissner; tu en auras aussitôt un exemplaire.

Ensuite je dois assurer la réédition de *l'Origine de la famille*, etc. (5 000 vendus!), et alors je passerai irrémédiablement et sans plus me laisser arrêter au livre III du *Capital*.

---

[321] Sorge avait donné le conseil suivant à Engels- Segui il tuo corso, e lascia dir le genti! (Suis ton chemin et laisse dire les gens. Cf. Dante : La Divine Comédie. Purgatoire, chant I.)

Singer et Bebel m'ont écrit très aimablement [322]. Les Allemands ne peuvent toujours pas s'habituer à-ce qu'un personnage « qui exerce une fonction et une dignité » ne puisse prétendre à des égards plus tendres que le commun des mortels. C'était au fond ce qui explique principalement qu'ils aient été si vexés. Comme je n'ai pas répondu au pompeux factum de Liebknecht et que je n'ai pas réagi le moins du monde à toutes leurs flèches, Liebknecht se sera imaginé qu'il a remporté une grande victoire sur moi. Je lui laisse ce plaisir. Il rédige le *Vorwäris* de telle manière qu'il le ruine rapidement, et tous de rouspéter. Il n'y a rien à faire avec Liebknecht, comme cela se voit aussi au fait qu'il semble continuer d'intriguer avec Rosenberg en Amérique. C'est de plus en plus Bebel qui joue le rôle décisif dans le parti - et c'est très bien. Bebel a l'esprit pondéré et clair, et il s'est développé au niveau théorique de manière toute différente de celle de Liebknecht. Mais il se trouve qu'on ne peut pas se débarrasser de Liebknecht : il produit toujours un grand effet dans les réunions populaires à cause de ses belles phrases et de la sentimentalité de ses propos - et c'est ce qui donne lieu à toutes sortes de compromis...

---

[322] Le 30 mars 1891, A. Bebel avait écrit à Engels : « Je signale expressément que nul ne s'est élevé contre la publication elle-même (la critique de Marx). » Il expliquait son long silence par le fait qu'après la publication du texte de Marx, il n'avait pas voulu écrire « parce que j'étais agacé par la forme dans laquelle cette publication s'était faite et, plus tard j'ai eu trop à faire avec le travail parlementaire. »

En France, grâce à la scission parmi les possibilistes, les nôtres semblent tenir les rênes à Paris aussi. D'abord les Allemanistes (d'après Lafargue, la majorité à Paris, ce dont je doute cependant) ont envoyé des délégués à la commission préparant la manifestation du 1er mai, puis ce furent aussi les Broussistes - ils se contentent donc d'exécuter une résolution marxiste [323]. Et comme les Allemanistes veulent jeter dehors les Broussistes, nos gens se trouvent dans la situation de surgir comme les défenseurs de droits égaux pour les Broussistes!!! Le mieux serait que nos Français suivent vis-à-vis des possibilistes exactement la tactique conseillée par Marx aux Eisenachiens vis-à-vis des Lassalléens. Elle a toujours conduit jusqu'ici au succès.

Engels à August Bebel, 1er mai 1891.

Je réponds aujourd'hui à tes deux lettres du 30 mars et du 25 avril. C'est avec joie que j'ai appris que vos noces d'argent se sont si bien déroulées et qu'elles vous ont donné envie de fêter

---

[323] Allusion à la résolution du congrès de 1889 de la IIe Internationale sur le 1er mai.

plus tard vos noces d'or. *Je* souhaite de tout cœur que vous puissiez le faire. Nous aurons besoin de toi encore longtemps, après que le diable m'aura emporté - pour parier comme le vieux Dessauer (Léopold, prince de Anhalt-Dessau).

Il me faut revenir - et *j'espère* que ce sera pour la dernière fois - sur la critique du programme par Marx. Je suis obligé de contester que « nul ne s'est élevé contre la publication elle-même ». Liebknecht n'a jamais donné son assentiment et a tout mis en œuvre pour empêcher la publication. Cette critique lui pèse sur l'estomac depuis 1875, et dès qu'il est question de « programme », elle lui remonte. Tout son discours de Halle y tourne autour. Son grandiloquent article du Vorwärts n'est que l'expression de sa mauvaise conscience, toujours à cause de cette critique. De fait, il était dirigé en premier lieu contre elle. Nous avons vu en Liebknecht - et je continue de voir en lui - le père du programme d'unification, et de tout ce qu'il y a de pourri en lui. C'est le point qui m'a décidé à intervenir unilatéralement. Si j'avais pu discuter en détail de toute l'affaire avec toi seul, puis envoyer le texte à Kautsky pour l'imprimer aussitôt, alors nous eussions pu nous mettre d'accord en deux heures. Cependant j'ai estimé qu'au niveau personnel aussi bien qu'au niveau du parti tu avais le devoir d'en délibérer aussi avec Liebknecht. Dès lors je savais ce qui allait se passer : Ou bien, l'affaire était étouffée, ou bien c'était la querelle ouverte, du moins pour un certain temps, même avec toi, si je persistais néanmoins dans mon dessein. Que je n'aie pas tort, c'est ce que démontre le simple fait suivant : étant donné que tu es sorti de prison le 1er avril 1875 et que le document n'a été fait qu'à la date du 5 mai, il est clair - jusqu'à plus ample informé - que *le texte t'a été escamoté à dessein*, et *ce n'est que Liebknecht qui a pu le faire*. Mais pour l'amour de la chère paix, tu permets qu'il mente à tout le monde, en affirmant que tu n'as pu voir le document parce que tu étais en prison. Ainsi tu as eu des égards pour lui avant même l'impression, afin d'éviter le scandale au Comité central. Je trouve cela compréhensible, mais j'espère qu'à ton tour tu comprendras que j'ai agi en tenant compte de ce que les choses évolueraient ainsi selon toute vraisemblance.

Je viens de relire le texte. Il est possible que l'on eût pu en écarter encore quelques passages, sans nuire à l'ensemble. Pas *beaucoup* en tout cas. Qu'elle avait été la situation en 1875 ? Nous savions aussi bien que la *Frankfurter Zeitung* du 9 mars 1875, par exemple, que j'ai retrouvée, que *l'affaire était tranchée* depuis le moment où ceux qui avaient été chargés par le parti d'établir le programme avaient accepté le projet (du programme de Gotha). C'est en en ayant conscience que Marx écrivit son texte pour sauver son âme, sans aucun espoir de succès : comme on le sait, il a terminé son document, qui n'était plus dès lors qu'un témoignage, par la formule : Dixi *et salvavi animam meam* (J'ai parlé et j'ai sauvé mon âme). Dès lors la forfanterie de Liebknecht avec son « non catégorique » n'est donc que pâle vantardise - et il le sait aussi. Or donc, si dans le choix de vos chargés de programme vous avez commis une gaffe colossale et que pour ne pas compromettre toute l'unification vous avez été obligés d'avaler le programme (de 1875), vous ne pouvez vraiment pas vous opposer à ce que l'on publie maintenant, *au bout de quinze années,* l'avertissement que nous vous avions adressé avant l'ultime décision. Cela ne vous stigmatise ni comme imbéciles, ni comme gredins, à moins que vous ne revendiquiez l'infaillibilité pour vos actes officiels.

De toute façon, tu n'as pas lu l'avertissement (de 1875). C'est ce qui a aussi été publié, et tu te trouves en conséquence dans une position exceptionnellement favorable par rapport aux autres qui l'ont lu et se sont néanmoins accommodés du projet.

Je considère que la lettre d'accompagnement est extrêmement importante, car la seule politique juste s'y trouve exposée : action commune ou mieux parallèle pendant une période probatoire [324]. Voilà la seule chose qui eût pu vous

---

[324] Dans sa lettre du 5 mai 1875 à Bracke, Marx avait défini la tactique suivante: « se contenter tout simplement de conclure un accord pour l'action contre l'ennemi commun. En revanche, si l'on élabore un programme de principe (qu'il vaut mieux remettre à un moment où

sauver du marchandage des principes. Mais Liebknecht ne voulait à aucun prix se voir privé de la gloire d'avoir réalisé l'unité et, dans ces conditions, c'est encore miracle qu'il ne soit pas allé plus loin dans les concessions. Il a rapporté de la démocratie bourgeoise une véritable frénésie d'unification, et il l'a toujours conservée.

Dans la forme-modérée que l'on a choisi d'adopter aujourd'hui il n'est pas possible de dire que les Lassalléens sont venus parce qu'ils étaient obligés de le faire, parce que tout. leur parti s'en allait en morceaux, parce que leurs dirigeants étaient, ou bien des gredins, ou bien des ânes que les masses ne voulaient plus suivre. Leur « stricte organisation » finissait tout naturellement par se dissoudre complètement. Il est donc ridicule pour Liebknecht d'excuser l'adoption en bloc des articles de foi lassalléens, en affirmant que les Lassalléens avaient sacrifié leur « stricte organisation » en contrepartie - ils n'avaient plus rien à sacrifier!

Tu te demandes d'où viennent les phrases obscures et confuses du programme ? Mais elles sont tout simplement l'incarnation de Liebknecht lui-même, et c'est à cause d'elles

---

une longue activité commune en aura préparé le terrain), c'est pour poser des jalons qui signalent, aux yeux du monde entier, à quel niveau en est le mouvement du parti ».

que nous nous disputons depuis des années avec lui, tandis qu'il est en extase devant elles. Sur le plan théorique, il a toujours eu des idées confuses, et notre façon tranchante de formuler les positions est aujourd'hui encore pour lui une abomination. En tant qu'ancien membre du Parti Populaire, il aime toujours les phrases ronflantes, avec lesquelles on peut penser ce que l'on veut, ou même ne rien penser du tout. Si, dans le temps, des Français, des Anglais et des Américains à l'esprit peu clair parlaient de « l'émancipation du *travail* » *au* lieu de *classe ouvrière,* parce qu'ils n'en savaient pas davantage; si même dans les documents de l'Internationale il fallait employer parfois la langue que parlaient alors les gens, c'était là, pour Liebknecht, une raison suffisante pour ramener de force ta position du parti allemand à un niveau qu'il avait surmonté depuis longtemps. On ne peut absolument pas dire qu'il l'ait fait « en sachant que c'était faux », car en fait il n'en savait pas plus long - et je me demande si ce n'est pas encore le cas aujourd'hui. En tout cas, il replonge aujourd'hui à pleines mains dans cette vieille façon confuse de s'exprimer qu'il est assurément plus facile d'utiliser pour des effets oratoires. Comme il tenait aux revendications démocratiques fondamentales, qu'il croyait comprendre, au moins autant qu'aux principes économiques qu'il n'a jamais compris clairement, il a certainement été honnête et a pensé conclure une brillante affaire quand il a troqué les articles de l'arsenal démocratique contre les dogmes lassalléens [325].

Comme je vous l'ai dit, ce qui était essentiel pour moi, c'était les attaques contre Lassalle. En adoptant TOUTES les revendications et les phrases essentielles de Lassalle, *ceux du parti d'Eisenach étaient en fait devenus des lassalléens,* pour ce qui concerne le programme au moins. Les Lassalléens n'avaient rien sacrifié, mais rien du tout, à part ce qu'ils n'avaient plus [326]. Pour compléter *leur vic*toire, vous avez adopté comme chant de votre parti les phrases creuses et moralisantes, mises en rimes par Monsieur Audorf pour fêter Lassalle [327]. Pendant les quinze

---

[325] En conséquence, Engels écrivait : « Le malheur c'est qu'on ne peut écarter Liebknecht qu'en occasionnant des dommages encore plus grands que ceux qu'il cause actuellement. Je leur ai conseillé de le pensionner de manière aussi honorable que possible, mais il y oppose une résistance, sans parler des autres difficultés » (à F.-A. Sorge, 18-06-1892).

[326] Engels montre que les principes ont une force sociale fondamentale. Les adversaires eux-mêmes ont compris l'importance des principes, puisque les Lassalléens, au prix de leur organisation réelle, ont tout sauvé en sauvant leurs principes. À ce propos : lors du Concordat signé avec l'État italien en 1928, l'État pontifical perdit pratiquement tous ses biens temporels, et un cardinal vint se lamenter auprès du pape. Celui-ci rétorqua très simplement : Mais homme de peu de foi, il nous reste tout le royaume des Cieux - et ce n'est pas rien! »

[327] Allusion à ce que l'on appelait non sans grandiloquence la « Marseillaise du travailleur allemand » composée par Jacob Audorf, dont le refrain disait : « Ne comptons pas les adversaires, ne comptons pas les

ans que dura la loi anti-socialiste, il n'était évidemment pas possible de réagir contre le culte de Lassalle au sein du parti. Or il fallait mettre fin à cette situation - et c'est ce que j'ai provoqué. Je ne permettrai plus que la fausse gloire de Lassalle se maintienne *aux dépens de Marx* et qu'elle soit prêchée de nouveau. Les gens qui ont eux-mêmes connu Lassalle et l'ont adoré sont peu nombreux aujourd'hui, et chez tous les autres le culte de Lassalle est un article de *pure fabrication, qui* se maintient parce que nous le tolérons tacitement, bien que nous sachions combien il est faux : il ne se justifie donc même pas par le dévouement personnel. En publiant la chose dans la *Neue-Zeit,* on a eu suffisamment d'égards pour ceux qui n'ont pas encore d'expérience et pour les nouveaux adhérents. Mais je ne puis absolument pas admettre que, sur de pareils sujets, la vérité historique soit obligée - après quinze années de patience et de dévotion moutonnière - de céder le pas aux convenances de quelques-uns ou à la crainte de choquer certains dans le parti. Il est inévitable de heurter à chaque fois de braves gens dans ce genre d'affaire, et de les faire grogner. Cela ne me

---

périls! Suivons seulement la carrière audacieuse, dans laquelle nous conduit Lassalle! » C'est exactement le style du maître lui-même qui disait par exemple la veille de sa mort: « Sans la puissance suprême on ne peut rien faire, mais je suis trop vieux et trop grand pour des jeux d'enfant... Je crains que les événements se déroulent lentement, lentement, et mon âme de feu n'éprouve aucune joie à ces maladies d'enfant et ces procès chimiques ! »

touche absolument pas, lorsqu'ils racontent que Marx a été jaloux de Lassalle et que des journaux allemands et même (! ?!) le *Vorbote* de Chicago (qui écrit pour plus de Lassalléens spécifiques à Chicago, qu'il n'en existe dans toute l'Allemagne) se joignent au chœur. On nous a jeté bien d'autres choses à la tête - et nous sommes passés outre. L'exemple est déjà donné! Marx a traité saint Ferdinand Lassalle avec rudesse, et cela nous suffit pour l'heure.

Enfin une chose encore : depuis que vous avez tenté d'empêcher de force la publication de l'article et que vous avez lancé des avertissements à la *Neue-Zeit* en la menaçant, en cas de récidive, de l'étatiser éventuellement au nom du parti et de la placer sous censure, la prise de possession de toute votre presse par le parti m'apparaît nécessairement sous un jour bien singulier. Qu'est-ce qui vous distingue de Bismarck, si vous introduisez une loi anti-socialiste dans vos propres rangs ? Cela ne peut guère me toucher personnellement, car aucun parti, dans quelque pays, que ce soit, ne peut me réduire au silence, si je suis résolu à parler. Mais je voudrais tout de même vous demander de considérer, si vous ne feriez pas mieux d'être un peu moins susceptibles et de vous montrer dans vos actes un peu moins... prussiens. Vous - le parti - vous *avez besoin* de la science socialiste, et celle-ci ne peut pas vivre sans liberté de mouvement. Et là il faut bien s'accommoder des inconvénients qui en découlent. Le mieux, C'est de le faire avec décence, sans broncher. Une tension, même minime et, à plus forte raison, une fissure entre le parti allemand et le socialisme scientifique allemand seraient certainement un malheur et un discrédit sans pareil pour vous. Que le comité central, voire toi-même, vous avez et devez avoir une large influence *morale* sur la *Neue-Zeit* et aussi sur tout ce qui se publie dans le pays, c'est ce qui est évident. Mais cela doit - et peut - vous suffire. Dans le *Vorwärts*, on vante toujours l'inviolable liberté de discussion, mais on n'en observe guère la pratique. Vous n'avez pas idée de l'effet que produit cette manie de tout régenter par des mesures de force ici à l'étranger, où l'on est habitué à voir que les plus vieux chefs de parti sont impitoyablement appelés à rendre des comptes à leur propre parti (par exemple, le gouvernement conservateur par lord Randolph Churchill). Et puis vous ne devez pas oublier non plus que la discipline ne peut pas être aussi stricte dans un grand parti que dans une petite secte, et que nous ne sommes plus sous la loi anti-socialime, qui a soudé en un bloc les Lassalléens et les Eisenachéens (pour Liebknecht, c'est bien sûr, son formidable programme qui a eu cet effet!) et a rendu nécessaire que l'on se serre les coudes.

Ouf! me voilà débarrassé de ces vieilles histoires, parlons d'autres choses maintenant. Dans les hautes sphères, les choses vont joyeusement leur train chez vous [328]. Mais c'est très bien ainsi. Nous pouvons avoir besoin de ce désordre général qui s'installe dans la machinerie de l'État. Si la paix pouvait seulement durer grâce à la peur de l'issue d'une guerre! En effet, à présent que Moltke est mort, le dernier obstacle est tombé : la désorganisation de l'armée peut commencer par des nominations fantaisistes au poste de commandant-en-chef, et chaque année peut contribuer maintenant à ce que la victoire devienne plus incertaine et la défaite plus probable. Je ne souhaite pas plus de nouveaux Sedan que des victoires des Russes et de leurs alliés même, s'ils sont républicains et ont par ailleurs des raisons de se plaindre de la paix de Francfort.

---

[328] Engels fait allusion à un scandale qui avait éclaté en mars 1891 : le secrétaire d'État Bötticher avait reçu 300 000 marks de Bismarck en paiement des dettes de son beau-père. Bismarck lui-même avait tiré cet argent du fonds constitué par les biens séquestrés de l'ancienne famille royale du Hanovre et destiné à corrompre les journalistes. Le Vorwärts publia à cette occasion plusieurs articles (24, 25 et 29 mars 1891) sur la corruption des classes dominantes.

Engels tenait en grande estime l'ouvrage de Rudolph Meyer dénonçant en général, la corruption en Allemagne à l'époque héroïque &'développement bourgeois après 1871, livre qui fut évidemment interdit par les autorités de l'époque : Politische Gründer und die Corruption in Deutschland, Verlag von E. Bidder 1877. Cet ouvrage est aujourd'hui pratiquement introuvable : l'exemplaire que nous avons pu, voir provient de l'ancienne bibliothèque de « l'Association nationale contre là social-démocratie ». Ce livre lui servait sans doute d' « arme secrète » contre le mouvement ouvrier!

La peine que vous vous êtes donné pour obtenir la révision des lois sur les métiers n'a pas été vaine. On ne saurait imaginer de meilleure propagande. Nous avons suivi ici l'affaire avec grand intérêt et nous avons pris plaisir à vos discours percutants [329]. La formule de Frédéric II m'est revenue à la mémoire : « au reste, le génie de nos soldats consiste en l'attaque, et c'est très bien ainsi ». Or quel parti peut présenter un nombre égal de députés solides et d'orateurs habiles à porter des coups ? Bravo a vous!

La grève du charbon dans la Ruhr [330] vous sera certainement fatale, mais que faire à présent ? La voie habituelle par laquelle

---

[329] Engels fait allusion aux discours au Reichstag des parlementaires sociaux-démocrates A. Bebel, P. Singer, Wilhelm Liebknecht, en février et avril 1891 lors des débats sur la loi dérogatoire sur la législation des métiers, qui représentait une partie constitutive de ce que le gouvernement prussien appelait « la législation de protection ouvrière ». La loi fut adoptée le 8 mai 1891, les sociaux-démocrates ayant voté contre. Bebel publia ensuite un article dans la Neue Zeit, où il soumettait la loi à une analyse critique et lui opposait les revendications que la social-démocratie avait posées à l'occasion des débats sur la législation de protection ouvrière, sapant ainsi la politique soi-disant ouvrière de l'Empereur et des couches. réactionnaires du gouvernement prussien, défenseurs contre la bourgeoisie industrielle du « socialisme féodal d'État ».

[330] Engels fait allusion à la grande grève des mineurs de la Ruhr qui fut si mal comprise et mal conseillée par la social-démocratie allemande, mais ne fut pas sans effet sur la chute de Bismarck lui-même. Bebel, dont l'attitude fut un peu moins négative que celle de Liebknecht, pensait néanmoins que le moment choisi pour la grève était mauvais...

nous arrivent de nouvelles grandes couches ouvrières, c'est celle de grèves spontanées, menées avec plus de passion que de réflexion. Ce fait semble ne pas avoir suffisamment retenu l'attention de ceux qui en ont rendu compte dans le *Vorwärts*. Liebknecht ne connaît pas les touches en, demi-teintes, c'est ou bien complètement .noir, ou bien complètement blanc, et lorsqu'il se croit obligé de démontrer au monde entier que notre parti n'a pas poussé à cette grève ni l'a fomentée, alors que Dieu ait pitié de ces pauvres grévistes : on prend si peu

---

parce que la crise économique sévissait alors (?!!), que les mineurs étaient mal organisés (alors que c'était justement le moment le plus favorable pour les amener au mouvement et les organiser) et que les patrons cherchaient manifestement l'occasion d'une provocation (ce qui n'était sûr de réussir, étant donné l'attitude anti-patronale et anti-bourgeoise en général des milieux du kaiser de l'époque auxquelles finalement certains grévistes s'adressèrent pour un compromis). La défaillance de la social-démocratie était particulièrement- grave dans cette crise, décisive à bien des égards. Elle avait ici encore oublié l'enseignement de Marx, selon lequel les grèves et les luttes syndicales sont l' « école de guerre » du socialisme; cf. Marx-Engels, Le syndicalisme, Petite Collection Maspéro, tome 1er, pp. 36, 53, 99-100, 125, 131-132, 134, 138, et tome II, p. 165.

Dans sa lettre du 30-03-1891 à Kautsky, Engels déplorait que « nos gens à Berlin ne voient tout que de leur point de vue. Ils oublient ainsi qu'ils ne doivent pas exiger des mineurs une discipline telle qu'elle a été imposée aux vieux soldats du parti parla loi anti-socialiste et que tout nouveau bataillon d'ouvriers qui vient à nous l'est par des grèves menées avec passion, sans calculs, car nécessaires, voire inévitables dans les circonstances données. J'écrirai à Bebel à ce sujet [cette lettre n'a jamais pu être retrouvée]. On ne saurait recueillir uniquement les côtés agréables du mouvement, il faut accepter aussi les choses vouées sur le moment à l'échec ».

d'égards avec eux qu'il semble qu'on ne souhaite pas qu'ils viennent bientôt à nous. Mais ils viendront tout de même. Au reste, qu'est-ce qui se passe avec le *Vorwärts* ?

À PROPOS DE LA RÉDACTION DU PROGRAMME D'ERFURT

Engels à Karl Kautsky, 29 juin 1891.

Je me suis réfugié pour quelques jours chez la nièce de ma femme, car le flot des travaux qui me submergent allait m'étouffer. J'étais installé tout heureux à ma table pour, revoir le chapitre sur le mariage par groupe de *l'Origine de la famille* etc., quand le programme du parti me tombe sur le dos, et *il fallut* que je fasse quelque chose [331]. J'ai voulu tout d'abord

---

[331] Le 18 juin 1891, Richard Fischer, à l'instigation du Comité central du parti social-démocrate allemand, envoya à Engels les documents suivants relatifs au programme du parti préparé pour le congrès d'Erfurt, afin qu'à en prenne connaissance et donne son avis : 1. le projet élaboré par Liebknecht, le contre-projet de Bebel, le second projet de Liebknecht rédigé sur la base du contre-projet de Bebel, et enfin le projet proprement dit du Comité central qui était le résultat des travaux

essayer de rédiger de façon un peu plus énergique les considérants préliminaires, mais je n'ai pu y arriver faute de temps. Et puis il m'a paru plus important de mettre en lumière les défauts, en partie évitables, en partie inévitables, de la rubrique politique. J'y trouvai l'occasion de frapper sur l'opportunisme pacifiste du *Vorwärts* et sur la « transcroissance au socialisme » - si agréable, si fraîche, si joyeuse, si pieuse et si épanouie - de toute l'ancienne merde. Dans l'intervalle, j'apprends que tu leur as proposé une nouvelle introduction : tant mieux!

---

antérieurs et des discussions menées au cours de plusieurs séances du comité central. Ce projet qu'Engels jugea sévèrement dans ce que l'on appelle la Critique du projet de programme d'Erfurt (1891) n'a jamais été retrouvé bien qu'il ait été envoyé à plusieurs dirigeants sociaux-démocrates. Une variante en est parue dans le n° 153 du Vorwärts, mais celle-ci tient déjà compte de diverses remarques et critiques d'Engels. Celui-ci s'en prit essentiellement aux « incertitudes » du projet de Bebel et de Liebknecht sur la question de l'État.

Après la publication du projet officiel dans le Vorwärts, une large discussion s'amorça dans le parti (l'on cite 400 réunions qui se tinrent sur ce sujet) ainsi que dans la presse. Des modifications et même de nouveaux projets furent proposés. La direction de la Neue-Zeit élabora à son tour un projet de programme, dont Kautsky fut le principal auteur, Bernstein ayant rédigé les revendications pratiques. Tous deux firent appel à Engels, qui leur donna quelques indications critiques et jugea que ce projet était finalement meilleur que le projet officiel. Il se trouva que Bebel fut du même avis, et il appuya ce projet au congrès d'Erfurt du parti social-démocrate qui l'adopta définitivement à quelques modifications mineures près.

Engels à Karl Kautsky, 28 septembre 1891.

Je voulais juste t'écrire aujourd'hui au sujet du - Programme - quand ta lettre est arrivée.

Ton projet de programme et *bien meilleur* que le projet officiel, et j'apprends avec plaisir que Bebel veut en proposer l'adoption. Je ne manquerai pas de l'y encourager. Tu as éliminé l'erreur que tu avais commise dans ton premier projet - la longueur - et surpassé le projet officiel par la brièveté. Je voudrais cependant proposer les points suivants [332] :

Première Section - p. 785-86 de la *Neue-Zeit*, § 2, ligne 3 : Accroissement *du produit* du travail humain, au lieu *du rendement*. Marx a signalé combien est équivoque le terme de *rendement* qui peut aussi bien signifier le produit lui-même que sa valeur ou même la somme éventuellement *réalisée* par le prix.

En outre : propriété privée *des* moyens de production en général. Cela signifie, certes, l'ensemble des moyens de production sociaux ou bien, en revanche, aussi bien ceux d'un

---

[332] Cf. Neue-Zeit de 1890-91, 2e vol., no 49-52 la série de quatre articles publiés sous le titre « Le projet du nouveau programme du Parti ». Kautsky en avait rédigé les trois premiers et Bernstein le dernier.

individu déterminé qui travaille, paysan ou artisan - dans tous les cas très déterminé et, par conséquent, exigeant l'article. Sans l'article, on peut hésiter sur le sens du moins c'est ce qui m'arrive à moi.

Deuxième Section : *Neue-Zeit*, *p.* 788, le § 1 manque de vigueur. « Qui souffre dans les conditions actuelles » est vraiment trop mou. Il faudrait dire que l'antagonisme des classes mutile intellectuellement et moralement jusqu'aux classes dominantes, et même encore davantage que la classe opprimée. Si tu es d'accord, rédige cela au mieux. Sans force est aussi la phrase servant de conclusion : le prolétariat est la seule classe, *dont l'intérêt* etc... *pousse.* Je dirais : dont l'émancipation est impossible sans la socialisation des moyens de production, ou quelque chose de semblable.

§ 2 : Elle ne peut mener ses luttes économiques, et *son organisation comme classe militante* sans droits politiques (elle a besoin pour ses luttes économiques et son organisation comme classe militante d'une mesure, croissante avec ses succès, de liberté et d'égalité de droits politiques, n'est-ce pas ?) Le reste, comme dans le texte :

Ce sont là de brèves indications; je n'ai hélas pas assez de temps pour en faire davantage, étant donné que je suis surchargé de travail...

Tu as raison d'aller au congrès. Les gens auront beaucoup à redire contre la *Neue-Zeit. il* faut s'y faire. Tu devrais tout écouter, répondre aussi peu que possible - et poursuivre ensuite ton chemin. Aussi longtemps que Bebel se trouve à la tête, tout rentrera de nouveau dans l'ordre.

LUTTE CONTRE LES SÉQUELLES DU LASSALLÉANISME

> Engels à August Bebel, 29 septembre - 1er octobre 1891.

L'article de Bernstein devait constituer une réponse à Vollmar, et en tant que telle eût été très utile [333]. Mais au lieu de

---

[333] Engels fait allusion à l'article de Bernstein « Lettres d'Angleterre » publié dans la Neue-Zeit n° 50. Bernstein y soumit à une vive critique la Triple Alliance (Allemagne, Autriche-Hongrie et Italie), la scission de

cela, le brave Bernstein tourne autour du pot jusqu'à ce qu'il en arrive subitement à répondre à *la fraternisation de Cronstadt* [334]. Il

---

l'Europe en deux camps adverses s'y exprimant de plus en plus nettement. Il y dénonçait surtout le rôle de l'Allemagne dans la politique de la Triple Entente.

Georg von Vollmar avait prononcé le 1er juin 1891 à Munich un discours sur les tâches et la tactique de la social-démocratie au moment du soi-disant cours nouveau du gouvernement Caprivi, après la chute de Bismarck. Il se fit le porte-parole de l'opportunisme dans le parti et prôna une tactique de collaboration avec les classes dominantes dans le domaine de la politique intérieure et extérieure, notamment en cas de guerre contre la Russie. Cette tactique impliquait une transformation lente et progressive de la société au moyen de réformes, qui entraînait une réconciliation de la classe ouvrière avec l'État militaire existant et l'ordre capitaliste en vigueur. La presse bourgeoise s'empressa d'approuver ces projets. Engels écrivit à Bebel une série d'articles sur la politique, étrangère, la menace de guerre et la position à adopter en cas de déclenchement d'un conflit mondial (Engels à Bebel, 29 septembre 1891, 13 octobre 1891, 24 et 26 octobre 1891) et prépara, sur le même thème, pour les socialistes français l'important article sur le Socialisme en Allemagne (cf. Marx-Engels, Le parti de classe, tome IV, pp. 81-91). Au congrès d'Erfurt, W. Liebknecht, P. Singer et, R. Fischer et Bebel surtout (dans deux discours fondamentaux) s'en prirent aux conceptions opportunistes de Vollmar et défendirent la ligne marxiste dans le parti. Bebel réfuta la thèse de Vollmar qui affirmait que la Triple Alliance était un instrument de paix. Vollmar n'en continua pas moins de demeurer dans les rangs de la social-démocratie et fut député sans interruption de 1890 à 1919. Est-il besoin de dire que ce fervent pacifiste devint social-chauvin durant la première guerre mondiale ?

[334] En juillet 1891, la flotte française avait été reçue triomphalement à Cronstadt à l'occasion du rapprochement survenu entre la Russie tsariste et la France républicaine et revancharde. Au même moment, les diplomates négocièrent un traité franco-russe, qui fut signé en août 1892 et prévit des consultations communes en politique internationale ainsi qu'une action militaire commune en cas d'attaque de l'un des deux

y dit naturellement des choses qui ne sont absolument pas à leur place, alors qu'il aurait dû soulever de tout autres aspects du problème : que si la France représente formellement la révolution vis-à-vis de l'Allemagne, celle-ci, en raison de son parti ouvrier, est *matériellement à* la pointe de la révolution, et c'est ce qui apparaîtra au grand jour au moment de la guerre - parce que nous, et avec nous, la révolution sera ou bien écrasée, ou bien au contraire hissée au pouvoir. C'est ce qu'il eût fallu dire dans tous les cas.

A propos : j'ai entendu qu'au congrès du parti tu voulais proposer la déclaration de principes de Karl Kautsky comme programme. Pour ma part aussi, je la tiens dans l'actuelle version (« *Neue-Zeit,* n° 51) pour bien meilleure que votre projet. Je ne lui ai conseillé que quelques modifications à certains passages de la partie imprimée page 788. Il a manifestement beaucoup réfléchi, et avec succès, sur ce travail. Je n'ai pas encore eu l'occasion de lire l'article de Bernstein sur les revendications particulières...

---

partenaires. Ce traité prépara l'alliance franco-russe de 1893, dirigée contre la Triple Alliance.

J'espère que tu as lu dans l'original ma lettre publiée *par Le Socialiste* [335], la traduction du Vorwärts en est abominable et par endroits pure insanité. Où diable Liebknecht trouve-t-il d'aussi affreux traducteurs ? Il est pourtant visible que, le temps approche où nous serons la majorité en Allemagne ou du moins le seul parti assez fort pour tenir en mains les rênes du pouvoir - au *cas où la paix continuera*. Et c'est justement à cause de cela que je ne souhaite pas que ce procès continu de développement soit interrompu par une crise, qui peut certes la raccourcir de deux à trois ans, mais la prolonger tout aussi bien de dix a vingt ans.

En ce qui concerne mes remarques sur le fait que vous prenez trop en considération le jugement de l'adversaire, tu en es le seul fautif. Dans ta lettre, tu dis à propos de l'introduction de Bernstein : « *Les adversaires tombent aussi sur l'écrit qu'ils présentent comme étant tendancieusement hostile à Lassalle.* » À entendre régulièrement et en toute occasion dans votre bouche l'argument selon lequel il faut tenir compte du jugement de nos adversaires, alors on en vient à dire tout naturellement que nos adversaires peuvent aller se faire fiche. Au demeurant, Marx >et moi-même nous avons dit dès 1848 : Quelle bêtise avons-nous

---

[335] Cf. l'article sur *Le congrès de Bruxelles et la situation en Europe* dans ce recueil, p. 297-299.

bien pu commettre pour que nos adversaires nous *louent* ? - donc tout à fait comme toi.

Engels à August Bebel, 6 octobre 1891.

Mais maintenant je crois que vous feriez bien de ne plus bombarder le pauvre Bernstein de lettres à propos de Lassalle : il va en être complètement bouleversé, et finira par être si embrouillé par ce que vous lui avez vous-mêmes réclamé de faire et par ce qu'il considère comme étant de son devoir, que cela ne peut que compliquer les choses et contribuer à susciter à la fin des choses qui ne seront que plus contradictoires encore. Si cette note [336] s'y *trouve*, vous en portez *tout autant la responsabilité que Bernstein,* et il n'est tout de même pas juste de condamner à cause de cette méchante note tout son travail, au demeurant excellent. Je lui ai dit qu'il ne devait pas se laisser égarer, mais de garder la main de fer sous le gant de velours, et qu'à la fin vous lui seriez reconnaissants d'avoir critiqué Lassalle. En effet, je sais pertinemment que si vous relisez *à*

---

[336] Dans son introduction (à l'édition complète des discours et écrits de Lassalle, décidée par le Comité central du parti social-démocrate en 1891), Bernstein remarquait dans une note sur les maladies dont souffrait Lassalle : « Probablement syphilis ». Le premier volume parut en 1892 et les second et troisième en 1893.

présent les textes de Lassalle, vous serez vous-mêmes étonnés de ce qui s'y trouve, et vous serez édifiés sur la croyance en le faux héros dont vous vous êtes donnés tant de mal de faire montre sous le régime de la loi anti-socialiste par pure politesse à l'égard des Lassalléens que vous fréquentiez. Je suis persuadé que vous, ainsi que toute une masse de gens qui tenez encore à la tradition lassalléenne, vous ne savez pas ce que cet homme a dit et écrit (et, qui plus est, le plus souvent en sachant mieux les choses qu'il ne les disait et écrivait!) Ainsi donc, la nouvelle édition des œuvres de Lassalle aura sur vous aussi une action utile - à condition bien sûr que vous lisiez avec autant de zèle le prophète que les critiques du prophète [337].

Engels à Karl Kautsky, 14 octobre 1891.

---

[337] Liebknecht avait écrit le 16 mai 1873 à Marx : « Lassalle t'a pillé, mal compris et falsifié -c'est à toi de le lui démontrer : nul autre ne peut le faire aussi bien que toi, et personne ne saurait en prendre ombrage parmi les éléments honnêtes du lassalléanisme (que nous devons ménager). C'est pourquoi, je t'en prie, écris vite les articles en question pour le Volksstaat, et ne te laisse pas arrêter par d'autres considérations, par exemple, le fait que Yorck en soit le rédacteur. »

De même, Bebel écrivit à Marx, le 19 mai 1873 : « Je partage entièrement le souhait de Liebknecht, à savoir que vous soumettiez les écrits de Lassalle à une analyse critique. Celle-ci est absolument nécessaire. » Le même jour, Bebel écrivait à Engels : « Le culte de Lassalle recevrait un coup mortel, si l'ami Marx réalisait le souhait de Liebknecht - que je partage entièrement - et mettait en évidence les erreurs et les lacunes des théories de Lassalle dans une série d'articles présentés objectivement. »

Dans ton Projet reproduit par le Vorwärts, je découvre tout à coup, à mon grand étonnement la formule de « la masse réactionnaire [338] ». Je t'écris aussitôt à ce sujet, bien que je craigne d'arriver trop tard. Cette formule d'agitation jette une fausse note discordante et gâte toute l'harmonie des théorèmes scientifiques, formulés de manière condensée et tranchée. Étant une, formule d'agitation parfaitement unilatérale, elle est absolument fausse sous la forme apodictique absolue qui seule la fait résonner efficacement.

Elle est fausse, car elle exprime comme un fait accompli ce qui n'est qu'une *tendance historique exacte* seulement comme telle. Au moment où surgit la révolution socialiste, tous les autres partis apparaîtront en face de nous comme une seule masse réactionnaire. Il est possible, au reste, qu'ils le *soient d'ores et déjà* et qu'ils aient perdu toute capacité à une action progressive quelle qu'elle soit, mais pas nécessairement. A *l'heure actuelle,* nous ne pouvons pas l'affirmer, avec la certitude avec laquelle nous énonçons les autres principes du programme. Même en Allemagne il peut se présenter des

---

[338] La formule lassalléenne de la « masse réactionnaire » s'était glissée de nouveau dans le texte du projet de programme d'Erfurt reproduit dans le supplément du Vorwärts du 6 octobre 1891, alors que le texte adopté au congrès ne la contenait pas.

circonstances où les partis de gauche, malgré leur indigence profonde, soient obligés de déblayer la scène d'une partie du fatras féodal et bureaucratique antibourgeois qui subsiste encore en si grande quantité. Or, à ce moment précis, ils ne feront plus partie intégrante de la masse réactionnaire.

Aussi longtemps que nous ne sommes pas assez forts pour prendre en mains les rênes du pouvoir et appliquer nos principes, il ne saurait - à strictement parler - être question d'une masse réactionnaire *vis-à-vis de nous*. Sinon, toute la nation se partagerait en une majorité de réactionnaires et une minorité d'impuissants.

Les hommes qui ont brisé en Allemagne la division en États minuscules, donné à la bourgeoisie les coudées franches pour sa révolution industrielle, introduit des conditions unitaires de circulation pour les marchandises et les personnes, et par là-même, devaient nous procurer à nous-mêmes un plus grand champ d'action et plus de liberté de mouvement - l'ont-ils fait comme « masse réactionnaire » ?

Les bourgeois républicains français qui, de 1871 à 1878, ont définitivement vaincu la monarchie et la tutelle cléricale, ont assuré une liberté de la presse, d'association et de réunion à un degré inconnu jusqu'ici en France en des temps non révolutionnaires, qui ont institué l'obligation scolaire pouf tous et haussé l'enseignement à un niveau tel que nous pourrions en prendre de la graine en Allemagne – ont-ils agi en tant que masse réactionnaire ?

Les Anglais des deux partis officiels, qui ont considérablement étendu le droit de suffrage universel, quintuplé le nombre des votants, égalisé les circonscriptions électorales, instauré l'obligation scolaire et amélioré le système d'enseignement qui, à chaque session parlementaire votent non seulement des réformes bourgeoises, mais encore des concessions sans cesse renouvelées aux travailleurs avancent certes d'un pas lent et mou, mais personne ne peut les taxer d'être « une seule et même masse réactionnaire » en général.

Bref, nous n'avons aucun droit de présenter une tendance qui se réalise progressivement comme un fait déjà achevé - d'autant qu'en Angleterre, par exemple, cette tendance ne se réalisera jamais jusqu'au bout dans les faits. Le jour où la révolution se produira, la bourgeoisie sera toujours prête encore à toutes sortes de réformes de détail. Seulement il n'y aura plus de sens à continuer de vouloir des réformes de détail d'un système qui s'effondre tout entier.

Dans certaines circonstances, le slogan de Lassalle a une certaine justification dans l'agitation, bien qu'on en fasse chez nous d'incroyables abus, par exemple dans le Vorwärts, depuis le 1er octobre 1890. Mais elle n'a pas sa place dans le programme, car dans l'absolu elle est fausse et trompeuse. Elle s'y présente un peu comme la femme du banquier Bethmann, pour lequel on voulait ajouter un balcon à sa résidence : « Si vous m'y édifiez un balcon, v'la que ma femme s'y mettra et me défigurera à moi toute la façade » !

Je ne puis parler des autres modifications dans le texte publié par le Vorwärts; je ne retrouve pas le journal, et la lettre doit partir.

Le congrès du parti se tient à une date glorieuse. Le 14 octobre est l'anniversaire des batailles de Iéna et d'Auerstadt, à l'occasion desquelles la vieille Prusse d'avant la révolution s'est effondrée. Puisse le 14 octobre 1891 devenir pour l'Allemagne prussianisée le « Iéna intérieur » prédit par Marx [339] !

---

[339] Engels fait manifestement allusion à la phrase finale du texte de Marx, les Révélations sur le procès des communistes de Cologne, cf. traduction française des Éditions Costes, 1939, p. 230.

Engels à Fr.-A. Sorge, 24 octobre 1891.

Tout s'est très bien passé au congrès d'Erfurt [340]. Je t'en enverrai le protocole officiel dès qu'il sera publié. Bebel m'écrit que les discours ont été salopés dans les comptes rendus. L'opposition des arrogants Berlinois, au lieu d'accuser, est passée immédiatement elle-même dans le banc des accusés,

---

[340] Le congrès du parti social-démocrate d'Allemagne se tint à Erfurt du 14 au 21 octobre 1891 en la présence de 230 délégués.
  Les points suivants étaient à l'ordre du jour : compte-rendu d'activité du Comité central, politique suivie par la fraction parlementaire, tactique du p", projet de nouveau programme, ainsi que des questions d'organisation. Dans les débats sur la politique et la tactique, les délégués du congrès discutèrent de la conception opportuniste de Vollmar et des positions anarchisantes des « Jeunes ». Les délégués adoptèrent à l'unanimité les résolution sur la politique et la tactique proposée par Bebel contre ces deux déviations. Les porte-paroles des « Jeunes » - Wilhelm, Werner et Car[l] Wildberger - furent exclus du Parti, après avoir refusé de se soumettre aux résolutions du congrès. Vollmar et ses partisans, par contre, se déclarèrent en faveur des résolutions du congrès et votèrent même pour la résolution sur la politique et la tactique; sans changer quoi que ce soit à leurs conceptions. Lénine affirmait déjà que l'anarchisme dans le parti est le plus souvent une sorte de punition pour les péchés opportunistes du mouvement, les maladies infantiles étant le fruit des maladies séniles de l'opportunisme. Si l'on juge le congrès d'Erfurt d'après ce critère, on constatera que les symptômes du mal furent artificiellement écartés, tandis que la cause du mal conservée, l'opportunisme se déclarant même d'accord avec les décisions du congrès.
  Le congrès adopta à l'unanimité le projet de programme du parti, cf. note n° 270.
  Engels se déclara satisfait du congrès d'Erfurt : formellement le marxisme avait triomphé, il ne pouvait espérer et faire plus.

s'est comportée lamentablement et doit à présent travailler hors du parti, si elle veut obtenir ce qu'elle recherche. Il se trouve indubitablement quelques éléments policiers parmi eux, ainsi que certains anarchistes cachés, qui voulaient en douce faire du racolage parmi nous, et enfin des ânes, des étudiants dont certains avaient raté leur examen des gens qui aiment se gonfler. Il s'agit en tout d'un peu moins de 200 hommes.

De même Monsieur Vollmar a dû filer doux : il est beaucoup plus dangereux que les précédents, car il est plus malin et plus tenace, vaniteux fou et veut à tout prix jouer les premiers rôles. Bebel s'est fort bien comporté, de même Singer, Auer, Fischer (qui était ici au Sozialdemokrat, un gaillard très capable et, en plus, un Bavarois d'une méchante grossièreté). Le rôle le plus amer a été dévolu à Liebknecht, qui a dû recommander le projet de programme, rédigé par Kautsky et soutenu par Bebel et moi, pour, servir de base au nouveau programme, partie théorique.

Le reste de lassalléanisme a également été écarté. A l'exception de quelques passages un peu faiblement rédigés (mais où l'énoncé seul est un peu mou et vague), on ne peut plus rien redire à ce programme - du moins à première lecture.

Engels à August Bebel, 24 octobre 1891.

À première lecture, le programme fait une très bonne impression à quelques passages un peu mous près, sur lesquels j'ai déjà précédemment attiré l'attention de Kautsky. C'était une amère pilule pour Liebknecht, qui a dû faire le rapport sur le nouveau programme, d'où se trouve éliminé le dernier reste non seulement de lassalléanisme, mais encore de la très chère phraséologie qui lui vient du Parti Populaire. Le discours - à en croire le rapport du Vorwärts qu'il a dû certainement composer lui-même - en porte aussi des, traces douloureuses. Et ensuite il eut la malchance d'avoir à affronter la proposition, de Kunert relative à son gendre [341]. J'espère qu'il se trouvera une pente bien douce sur laquelle on pourra faire glisser progressivement Liebknecht vers la retraite : il fait vraiment trop attardé et-suranné dans le parti.

Engels à Karl Kautsky, 25 octobre 1891.

---

341 Au congrès d'Erfurt, le délégué Fritz Kunert demanda qu'on lève la résolution du congrès de St Gallen interdisant aux anciens députés Louis Viereck et Bruno Geiser (le gendre de Liebknecht) de revêtir des postes de confiance dans le parti. Après une longue discussion, le congrès repoussa la demande de Kunert.

Mes félicitations pour l'adoption de ton. projet de programme à Erfurt et pour l'élimination d' « une seule et même masse réactionnaire » [342]. Je n'ai pas encore eu le temps de comparer dans le détail ton projet et le programme définitivement adopté.

A Erfurt tout a certes bien marché. Nous avons surtout bien ri sur les discours de Fischer et d'Auer. (es deux-là avaient bien mérité de soulager un peu leur tempérament sur l' « opposition ». Le Bavarois contre les Berlinois; il ne reste plus grand-chose de ces derniers après la bataille. On constate, à l'attitude de ces derniers comme à celle de Vollmar, combien, tout ce petit peuple a surestimé ses forces. De telles reculades restent sans exemple. Mais cela n'a pas manqué de produire son effet à l'étranger : ce fut en Angleterre une sévère défaite pour Hyndman qui avait d'abord protégé Gilles publiquement et avait manifestement cru en les forfanteries de celui-ci à propos de l'effondrement du Parti allemand - maintenant il cherche autant que possible à se défaire de ce misérable. En outre, *le Figaro* a élevé Gilles aux nues.

---

[342] La formule lassalléenne de la « masse réactionnaire » s'était glissée de nouveau dans le texte du projet de programme d'Erfurt reproduit dans le supplément du Vorwärts du 6 octobre 1891, alors que le texte adopté au congrès ne la contenait pas.

Engels à Karl Kautsky, 3 décembre 1891.

Mes meilleurs remerciements pour les informations sur Erfurt. Ils m'ont été précieux à beaucoup d'égards, notamment pour les tractations à la commission du programme. Tu appelles le projet du Comité central son projet - celui de Liebknecht. Bebel m'a envoyé tout le matériel relatif aux divers épisodes de la genèse de ce projet. J'ai constaté qu'à chaque stade un bon morceau du travail premier de Liebknecht est tombé et a été remplacé par les formulations de Bebel, jusqu'à ce que finalement il n'en soit pratiquement plus rien resté - s'il en est resté quelque chose ! Mais ce qui en est resté, c'est l'absence de liaison produite par ce travail de sape du projet de Liebknecht et la faible coordination des phrases entre elles qui en résultait. Et c'est ce qui donna à ton projet l'avantage que chacun devait reconnaître au premier coup d'œil et qui, une fois que Bebel l'eut franchement reconnu, s'imposa immédiatement aux autres également

Les dernières élucubrations qui cherchent à démontrer que le chapitre de Marx sur la tendance historique de l'accumulation capitaliste est dépassé, sont en tout cas de Geiser, qui passe pour une véritable autorité scientifique à Breslau.

Mais il est possible aussi que Liebknecht étant embarrassé (car il ignorait manifestement que ces phrases étaient tirées du Capital), a raconté, comme il aime à le dire lui-même, « n'importe quelle bêtise » qui lui passait par la tête.

En tout cas, la partie théorique du programme d'Erfurt peut maintenant circuler partout. Le principal c'est qu'on n'y trouve rien de contestable du point de vue théorique; c'est ce qui a été obtenu en gros. Les revendications pratiques ont toutes sortes de défectuosités, certaines ont un caractère petit bourgeois - si on les applique aux conditions actuelles -, mais on pourra toujours, rétorquer qu'étant notre rapport de forces actuel, elles ne seront tout de même pas appliquées tant que nous ne serons pas au pouvoir, et qu'ensuite elles auront un caractère tout à fait différent. C'est le cas de la justice gratuite; la journée de travail de six heures pour les moins de dix-huit ans, ainsi que la protection des femmes contre le travail de nuit et, c'est la moindre des choses, quatre semaines avant et six semaines après l'accouchement.

Liebknecht me fait de la peine : il lui a fallu chanter maintenant les louanges du nouveau programme, dont tout le monde sait fort bien qu'il n'y a été pour rien., Mais c'est lui-même qui a recherché le poste - que peut-on y faire ?

Ce que tu me dis du discours de Tölcke est nouveau pour moi, et très intéressant [343]. L'introduction de Bersntein [344] a aiguillonné les vieux Lassalliens à une grande action, après que la publication de la lettre de Marx les a déjà tiré brutalement de la douce béatitude qui accompagne obligatoirement leur adoration du divin Lassalle. Même Jacob Audorf, l'inventeur de l'audacieuse carrière qui nous conduit au baron Itzig [345]

---

[343] Karl Wilhlem Tölcke avait déclaré au congrès d'Erfurt : « L'ancien rédacteur du Sozialdemokrat, Monsieur Bernstein de Londres a également fait une critique des discours et des écrits de Lassalle, et je veux tout de même protester de toutes mes forces contre cette sorte de critique. » Kautsky écrivit le 30 octobre 1891 à Engels : « L'accueil que reçut cette protestation fut cependant des plus froids (c'est à peine si 20 voix crièrent : très juste!) et elle fut complètement passée sous silence par les orateurs suivants : comme on le voit, les gens portent beaucoup moins Lassalle dans leur cœur qu'on ne le croit. »

[344] Dans son introduction (à l'édition complète des discours et écrits de Lassalle, décidée par le Comité central du parti social-démocrate en 1891), Bernstein remarquait dans une note sur les maladies dont souffrait Lassalle : « Probablement syphilis ». Le premier volume parut en 1892 et les second et troisième en 1893.

[345] Engels ne se trompait pas en l'attribuant à un proche de Victor Adler, à qui il avait projeté de confier la publication de la critique de Marx au cas où les sociaux-démocrates allemands auraient refusé le texte, cf. la lettre d'Engels à Kautsky du 7-01-1891.

Dans l'édition horriblement mutilée des sociaux-démocrates de 1906 (Briefe und Auszüge aus Briefen von Joli. Phil. Lecker, Jos. Dietzgen, Friedrich Engels, Karl Marx u.A. an F.A. Sorge und Andere, Dietz Stuttgard) on lit à la place de Adolf Braun... August Bebel, et dans l'édition Costes et même l'édition Spartacus (Programmes socialistes, p. 62), on retrouve ce pieux mensonge. Le fils de Kautsky, qui édita et annota la correspondance de son père avec Engels (Friedrich Engels'

(comme Marx aimait à appeler Lassalle) a fait retentir des cris de bataille indignés dans la causerie du dimanche du *Hamburger Echo*. Mais le truc ne marc lie plus. Au reste, Bernstein s'est ému plus qu'il ne fallait des critiques de Bebel. Celui-ci était très rationnel et demandait simplement que, pour ce qui est de la forme, on procède en sorte que le public-honorant-traditionnellement-Lassalle ne soit pas effrayé d'emblée et qu'on ne fournisse pas aux vieux Lassalléens de motif de plainte justifiée. A cela vint s'ajouter la malchance qui voulut que Bernstein y introduisit la note syphillitique tout à fait inutile (parce transformée en racontar par un « probablement ») que messieurs les Censeurs de Berlin ont *remarquée... lorsqu'il* était trop tard. Or le fait qu'ils aient raté le coche les a mis ensuite dans une véritable colère achilléenne, et alors Bernstein a dû encaisser pour son ou mieux pour leur lapsus, en recevant quelques lettres indignées. Je l'ai appuyé pendant tout ce temps comme il convenait.

Briefwechsel mit Karl Kautsky, Danubia-Verlag, Vienne, 1955) ne manque pas de culot : A la phrase suivante de la lettre du 11-2-1891 d'Engels à Kautsky: « En revanche, le correspondant berlinois d'Adler (A. Braun ?) me remercie littéralement pour cette publication », il ajoute la note suivante : « En fait c'était Adolf Braun. Dans sa lettre du même jour à Sorge, Engels parlait d'un autre A.B. à savoir August Bebel », qui était sans doute, « le gendre de Victor Adler et le rédacteur-adjoint du Vorwärts de Liebknecht », comme le précisait Engels dans sa lettre à Sorge!

La pressé adverse vit de l'antagonisme entre le Lassalle national et les sociaux-démocrates sans patrie. Elle se gardera donc bien d'attaquer un livre, dans laquelle sa légende est détruite aussi radicalement.

Le travail de Bernstein est vraiment très bon et il m'a fait grand-plaisir. Il suscitera en Allemagne un effet énorme - avec le temps -, et lorsque l'édition sera achevée il devrait être publié en brochure à pan, voire devrait être continué par Bernstein et dépouillé de son but particulier. Jusque-là nous serons en mesure de mener aussi cela à bien. Ici il aura également son effet utile, car les bourgeois anglais vaguement teintés de socialisme cherchent ici aussi à créer une légende de Lassalle pour l'opposer à Marx.

Engels à Karl Kautsky, 5 mars 1892.

J'enverrai aujourd'hui ton manuscrit en recommandé [346]. Je n'ai pu lire que les 16 premières pages. J'éliminerais pratiquement toute ton Introduction. Les raisons pour lesquel-

---

[346] Engels fait allusion à l'ouvrage de Kautsky *Das Erfurter Programme in seinem grunds ätzlichen Theil erläutert*, Stuttgart 1892.

les un programme a besoin d'un commentaire, etc., etc., bref, toutes tes considérations sur les raisons pour lesquelles la brochure a été écrite ne font qu'affaiblir l'effet et détournent le lecteur du texte qui suit. D'emblée, tu dois entrer en matière - c'est la meilleure justification, Je ne peux juger eu plan du reste du texte, la partie principale. Je suis à ce point accablé par toutes sortes de travaux que je ne sais plus à quel saint me vouer. Rien que des bricoles, mais qui dévorent mon temps que c'en est une honte. Je brûle d'avoir le temps de m'atteler au Troisième livre du Capital, et on m'arrache chaque jour des mains le temps de travail qu'on me vole littéralement.

Frédéric Engels

SUR LE CONGRÈS DE BRUXELLES
ET LA SITUATION EN EUROPE

Le Socialiste, le 12 septembre 1891.

Nous avons tout heu d'être satisfaits du congrès de Bruxelles.

On a bienfait de voter l'exclusion des anarchistes par là avait fini la vieille Internationale, par là recommence la nouvelle. C'est la confirmation pure et simple, dix-neuf ans après, des résolutions du congrès de la Haye [347].

Non moins importante a été la porte largement ouverte aux syndicats anglais. La mesure prouve combien on a compris la situation. Et les votes qui ont lié les syndicats à « la lutte des classes et à l'abolition du salariat » [348] font que ça n'a pas été une concession de notre part.

L'incident Domela Nieuwenhuis [349] a montré que les ouvriers européens ont définitivement dépassé la période de la

---

[347] Engels souligne ici le lien existant entre chaque Internationale, l'une préparant à la suivante une base supérieure à partir d'où elle pourra se développer avec plus de force et d'ampleur. Pour ce qui concerne le congrès de la Haye, cf. Marx-Engels, le Parti de classe, III, pp. 59-86.

[348] Il y a quelques années, la C.G.T. a rayé de l'article 1er de ses statuts la formule de l'abolition du salariat, consacrant un recul inouï par rapport à l'acquis du siècle dernier, cf. MarxEngels, le Syndicalisme, tome 1er, pp. 172-175 et 180-184.

[349] Dans la Neue-Zeit, Liebknecht écrit à propos de la recette proposée par Domela Nieuwenhuis pour empêcher la guerre : « La seule dissonance lors du débat sur la question militaire - et le fait est caractéristique - provint du membre d'une nation (la Hollande) qui n'y est pas intéressée, et peut donc là considérer avec toute la tranquillité d'âme du pays des nuées. Le plan d'une « grève militaire », car la « grève générale

domination de la phrase ronflante et qu'ils ont conscience des responsabilités qui leur incombent : c'est une classe constituée en parti de lutte, parti qui compte avec les faits. Et les faits prennent une tournure de plus en plus révolutionnaire.

La situation en Europe

En Russie, il y a déjà famine; en Allemagne, il y aura famine dans quelques mois; les autres pays souffriront moins, voici pourquoi : le déficit de la récolte de 1891 est estimé à 11 millions demi d'hectolitres de froment et à 87 ou 100 millions d'hectolitres de seigle : ce dernier déficit affecte donc principalement les deux pays consommateurs de seigle, la Russie et l'Allemagne.

Cela nous garantit la paix jusqu'au printemps 1892. La Russie ne bougera pas avant cette époque; à moins de bêtises inconcevables à Paris ou à Berlin, il n'y aura donc pas de guerre.

En revanche, le tsarisme traversera-t-il cette crise ? J'en doute. Il y a trop d'éléments rebelles dans les grandes villes,

---

des ouvriers » ne suffit pas au faiseur de programme du pays des nuées, ne pouvait germer que dans l'esprit d'un rêveur, qui est assez heureux pour ne connaître le militarisme qu'au travers des brumes et de loin » (Skizzen vom Brüsseler Kongress, p. 838).

surtout à Pétersbourg, pour qu'on ne tâche pas de saisir cette occasion pour déposer l'alcoolique Alexandre III ou tout au moins pour le placer sous le contrôle d'une assemblée nationale - peut-être lui-même sera-t-il forcé de prendre l'initiative de cette convocation. La Russie a travaillé énormément - c'est-à-dire le gouvernement et la jeune bourgeoisie - à la création d'une grande industrie nationale (voir dans la *Neue Zeit* l'article de Plékhanov) [350]. Cette industrie sera arrêtée net dans sa marche, parce que la famine lui fermera son seul marché - le marché intérieur. Le tsar verra ce que c'est que d'avoir fait de la Russie un pays se suffisant à lui-même et indépendant de l'étranger : il aura une crise agricole doublée d'une crise industrielle.

En Allemagne, le gouvernement se décidera trop tard, comme toujours, à abolir ou à suspendre les droits sur le blé. Cela brisera la majorité protectionniste au Reichstag. Les grands propriétaires fonciers, les « ruraux » ne voudront plus soutenir les droits sur les produits industriels, ils voudront acheter le meilleur marché possible. De sorte que nous aurons probablement la répétition de ce qui s'est passé lors du vote sur la loi contre les socialistes : une majorité protectionniste divisée

---

[350] Dans la Neue-Zeit, Plékhanov avait publié une série d'articles sur la situation sociale et politique de la Russie en 1890, cf. numéros 47 à 52, IX-II, 1891.

elle-même par des intérêts opposés, créés par la nouvelle situation, se trouvant dans l'impossibilité de tomber d'accord sur les détails du système protectionniste. Toutes les propositions possibles n'obtiennent que des minorités; il y aura ou bien un retour au système libre-échangiste, ce qui est impossible, ou bien une dissolution, avec déplacement des anciens partis formant l'ancienne majorité, et avec une nouvelle majorité libre-échangiste, opposée au gouvernement actuel. Cela signifie la fin réelle et définitive de la période bismarckienne et de la stagnation politique intérieure - je ne parle pas ici de notre parti, mais des partis gouvernementalement possibles - il y aura une lutte entre la noblesse foncière et la bourgeoisie, ainsi qu'entre la bourgeoisie industrielle qui est protectionniste et les commerçants, et une fraction de la bourgeoisie industrielle qui est libre échangiste. La stabilité intérieure sera brisée; enfin, il y aura mouvement, lutte, vie, et notre parti en récoltera tous les fruits : et si les événements prennent cette allure, notre parti pourra arriver au pouvoir vers 1898.

Voilà! je ne parle pas des autres pays, parce que la crise agricole ne les affecte pas aussi considérablement. Mais si cette crise agricole faisait éclater en Angleterre la crise industrielle que nous attendons depuis 25 ans... Alors!

VI.

VIOLENCE ET QUESTION PAYSANNE

> « C'est justement parce que tout marche si brillamment en Allemagne et qu'un petit nombre d'années de développement intérieur sans trouble avec les événements qui s'ensuivront inévitablement devraient nous faire avancer bien davantage encore - c'est justement pour cela que je ne souhaite pas précisément une guerre mondiale - mars l'histoire se fiche bien de tout cela! Elle poursuit son chemin, et nous devrons la prendre comme elle viendra » (Engels à A. Bebel, 13.14-09-1886).

D. Riazanov. Introduction *d'Engels aux « Luttes de classes en France, 1848-1850*, in: *Unter dent Banner des Marxismus*, 1925-1926, 1, pp. 160-165.

La publication de *l'Introduction* originale et complète d'Engels revêt une importance d'autant plus grande qu'en raison de la perfide tactique de la direction du parti social-démocrate, certains communistes eux-mêmes en étaient venus à croire que *l'Introduction* d'Engels représentait une retraite, tactique du moins, du marxisme révolutionnaire [351].

Évoquons à ce propos le fait suivant : Rosa Luxemburg elle-même a exprimé cette opinion dans le discours programmatique qu'elle a tenu au congrès de fondation du Parti communiste d'Allemagne, le 31 décembre 1918. Après avoir mentionné la fameuse *Introduction* d'Engels, elle déclara :

---

[351] Nous reproduisons ci-après la présentation de Riazanov au texte publié pour la première fois de manière COMPLÈTE dans Unter dem Banner des Marxismus, I, 1925. Cette introduction fut tronquée et déformée par les dirigeants de la social-démocratie allemande pour justifier leur politique réformiste et opportuniste qui les conduisit à la trahison de 1914, à l'heure de la crise décisive. Comme l'indique Riazanov, ce texte incomplet permit de tromper même des marxistes révolutionnaires - d'hier et d'aujourd'hui - d'autant qu'il s'agit du dernier grand écrit d'Engels avant sa mort, celui que l'on a souvent considéré comme une sorte de testament politique - procédé stupide s'il en est pour le marxisme, dont la vertu essentielle est précisément la continuité et la cohérence de toutes les positions.

Une petite anecdote à propos des faussaires : Un vieux juge, plein de sordides expériences de sa profession d'hypocrite, se plaisait à dire à ses collègues avocats : votre client doit mentir et nier, même si la couleuvre lui son encore de la bouche - cela fait toujours un effet sur les jurés. Combien d'Hymalaya de mensonges pèsent sur les consciences prolétariennes!

« Je ne veux pas dire par là qu'Engels à cause de cet écrit s'est rendu complice de tout le cours de l'évolution ultérieure en Allemagne, je dis simplement : c'est là un document rédigé de manière classique pour la conception qui était vivante dans la social-démocratie allemande ou plutôt qui l'a tuée. » A la décharge d'Engels, Rosa Luxemburg cita le fait suivant : « Il faut dire à l'honneur de nos deux grands maîtres, et notamment d'Engels, qui est mort bien plus tard et défendit l'honneur et les conceptions de Marx, qu'il a écrit, comme on le sait, cette *Introduction* sous la pression directe de la fraction parlementaire sociale-démocrate de l'époque » (cf. le compte rendu du congrès de fondation du PC d'Allemagne). Même si dans la suite de son discours, Rosa Luxembourg a toujours souligne que Marx et Engels n'avaient « jamais dévié au plan des principes » du terrain sur lequel ils se tenaient depuis 1848, cela ne change rien au fait que Rosa Luxembourg elle-même pensait qu'Engels avait opéré un glissement - ce qui laisse à penser que le plein contenu de *l'Introduction* lui avait été caché, à elle aussi.

En revanche, on est véritablement étonné de retrouver dans une publication récente des éditions du Parti communiste un article de Beer intitulé *Krieg und Internationale* (Verlag für Literatur und Politik, pp. 48-50) la légende créée par Bernstein, selon laquelle Engels se serait évertué à « réviser, c'est-à-dire à liquider la tactique de Marx ». Même s'il ne connaissait pas les, passages éliminés de *l'Introduction* &Engels, dont Riazanov nous donne ici pour la première fois la liste, il était bien connu que Bernstein avait publié l'*Introduction* d'Engels de manière tronquée et mutilée. Même sans démonstration « philosophique » de la falsification, il était clair que *l'Introduction* d'Engels ne visait pas à « liquider la tactique de Marx », mais traitait simplement - comme l'écrivait Rosa Luxembourg -de « la question de la lutte quotidienne de l'époque, et non de la question de la conquête finale du pouvoir politique, ni de l'attitude du prolétariat vis-à-vis de l'État capitaliste lorsqu'il s'empare du pouvoir : il parlait simplement de son *attitude dans le cadre* de l'État capitaliste de l'époque - *ce qui ressort clairement de chaque ligne de l'Introduction* ». (Cf. Rosa Luxembourg, *Réforme sociale ou révolution*, Leipzig, Vulkan-Verlag 1919, p. 46).

Note de la rédaction

On connaît les chaudes discussions soulevées par la fameuse *Introduction* d'Engels aux « Luttes de classes en France, 1848-1850 » de Marx. Dans son ouvrage *Les Prémisses du Socialisme*, E. Bernstein a tenté de faire de cette *Introduction* l'héritage politique d'Engels, dans lequel l'un des fondateurs de « la doctrine la plus révolutionnaire qu'ait vue le XIXe siècle » a renié son passé révolutionnaire et a transmis en message à ses disciples d'éviter par tous les moyens l'erreur commise par Marx et lui.

Kautsky s'est aussitôt élevé, en protestant énergiquement contre une telle falsification des paroles d'Engels. Kautsky admit alors que le véritable texte d'Engels présentait certaines différences par rapport à la version publiée. Si les conceptions révolutionnaires d'Engels n'apparaissent pas avec autant de clarté et de fermeté dans *l'Introduction,* disent-il, « la faute en est non chez lui, mais chez les amis allemands qui le pressèrent de supprimer la conclusion parce *qu'elle était trop révolutionnaire; Us* pensaient que *l'Introduction était* de toute façon suffisamment nette. Or. comme la suite l'a montré, ce n'est aucunement le cas ». Sur quoi Kautsky fit la proposition suivante à Bernstein :

« Bernstein possède les manuscrits posthumes de notre maître. S'il s'y trouve également le manuscrit de l'Intro*duction* avec la conclusion éliminée, alors je le mets en demeure de publier cette conclusion qu'Engels n'a écartée que pour des considérations extérieures et non intérieures. Elle démontrera clairement combien peu Bernstein peut en appeler à Engels pour soutenir son point de vue! » (Cf. Kautsky, Bernstein *und die* Dialektik, in: *Die Neue Zeit.* XVII 2, pp. 46-47).

Bernstein n'a pas réagi à cette mise en demeure, non certes parce qu'il ne pouvait trouver l'original de *l'Introduction* ! Il n'en continua pas moins à répéter obstinément dans toutes les rééditions ultérieures de son ouvrage, comme dans ses articles, qu'il ne faisait rien d'autre que d'exécuter fidèlement le testament d'Engels.

Il ne restait donc plus tien d'autre à faire que d'en référer au témoignage d'Engels lui-même. Il en ressort que, de son vivant même, celui-ci avait protesté avec la plus grande énergie contre l'interprétation révisionniste de son *Introduction*.

Ainsi Lafargue publia le passage suivant de la lettre qu'Engels lui avait adressée le 3 avril 1895 :

« Liebknecht vient de me jouer un joli tour. Il a pris de *mon Introduction aux* articles de Marx sur les *Luttes de classes en France* de 1848-1850 tout ce qui a pu lui servir pour soutenir la tactique, à *tout prix paisible et antiviolente,* qu'il lui plaît de prêcher depuis quelque temps, surtout en ce moment où on prépare des lois coercitives à Berlin [352]. Mais cette tactique, je ne

---

[352] La politique anti-socialiste de Guillaume II ne fut qu'une parodie de celle de Bismarck (il n'en avait pas le pouvoir, ni même ne passa aux actes), mais la menace réussit, là où Bismarck ne réussit pas : dépouiller

la prêche que pour *l'Allemagne d'aujourd'hui*, et encore *sous bonne réserve* Pour la France, la Belgique, l'Italie, l'Autriche, cette tactique ne saurait être suivie dans son ensemble, et pour l'Allemagne elle pourra devenir inapplicable demain. »

Une autre preuve qu'Engels n'était pas très édifié par l'emploi que l'on avait fait de son Introduction, nous la

---

durablement la social-démocratie allemande de son caractère révolutionnaire, malgré les conseils d'Engels.

Le 26 octobre 1894, le chancelier Leo von Caprivi fut remercié, parce qu'il n'était pas d'accord avec l'Empereur sur les méthodes à prévoir pour réprimer la social-démocratie. Le prince zu Hohenlohe-Schdlingsfürst lui succéda.

Le 6 décembre 1894, le nouveau gouvernement déposa au Reichstag le projet de loi contre la subversion (Umsturzvorlage), appelé officiellement projet de loi relatif aux modifications et compléments de la législation pénale, du code pénal militaire et de la loi sur la presse. D'après cette loi, des tendances subversives, même sans commencement de réalisation, étaient punissables de bagne. De prétendues attaques contre la religion, la monarchie, le mariage, la famille ou la propriété pouvaient entraîner des peines de prison allant jusqu'à deux ans. L'Empereur, grâce à l'extension de la loi à la religion, les bonnes mœurs, etc. (chères aux catholiques militants de l'anticommunisme) parvint à rallier à son projet une bonne partie des députés-du Centre. Entre la première discussion de la loi au Reichstag, en décembre 1894 et en janvier 1895, et la seconde discussion en mai 1895, la Commission sous l'impulsion décisive du Centre - Victor Rintelen et Peter Spahn - élargit la loi par une autre qui protégeait la morale et la religion.

Les derniers écrits d'Engels furent rédigés sous la menace de ce projet de loi qui resta longtemps en discussion, la majorité des partis bourgeois ne pouvant se résoudre finalement à le voter: le 11 mai 1895, le Reichstag rejeta définitivement le projet de loi en seconde lecture.

trouvons dans l'article de Kautsky qu'il reproduisit plus *lard dans son ouvrage sur la Voie au pouvoir* [353].

Kautsky avait demandé à Engels l'autorisation de publier *son Introduction* dans la *Neue Zeit,* encore avant sa publication à part. Engels lui répondit qu'il acceptait cette proposition « avec plaisir » et soulignait : « Mon texte a quelque peu souffert en raison du projet de loi contre la sédition, nos amis berlinois ayant manifesté leurs alarmes et leurs craintes, dont j'ai été bien obligé de tenir compte dans les circonstances données. »

Le projet de loi de la nouvelle loi anti-socialiste - ce que l'on appelle le projet anti-séditieux - fut présenté au Reichstag le 5 décembre 1894 et fut renvoyé, le 14 janvier 1895 à une Commission qui en délibéra le 25 avril [354]. la situation était

---

[353] Ce livre est généralement considéré comme le dernier qui fut marxiste orthodoxe de Kautsky. Il a été traduit en français et publié aux Éditions Anthropos.
   Riazanov fait allusion à l'article, inclus dans la Voie au pouvoir et intitulé Quelques remarques sur Marx et Engels, qui avait été publié d'abord dans la Neue Zeit, XXVII, vol. 1, 2 octobre 1908.

[354] La politique anti-socialiste de Guillaume II ne fut qu'une parodie de celle de Bismarck (il n'en avait pas le pouvoir, ni même ne passa aux actes), mais la menace réussit, là où Bismarck ne réussit pas: dépouiller durablement la social-démocratie allemande de son caractère révolutionnaire, malgré les conseils d'Engels.
   Le 26 octobre 1894, le chancelier Leo von Caprivi fut remercié, parce qu'il n'était pas d'accord avec l'Empereur sur les méthodes à prévoir

extrêmement sérieuse - ce qui seul explique qu'Engels ait donné son accord à une édulcoration de certaines de ses formulations.

« Mais - écrit Kautsky - lorsque le *Vorwärts,* dans l'intention certes d'influencer favorablement les décisions de la Commission délibérative, publia un choix d'extraits de l'*Introduction* susceptible d'éveiller l'impression que, recherchaient les

---

pour réprimer la social-démocratie. Le prince zu Hohenlohe-Schdlingsfürst lui succéda.

Le 6 décembre 1894, le nouveau gouvernement déposa au Reichstag le projet de loi contre la subversion (Umsturzvorlage), appelé officiellement projet de loi relatif aux modifications et compléments de la législation pénale, du code pénal militaire et de la loi sur la presse. D'après cette loi, des tendances subversives, même sans commencement de réalisation, étaient punissables de bagne. De prétendues attaques contre la religion, la monarchie, le mariage, la famille ou la propriété pouvaient entraîner des peines de prison allant jusqu'à deux ans. L'Empereur, grâce à l'extension de la loi à la religion, les bonnes mœurs, etc. (chères aux catholiques militants de l'anticommunisme) parvint à rallier à son projet une bonne partie des députés-du Centre. Entre la première discussion de la loi au Reichstag, en décembre 1894 et en janvier 1895, et la seconde discussion en mai 1895, la Commission sous l'impulsion décisive du Centre - Victor Rintelen et Peter Spahn - élargit la loi par une autre qui protégeait la morale et la religion.

Les derniers écrits d'Engels furent rédigés sous la menace de ce projet de loi qui resta longtemps en discussion, la majorité des partis bourgeois ne pouvant se résoudre finalement à le voter: le 11 mai 1895, le Reichstag rejeta définitivement le projet de loi en seconde lecture.

futurs révisionnistes, *alors Engels laissa exploser sa colère.* Il écrivit à Kautsky dans une lettre du 1er avril :

« A mon grand étonnement, je vois aujourd'hui que l'on a publié sans m'en avertir dans le *Vorwärts* des extraits de mon *Introduction* et qu'on les a combinés de telle façon que j'apparais comme un adorateur pacifiste de la légalité à tout prix. Je souhaite d'autant plus vivement que *l'Introduction* paraisse sans coupures dans la *Neue Zeit,* afin que cette *impression ignominieuse* soit effacée. Je ferai part avec la plus grande fermeté de mon sentiment à Liebknecht [355] et aussi à ceux qui, quels qu'ils soient, qui lui ont fourni l'occasion de déformer l'expression de ma pensée. »

Or voici que trente ans se sont écoulés et *l'Introduction aux Luttes de classes en France* est toujours publiée, en dépit de la révolution de novembre 1918, dans sa version tronquée. Qui, plus est, dans son « édition nouvelle, améliorée et élargie » de ses « Prémisses du socialisme » (Stuttgart, Dietz 1920, p. 4959, Bernstein continue de répéter, sans rien y changer, ses mensonges sur le changement de conception d'Engels.

---

[355] Les éditeurs de l'Institut Marx-Engels, etc. de Moscou déclarent qu'on ne dispose pas de la correspondance, de Liebknecht de toute cette période, où il a joué précisément un rôle de tout premier plan (Marx-Engels Werke 37, note n° 196, p. 569).

Ainsi donc, il n'a pas encore réussi à retrouver le manuscrit d'Engels. Par bonheur, je l'ai découvert parmi les papiers que Bernstein a transmis il y a quelques jours aux Archives de la social-démocratie allemande. Je suis donc enfin en mesure de citer tous les passages éliminés sous la pression de la direction du parti social démocrate allemand en 1895.

La comparaison entre le texte original et le texte publié montre que Kautsky lui-même s'est trompé lorsqu'il pensait que la fin uniquement avait souffert. En réalité, la plume du censeur a pesamment sévi notamment dans les, *cinq* dernières pages de *l'Introduction*.

Prenons maintenant l'édition de 1911 qui est encore accessible aujourd'hui et qui est pourvue d'une présentation de Bebel qui - soit dit en passant - élude complètement la question concernant les altérations apportées à *l'Introduction* d'Engels et comparons ce texte avec l'original. Nous constatons qu'abstraction faite de quelques différences négligeables de style, il n'y a pas de différences appréciables dans les dix-huit premières pages. Cependant il en va autrement à partir de la dix-huitième.

Afin de ne pas reproduire toute *l'Introduction,* nous citerons ici, par paragraphe, les passages modifiés par rapport à l'original, et nous nous bornerons à mettre en italique les passages éliminés :

Page 18 de l'édition allemande, nous lisons :

« Même à l'époque classique des combats de rue, la barricade avait donc un effet plus moral que matériel. C'était un moyen d'ébranler la fermeté de la troupe. Tenait-elle jusqu'à ce que celle-ci flanche, alors la victoire était acquise; sinon on était battu. *Tel est le point principal qu'il faut avoir à l'esprit lorsqu'on examine les chances de futurs combats de rue.* » *[Cf.* aussi Éditions Sociales. *1948, pp. 32-33].*

Il ne s'agit donc pas d'une renonciation aux combats de rue, ni même aux barricades, mais uniquement d'un examen plus rigoureux des chances de ceux-ci.

Après qu'Engels ait démontré par la suite que les conditions du combat de rue s'étaient considérablement modifiées depuis *1849* tant pour le peuple que pour l'armée, il conclut ce paragraphe par les mots suivants dans le texte publié (p. 19 de l'édition allemande de 1911) :

« Et enfin les quartiers édifiés depuis *1848* dans les grandes villes ont des rues longues, droites et larges - comme s'ils étaient construits en fonction de l'effet des nouveaux canons et des nouveaux fusils. Il serait insensé le révolutionnaire qui choisirait directement les nouveaux quartiers ouvriers du nord et de l'est de Berlin pour un combat de barricades. »

Cependant le journaliste précautionneux barrèrent la conclusion de ce paragraphe :

« *Cela signifie-t-il qu'à l'avenir le combat de rue ne jouera plus aucun rôle ? Pas du tout. Cela vaut dire seulement que les conditions depuis 1848 sont, devenues beaucoup moins favorables pour* les *combattants civils, et beaucoup plus favorables pour l'armée* [356]. *À*

---

[356] Aux yeux du marxiste, la question de la violence ne saurait donc se limiter dans la société capitaliste - qui s'organise de plus en plus - à des actes de violence spontanés : « La violence est militaire dans ses aspects les plus exacerbés, les plus systématiques, les plus concentrés et les plus rebutants - lorsque les États bourgeois entre eux se font la guerre sur le dos du prolétariat; lorsque les ouvriers se heurtent aux forces de la police organisées et à la troupe, lorsque le prolétariat, à son tour, s'érige en classe dominante en forgeant l'État de la dictature, et organise alors militairement ses forces pour lutter contre l'ennemi intérieur aussi bien qu'extérieur, qui s'appuie sur les États militaires contre-révolutionnaires. Il faut concevoir d'emblée la violence dans un sens assez large pour englober aussi bien les actions individuelles de représailles que l'organisation de l'armée rouge. » (Cf. Le Fil du Temps no 10 sur Le Marxisme et la question militaire, p. 5.)

l'avenir un combat de rues ne peut donc être victorieux que si cet état d'infériorité est compensé par d'autres facteurs. Aussi, l'entreprendra-t-on plus rarement au début d'une grande révolution qu'au cours du développement de celle-ci, et il faudra le soutenir avec des forces plus grandes. Mais alors celles-ci, comme dans *toute la grande révolution française, le 4 septembre et le 31 octobre 1870 à Paris, préféreront « sans doute l'attaque ouverte à la tactique passive de* la barricade. » [Cf. ibid. p. 34].

Ces phrases d'Engels sont une véritable prophétie de l'expérience de là révolution d'Octobre ! Évoquons ici qu'Engels avait écrit dès 1854 dans l'un de ses articles rédigés pour la *New York-Tribune* sur l'insurrection espagnole de cette année :

« Deuxièmement, nous avions le spectacle d'une bataille de barricades victorieuse. Partout où depuis Juin 1848 on a édifié les barricades, elles se sont avérées jusqu'ici comme inefficaces. Des barricades, la forme de résistance de la population d'une grande ville contre la troupe, semblaient dénuées de toute

---

Faire de Marx-Engels des pacifistes signifie mettre sous le boisseau toute leur œuvre et particulièrement leurs textes militaires qui forment un bon quart de leurs écrits, cf. Marx-Engels, Écrits militaires (Col. Théorie et Stratégie, Éditions 1 de l'Herne, Paris, 1970, 661 p.), notamment l'Introduction, pp. 7-14.

efficacité. Cette idée pessimiste est réfutée. Nous avons vu de nouveau des barricades victorieuses, inattaquables. La malédiction est levée! »

Les passages entre crochets manquent dans un paragraphe de la page 20 : « Dans les pays latins *aussi* on comprend de plus en plus qu'il faut réviser l'ancienne tactique. *[Partout, le déclenchement sans préparation de l'attaque passe au second plan]* partout on a imité l'exemple allemand de l'utilisation du droit de vote, de la conquête de tous les postes qui nous sont accessibles *[sauf* si les gouvernements nous provoquent ouvertement à la lutte] .» [Ibid, p. 35.]

Page 21, Engels avait lui-même ajouté le passage suivant sur les épreuves :

« Dès aujourd'hui nous pouvons compter sur deux millions et quart d'électeurs. Si cela continue de la sorte, nous conquerrons d'ici la fin du siècle la plus grande partie des couches moyennes de la société, petits bourgeois ainsi que petits paysans, et nous grandirons jusqu'à devenir la puissance décisive du pays, devant laquelle il faudra que s'inclinent toutes les autres puissances, qu'elles le veuillent ou non. »

Engels poursuivait par la phrase suivante, dont nous mettons en italiques les mots éliminés :

« Maintenir sans cesse cet accroissement, jusqu'à ce que de lui-même il devienne plus fort que le système gouvernemental au *pouvoir, en ne laissant pas perdre dans des combats d'avant-garde ce groupe de choc qui se renforce journellement, mais en le gardant intact jusqu'au jour décisif - telle* est notre tâche principale. » [Ibid., p. 361.

Dans la même page, là où Engels parle de la possibilité de représailles sanglantes de la part des classes dominantes, la remarque suivante est rayée de la dernière phrase :

« Rayer à coups de fusil de la surface du globe un parti qui se compte par millions, tous les fusils à magasin d'Europe et d'Amérique n'y suffisent pas. Mais le développement normal serait paralysé, *le groupe de choc ne serait peut-être pas disponible au moment critique* [Engels avait pourtant accepté à la demande des sociaux-démocrates de substituer décisif à cet adjectif N. de R.], la décision *[le combat décisif* chez Engels) serait retardée, prolongée et s'accompagnerait de sacrifices plus lourds. »

Même si l'on admet qu'Engels lui-même ait « accepté » les modifications mentionnées ci-dessus, l'élimination du passage suivant de la page 22 est indubitablement l'œuvre de la censure du parti.

Après avoir invité les réactionnaires prussiens à « siffler », il poursuit :

« Mais n'oubliez pas que l'Empire allemand, comme tous les petits États et, en général, tous les États modernes, *est le produit d'un pacte*, d'abord entre les princes, ensuite des princes avec le peuple. Si l'une des parties brise le pacte, tout le pacte tombe - et alors l'autre partie n'est plus liée non plus, *comme Bismarck nous a si bien donné l'exemple en 1866. Si donc vous brisez la Constitution impériale, la social-démocratie est libre, libre de faire ce qu'elle veut à votre égard. Mais ce qu'elle fera ensuite, elle se gardera bien de vous le dire aujourd'hui.* » [Ibid., p. 37].

Même une tournure aussi ésopéenne semble trop violente au Comité central du parti !

Nous voyons par là qu'Engels avait toutes les raisons d'être indigné lorsqu'on se référait à son *Introduction* aux « Luttes de classes en France » - c'est-à-dire à l'ouvrage de Marx précisément, qui fournit la démonstration la plus éclatante de la nécessité de la *dictature du prolétariat* - pour tenter de le stigmatiser comme un « adorateur pacifique de la légalité à tout prix ». Le comble, c'est que ceux de ses amis qui ont truqué le jeu avec de fausses cartes se permettent la même accusation !

Frédéric Engels

LÉGALITÉ ET RÉVOLUTION VIOLENTE

Engels à A. Bebel, 18 novembre 1884 [357].

Je voulais t'écrire à propos des tours de passe-passe de Rodbertus, mais cela paraît à présent dans ma préface à la première édition allemande de la *Misère de la Philosophie* dans la *Neue-Zeit* [358]. Tu y trouveras le nécessaire sous une forme mieux

---

[357] Nous ne suivons pas ici un strict ordre chronologique par rapport aux textes du chapitre précédent. Nous le faisons essentiellement pour étayer les problèmes de la violence (et de la question agraire qui sont étroitement liés) de l'argumentation « juridique » ad hoc.

[358] Le point de départ de la polémique fui l'article de Kautsky dans la Neue-Zeit critiquant le Capital de Rodbertus. Le social-démocrate réformiste Schramm, l'un des responsables du Jahrbuch für

développée, que je ne pourrais le faire dans une lettre. Puis tu trouveras la suite dans la préface au livre II du *Capital* [359].

Mais il y a un autre point sur lequel je tiens à te dire ce que je pense, et qui me paraît bien plus urgent.

Sozialwissenschaft und Sozialpolitik, éprouva le besoin de prendre la défense du plagiaire et critique de Marx qu'était Rodbertus et d'écrire « l'article de Kautsky était superficiel et irréfléchi », cf. Neue-Zeit, no 11 de 1884 dans lequel Kautsky répondit aussitôt.

Dans la Neue-Zeit, no 1 de 1885, Engels intervint à son tour, pour soutenir Kautsky et publia sous le titre « Marx et Rodbertus » la préface à la première édition allemande de 1884 de la Misère de la Philosophie de Marx, traduite en allemand par Bernstein. Schramm ne se tint pas pour battu et revint à la charge dans le n° 5 de la même Neue-Zeit. Pire encore, dans son ouvrage intitulé « Marx, Rodbertus, Lassalle », publié fin 1885 par la maison d'édition du social-démocrate Louis Viereck, Schramm. s'en prit au socialisme « unilatéral et dogmatique de Marx ». Le secret de ces « défauts » provenait aux dires de Schramm, de ce que Marx était et restait (d'où son unilatéralité et sans doute son dogmatisme ?) partisan de la révolution violente, et d'attaquer les dirigeants de la social-démocratie allemande, cette « clique » qui défend un « marxisme unilatéral et infaillible » et ne cherche à atteindre « ses buts que par des moyens violents ». Et Schramm de proposer que le parti abandonne la tactique de Marx qui, comparée à celle de Lasalle, n'est qu'une « tactique de chambre ». C'est bel et bien le problème de la violence qui trace la ligne de démarcation entre opportunistes révisionnistes, toujours anti-dogmatiques, et les révolutionnaires marxistes.

[359] Cf. K. Marx, Le Capital, Livre Deuxième, tome IV des Éditions Sociales, pp. 13-24.

L'ensemble des philistins libéraux a un tel respect de nous, qu'ils se mettent à crier d'une seule voix : oui, si les sociaux-démocrates voulaient se placer sur le terrain *légal* et abjurer la *révolution* alors nous serions pour l'abolition immédiate de la loi anti-socialiste [360]. Il ne fait donc aucun doute que l'on vous fera très bientôt cette même proposition impudente au Reichstag. La réponse que vous y ferez est très importante - non pas seulement pour l'Allemagne, où nos braves camarades l'ont déjà donnée au cours des élections, mais encore pour l'étranger. Une réponse *docile et soumise* anéantirait aussitôt l'effet énorme produit par les élections [361].

A mon avis, la question se pose en ces termes:

---

[360] Cette simple phrase d'Engels explique toute la tactique suivie par le gouvernement allemand après la loi anti-socialiste afin de démobiliser au maximum les masses révolutionnaires allemandes, de diviser autant que possible la direction de leurs organisations de classe, bref d'émasculer le mouvement, il utilisera le chantage de la violence, qui devait canaliser le prolétariat dans la voie démocratique et pacifique de la légalité bourgeoise. Cf. notes n° 143 et 144.

Sept ans avant l'abolition de la loi anti-socialiste, Engels montre déjà que cette loi signifiait simplement que le gouvernement prenait les devants dans la LUTTE de classes, en empêchant par tous les moyens que la social-démocratie n'utilise des moyens autres que légaux et pacifiques -quitte à ce que le gouvernement utilise la force pour ce faire.

[361] Une déclaration de renonciation au recours à la force eût réduit la social-démocratie à n'être plus qu'un parti électoral, agissant sur le terrain des réformes, et non de la révolution après les éclatantes victoires électorales du parti social-démocrate allemand.

Tout l'état politique actuel de l'Europe est le fruit de révolutions. Partout le terrain constitutionnel, le droit historique, la légitimité ont été mille fois violés, voire totalement bouleversés. Toutefois, il est dans la nature de tous les partis, c'est-à-dire des classes, parvenus au pouvoir, d'exiger que l'on reconnaisse désormais le droit nouveau, créé par la révolution, voire qu'on le tienne pour sacré. Le droit à la révolution *a* existé - sinon ceux qui règnent actuellement n'auraient plus aucune justification légale -, mais il ne devrait plus exister dorénavant, à les en croire.

En Allemagne, l'ordre en vigueur repose sur la révolution qui a commencé en *1848* et s'est achevé en *1866*. L'année *1866* connut une révolution totale. Comme la Prusse n'est devenue une puissance que par les trahisons et les guerres contre l'Empire allemand en s'alliant avec l'étranger *(1740,1756, 1795)* [362], l'Empire prusso-allemand n'a pu s'instaurer que par le renversement violent de la Confédération allemande et la guerre civile. Il ne sert de rien, en l'occurrence, d'affirmer que les autres se seraient rendus coupables de violation des traités d'alliance : les autres affirment le contraire. Jamais encore une

---

[362] Marx décrit ces faits dans ses manuscrits de 1863-1864 relatifs aux Rapports entre la France, la Pologne et la Russie, cf. Mark-Engels, la Russie, Éditions 10-18, pp. 80-113.

révolution n'a manqué du prétexte de légalité : cf. la France de, *1830*, où le roi Charles X aussi bien que la bourgeoisie affirmaient - chacun de leur côté - avoir la légalité de son côté. Mais il suffit. La Prusse provoqua la guerre civile et donc la, révolution. Après la victoire, elle renversa trois trônes « de droit divin », et annexa des territoires, parmi lesquels celui de l'ex-ville libre de Francfort. Si cela n'est pas révolutionnaire, je me demande ce que ce mot signifie. Non content d'avoir agi ainsi l'État prussien confisqua la propriété privée des princes qu'elle venait de chasser du pouvoir. Il reconnut lui-même que cela n'était pas légal, mais bien révolutionnaire, en faisant approuver cet acte après coup par une assemblée - le Reichstag-qui n'avait pas plus le droit de disposer de ces fonds que le gouvernement [363].

L'Empire prusso-allemand, en tant qu'achèvement de la Confédération de l'Allemagne du Nord créée par la force en 1866, est un produit parfaitement révolutionnaire. Je ne m'en plains pas. Ce que je reproche à ceux qui l'ont fait, c'est de n'avoir été que de piètres révolutionnaires, de ne pas avoir été encore plus loin, en annexant directement l'Allemagne entière

---

[363] Engels décrit ici à l'intention de Bebel les faits assemblés dans son ouvrage, le Rôle de la violence dans l'histoire : Violence et économie dans la formation du nouvel Empire allemand, trad. fr. in : Marx-Engels, Écrits militaires, pp. 562-563.

à la Prusse. Or quiconque opère avec le fer et le sang, renverse des trônes, avale des États entiers et confisque des biens privés, ne doit pas condamner autrui parce qu'il est révolutionnaire. Dès lors que le parti a le même droit d'être ni plus ni moins révolutionnaire que. le gouvernement de l'Empire, il dispose de tout ce dont il a besoin.

Récemment, on affirmait officieusement : la Constitution de l'Empire n'est pas une convention entre les princes et le peuple; ce n'était qu'un accord entre les princes et les villes fibres, qui peuvent à tout instant la révoquer et la remplacer par une autre. Les organes gouvernementaux qui enseignaient cette théorie demandaient en conséquence le droit, pour les gouvernements, de *renverser la Constitution impériale*. On a fait aucune loi d'exception, ni entrepris aucune poursuite contre eux. C'est fort bien, nous ne réclamons pas davantage pour nous, dans le cas extrême, que ce que l'on demande ici pour les gouvernements.

Le duc de Cumberland est l'héritier légitime incontesté du trône de Brunswick. Le roi de Prusse n'a pas d'autre droit de siéger à Berlin que celui que Cumberland revendique au Brunswick. Pour ce qui est du reste, Cumberland ne peut le revendiquer qu'après avoir pris possession de sa couronne juridiquement légitime. Or le gouvernement révolutionnaire de l'Empire allemand l'empêche d'en prendre possession par la violence. Nouvel acte révolutionnaire.

Comment cela se passe-t-il pour les partis ?

En novembre 1848, le parti conservateur a violé sans hésitation aucune la législation à peine créée en mars. De toute façon, il ne reconnut l'ordre constitutionnel que comme étant tout à fait provisoire, et se serait rallié avec enthousiasme à tout coup d'État opéré par des forces absolutistes et féodales [364].

Les partis libéraux de toutes nuances ont participé à la révolution de 1848 à 1866, et même aujourd'hui ils n'admettraient pas qu'on leur déniât le droit de s'opposer par la force à un renversement de la Constitution.

Le Centre reconnaît l'Église comme puissance suprême, au-dessus de l'État; celle-ci pourrait donc lui faire un *de*voir d'effectuer une révolution.

---

[364] Marx avait construit en 1849 sa défense devant les jurés de Cologne sur cet argument pour expliquer que la révolution ne faisait qu'utiliser la violence, comme la contre-révolution elle-même, si bien qu'il ajoutait : « On peut pendre ses adversaires, mais non les condamner. A titre d'ennemis vaincus, on peut les éliminer de son chemin, mais en ne peut les JUGER à titre de criminels » (cf. Marx-Engels, Le Parti de classe, I, p. 176).

Or ce sont là les partis qui nous demandent et à *nous seuls parmi tous les partis,* que nous proclamions vouloir renoncer dans *tous les* cas M'emploi de la violence, et nous soumettre à n'importe quelle pression et violence, non seulement lorsqu'elle: est simplement formellement légale - légale au jugement, de nos, adversaires [365] -, mais encore lorsqu'elle est directement illégale!

Nul parti n'a jamais renoncé au droit à une résistance armée *dans certaines circonstances,* à moins de mentir. Nul n'a jamais renoncé à ce droit extrême.

Mais s'il s'agit de discuter des *circonstances* dans lesquelles un parti se réserve ce droit, alors la partie est gagnée. On passe alors de cent à mille circonstances. Notamment pour un parti, dont on proclame qu'il est privé de droits et qui, par décision d'en haut, est directement poussé à la révolution comme seule

---

[365] Aux yeux du marxisme, les lois elles-mêmes font partie des superstructures de force de l'État qui permettent aux classes dirigeantes d'asseoir, par l'utilisation de la violence potentielle. leur domination sur les classes exploitées. En d'autres termes, les lois ne, sont pas la codification rationnelle des rapports sociaux (sur la base d'un Contrat social), mais l'expression d'un rapport de force qui fait que la classe au pouvoir impose SON ordre (esclavagiste, féodal, capitaliste, prolétarien), au reste de la société.

issue. Une telle déclaration de mise hors la loi peut être renouvelée d'un jour à l'autre, et nous venons tout juste d'en subir une. Il est proprement absurde de demander à un tel parti une déclaration aussi inconditionnelle.

Pour le reste, ces messieurs peuvent être tranquilles. Dans le rapport de forces militaire actuel, nous ne déclencherons pas l'action les premiers, tant qu'il y aura supériorité militaire contre nous : nous pouvons attendre jusqu'à ce que la puissance militaire cesse d'être *une puissance contre nous* [366]. Toute révolution qui aurait lieu avant, même si elle triomphait, ne nous hisserait pas au pouvoir, mais les bourgeois, les radicaux, c'est-à-dire les petits bourgeois.

En outre, même les élections ont montré que nous n'avions rien à attendre de la conciliation, c'est-à-dire de concessions faites à notre adversaire. Ce n'est qu'en opposant une fière résistance que nous avons inspiré à tous le respect, et sommes devenus une puissance. On ne respecte que la puissance, et tant que nous en serons une, les philistins nous respecteront. Quiconque leur fait des concessions se fait mépriser par eux, et n'est déjà plus une puissance. On peut faire sentir une main de

---

[366] Engels souligne toujours qu'il ne parle pas d'utiliser la violence DANS LE RAPPORT DE FORCES ACTUEL.

fer dans un gant de velours, mais il faut la faire sentir. Le prolétariat allemand est devenu un puissant parti, que ses représentants s'en montrent dignes!

Frédéric Engels

À PROPOS DE LA PRÉTENTION DE DÉPOUILLER LA SOCIAL-DÉMOCRATIE DE SON CARACTÈRE RÉVOLUTIONNAIRE

> Préface à « Karl Marx devant les jurés de Cologne », rédigée le 1er juillet 1885.

Le plaidoyer de Marx constitue naturellement le point culminant du procès. Il est remarquable en deux sens.

Premièrement, du fait que c'est un communiste qui doit faire comprendre aux jurés bourgeois que les actes qu'il a commis et pour lesquels il est devant eux en position d'accusé, non seulement il fallait les commettre, mais encore dont il eût été du devoir de *leur* classe - la bourgeoisie - de les pousser jusqu'à leurs, conséquences les plus extrêmes. Ce fait suffit, à lui seul, pour caractériser l'attitude de la bourgeoisie allemande, et particulièrement prussienne, durant la période révolutionnaire. Il, s'agissait alors de savoir à qui doit revenir le pouvoir : aux puissances sociales et étatiques, regroupées autour de la monarchie absolue - grande propriété foncière féodale, armée, bureaucratie, clergé - ou au contraire à la bourgeoisie. Le prolétariat, encore à l'état naissant n'avait d'intérêt à ce combat que dans la mesure où il obtenait, parla victoire de la bourgeoisie, l'air et la lumière indispensables à son propre développement, les coudées franches sur le champ de bataille, où il pourra un jour remporter la victoire sur toutes les autres classes.

Mais la bourgeoisie - et avec elle la petite bourgeoisie - se tient coîte lorsque le gouvernement hostile l'attaque au siège de sa puissance, le jour où il disperse le parlement, désarme sa garde civile et proclame contre elle l'état de siège. C'est alors que les communistes montent sur la brèche, somment la bourgeoisie de faire ce qui n'était que son devoir le plus sacré.

Face à la vieille société féodale, la bourgeoisie et le prolétariat forment tous deux la société nouvelle et sont du même côté. Naturellement l'appel demeure sans réponse, et l'ironie de l'histoire veut que la même bourgeoisie ait à juger aujourd'hui les actes des communistes révolutionnaires et prolétariens, d'une part, et ceux du gouvernement contre-révolutionnaire, d'autre part.

Mais deuxièmement - et c'est ce qui donne au plaidoyer une importance particulière même de nos jours [1985] - il sauvegarde la position révolutionnaire, face à la légalité hypocrite du gouvernement, d'une, manière exemplaire, dont beaucoup pourraient s'inspirer aujourd'hui encore : - Nous avons appelé le peuple aux armes contre le gouvernement ? C'est ce que nous avons fait, et c'était notre devoir. Nous avons violé la loi et abandonné le terrain de la légalité ? C'est vrai, mais les lois que nous avons violées, le gouvernement les avait déjà mis en pièces avant nous et jetés aux pieds du peuple, si bien qu'il n'y avait plus de terrain de la légalité. On peut déblayer sa route en nous liquidant comme ennemis vaincus, mais on ne peut pas nous condamner!

Les partis officiels - de la *Kreuz-Zeitung à* la *Frankfurter-Zeitung - reprochent* au parti ouvrier social-démocrate d'être un parti révolutionnaire, de ne pas vouloir reconnaître le terrain légal créé en 1866 et 1871, et de se placer ainsi lui-même en dehors de la légalité générale - c'est ce que l'on entend jusque dans les rangs des nationaux-libéraux. Je veux faire abstraction de l'idée monstrueuse qui prétend qu'en exprimant simplement une opinion on puisse se placer hors de la légalité [367]. Cela relève du pur État policier, et l'on ferait mi eux d'appliquer cela en silence tout en continuant de prêcher en. parole l'État légal. Mais qu'est-ce que le terrain légal de 1866, sinon un terrain révolutionnaire ? On viole la Constitution confédérale, et l'on déclare la guerre aux membres de cette même Confédération. Non, dit Bismarck, ce sont les autres qui ont violé la Constitution confédérale. A quoi il faut répondre qu'un parti révolutionnaire devrait être parfaitement niais, s'il ne trouvait pas pour ses révoltes au moins d'aussi. bons arguments juridiques que Bismarck pour son coup de force de 1866.

Ensuite on a provoqué la guerre civile, puisque la guerre de 1866 ne fut rien d'autre. Or toute guerre civile est une guerre révolutionnaire. On a fait la guerre avec des moyens révolutionnaires. On s'est allié avec l'étranger contre des Allemands; on a fait intervenir dans la bataille des troupes et des navires italiens; on a appâté Napoléon III avec la perspective de possibles annexions sur le Rhin aux dépens de l'Allemagne. On

---

[367] En principe, pour être punissable l'opinion doit avoir un commencement de réalisation (nocif), C'est pourquoi l'opinion et la pensée ne relèvent pas des tribunaux.

a constitué une légion hongroise qui devait combattre pour des buts révolutionnaires contre son souverain légitime; on s'est appuyé en Hongrie sur Klapka, comme en Italie sur Garibaldi. On a triomphé - et on a englouti trois couronnes de droit divin, le Hanovre, la Hesse-Electorale et le Nassau, dont chacune est pour le moins aussi légitime, aussi « héréditaire » et autant « de droit divin » que la couronne de Prusse. Enfin on a imposé aux autres membres de la Confédération une Constitution impériale, qui - en ce qui concerne, par exemple, la Saxe - a été adoptée aussi librement que la Prusse accepta jadis la paix de Tilsit.

M'en plaindra-je ? Cela ne m'effleure même pas. On ne se plaint pas d'événements historiques; on s'efforce, au contraire, d'en comprendre les causes et, de la sorte, les conséquences *qui sont encore loin d'être épuisées.* Mais, ce que l'on est en droit de réclamer, c'est que des gens qui ont eux-mêmes fait tout cela, ne reprochent pas *à* d'autres d'être des révolutionnaires. L'Empire allemand est une création de la révolution - certes d'une espèce particulière, mais révolution quand même. Il ne doit pas y avoir deux poids et deux mesures. La révolution reste la révolution, qu'elle soit faite par le roi de Prusse ou par un savetier. Si le gouvernement en place se sert des lois en vigueur pour se débarrasser de ses adversaires, alors il ne fait que ce que fait tout gouvernement. Mais s'il s'imagine qu'ils les foudroie de plus avec le qualificatif terrible de « révolutionnaires ! », alors il ne peut emplir de terreur que le philistin : « révolutionnaires vous-mêmes! », répondra l'écho dans toute l'Europe.

Mais la prétention de dépouiller le parti de son caractère révolutionnaire, qui découle des conditions historiques, devient proprement ridicule, lorsqu'on. commence par le mettre hors le droit commun, c'est-à-dire hors la loi, pour lui demander ensuite de reconnaître le terrain légal que l'on *a supprimé précisément à son encontre.*

Que l'on perde sa peine avec de pareilles questions, cela démontre une fois de plus l'arriération politique de l'Allemagne [368]. Dans le reste du monde, chacun sait que l'ensemble des conditions, politiques actuelles est le fruit de toutes sortes de révolutions. La France, l'Espagne, la Suisse, l'Italie - autant de pays et autant de gouvernements par la grâce de la révolution! En, Angleterre, le conservateur Macaulay lui-

---

[368] De nos jours, la même arriération politique (nul parti n'est constitutionnel, donc permis en Allemagne, s'il veut utiliser la force pour changer l'ordre en vigueur actuellement, comme si l'histoire des siècles et des millénaires futurs devait s'arrêter devant la Constitution de Bonn!) est le résultat des puissances démocratiques, qui l'imposèrent par le feu et le sang à l'Allemagne vaincue (qui, au reste, l'avait déjà abolie elle même, mais sans Constitution démocratique!).

même reconnaît que l'actuel terrain légal repose sur une révolution effectuée sur d'autres (revolutions heaped upon revolutions). Depuis cent ans, l'Amérique commémore sa révolution chaque 4 juillet. Dans la plupart de ces pays, il y a des partis qui ne se sentent pas plus liés par les conditions juridiques en vigueur que celles-ci ne sauraient elles-mêmes les lier. Cependant, quiconque voudrait accuser, en France par exemple, les royalistes ou les bonapartistes d'être des révolutionnaires se rendrait simplement ridicule.

En Allemagne, on n'a pas procédé de manière radicale - autrement elle ne serait pas déchirée en deux morceaux, en l'Autriche et en ce qu'on appelle l'Allemagne - et où, pour cette raison, les idées de temps révolus, mais non entièrement surmontés, continuent à végéter dans les esprits comme si elles étaient éternelles (ce pourquoi on appelle les Allemands un peuple de penseurs). Il n'y a que dans cette Allemagne où il puisse encore arriver que l'on exige d'un parti qu'il se tienne lié par le soi-disant ordre légal en vigueur, et ce, non seulement en fait, mais encore en droit, et qu'il promette à l'avance que, quoi qu'il arrive, il ne cherchera pas à renverser - même s'il le pouvait - l'État légal qu'il combat. En d'autres termes : il devrait s'engager à maintenir en vie à tout jamais l'ordre politique en vigueur. C'est cela et rien d'autre que l'on exige de la social-démocratie lorsqu'on lui demande de cesser d'être *révolutionnaire*.

Mais le petit bourgeois allemand - et son opinion est toujours l'opinion publique de l'Allemagne -est un curieux bonhomme. Il n'a jamais fait de révolution. Celle de 1848, ce sont les ouvriers qui l'ont faite - à sa grande terreur. Mais pour cela il a subi d'autant plus de coups de force. En effet, qui a opéré tous les bouleversements en Allemagne en trois cents ans - et ils étaient faits en conséquence - sinon les *princes*. Toute leur autorité et finalement toute leur souveraineté furent le fruit de leurs rébellions contre l'Empereur. La Prusse était la première à leur montrer ce bon exemple. La Prusse ne put devenir un royaume après seulement que le « grand-duc électoral » de Brandebourg ait effectué avec succès une rébellion contre son suzerain, le roi de Pologne, et rendu ainsi le duché de Prusse indépendant de la Pologne. A partir de Frédéric II la rébellion de la Prusse contre l'Empire allemand a été érigé en système : il se « fiche » de la Constitution impériale avec plus de sans-gêne encore que notre brave *Bracke l'a* fait de la loi anti-socialiste. Vint ensuite la révolution française, et elle fut subie avec des pleurs et des gémissements par les princes comme par les philistins. De par le recès de la Diète impériale de 1803, les Français et les Russes répartirent, de manière, hautement révolutionnaire, l'Empire allemand entre les princes allemands, parce que ceux-ci ne parvenaient pas à se mettre d'accord eux-mêmes sur ce partage. Ce fut Napoléon qui permit à ses protégés tout particuliers, les princes de Bade, de Bavière et de Wurtemberg, de s'emparer de toutes les villes, baronnies et duchés impériaux, situés dans et entre leurs territoires.

Aussitôt après, ces trois princes, tous coupables de haute-trahison, entreprirent la dernière rébellion couronnée de succès contre leur Empereur, en se proclamant souverains avec l'aide de Napoléon, et en mettant ainsi définitivement en pièces le vieil Empire allemand. Par la suite, l'Empereur allemand *de facto*, Napoléon, partagea de nouveau, tous les. trois ans environ, l'Allemagne entre ses fidèles valets, les princes allemands et autres. Enfin, ce fut la glorieuse libération du joug étranger, et, en guise de récompense, l'Allemagne fut partagée et trafiquée par le Congrès de Vienne, c'est-à-dire par la Russie, la France et l'Angleterre comme territoire général de dédommagement pour princes déchus, et les petits bourgeois allemands furent attribués, comme autant de moutons, à environ 2 000 lambeaux de territoire épars, possédés par quelque trente-six souverains, héréditaires, pour lesquels aujourd'hui encore la plupart continuent de « mourir comme de bons sujets ». Tout cela n'aurait pas été révolutionnaire! Qu'il avait donc raison ce coquin de Schnapphanski-Lichnowski, en s'écriant au

Parlement de Francfort : « Le droit historique est sans date. » En effet, il n'en n'a jamais eu!

La prétention du petit bourgeois allemand vis-à-vis du parti ouvrier social-démocratie n'a que cette signification : Ce parti doit devenir un parti bourgeois à l'image du petit bourgeois et, comme lui, ne participer plus activement aux révolutions, mais les *subir* toutes. Et lorsque le gouvernement, arrivé au pouvoir par la contre-révolution et la révolution, émet cette même prétention, cela signifie simplement que la révolution est bonne tant qu'elle est faite par Bismarck pour Bismarck et consorts, mais qu'elle est condamnable quand elle s'effectue contre Bismarck et consorts.

Frédéric Engels

UNE NOUVELLE LOI
CONTRE LA SUBVERSION SOCIALISTE

A Paul Lafargue, 22 novembre 1894.

Le petit Guillaume a un comportement qui étonne. Ne se met-il pas en tête de combattre les « tendances subversives », en commençant par renverser son propre gouvernement [369]. Les ministres tombent comme des soldats de plomb. Le malheureux jeune homme a dû se taire et se tenir coi pendant

---

[369] La politique anti-socialiste de Guillaume II ne fut qu'une parodie de celle de Bismarck (il n'en avait pas le pouvoir, ni même ne passa aux actes), mais la menace réussit, là où Bismarck ne réussit pas: dépouiller durablement la social-démocratie allemande de son caractère révolutionnaire, malgré les conseils d'Engels.

Le 26 octobre 1894, le chancelier Leo von Caprivi fut remercié, parce qu'il n'était pas d'accord avec l'Empereur sur les méthodes à prévoir pour réprimer la social-démocratie. Le prince zu Hohenlohe-Schdlingsfürst lui succéda.

Le 6 décembre 1894, le nouveau gouvernement déposa au Reichstag le projet de loi contre la subversion (Umsturzvorlage), appelé officiellement projet de loi relatif aux modifications et compléments de la législation pénale, du code pénal militaire et de la loi sur la presse. D'après cette loi, des tendances subversives, même sans commencement de réalisation, étaient punissables de bagne. De prétendues attaques contre la religion, la monarchie, le mariage, la famille ou la propriété pouvaient entraîner des peines de prison allant jusqu'à deux ans. L'Empereur, grâce à l'extension de la loi à la religion, les bonnes mœurs, etc. (chères aux catholiques militants de l'anticommunisme) parvint à rallier à son projet une bonne partie des députés du Centre. Entre la première discussion de la loi au Reichstag, en décembre 1894 et en janvier 1895, et la seconde discussion en mai 1895, la Commission sous l'impulsion décisive du Centre - Victor Rintelen et Peter Spahn - élargit la loi par une autre qui protégeait la morale et la religion.

Les derniers écrits d'Engels furent rédigés sous la menace de ce projet de loi qui resta longtemps en discussion, la majorité des partis bourgeois ne pouvant se résoudre finalement à le voter: le 11 mai 1895, le Reichstag rejeta définitivement le projet de loi en seconde lecture.

plus de huit mois, et n'y résistant plus, il éclate - voilà le résultat ! Au moment même où nous conquérons le quart de la Belgique, où la réforme électorale est en tram de conduire les nôtres au parlement autrichien, où tout est dans l'incertitude quant à J'avenir de la Russie - à ce moment-là le jeune homme se met en tête de surpasser Crispi et Casimir-Périer [370] ! L'effet que tout cela produit Allemagne; vous le voyez dans le fait qu'au congrès socialiste de Francfort un grand nombre de nos

---

[370] Le 14 juillet 1894, le parlement italien adopta la loi sur les mesures d'exception pour la protection de la sûreté publique. Cette loi prétendument dirigée contre les anarchistes fut cependant utilisée contre le mouvement ouvrier, afin de contrecarrer l'influence croissante des socialistes. Cette foi permit d'interdire le Parti socialiste d'Italie, ainsi que de nombreuses organisations de travailleurs et une partie de la presse ouvrière; il y eut beaucoup d'arrestations, de perquisitions et de poursuites en justice. Malgré la répression, les socialistes poursuivirent la lutte, et, en janvier 1895 ils se réunirent secrètement à Parme pour leur troisième congrès : « La majorité y adopta un clair ordre du jour centraliste qui triompha d'une motion sur l'organisation de type fédéraliste. Dès ce moment, on parle de Parti socialiste italien. Sur la tactique, la majorité est pour l'intransigeance contre un ordre du jour qui admettait de timides exceptions locales » (Storia della Sinistra Comunista, Milan 1964, p. 23).

Le procès contre Alfred Léon Gérault-Richard fut le premier procès mené en vertu de la loi contre les anarchistes votée en juillet 1894 : il était mis en scène par le président de la République Jean Casimir-Périer. Gérault-Richard fut condamné à la peine maximale - un an de prison et 3 000 francs d'amende - en raison d'un article du « Chambard » dirigé contre Casimir-Périer. Les blanquistes posèrent la candidature de Gérault-Richard à la députation dans le XIIIe arrondissement, où il fut élu le 6 janvier 1895. La demande de libération fut rejetée par 294 voix contre 205, et la libération de Gérault-Richard fut remise à plus tard.

délégués ont réclamé une nouvelle loi de répression comme meilleur moyen de faire gagner du terrain à notre parti !

À Ludwig Schorlemmer, 3 janvier 1895.

Même si le congrès de Francfort a été plutôt terne par rapport aux précédents, parce que Vollmar et les Bavarois ont littéralement surpris et abusé les autres parlementaires avec leur ultimatum bavarois [371], si bien que ces derniers n'ont pris

---

[371] Le congrès, de Francfort-sur-le-Mein (21 au 27 octobre 1894) consacra une grande partie de ses débats à des polémiques avec G. von Vollmar et Karl Grillenberger qui, en votant le budget à la Diète bavaroise le 1er juin, avait démontré qu'ils étaient disposés à collaborer avec la bourgeoisie et avaient amorcé une politique réformiste. La majorité n'approuva certes pas expressément l'initiative de Vollmar, mais ne la condamna pas non plus, comme Bebel l'avait demandé. Le problème le plus important qui y fut débattu fut la question agraire. Sur ce point encore, Vollmar se mit en contradiction avec les principes élémentaires d'un programme agraire marxiste. La majorité du congrès, « peu au courant de la question agraire », se laissa surprendre parles thèses de Vollmar! Le congrès manifesta clairement une poussée opportuniste et suscita la protestation de la base du parti. Cf. différents textes sur la question agraire en traduction française dans Marx-Engels, le Parti de classe, IV, pp. 36-46.
Lors du second congrès de la social-démocratie bavaroise à Munich, le 30 septembre 1894, l'ordre du jour porta sur l'activité des parlementaires à la Diète bavaroise et l'agitation parmi les paysans (les petites parcelles prédominent dans les, régions montagneuses, de

aucune décision, par crainte d'une scission possible, dans les questions les plus importantes -la bêtise de nos adversaires nous permet tout de même de surmonter ces mesquineries. Non content de leur projet de loi contre la subversion, ces génies se mettent encore à persécuter Liebknecht à cause de l'histoire survenue au Reichstag [372], EN FAISANT AINSI DE NOUS LES DÉFENSEURS DES DROITS CONSTITUTIONNELS DU PARLEMENT ALLEMAND [373] !

Bavière et le congrès adopta une résolution défendant là propriété paysanne, qui est propriété privée même si la parcelle est, petite et le paysan la cultive lui-même). Vollmar réussit à rallier Une majorité à, ses conceptions opportunistes. Le congrès approuva la fraction parlementaire qui avait ratifié le budget de l'État et entérina une résolution en vue de créer une organisation plus stricte des sociaux-démocrates bavarois sous la direction centrale de leurs représentants parlementaires (c'est-à-dire des députés choisis par le système démocratico-bourgeois, soit des électeurs qui ne sont pas membres du parti!). Vollmar se forgeait de la sorte un bastion pour la politique opportuniste dans le parti. Notons à ce propos que les opportunistes se fondent toujours sur des tendances fédéralistes pour asseoir leur dictature sur les masses.

[372] A la séance du Reichstag du 6 décembre 1894. Les membres de la fraction sociale-démocrate restèrent assis tandis que le président lançait un vivat en l'honneur de Guillaume II. Le 11 décembre, le chancelier-prince de Hohenlohe réclama des poursuites pénales contre Wilhelm Liebknecht pour crime de lèse-majesté. Cependant le Reichstag repoussa cette prétention le 15 décembre par 168 voix contre 58, au nom des droits parlementaires.

[373] Lors du débat sur les poursuites à engager contre Liebknecht pour crime de lèse-majesté, cf. note no 305, Bebel tint un discours pour dénier au gouvernement le droit d'utiliser en l'occurrence l'article 31 de la Constitution qui permettait dans certaines conditions la poursuite de

C'est précisément ce nouveau conflit qui nous a permis de conclure avec succès le boycott berlinois de la bière, qui à l'étranger et notamment en Angleterre a eu un si grand retentissement [374]. Il est remarquable qu'avec leurs organisations de métier qui existent publiquement depuis soixante-dix ans et leurs grandes libertés d'association, les ouvriers anglais n'aient jamais pu réussir le score qu'ont arraché de vive lutte les Berlinois. Un journal écrit : « Que l'Empereur Guillaume y réfléchisse donc bien : les gens *qui* ont réussi à venir à bout des tonneaux de bière, sont fort capables de venir aussi à bout de son sceptre. »

---

    parlementaires. Or cet article disait expressément qu'aucun député ne pouvait être poursuivi pour une opinion exprimée au Reichstag. Les sociaux-démocrates devaient de plus en plus se faire les défenseurs de la légalité forgée par les classés dominantes elles-mêmes!

[374] Le 3 mai 1894, les ouvriers des brasseries berlinoises engagèrent une action appelée boycott de la bière. Ce mouvement fut amorcé par le lock-out de 300 tonneliers d'une brasserie qui avaient participé à la fête du 1er mai. Les ouvriers réclamèrent, entre autres, que le 1er mai soit reconnu comme fête légale, que la journée de travail soit ramenée à 9 heures, que les organisations existantes des brasseurs fussent reconnues, que les ouvriers lock-outés soient dédommagés pour leurs pertes de salaire. Les patrons brasseurs répondirent à ces revendications par des licenciements massifs. Cependant le mouvement prit une ampleur dé plus en plus considérable. Finalement les patrons furent obligés d'engager des négociations en septembre .1894. Les revendications des ouvriers furent satisfaites pour l'essentiel. Le boycott de la bière prit fin en décembre 1894.

Et nous avons obtenu le résultat suivant : il n'y a en Allemagne que deux hommes dont on écoute attentivement les discours - l'empereur Guillaume et Auguste Bebel. Le dernier discours de ce dernier était brillant, mais il faut le lire dans son compte rendu sténographique [375].

Ma santé est de nouveau bonne, mais je constate, néanmoins que j'ai soixante-quatorze et non plus quarante-sept ans, et que je ne peux plus en prendre à mon aise avec la nourriture, la boisson, etc., de même que je ne peux pas résister autant qu'autrefois aux intempéries. Quoi *qu'il* en soit, pour mon âge, je suis encore très vert, et j'espère bien vivre encore certains événements, surtout si ces messieurs de Berlin - comme ils en ont tout l'air - veulent tâter d'un conflit constitutionnel,: Les hobereaux prussiens sont capables de pousser les choses au point que les sociaux-démocrates devront jouer les protecteurs de la Constitution impériale contre la classe des hobereaux qui

---

[375] Lors du débat sur les poursuites à engager contre Liebknecht pour crime de lèse-majesté, cf. note n° 305, Bebel tint un discours pour dénier au gouvernement le droit d'utiliser en l'occurrence l'article 31 de la Constitution qui permettait dans certaines conditions la poursuite de parlementaires. Or cet article disait expressément qu'aucun député ne pouvait être poursuivi pour une opinion exprimée au Reichstag. Les sociaux-démocrates devaient de plus en plus se faire les défenseurs de la légalité forgée par les classés dominantes elles-mêmes!

meurt d'envie de violer la Constitution et de faire un coup d'État. Cela nous convient aussi! Qu'on fonce donc !

À Paul Stumpf, 3 janvier 1895

Les chamailleries [376] dans le parti ne me dérangent guère : il vaut mieux qu'elles se produisent de temps en temps et éclatent carrément une bonne fois. C'est précisément l'extension toujours croissante et irrésistible du parti qui fait que les derniers venus sont plus difficiles à digérer que les précédents. N'avions-nous pas déjà dans nos rangs les ouvriers des grandes villes, qui sont les plus intelligents et les plus éveillés ? Ceux qui viennent maintenant sont ou bien les ouvriers des petites villes ou des districts ruraux, ou bien des étudiants, petits employés, etc., voire enfin les petits bourgeois et artisans campagnards qui luttent contre le déclin et possèdent en propre ou à bail un petit bout de terre et, à présent, par-dessus le marché, de véritables petits paysans.

---

[376] Engels fait allusion aux polémiques surgies dans le parti sur le programme agraire, avec lequel, Engels espérait. pouvoir agiter les provinces orientales de l'Allemagne contre l'ordre existant. L'opportunisme détournera les sociaux-démocrates de cette question sociale pour une question légalitaire, artificiellement gonflée: « La question paysanne est repoussée à l'arrière-plan en Allemagne par le projet de loi contre la subversion », écrira Engels à F.-A. Sorge le 16-01-1895.

Or il se trouve qu'en fait notre parti est le seul en Allemagne qui soit authentiquement -de progrès et qui, en même temps, soit assez puissant pour imposer de force le progrès, de sorte que la tentation est forte même pour les gros ou moyens paysans endettés et en rébellion de tâter un peu du socialisme, notamment dans les régions où ils prédominent à la campagne..

Ce faisant, notre parti dépasse sans doute largement les limites de ce que permettent les principes - et c'est ce qui engendre pas mal de polémiques; mais notre parti a une constitution assez saine pour qu'elles ne lui soient pas néfastes. Nul n'est assez bête pour envisager sérieusement de se séparer de la grande masse du parti, et nul n'a la prétention de croire qu'il puisse constituer encore un petit parti privé, semblable à celui du Parti populaire souabe [377] qui, avec beaucoup de chance, avait réussi a

---

[377] Engels compare les démêlés à l'intérieur de la social-démocratie allemande sur la question agraire avec la tentative faite en 1868 par les représentants du Parti populaire souabe qui voulurent détourner les Eisenachiens d'adopter les résolutions du congrès. de Bâle de l'A.I.T. sur l'abolition de là propriété privée dans l'agriculture et sur les avantages de la propriété collective. Le congrès de Stuttgart du parti d'Eisenach mit fin à ces velléités et tira une nette ligne de délimitation entre ouvriers et petits bourgeois dans ce problème agraire qui met en balance la propriété privée. Cf. Die I. Internationale in Deutschland (1864-1872), Dietz, Berlin 1864. L'exposé de Bebel au congrès de Stuttgart ainsi que la résolution de ce congrès sur la question agraire y figurent pp. 477-483.

regrouper sept Souabes sur onze. Toute cette chamaillerie ne sert qu'à causer des déceptions aux bourgeois qui escomptent une scission depuis vingt ans déjà, mais font en même temps tout ce qu'il faut pour nous l'éviter. Il en est ainsi à présent avec le projet de loi sur la presse et les activités subversives, l'élévation de Liebknecht au rôle de défenseur des droits du Reichstag et de la Constitution [378], ainsi que les menaces de coups d'État et de violation des droits. Certes, on fait beaucoup de bêtises chez nous, mais pour permettre à de tels adversaires de nous vaincre, il faudrait vraiment que nous fassions des gaffes grosses comme des montagnes, gaffes que tout l'or du monde ne serait pas en mesure d'acheter. Au reste, ton plan de céder à l'occasion la direction du parti à la jeune génération, afin qu'elle s'aguerrisse n'est pas si mauvais, mais je crois qu'elle arrivera aussi sans cette expérience à du savoir-faire et de l'intelligence politiques.

---

[378] Lors du débat sur les poursuites à engager contre Liebknecht pour crime de lèse-majesté, cf. note no 305, Bebel tint un discours pour dénier au gouvernement le droit d'utiliser en l'occurrence l'article 31 de la Constitution qui permettait dans certaines conditions la poursuite de parlementaires. Or cet article disait expressément qu'aucun député ne pouvait être poursuivi pour une opinion exprimée au Reichstag. Les sociaux-démocrates devaient de plus en plus se faire les défenseurs de la légalité forgée par les classés dominantes elles-mêmes!

À Fr.-A. Sorge, 16 janvier 1895.

Dans cette nouvelle année, les choses deviennent horriblement confuses en Europe. La question paysanne a été repoussée à l'arrière-plan en Allemagne par le projet de loi sur la subversion, et celui-ci à son tour par le jeune Guillaume (son chant à Égire, le maître des flots, témoigne de ce qu'il à le mal de mer chaque fois qu'il monte avec sa flotte dans les tranquilles fjords norvégiens). Ce jeune homme a semé partout le désordre en Allemagne, et nul ne sait plus où il en est et de quoi demain sera fait, la confusion dans les cercles gouvernementaux comme, en général, dans les classes régnantes croît de jour en jour, tant et si bien que les seuls qui ont fait joyeuse figure lors des débats contre la subversion étaient nos gens à nous. Mais n'est-ce pas beau : à la tête de ceux qui sont contre cette loi anti-subversive se trouve précisément celui qui ne peut laisser passer cinq minutes sans faire un chambardement ! Or ce jeune Guillaume est tombé dans les griffes des hobereaux qui, afin de le tenir dans l'état d'esprit où il est disposé à leur accorder une aide accrue de l'État pour leurs domaines seigneuriaux en banqueroute, l'appâtent maintenant avec la perspective de nouveaux impôts, de nouveaux soldats et d'une flotte de guerre, lui dictent une attitude arrogante pour que la volonté de l'Empereur soit la loi suprême et le poussent à dissoudre le Reichstag et à procéder à un coup d'État. Mais avec cela messieurs Köller et consorts qui ont des mots si arrogants, manquent à ce point de courage qu'ils éprouvent d'ores et déjà toutes sortes de frayeurs et on peut vraiment se de mander s'ils n'auront pas peur lorsque le moment d'agir sera venu!

A Paul Lafargue, 26 février 1895.

Je vous en voie en recommandé le manuscrit avec quelques observations - la traduction est comme toujours remarquable [379]. Il y a eu un retard de quelques jours : on veut publier à Berlin les trois articles de Marx sur les événements en France de 1848 et 1849 (qui furent publiés en 1850 dans la « Nouvelle-Gazette rhénane », Revue économique et politique), et cela exige une *Introduction* [380]. Celle-ci est devenue assez

---

[379] Laura Lafargue avait proposé le 10 novembre 1894 à Bebel de traduire en français sa Contribution à l'histoire du christianisme primitif. Engels retoucha légèrement ce texte par rapport à l'allemand. Il fut publié dans le Devenir Social d'avril-mai 1895. Le recueil de Marx-Engels Sur la religion, «Éditions Sociales, 1968, p. 310-338), reproduit la traduction du texte allemand paru dans la Neue-Zeit, sans mentionner cette vieille. traduction française.

[380] Engels fait allusion à la fameuse introduction de 1895, aux Luttes de classes en France. 18,48-1850 de Marx (Éditions Sociales, Paris, 1948. pp.

longue. En effet, outre un panorama général sur les événements depuis cette époque, il fallut encore expliquer pourquoi nous avions parfaitement raison de compter sur une victoire définitive et toute imminente du prolétariat, pourquoi celle-ci ne vint pas et dans quelle mesure les événements ont contribué à ce que nous considérions les choses autrement aujourd'hui qu'alors. C'est très important à cause des nouvelles lois dont on nous menace en Allemagne. Une commission du Reichstag s'efforce de rendre élastiques tous les articles du Code Pénal, applicables ou non, selon le parti politique auquel appartient l'accusé. Le motif d'un acte considéré comme crime, etc. doit déjà être puni, si l'on peut supposer que l'accusé voulait provoquer ou inciter d'autres à l'imiter! En d'autres termes : Vous, socialistes, vous serez punis, si vous dites ce qu'un conservateur, un libéral ou un clérical peut dire sans être poursuivi. En commission, les cléricaux sont pires que le gouvernement lui-même. Figurez-vous qu'ils réclament deux

---

21,38). Dans sa lettre du 30 janvier 1895, le rédacteur en chef du Vorwärts, Richard Fischer informa Engels de son intention de publier les textes de Marx sur la révolution française de 1848-49 et lui réclama une introduction. Il ajouta qu'à était pressé de publier le tout avant le vote de la nouvelle loi anti-socialiste. On notera que les sociaux-démocrates demandèrent ensuite à Engels d'édulcorer son texte pour ne pas fournir d'argument à l'adversaire au moment des débats sur cette loi.

ans de prison pour quiconque nie, publiquement ou dans la presse, l'existence de dieu ou l'immortalité de l'âme!

La rage de la réaction est parfaitement absurde et absolument inexplicable, à moins d'admettre que ces messieurs se sentent menacés d'un *coup d'État.* De *hauts fonctionnaires* prêchent ouvertement ce coup d'État. Constantin Rössler, conseiller de légation, l'a exigé dans une brochure, et le général en retraite von Bogouslavki a fait de même. Les libéraux et les cléricaux savent qu'il ne leur resterait qu'à se soumettre, si le gouvernement prenait une telle décision. Mais face aux deux millions d'électeurs socialistes, ces messieurs n'ont pas le courage de s'opposer ouvertement à un coup d'État : le gouvernement les désarmera avec cette menace, et ils apporteront leur voix à tout ce qui « sauvera »l'ordre et la paix à l'intérieur ! Vous verrez qu'ils ratifieront tous les impôts, tous les navires de guerre, tous les nouveaux régiments que Guillaume exigera - si les électeurs ne s'en mêlent pas. En effet, les députés bourgeois sont si lâches en Allemagne que même le courage d'être lâche leur manque.

Dans tous les cas, nous allons à grands pas vers une crise, s'il peut y avoir une crise dans cette Allemagne de la bourgeoisie où tout s'émousse. Il est certain qu'il y aura pour nos amis une nouvelle période de persécutions. En ce qui concerne notre politique, elle doit consister en ceci : ne pas céder à la provocation le moment venu car alors nous devrions combattre sans perspective de succès et nous laisser saigner comme à Paris en 1871 [381] tandis que nos forces pourraient doubler dans deux ou trois ans comme sous la loi d'exception. Aujourd'hui notre parti lutterait tout seul contre l'ensemble des autres, qui sont associés au gouvernement sous la bannière de l'Ordre social [382]. Dans deux ou trois ans, nous aurons à nos

---

[381] La boucherie consécutive à la Commune qui a décimé la fleur du prolétariat révolutionnaire français et l'a affaibli pour longtemps, a fortement influencé les jugements de Marx-Engels et n'a fait que les renforcer dans leur thèse de parti responsable du cours révolutionnaire qu'il dirige consciemment et activement : « Nous sommes encore très loin de pouvoir soutenir une lutte ouverte, et nous avons le devoir, vis-à-vis de toute l'Europe et de l'Amérique, de ne pas subir une défaite, mais de vaincre, le moment venu, dans la première grande bataille. A cette considération je subordonne toute autre » (Engels à P. Lafargue, 31-01-1891).

99 % des marxistes n'ont pas compris le pourquoi des réticences de Marx-Engels au déclenchement de la Commune, parce qu'ils ignoraient tout bonnement quelle était la stratégie la plus efficace pour une victoire du socialisme dans les années 1870, d'Europe occidentale à la Russie : cf. « Le Fil du Temps », 11, sur le Marxisme et la Question militaire; Constitution du prolétariat en classe dominante.

[382] Engels envisage désormais la fin de la tactique de la révolution permanente qui s'applique dans les pays non encore entièrement capitalistes, où donc l'accession au pouvoir de la « démocratie pure » (petite bourgeoise ou bourgeoisie) est encore une phase progressive dans le processus révolutionnaire. A ses yeux donc, l'Allemagne est désormais un pays essentiellement capitaliste, où la tactique est frontale. Le prolétariat devra y faire face à toutes les fractions des classes autres que prolétariennes, formant « une seule masse réactionnaire », cf. lettre

côtés les paysans et petits bourgeois ruinés par les impôts. Le corps principal ne livre pas de batailles d'avant-poste : il se tient prêt pour le moment critique.

Or donc, nous verrons comment tout cela finira.

À Richard Fischer, 8 mars 1895.

J'ai tenu compte autant qu'il était possible de vos graves préoccupations [383], bien que, avec la meilleure volonté, je ne

---

d'Engels à Bebel du 11-12-1884 et 12-5-1891, où cette tactique était encore exposée que comme hypothèse possible.

Dans la perspective de la tactique frontale, la social-démocratie allemande eût dû se durcir et ne pas attribuer de valeur à la défense de la démocratie et de la légalité, dans laquelle la politique dg menace de coup de force du gouvernement la lançait au contraire.

[383] Dans sa lettre du 6 mars 1895, Richard Fischer avait déclaré que Bebel, Singer, Auer et lui-même avaient lu l'Introduction d'Engels et l'avaient trouvée trop compromettante pour la social-démocratie allemande : « Dans notre office de censeurs. nous sommes partis de l'idée que les passages,« préoccupants » pourraient très facilement amener de l'eau au moulin de notre adversaire. Or c'est justement ce que nous devons, aujourd'hui surtout, nous efforcer d'éviter. Tout porte à croire que le projet de loi anti-subversive est en train de « s'enliser » et dans ces conditions tu es trop féroce contre les Rintelen et Spahn (ces dirigeants du Centre qui élargirent encore les causes d'application de la loi scélérate, cf. note n° 302). Or donc, tu devras admettre toi-même qu'il ne serait pas très difficile à un adversaire de mauvaise foi d'affirmer que la quintessence de ton exposé est : 1. l'aveu que nous ne

comprends pas pourquoi vos réticences commencent à la moitié du texte. Je ne peux tout de même pas admettre que vous ayiez l'intention de prescrire, de tout votre corps et de toute votre âme, la légalité absolue, la légalité en toutes circonstances. la légalité même vis-à-vis de ceux qui 'frisent la légalité, bref la politique qui consiste à tendre la joue gauche à celui qui vous a frappé la joue droite. Dans le *Vorwärts*, bien sûr, certains prêchent parfois la révolution avec la même énergie que d'autres la repoussent. Mais je ne peux considérer cela comme une solution de la question.

---

faisons pas aujourd'hui la révolution pour la seule raison que nous ne sommes pas encore assez forts, parce que nous n'avons pas encore gangrenés suffisamment l'armée - soit la démonstration même sur laquelle s'appuient les auteurs du projet de loi antisubversive; 2. qu'en cas de guerre ou d'autres complications graves - comme celles de la Commune - nous brandirions l'étendard de la révolution face à l'ennemi national, etc. Un tel « document » serait un « argument tout trouvé » précisément aujourd'hui, et toutes les déclarations que nous pourrions faire ne pourraient être conçues que, comme des excuses ou des tentatives de dénégation. Je crois que tu devras admettre que nos réticences sont justifiées ». Ces deux points, à eux seuls, montrent que les sociaux-démocrates jugeaient l'Introduction d'Engels, comme étant parfaitement révolutionnaire. A-t-on jamais lu avant la glorieuse révolution de 1917 en Russie et de 1918 en Allemagne (qui mit fin à la première guerre mondiale) une telle apologie du défaitisme révolutionnaire qui consiste à baisser les fusils devant l'ennemi extérieur pour les tourner contre l'alliance des bourgeoisies nationales et internationales.

J'estime que vous n'avez absolument rien a gagner, si vous prêchez sous la contrainte le renoncement absolu du recours à la violence. Personne ne vous croira, et *aucun* parti d'aucun pays ne va aussi loin dans le renoncement au droit de recourir à la résistance armée, à l'illégalité.

En outre, je dois tenir compte des étrangers - Français, Anglais, Suisses, Autrichiens, Italiens, etc. - qui lisent ce que j'écris : je ne peux me compromettre aussi totalement à leurs yeux.

J'ai cependant accepté vos modifications [384], avec les exceptions suivantes : 1° Épreuves à corriger, p. 9, pour les masses, il est dit : « il faut qu'elles aient compris pourquoi elles interviennent ». 2° Le passage suivant : barrer toute la phrase depuis « le déclenchement sans préparation de l'attaque », votre proposition contenant une inexactitude flagrante : le *mot d'ordre « déclenchement de l'attaque »* est à tout propos en usage chez les Français, Italiens, etc., seulement ce n'est pas si sérieux. 31 Épreuves à corriger, p. 10 : « Sur la révolution sociale-démocrate qui va *actuellement* fort bien », vous voulez enlever

---

[384] Le lecteur trouvera ces modifications indiquées dans le texte de Riazanov que nous avons reproduit, ainsi que dans l'Introduction publiée par les Éditions sociales : Les Luttes de classes en France 1848-1850. Le 18 Brumaire, etc., 34-35 et 37.

« actuel*lement* », autrement dit vous voulez transformer une TACTIQUE VALABLE MOMENTANÉMENT et toute relative en une tactique permanente et absolue. Cela je ne peux pas le faire, sans me discréditer à tout jamais. J'évite donc la formule d'opposition, et je dis : « Sur la révolution sociale-démocrate, qui se porte bien, *en ce moment précis,* en se conformant à la loi. » Je ne comprends absolument pas pourquoi vous trouvez dangereuse ma remarque sur l'attitude de Bismarck en 1866, lorsqu'il viola la Constitution. Il s'agit d'un argument lumineux, comme aucun autre ne le serait. Mais je veux cependant vous faire ce plaisir.

Mais je ne peux *absolument* pas continuer de la sorte [385]. J'ai fait tout mon possible, pour vous épargner des désagréments

---

[385] Le 14 mars 1895, R. Fischer répondit à Engels : « Cher général! Mes meilleurs remerciements pour l'esprit de conciliation (Bereitwilligkeit) dont tu fais preuve à propos des corrections d'épreuves. Mais dans tes observations tu pars de suppositions complètement fausses : il ne vient à l'esprit de personne d'entre nous de « prescrire de tout notre corps et de toute notre âme, en toutes circonstances, la légalité », pas plus que nous ne pensons à « prêcher la renonciation absolue à la violence ». Tu as parfaitement raison : cela personne ne nous le croirait, et justement à l'heure actuelle moins que jamais. Si c'était donc là un jeu niais, il ne serait pas moins insensé de vouloir, justement à l'heure actuelle, chercher notre force dans des menaces perpétuelles contre un adversaire qui nous tient à la gorge avec sa loi antisubversive, en criant : Attends seulement! dès que j'aurai de nouveau nia liberté de mouvement, alors je te couperais carrément la gorge. Non! nous faisons ici comme cela se fait avec toute fille raisonnable de village qui déclare

dans te débat. Or vous feriez mieux de préserver le point de vue, selon lequel l'obligation de respecter la légalité est de caractère juridique, et non moral, comme Bogouslavski vous l'a si bien montré dans le temps, et qu'elle cesse complètement lorsque les détenteurs du pouvoir violent les lois. Mais vous avez eu la faiblesse - ou du moins certains d'entre vous - de ne pas contrer comme il fallait les prétentions de l'adversaire : reconnaître aussi l'obligation légale du point de vue *moral,* c'est-à-dire contraignant dans toutes les circonstances, au lieu de

---

à son maladroit et hésitant gaillard : De cela on ne parle pas, mais on le fait! Tu nous accuses également à tort, quand tu admets que nous nous sommes laissés pousser par nos adversaires à la reconnaissance morale de l'obligation de demeurer sur le plan de la légalité. Aucun d'entre nous ne ferait jamais cela! Au contraire, Liebknecht aussi bien que Bebel ont précisément répété à plusieurs reprises ces derniers temps, avec beaucoup de tranchant, que la violation de la Constitution et de la légalité par les autorités supérieures abolissait toute obligation du bas pour le haut. » [Et malgré cela, les censeurs avaient demandé à Engels de barrer le passage suivant : « Comme Bismarck nous en a donné si bien l'exemple en 1866. Si donc vous brisez la Constitution impériale, la social-démocratie est libre, fibre de faire ce qu'elle veut à votre égard. Mais ce qu'elle fera ensuite, elle se gardera bien de vous le dire aujourd'hui. l.c., Éditions sociales, p. 37.] « Nous sommes aujourd'hui pour la légalité, parce qu'elle est avantageuse pour nous et - soit dit en passant - parce que les autres sont encore assez forts pour nous y contraindre; et nous en appelons même aujourd'hui à cette légalité, parce que celle-ci leur est, précisément aujourd'hui, particulièrement désagréable et leur gâche le métier. Voilà tout ! Et tu verras aussi que nous né donnerons aucune occasion aux Français, Italiens, etc. de faire la lippe, pas plus que nous n'oublierons ou renierons que nous avons barré le « légal » de notre programme à Wyden et que nous ne l'avons plus repris à Erfurt. »

dire : vous avez le pouvoir et vous faites les lois; si nous les violons, vous pouvez nous traiter selon ces lois - cela nous devons le supporter, et c'est tout. Nous n'avons pas d'autre devoir, vous n'avez pas d'autre droit. C'est ce qu'ont fait les catholiques sous les lois de Mai, les vieux luthériens à Meissen, le soldat memnonite qui figure dans tous les journaux - et vous ne devez pas démordre de cette position. Le projet anti-subversif *(Umsturz*vorlage) [386] est de toute façon voué à la ruine :

---

[386] La politique anti-socialiste de Guillaume II ne fut qu'une parodie de celle de Bismarck (il n'en avait pas le pouvoir, ni même ne passa aux actes), mais la menace réussit, là où Bismarck ne réussit pas: dépouiller durablement la social-démocratie allemande de son caractère révolutionnaire, malgré les conseils d'Engels.

Le 26 octobre 1894, le chancelier Leo von Caprivi fut remercié, parce qu'il n'était pas d'accord avec l'Empereur sur les méthodes à prévoir pour réprimer la social-démocratie. Le prince zu Hohenlohe-Schdlingsfürst lui succéda.

Le 6 décembre 1894, le nouveau gouvernement déposa au Reichstag le projet de loi contre la subversion (Umsturzvorlage), appelé officiellement projet de loi relatif aux modifications et compléments de la législation pénale, du code pénal militaire et de la loi sur la presse. D'après cette loi, des tendances subversives, même sans commencement de réalisation, étaient punissables de bagne. De prétendues attaques contre la religion, la monarchie, le mariage, la famille ou la propriété pouvaient entraîner des peines de prison allant jusqu'à deux ans. L'Empereur, grâce à l'extension de la loi à la religion, les bonnes mœurs, etc. (chères aux catholiques militants de l'anticommunisme) parvint à rallier à son projet une bonne partie des députés-du Centre. Entre la première discussion de la loi au Reichstag, en décembre 1894 et en janvier 1895, et la seconde discussion en mai 1895, la Commission sous l'impulsion décisive du Centre - Victor

ce qu'il recherche il ne peut même pas le formuler et, moins encore, le réaliser, et dès lors que ces gens en ont le pouvoir, ils réprimeront et séviront de toute façon contre vous, d'une manière ou d'une autre.

Mais si vous voulez expliquer aux gens du gouvernement que vous attendez uniquement parce que vous n'êtes pas encore assez forts pour agir nous-mêmes, et parce que l'armée n'est pas encore complètement minée, mais alors, mes braves, pourquoi ces vantardises quotidiennes dans la presse sur les progrès et les succès gigantesques du Parti ? es gens savent tout aussi bien que nous que nous avançons puissamment vers la victoire, que nous serons irrésistibles dans quelques années - et c'est pourquoi ils veulent passer à l'attaque maintenant, mais hélas pour eux ils ne savent pas comment s'y prendre. Nos discours ne peuvent rien y changer : ils le savent tout aussi bien que nous; de même qu'ils savent que si nous *avons* le pouvoir nous l'utiliserons à nos fins et contre eux.

Rintelen et Peter Spahn - élargit la loi par une autre qui protégeait la morale et la religion.
Les derniers écrits d'Engels furent rédigés sous la menace de ce projet de loi qui resta longtemps en discussion, la majorité des partis bourgeois ne pouvant se résoudre finalement à le voter: le 11 mai 1895, le Reichstag rejeta définitivement le projet de loi en seconde lecture.

En conséquence, lorsque la question sera débattue au Comité central, pensez un peu à ceci : Préservez le droit de résistance aussi bien que Bogouslavski nous l'a préservé, et n'oubliez pas que de vieux révolutionnaires - français, italiens, espagnols, hongrois, anglais - figurent parmi eux et vous écoutent, et que - sait-on jamais combien rapidement - le temps peut revenir où l'on devra sérieusement envisager les conséquences de l'élimination du mot « légal » qui fut entreprise en 1880 à Wyden [387]. Regardez donc les Autrichiens qui, aussi ouvertement que possible brandissent la menace de la violence, si le suffrage universel n'est pas bientôt instauré. Pensez à vos propres illégalités sous le régime des lois anti-socialistes auquel on voudrait vous soumettre de nouveau.

Légalité aussi longtemps que cela nous arrange, mais pas légalité à tout prix - même en paroles!

Ton F. E.

---

[387] Au congrès de Wyden (1880), Schlüter avait, préposé, de rayer le mot légal du § 2 du programme de Gotha qui disait : « Partant de ces principes, le Parti ouvrier socialiste d'Allemagne s'efforce, par tous les moyens légaux, de fonder l'État libre et la société socialiste, de briser la loi d'airain des salaires en éliminant le système du salariat, d'abolir l'exploitation sous toutes ses formes, de supprimer toute inégalité sociale et politique ».

À Laura Lafargue, 28 mars 1895.

Les Berlinois sont en train de rééditer les articles de Marx *de la Revue de la Nouvelle Gazette rhénane* sur les *Luttes de classes en France en 1848-1850*, et j'ai écrit une *Introduction* qui paraîtra probablement d'abord dans la *Neue Zeit*. Elle a quelque peu souffert de ce que nos amis de Berlin éprouvent le besoin, à mon sens excessif, de ne rien dire qui puisse être utilisé pour faire passer au Reichstag le projet de loi sur les menées séditieuses (*Umsturzvorlage*). Étant donné les circonstances, j'ai dû céder [388]. Mais ce projet de loi contre les menées séditieuses et l'incertitude totale de la situation en Allemagne - si magnifique il puisse être pour le développement général de notre parti - bouleverse en grande partie mes projets de travail personnel. J'étais, *comme tu* le sais sans doute, en train de

---

[388] Certains dirigeants de la social-démocratie allemande tentèrent aussitôt d'utiliser l'introduction d'Engels pour faire de celui-ci un partisan à tout prix d'une voie pacifique au socialisme. Le Vorwärts publia dès le 30 mars 1895, dans un éditorial intitulé « Comment on fait aujourd'hui les révolutions », des extraits arbitrairement choisis pour faire d'Engels un adorateur nonviolent de la légalité à tout prix. Comme on le sait, après la mort d'Engels, Bernstein et d'autres révisionnistes donnèrent une interprétation réformiste de lintroduction d'Engels.

préparer la correspondance *avec* Lassalle [389]; il faut pour cela que je revois une grande quantité de vieux documents, de lettres, etc. Mais si le nouveau projet de loi passe, ni les lettres, ni mes notes, ni *l'Introduction* ne seront publiables en Allemagne. Et une réédition de nos vieux articles de 1843-1852 sera également impossible. Je suis donc obligé de négliger tout cela jusqu'à ce que je sache quelle tournure prendront les choses. Dans l'intervalle, je m'occupe du quatrième livre du *Capital,* lisant et recopiant les parties déjà préparées par Kautsky. Je m'arrangerai ensuite avec Tussy pour qu'elle puisse prendre la suite du travail.

La situation en Allemagne devient résolument critique. La dernière incartade du jeune Guillaume [390] - sa profonde

---

[389]   Engels ne put mener ce projet à terme. Mehring publia en 1902 cette correspondance sous le titre « Lettres de Ferdinand Lassalle à Karl Marx et Frédéric Engels. 1849-1862 », cf. Aus dent literarischen Nachlass von Karl Marx 'Friedrich Engels und Ferdinand Lassalle, IVe vol. Mehring utilisa l'original des lettres ainsi que les copies tapées à la machine parla fille de Marx, Éléanore, et revues par Engels.

[390]   Le 23 mars 1895, le Reichstag repoussa par 16e voix contre 147 une motion de félicitations adressée à Bismarck à l'occasion de son 80e anniversaire. Les sociaux-démocrates, le Parti libéral populaire, le Centre et les députés de la fraction polonaise votèrent contre cette proposition. Lorsque Guillaume II apprit la nouvelle, il fit part à Bismarck, dans un télégramme de son « indignation la plus profonde » à la suite de cette résolution qui est « en contradiction complète avec les sentiments des princes allemands et de leurs sujets ».

indignation à la suite du vote du Reichstag contre Bismarck - est lourde de sérieuses menaces. Premièrement, c'est un symptôme qui montre que non seulement « il lui manque une case », mais que tout le casier est en train de se déranger. Ensuite c'est un défi (en fr.). Je ne doute pas que notre parti lui répondra au Reichstag et bien que, pour l'instant, il semble que l'affaire soit enterrée, le *conflit est là* et il ressurgira. Il ne fait pas de doute qu'en Allemagne nous n'ayions en face de nom un moderne Charles 1er un homme possédé par la folie césarienne.

Considère ensuite quelle confusion ce gaillard répand dans les rangs des partis bourgeois. Il flatte, puis il rebute les hobereaux conservateurs; il ne peut satisfaire leur bruyante revendication de rentes garanties par l'État; l'alliance entre l'aristocratie foncière et les grands industriels que Bismarck avait nouée en 1978 en créant des tarifs protecteurs, n'a pas résisté aux heurts des intérêts économiques [391] ; le parti

---

Après de premières illusions où il se mystifiait lui-même, Guillaume II revenait donc ainsi aux sentiments et à la politique de la classe qu'il représentait - la même que celle que représentait Bismarck, et pour maintenir les privilèges surannés de sa classe, il était tout disposé maintenant à un coup d'État pour affirmer son pouvoir absolu de droit divin, qui correspondait, à ses yeux, aux seules aspirations de ses « sujets ».

391 En décembre 1878, Bismarck avait proposé son projet de loi sur la réforme des tarifs douaniers à une commission du Reichstag spécialement créée à cet effet. Le Reichtag débattit de cette question de

catholique qui établit J'équilibre des forces au Reichstag avec ses 100 députés, était tout disposé à se laisser entraîner à voter le projet de loi anti-séditieuse, or, voici que le vote hostile à Bismarck et « l'empereur indigné » le rejettent aussitôt dans l'opposition - et cela signifie que la scission du centre catholique en une aile aristocratique et bourgeoise et en une aile démocratique, paysanne et ouvrière s'en trouvera accélérée. Partout ce n'est que confusion et désunion -ce qui pousse Guillaume à tenter un coup d'État pour affirmer son droit divin au pouvoir absolu et pour se débarrasser du suffrage universel; et, de l'autre côté, l'avance silencieuse et irrésistible de notre parti qui se manifeste à chaque élection pour un poste soumis au vote des ouvriers. Tout cela sent vraiment la crise - qui vivra verra!

« La situation devient sérieuse en Allemagne. L'ultra-conservatrice *Kreuzzeitung* déclare que la loi anti-socialiste est inutile et mauvaise! Ma foi, nous en serons probablement débarrassés, mais la parole de Purtkamer va se réaliser alors : Nous aurons le

---

mai à juillet 1879, et adopta le projet le 12 juillet. L'alliance entre bourgeoisie industrielle et aristocratie foncière qui avait été nouée à cette occasion s'est désagrégée après l'essor industriel inouï de l'Allemagne des années 1870-1890.

grand état de siège au lieu du petit, et des *coups* de canon au lieu d'expulsions. Les choses vont bien pour nous et nous n'avons jamais osé en espérer tant, et de loin! Mais nous connaîtrons des temps agités, et tout dépendra de la capacité de nos amis à ne pas se laisser entraîner dans des bagarres à la suite de provocations. Dans trois ans, nous aurons peut-être les travailleurs agricoles, l'élément décisif en Prusse - et *alors*... feu! » (Fr. Engels à Laura Lafargue, 14-02-1890) [392].

LE PROGRAMME AGRAIRE DE 1894 DE LA SOCIAL-DÉMOCRATIE

Engels à Laura Lafargue, 20 juin 1893.

---

[392] La dernière grande question débattue par la social-démocratie - celle de ses rapports avec la paysannerie - sous-tend tous ses rapports avec la fraction de la classe dominante qui voulait faire un coup d'État anti-socialiste, en se basant précisément sur le système agraire des provinces orientales que la social-démocratie devait briser, si elle voulait être révolutionnaire.

Cependant le nombre de sièges n'a qu'une importance tout à fait secondaire. Le principal, c'est l'accroissement des suffrages, et il sera certainement considérable [393]. Seulement, nous ne les connaîtrons que lorsque les résultats officiels complets seront présentés au Reichstag. L'élément le plus important de cet accroissement consistera dans le nombre de suffrages (relativement modeste) que nous aurons recueillis dans les *nouvelles* localités agricoles aux coins les plus reculés du pays. Cela nous permettra de constater l'emprise que nous commençons à avoir sur ces districts campagnards qui nous étaient jusqu'ici inaccessibles et sans *lesquels nous ne pouvons espérer remporter la victoire.* Quand tous les résultats seront définitifs, je crois que nous aurons quelque deux millions un quart de suffrages - plus que n'en a jamais recueilli aucun autre parti en Allemagne.

---

[393] Engels considère, comme toujours dans le résultat des élections, le nombre de voix obtenues par la social-démocratie (celui -ci reflétant l'évolution du rapport de forces) et non le nombre de siège qui permettrait de jouer un rôle parlementaire dans l'État existant des classes dominantes. Lors des élections au Reichstag de juin 1893, la social-démocratie obtint 1786 738 suffrages, soit 22%, avec 44 sièges. Dans son commentaire aux élections de juin 1893, Engels déclarait : « Je suis plus fier de nos défaites (électorales) que de nos succès. Dans la circonscription électorale de Dresde-campagne, il nous manquait 100 voix par rapport au candidat élu qui obtint les voix de tous les autres partis, et ce, en gagnant au total 32 000 suffrages » (Interview de Fr. Engels, Daily Chronicle, 1-07-1893).

Dans l'ensemble, l'effet a été foudroyant sur toute la presse bourgeoise d'Allemagne et d'Angleterre - et il ne pouvait en être autrement. On n'a jamais vu dans aucun pays progresser un parti de façon aussi régulière, ininterrompue, irrésistible. Et ce qu'il y a de mieux, c'est que notre succès de 1893 renferme - par l'étendue et la variété du terrain nouvellement défriché, ainsi qu'en témoigne ce succès - la promesse certaine d'un succès encore plus grand aux prochaines élections générales.

Engels à Paul Lafargue, 22 août 1894.

En tout cas, les deux mois - septembre et octobre - seront intéressants. Vers le 5, c'est le Trades Congress à Norwich - après le congrès espagnol de dimanche prochain -, puis votre congrès de Nantes, enfin celui des Allemands à Francfort le 21 octobre [394]. Les deux derniers s'occuperont de la question des

---

[394] Le congrès, de Francfort-sur-le-Mein (21 au 27 octobre 1894) consacra une grande partie de ses débats à des polémiques avec G. von Vollmar et Karl Grillenberger qui, en votant le budget à la Diète bavaroise le 1er juin, avait démontré qu'ils étaient disposés à collaborer avec la bourgeoisie et avaient amorcé une politique réformiste. La majorité n'approuva certes pas expressément l'initiative de Vollmar, mais ne la condamna pas non plus, comme Bebel l'avait demandé. Le problème le plus important qui y fut débattu fut la question agraire. Sur ce point encore, Vollmar se mit en contradiction avec les principes

paysans et des ouvriers agricoles. En général, les conceptions des deux sections nationales sont les mêmes, à cela près que vous, les révolutionnaires intransigeants d'antan, vous penchez maintenant un peu plus vers l'opportunisme que les Allemands, qui probablement n'appuieront aucune mesure pouvant servir à maintenir ou à préserver la petite propriété paysanne face à l'action dissolvante du capitalisme. De l'autre côté, on sera d'accord avec vous que ce, n'est pas notre besogne d'accélérer ou de forcer cette action dissolvante, et que l'important c'est le

---

élémentaires d'un programme agraire marxiste. La majorité du congrès, « peu au courant de la question agraire », se laissa surprendre parles thèses de Vollmar! Le congrès manifesta clairement une poussée opportuniste et suscita la protestation de la base du parti. Cf. différents textes sur la question agraire en traduction française dans Marx-Engels, le Parti de classe, IV, pp. 36-46.

Lors du second congrès de la social-démocratie bavaroise à Munich, le 30 septembre 1894, l'ordre du jour porta sur l'activité des parlementaires à la Diète bavaroise et l'agitation parmi les paysans (les petites parcelles prédominent dans les, régions montagneuses, de Bavière et le congrès adopta une résolution défendant là propriété paysanne, qui est propriété privée même si la parcelle est, petite et le paysan la cultive lui-même). Vollmar réussit à rallier Une majorité à, ses conceptions opportunistes. Le congrès approuva la fraction parlementaire qui avait ratifié le budget de l'État et entérina une résolution en vue de créer une organisation plus stricte des sociaux-démocrates bavarois sous la direction centrale de leurs représentants parlementaires (c'est-à-dire des députés choisis par le système démocratico-bourgeois, soit des électeurs qui ne sont pas membres du parti!). Vollmar se forgeait de la sorte un bastion pour la politique opportuniste dans le parti. Notons à ce propos que les opportunistes se fondent toujours sur des tendances fédéralistes pour asseoir leur dictature sur les masses.

regroupement des petits propriétaires en associations agricoles en vue d'une culture en commun et en grand. Je suis curieux de voir lequel des deux congrès se montrera le plus avancé en théorie économique. et le plus efficace dans les moyens pratiques à mettre en oeuvre.

Engels à Fr.-A. Sorge, 10 novembre 1894.

Sur le continent, au fur et à mesure des succès, on voit augmenter l'envie de succès plus grands encore - et gagner les paysans devient au sens littéral du terme, une mode. D'abord les Français déclarent à Nantes, par la bouche de Lafargue [395], non seulement ce que je vous ai déjà écrit dans ma précédente lettre, à savoir que nous n'avions pas vocation d'accélérer la ruine des petits paysans en intervenant directement, mais encore qu'il faut *protéger* directement les petits paysans contre le fisc, les usuriers et les grands propriétaires fonciers [396]. Or

---

[395] Engels fait allusion à l'exposé de Paul Lafargue au-congrès de Nantes du 14 au 16-09-1894, publié dans le supplément du 18-10-1894 du Sozialdemokrat sous le titre La Propriété paysanne et l'évolution économique.

[396] Engels compare les démêlés à l'intérieur de la social-démocratie allemande sur la question agraire avec la tentative faite en 1868 par les représentants du Parti populaire souabe qui voulurent détourner les Eisenachiens d'adopter les résolutions du congrès. de Bâle de l'A.I.T. sur l'abolition de là propriété privée dans l'agriculture et sur les avantages de la propriété collective. Le congrès de Stuttgart du parti d'Eisenach mit fin à ces velléités et tira une nette ligne de délimitation entre ouvriers et petits bourgeois dans ce problème agraire qui met en balance la propriété privée. Cf. Die I. Internationale in Deutschland (1864-1872), Dietz, Berlin 1864. L'exposé de Bebel au congrès de Stuttgart ainsi que la résolution de ce congrès sur la question agraire y figurent pp. 477-483.

nous ne pouvons pas les suivre sur ce dernier point, parce que c'est, premièrement, une bêtise, et deuxièmement une impossibilité. Mais voilà que surgit Vollmar à Francfort qui veut acheter et corrompre le paysan *en général.* Or, en l'occurrence, le paysan de Haute-Bavière n'est pas même le petit paysan endetté de Rhénanie, mais le moyen voire le gros paysan, qui exploite des domestiques et des servantes, et vend du bétail et des céréales en grandes quantités. Et cela ne va pas sans l'abandon de tous les principes. Nous ne pouvons gagner le paysan des Alpes, le gros paysan de la Basse-Saxe et du Schlesvig-Holstein que si nous lui sacrifions les domestiques et les journaliers agricoles, et, ce faisant, nous perdons plus au plan politique que nous ne gagnons. Le congrès de Francfort n'a pas pris de décision sur cette question, et c'est tant mieux, car la question va être étudiée plus à fond maintenant, Les gens qui y assistaient, n'étaient guère familiarisés avec la question des paysans, leur situation dans les diverses provinces, où (es conditions matérielles diffèrent radicalement les unes des autres, aussi n'auraient-ils pu que décider dans le vague, Mais la question devra tout de même être vidée une fois pour toutes.

LA QUESTION PAYSANNE EN FRANCE ET EN ALLEMAGNE

[Conclusion]

Die Neue Zeit, no 10, 1894-1895, vol. 1er.

L'exemple des coopératives agricoles démontrerait, même aux derniers petits paysans parcellaires encore réticents et certainement aussi à maints grands paysans, combien est avantageuse la grande exploitation coopérative [397].

Sur ce terrain, il nous est possible en conséquence de faire entrevoir une perspective au moins aussi brillante aux prolétaires de l'agriculture qu'à ceux de l'industrie. Et ce n'est donc qu'une question de temps - et même de temps très court - que de conquérir les ouvriers agricoles de la Prusse orientale.

---

[397] Le lecteur trouvera le texte complet de la critique du programme agraire dans Friedrich Engels, La Question agraire en France et en Allemagne, Éditions Sociales, 1956, 30 p.

Or quand nous aurons gagné les journaliers agricoles de l'Est de l'Elbe, le vent tournera complètement dans toute l'Allemagne. En effet, le principal fondement du régime des hobereaux prussiens et, partant, de l'hégémonie, spécifique de la Prusse en Allemagne, c'est le demi-servage des ouvriers agricoles de la Prusse orientale. Ce sont les hobereaux de l'Est de l'Elbe qui, de plus en plus obérés de dettes, tombés dans la misère et devenus des parasites vivants aux dépens de l'État ou de particuliers, s'accrochent désespérément au pouvoir; ce sont eux qui ont engendré et perpétué le caractère spécifiquement prussien de la bureaucratie et du corps d'officiers de J'armée en Allemagne; leur morgue, leur superbe et leur esprit borné ont suscité à l'intérieur cette haine contre l'Empire germano-prussien existant - même si l'on est bien obligé d'admettre que c'est là pour l'heure la seule forme possible ,de l'unité allemande -, tandis qu'ils ont empêché, en dépit de victoires aussi brillantes, de forcer le respect à l'étranger pour l'Allemagne.

Le pouvoir de ces hobereaux vient de ce qu'ils disposent de la propriété du sol dans tout le territoire englobant les sept provinces de la vieille Prusse - soit près d'un tiers de tout l'Empire. Or cette propriété de la terre entraîne avec elle le pouvoir politique et social, car elle porte non seulement sur le sol, mais encore sur les industries les plus importantes de ce territoire, grâce aux fabriques de sucre, de betteraves et d'eaude-vie. Ni les grands propriétaires du reste de l'Allemagne, ni les grands industriels ne jouissent d'une condition aussi favorable, car ni les uns ni les autres ne disposent d'un royaume aussi compact, mais ils sont dispersés sur de vastes espaces et disputent l'hégémonie politique et sociale aux éléments sociaux qui les entourent.

Or, la prépondérance politique des hobereaux prussiens dans l'État perd de plus en plus sa base économique. L'endettement et l'appauvrissement ne cessent d'augmenter malgré toute l'aide de l'État - depuis Frédéric 1er celle-ci fait partie intégrante de tout budget ordinaire de cette bande de hobereaux. Ce n'est que le, demi-servage, sanctionné par la législation et la coutume, qui permet l'exploitation sans borne des ouvriers agricoles et permet à la classe des hobereaux de ne pas sombrer irrémédiablement.

Semez les mots d'ordre de la social-démocratie parmi ces ouvriers, insufflez-leur le courage et donnez-leur la cohésion pour leur permettre de défendre leurs droits, et c'en est fait, de la souveraineté des hobereaux!

Le grand pouvoir réactionnaire de la Prusse en Allemagne n'est rien d'autre que ce que l'élément barbare et expansionniste du tsarisme russe représente pour toute l'Europe. Or cette politique paysanne le ferait tomber dans le néant et ce qui ne serait plus qu'une vessie dégonflée. Dès lors les « régiments de fer » de l'armée prussienne passeront à la social-démocratie, ce qui entraîne un glissement du pouvoir, qui est décisif pour la révolution.

C'est ce qui explique que la conquête du prolétariat agricole de la Prusse à l'est de l'Elbe a une importance bien plus grande que celle des petits paysans de l'Ouest on des paysans moyens du Sud. Notre champ de bataille décisif se trouve dans cette Prusse de l'est de l'Elbe, et c'est pourquoi, et le gouvernement et les hobereaux essayeront à tout prix de nous en fermer l'accès.

Et si, comme la menace en existe, le gouvernement met en oeuvre de nouvelles mesures de force pour empêcher que notre parti ne se développe, ce serait essentiellement pour préserver le prolétariat agricole de la Prusse de l'est de l'Elbe de l'influence de notre propagande. De cela nous devons nous moquer, et le conquérir malgré tout!

LETTRE A LA RÉDACTION DU « VORWÄRTS »

Vorwärts, 16 novembre 1894.

D'après les informations de la presse du parti, le camarade Vollmar s'est référé, lors du débat agraire au congrès de Francfort du 25 octobre, aux résolutions du congrès socialiste français de Nantes « qui a eu l'approbation expresse de Frédéric Engels [398] ». Selon le *Vorwärts* du 10 novembre, c'est ce que diffuse aussi la presse adverse [399]. En conséquence, je suis obligé de faire la déclaration suivante : cela est faux et Vollmar doit avoir été informé de ma position de manière tout à fait erronée.

Pour autant que je m'en souvienne, je n'ai fait en France que deux communications en ce -qui concerne le programme de

---

[398] Le lecteur trouvera le texte complet de la critique du programme agraire dans Friedrich Engels, La Question agraire en France et en Allemagne, Éditions Sociales, 1956, 30 p.

[399] Engels fait allusion à l'article du Vorwärts intitulé « Revenons encore sur le congrès » (cf. note no 304) du 10-11-1894. Les déclarations tapageuses de l'opportuniste Vollmar reprises parla presse bourgeoise sur le malheureux programme agraire de la social-démocratie allemande obligeront finalement Engels à faire la critique de ce programme, cf. note no 325.

Nantes. La première - *avant* le congrès et en réponse à la demande d'un camarade français - disait en gros : le développement du capitalisme détruit irrémédiablement la petite propriété foncière paysanne. Notre parti en est absolument conscient, mais il n'a encore aucune raison d'en accélérer le processus en intervenant d'une façon précise. Sur le plan des principes, il n'y a donc rien à objecter à des mesures judicieusement choisies. qui pourraient rendre l'inévitable déclin moins douloureux au petit paysan; mais si l'on va plus loin, en espérant maintenir le petit paysan à jamais, on tend, à mon avis, à une chose économiquement impossible : on sacrifie le principe, et l'on devient réactionnaire.

La seconde -*après* le congrès - se limita à conjecturer que nos amis français demeureraient seuls dans le monde socialiste à vouloir perpétuer, non seulement le petit propriétaire paysan, mais encore le petit métayer qui exploite aussi le travail d'autrui.

Tel est mon point de vue dans cette affaire, et ce que rapporte Vollmar en est le contraire. Mais, comme je me trouve impliqué dans cette affaire, il m'est difficile de faire autrement que d'expliquer mon point de vue d'une façon plus précise et plus détaillée. C'est ce que j'ai l'intention de faire dans un bref article pour la *Neue-Zeit, où* j'expliciterai et motiverai mon point de vue.

Engels à P. Lafargue, 22 novembre 1894.

J'ai trouvé votre rapport dans le Sozialdemokrat [400] *ce qui est bien tombé, car cela me permet de mettre bien des choses à la charge d'une rédaction quelque peu négligente et d'en* conclure que si je ne suis pas d'accord avec ce que dit la résolution de Nantes, je crois l'être avec ce qu'elle a voulu dire. Au reste, j'ai tâché d'être aussi.' amical que possible, mais après l'abus qu'on a fait de cette résolution en Allemagne, il n'y a plus moyen de la passer sous silence.

En vérité, vous vous êtes laissés entraîner *un peu trop loin sur la pente opportuniste. À* Nantes vous étiez entrain de sacrifier l'avenir du parti à un succès d'un jour. Il est encore temps de vous arrêter, si mon article peut y contribuer, je m'en féliciterai. En Allemagne, où Vollmar s'est permis d'octroyer,- aux gros

---

[400] Engels fait allusion à l'exposé de Paul Lafargue au-congrès de Nantes du 14 au 16-09-1894, publié dans le supplément du 18-10-1894 du Sozialdemokrat sous le titre La Propriété paysanne et l'évolution économique.

paysans bavarois avec leurs 10-30 hectares chacun, des avantages que vous avez promis aux petits paysans français, en Allemagne Bebel a relevé le gant, et la question sera discutée à fond : elle ne disparaîtra plus de l'ordre du jour avant d'être réglée. Vous avez lu dans le *Vorwärts* le discours de Bebel dans la seconde circonscription électorale de Berlin. Il *se plaint avec raison que le parti va s'embourgeoisant.* Cela est le malheur de tous les partis extrêmes dès que l'heure approche où ils deviennent « possibles ». Or le nôtre ne peut dépasser, sous ce rapport, une certaine limite sans se trahir lui-même, et il me paraît qu'en France comme en Allemagne nous voilà arrivés sur cette ligne. Heureusement qu'il est encore temps de s'arrêter.

Engels à W. Liebknecht, 24 novembre 1894.

J'ai écrit à Bebel, et je lui ai fait comprendre que, dans les débats politiques, il fallait réfléchir posément à toutes les incidences possibles, et ne rien faire à la hâte, dans le premier élan ; il m'est ainsi arrivé à moi-même de me brûler les doigts à plusieurs reprises. En revanche, j'ai à te faire aussi une petite observation à ce propos.

Que Bebel ait agi *maladroitement* au cours de la réunion, cela se discute. Cependant, en substance, il a tout à fait raison [401]. Assurément, comme responsable politique de l'organe central de la presse du parti, tu es tenu d'arrondir les angles, voire à nier les divergences réelles qui peuvent surgir, à rendre les choses acceptables pour tous, à agir pour l'unité du parti - jusqu'au jour de la scission. De ce point de vue *de journaliste, la* manière de procéder de Babel peut te gêner. Mais ce qui peut être désagréable au *rédacteur* devrait combler d'aise le *dirigeant de parti* : qu'il y ait des camarades ne portant pas toujours sur le nez les lunettes de service que doit absolument porter le rédacteur afin de rappeler au journaliste qu'en sa qualité de dirigeant de parti il est excellent qu'il enlève de temps en temps ses lunettes qui lui font voir l'harmonie pour considérer l'univers avec ses yeux tout, simplement.

---

[401] Dans une réunion de la seconde circonscription électorale de Berlin, le 14 novembre 1894, A. Bebel critiqua dans une longue intervention la position opportuniste prise par G. von Vollmar et la fraction bavaroise lors du congrès du parti de Francfort. Vollmar y avait défendu la pérennité de la petite propriété paysanne et proposé des mesures pour sa sauvegarde grâce à une collaboration entre l'État existant et la social-démocratie. Le discours de Bebel fut publié dans le Vorwärts du 16 octobre 1894 et la Critica sociale du 11 décembre 1894.

Les Bavarois ont constitué formellement une *ligue sépa*ratiste à Nuremberg avant le congrès de Francfort [402]. Et ils y sont venus avec un *ultimatum*, et nul ne pouvait s'y tromper. Pour

---

[402] Le congrès, de Francfort-sur-le-Mein (21 au 27 octobre 1894) consacra une grande partie de ses débats à des polémiques avec G. von Vollmar et Karl Grillenberger qui, en votant le budget à la Diète bavaroise le 1er juin, avait démontré qu'ils étaient disposés à collaborer avec la bourgeoisie et avaient amorcé une politique réformiste. La majorité n'approuva certes pas expressément l'initiative de Vollmar, mais ne la condamna pas non plus, comme Bebel l'avait demandé. Le problème le plus important qui y fut débattu fut la question agraire. Sur ce point encore, Vollmar se mit en contradiction avec les principes élémentaires d'un programme agraire marxiste. La majorité du congrès, « peu au courant de la question agraire », se laissa surprendre parles thèses de Vollmar! Le congrès manifesta clairement une poussée opportuniste et suscita la protestation de la base du parti. Cf. différents textes sur la question agraire en traduction française dans Marx-Engels, le Parti de classe, IV, pp. 36-46.

Lors du second congrès de la social-démocratie bavaroise à Munich, le 30 septembre 1894, l'ordre du jour porta sur l'activité des parlementaires à la Diète bavaroise et l'agitation parmi les paysans (les petites parcelles prédominent dans les, régions montagneuses, de Bavière et le congrès adopta une résolution défendant là propriété paysanne, qui est propriété privée même si la parcelle est, petite et le paysan la cultive lui-même). Vollmar réussit à rallier Une majorité à, ses conceptions opportunistes. Le congrès approuva la fraction parlementaire qui avait ratifié le budget de l'État et entérina une résolution en vue de créer une organisation plus stricte des sociaux-démocrates bavarois sous la direction centrale de leurs représentants parlementaires (c'est-à-dire des députés choisis par le système démocratico-bourgeois, soit des électeurs qui ne sont pas membres du parti!). Vollmar se forgeait de la sorte un bastion pour la politique opportuniste dans le parti. Notons à ce propos que les opportunistes se fondent toujours sur des tendances fédéralistes pour asseoir leur dictature sur les masses.

compléter le tout, Vollmar parle de *marcher séparément;* Grillenberger dit: décidez ce que vous voulez, *nous n'obéirons pas.* Ils proclament que les Bavarois ont des droits particuliers, réservés, et, dans le parti, ils traitent leurs adversaires de « Prussiens » et de « Berlinois [403] ». Ils réclament que l'on ratifie le budget et une politique paysanne allant en direction de la *droite,* bien au-delà de ce qui est petit bourgeois. Le congrès, au lieu de brandir énergiquement le bâton, comme il l'a toujours fait jusqu'ici, n'a pas osé prendre la moindre sanction. Si dans ces conditions le moment n'est pas venu pour Bebel de parler de pénétration et d'avancée de l'élément petit bourgeois dans le parti, je me demande alors s'il viendra jamais.

Or, que fais-tu dans le *Vorwärts* [404] ? Tu t'accroches à la forme de l'attaque de Bebel en affirmant que tout cela n'est pas

---

[403] Au congrès de Francfort (cf. note n° 304), Vollinar avait souligné, la spécificité des « conditions bavaroises » et « la manière d'être bavaroise, », qu'il opposait aux camarades du « Nord de l'Allemagne, en ironisant sur « l'esprit caporaliste de la Vieille-Prusses », etc.

[404] Dans l'article du 23-11-1894, la rédaction du Vorwärts écrivait qu'elle était en « opposition diamétrale » avec l'intervention de Bebel dans la deuxième circonscription de Berlin. Le 24, la rédaction revint pratiquement sur sa déclaration, en affirmant qu'elle n'en voulait qu'à « la position pessimiste de Bebel sur tout le déroulement des débats et le bas niveau théorique du congrès », mais que Liebknecht était « du même avis que Bebel depuis un quart de siècle » sur la question agraire (cf. note no 309) et qu'ils avaient rédigé et signé en commun la

si grave, et tu te places en « opposition diamétrale » avec lui de telle sorte que tu es obligé ensuite, par les « malentendus » suscités inévitablement par ce procédé chez les adversaires de Bebel, à faire une déclaration selon laquelle ton opposition diamétrale ne porte que sur la *forme* donnée par Bebel à cette affaire et que sur le fond - l'histoire du budget et la question paysanne - il a raison, et que tu te ranges à ses côtés. Je veux croire que le simple fait que tu *aies été contraint postérieurement* à cette déclaration te démontre que tu as péché plus à droite que Bebel n'a péché à gauche.

Dans toute la polémique, il ne s'agit, en fin de compte, que de l'action des Bavarois qui culmine dans les deux points suivants : l'opportunisme de la ratification du budget afin de gagner les petits bourgeois, et la propagande de Vollmar à la Diète en faveur de la propriété paysanne, afin de gagner les gros et moyens paysans. Cela et la prise de position séparatiste des Bavarois représentent, en fait, les seules questions du litige, et si Bebel lance son attaque là où le congrès a lâché le parti, vous devriez lui en être reconnaissant. S'il décrit la situation intolérable créée par le congrès comme étant la conséquence d'un philistinisme croissant dans le parti, il ne fait qu'expliquer

---

résolution sur la tactique à adopter par les représentants parlementaires au congrès de Francfort.

cette question particulière par le juste point de vue général, - et cela encore est méritoire et vaut d'être salué. Et même s'il a forcé quelque peu le ton dans les débats, il n'a fait que son plus strict devoir en se préoccupant de ce que le prochain congrès juge en pleine connaissance de cause un sujet aussi essentiel, après qu'à Francfort il se soit comporté comme une bourrique.

La menace d'une scission n'est pas le fait de Bebel qui appelle les choses par leur véritable nom. Elle est le fait des Bavarois qui se sont permis d'agir d'une façon inconcevable jusqu'ici dans le parti, au point que la *Frankfurter* Zeitung, l'organe de la démocratie vulgaie, n'a pu dissimuler sa joie et devient encore plus audacieuse maintenant qu'elle a reconnu les siens en Vollmar et ses partisans. Tu dis que Vollmar n'est pas un traître. Cela se peut. Je ne pense pas non plus qu'il se considère comme tel. Mais, comment appeler un homme qui se figure qu'un parti prolétarien garantit à perpétuité aux gros et moyens Paysans de Bavière, propriétaires de 10 à 30 hectares, leur condition actuelle qui représente la base de l'exploitation des domestiques de ferme et des journaliers agricoles. Un parti prolétarien, fondé spécialement pour perpétuer l'esclavage salariat ! Que cet homme soit un antisémite, un démocrate bourgeois, un particulariste bavarois ou Dieu sait quoi, c'est possible, mais un social-démocrate, non!

Au reste, l'accroissement de l'élément petit bourgeois est inévitable dans un parti ouvrier *en expansion*, et cela n'est pas vraiment nuisible. Il en va de même pour l'accroissement du nombre des « universitaires », les étudiants ayant raté leurs examens, etc. Tout ce monde représentait une menace, il y a quelques années. Maintenant nous pouvons les digérer. Mais encore faut-il laisser ce procès de digestion suivre son cours : il faut pour cela des sucs digestifs. S'il n'y en a pas assez (comme on l'a constaté à Francfort), il faut savoir gré à Bebel de les ajouter, afin que nous puissions digérer comme il faut les éléments non prolétariens.

C'est précisément de la sorte que l'on réalise une véritable harmonie dans le parti, et non pas en niant ou en tuant par le silence toute controverse réelle qui surgit dans son sein.

Tu affirmes qu'il s'agit de « susciter l'action efficace ». Cela m'est très agréable, mais dis-moi quand donc l'action sera-t-elle déclenchée ?

Engels à Fr.-A. Sorge, 4 décembre 1894.

(Tu trouveras ci-inclus) le discours de Bebel à Berlin et ses quatre articles contre Grillenberger et Vollmar [405].

Ce dernier épisode est des plus intéressants. Les Bavarois (ou mieux la plupart des dirigeants et une grande partie des effectifs nouveaux) sont devenus très, très opportunistes et constituent *pratiquement* déjà un vulgaire parti populaire. Ils ont approuvé l'ensemble du budget à la Diète bavaroise, et Vollmar notamment a lancé une campagne d'agitation auprès des paysans pour gagner *non* pas les *journaliers et ouvriers agricoles,* mais les gros paysans de Haute-Bavière possédant de 25 à 80 acres de terre (10 à 30 hectares); *qui ne peuvent donc s'en tirer sans travailleurs salariés.* Comme ils n'attendaient rien de bon du congrès social-démocrate de Francfort, ils organisèrent *huit jours avant* sa tenue une réunion spéciale du parti bavarois, et s'y constituèrent littéralement en ligue séparatiste en décidant que les délégués bavarois devaient *voter en bloc* conformément aux résolutions bavaroises, prises à l'avance, sur toutes les questions concernant la Bavière. Ils arrivèrent donc en déclarant qu'ils *étaient tenus* d'approuver l'ensemble du budget

---

[405] Le discours de Bebel souleva une vive polémique dans le parti et relança la discussion sur la question agraire. Vollmar et Grillenberger répondirent par une série d'articles dans la presse centrale et locale du parti. Bebel répondit à son tour par quatre articles qui parurent du 28-11 au 1-12-1894 dans le Vorwärts.

de Bavière, car il n'y avait pas d'autre chose à faire, que c'était là, en outre, une question purement bavaroise, dans laquelle personne d'autre n'avait à s'immiscer. En d'autres termes : si vous décidez quelque chose de désagréable pour la Bavière, vous rejetez notre ultimatum - et s'il devait alors en résulter une scission, ce serait de votre faute !

C'est avec cette prétention inouïe jusqu'ici dans notre parti qu'ils se sont présentés devant les autres délégués, qui n'étaient pas préparés à cette éventualité. Or, Comme au cours de ces dernières années, on a chanté l'unité jusqu'au bout, il n'y a pas lieu de s'étonner que, face aux nombreux éléments venus grossir nos rangs ces dernières années et qui ne sont pas encore tout à fait formés, cette attitude inadmissible pour le parti ait pu passer sans s'attirer le refus clair et net qu'elle méritait, et qu'il n'y ait eu aucune résolution prise sur la question, du budget.

Imagine-toi maintenant que les Prussiens qui forment la majorité du congrès, veuillent également tenir leur précongrès pour y fixer leur position vis-à-vis des Bavarois ou pour prendre quelque autre résolution liant les délégués prussiens, de sorte que tous - majorité aussi bien que minorité - votent en bloc pour ces résolutions au Congrès général du parti : à quoi servirait dès lors encore les congrès généraux ? Et que diraient les Bavarois si les Prussiens faisaient exactement la même chose que ce qu'ils viennent précisément de faire ? Bref, l'affaire ne pouvait en rester là, et Bebel a foncé dans le tas. Il a remis tout simplement la question à l'ordre du jour, et on est actuellement en train d'en débattre. Bebel est de loin le plus clairvoyant et le plus profond de tous. Voilà quelque quinze ans-que je corresponds avec lui - et nous tombons presque toujours d'accord. Liebknecht en revanche, est très sclérosé dans ses idées : le vieux démocrate particulariste et fédéraliste du sud de l'Allemagne perce toujours chez lui, et ce qu'il y a de pire, il ne peut supporter que Bebel - qui le surpasse de loin - l'admette volontiers à ses côtés, certes, mais ne veuille plus se laisser diriger par lui. En outre, il a si mal organisé l'organe central du Vorwärts - surtout parce qu'il est jaloux de son *leader*ship, car il veut tout diriger et, ne dirigeant rien en réalité, ne fait que semer le désordre - que ce journal qui pourrait être le premier à Berlin, est tout juste bon à procurer au parti 50 000 marks d'excédents, mais ne lui fait. gagner aucune influence politique. Liebknecht veut naturellement à toute force jouer à l'arbitre maintenant, et il s'en prend à Bebel, qui finira à mon avis par l'emporter. A Berlin, la direction ainsi que les éléments les meilleurs sont d'ores et déjà à ses côtés, et je suis persuadé que s'il en appelle à la masse du parti, il obtiendra la grande majorité. Pour l'heure, il faut attendre. Je voudrais aussi t'envoyer les élucubrations de Vollmar, etc., mais je ne dispose que d'un exemplaire pour mon usage personnel.

Fr. Engels à Victor Adler, 14 décembre 1894.

Ai-je besoin de te dire que je me suis réjoui de l'intervention énergique de Bebel après le morne congrès de Francfort et, de même, que Vollmar m'ait indirectement contraint à dire moi aussi mon petit mot dans l'affaire. Nous avons effectivement triomphé sur toute la ligne. D'abord Vollmar a arrêté sa polémique après les quatre articles de Bebel, ce qui témoigne déjà d'un net recul; puis ce fut le rejet par le comité directeur, et enfin la fraction repoussa sa prétention de statuer à la place du congrès. En somme, Vollmar essuya une défaite après l'autre dans sa troisième campagne. Cela suffirait à décourager même un ancien zouave du Pape [406]. Dans cette affaire, j'ai en outre écrit deux lettres à Liebknecht [407] qui ne lui auront certainement pas fait plaisir. Cet homme devient de plus en plus un frein. Il prétend qu'il a les nerfs les plus solides

---

406 Allusion au fait que von Vollmar avait suivi les cours du collège des bénédictins d'Augsbourg.
407 Allusion à la lettre du 24-11-1894 à Liebknecht, reproduite p. 333. La seconde lettre n'a pas été retrouvée.

dans le parti : ils ne le sont que trop. Même son discours d'avant-hier au Reichstag a été mauvais [408]. On semble d'ailleurs s'en être aperçu au gouvernement : on veut manifestement le remettre en selle, en le poursuivant a posteriori pour avoir insulté Sa Majesté.

Au reste, cette histoire démontre que Guillaume II et von Köller, ou bien sont complètement fous, ou bien travaillent systématiquement à préparer un coup d'État. Le discours de Hohenlohe démontre que celui-ci est un vieillard complètement niais, faible d'esprit et velléitaire, un simple homme de paille de Monsieur von Köller. Ce dernier est tout à fait le hobereau arrogant, prétentieux et borné, parfaitement capable de s'imaginer que ce brave petit Guillaume a les moyens de mettre fin à la « révolution » - et il exécutera les intentions de Sa Majesté en ce qui concerne la restauration de la plénitude de son pouvoir royal jusqu'à l'extrême limite. Et

---

[408] Le 12-12-1894, Liebknecht avait tenu un discours au Reichstag sur le projet de loi anti-subversive ainsi que l'accusation de lèse-majesté dont il était l'objet (cf. note n° 305). Le Vorwärts reproduit des parties de ce discours le 13-12-1894. Dans ce même discours, Liebknecht avait évoqué le projet gouvernemental relatif aux modifications et adjonctions aux lois sur la répression des délits de presse. Ce projet prévoyait une peine de forteresse pour les incitations à la sédition, même lorsqu'elles n'étaient suivies d'aucun commencement d'exécution. Il aborda ensuite l'accusation de crime de lèse-majesté, dont il faisait l'objet, cf. notes n° 305 et 307.

Guillaume est capable de répondre : Vous êtes mon homme! Si cela se passe ainsi - et chaque jour il y a de nouveaux indices en ce sens -, alors vogue la galère! (en fr.) et ce sera joyeux.

FIN